# 中國典籍與文化論叢

第二十三輯

CHINESE CLASSICS &
CULTURE
ESSAYS COLLECTION

鳳凰出版社

圖書在版編目（CIP）數據

中國典籍與文化論叢. 第23輯 / 王鍔等著. -- 南京: 鳳凰出版社, 2021.4
ISBN 978-7-5506-3410-7

Ⅰ. ①中… Ⅱ. ①王… Ⅲ. ①古籍－中國－文集②中華文化－文集 Ⅳ. ①K203-53

中國版本圖書館CIP數據核字(2021)第041084號

| | |
|---|---|
| 書　　名 | 中國典籍與文化論叢（第二十三輯） |
| 主　　編 | 安平秋 |
| 著　　者 | 王　鍔　等 |
| 責任編輯 | 王　劍 |
| 裝幀設計 | 姜　嵩 |
| 出版發行 | 鳳凰出版社(原江蘇古籍出版社)<br>發行部電話025-83223462 |
| 出版社地址 | 江蘇省南京市中央路165號,郵編:210009 |
| 出版社網址 | http://www.fhcbs.com |
| 照　　排 | 南京凱建文化發展有限公司 |
| 印　　刷 | 江蘇揚中印刷有限公司<br>江蘇省揚中市科技園區東進大道6號,郵編:212212 |
| 開　　本 | 787毫米×1092毫米　1/16 |
| 印　　張 | 16.25 |
| 字　　數 | 326千字 |
| 版　　次 | 2021年4月第1版 |
| 印　　次 | 2021年4月第1次印刷 |
| 標準書號 | ISBN 978-7-5506-3410-7 |
| 定　　價 | 76.00圓 |
| | (本書凡印裝錯誤可向承印廠調換,電話:0511-88420818) |

# 目　録

# “革”卦“己日乃孚”辨正
## ——再論《周易》異文與一字多義

鄭吉雄

**【提　要】**《周易》古奧而版本多，筆者曾發表《易學與校勘學》一文，歸納《周易》經傳異文，申論“一字多義”特性，引起學界注意。“革”卦“己日乃孚”，古今中外注家，或讀爲“己”，或讀爲“已”與“巳”，再衍生出多種不同解釋。近因上博《易》簡問世，整理者讀爲“攺日”，釋爲“逐鬼禳祟”，引起争議。本文引證清儒考據，認爲當讀爲“己日”，兼含“戊己”及“更改”二義，是爲另一“一字多義”顯例。文後補充數例支持主論述，闡明此一新義理。

**【關鍵詞】** 周易　革卦　己日　異文

## 一、緣起

自2005年筆者發表《從卦爻辭字義的演繹論〈易傳〉對〈易經〉的詮釋》闡述《周易》經文（卦爻辭）字義的多樣性與歧異性後[①]，多年來筆者一直注意《周易》版本與異文（variation）以及“一字多義”（polysemy）的現象。2013年北京大學劉玉才教授及琉球大學水上雅晴教授在沖繩召開“校勘與經典國際學術研討會”[②]，筆者有幸受邀，提交《〈易〉學與校勘學》一文[③]，暢述《周易》異文所呈現經典“一字多義”的現象，引起了學界同道的注意。會議結束當日，廣島大學野間文史教授及京都大學名譽教授池田秀三教授和我一起閒逛校園，邊走邊聊。他們對我提出“一字多義”的課題深感興趣。會後2013年11月池田教授特地寫信給我，表示我所説的“一字多義”，對於專攻訓詁學的他有很大的啓發。渥蒙學界前輩肯定，我最安慰的是吾道不孤，深信經學文獻學的專家認得出這是研究古代漢語和文獻校勘的一條坦途。近數年來，我也陸續發表了關

① 《漢學研究》第24卷第1期，頁1—33。
② 水上教授現任日本中央大學教授。
③ 收入劉玉才、水上雅晴合編《經典與校勘論叢》，北京大學出版社，2015年，頁9—37。

於語言、字義和中國古代思想史的論著[①]，繼續發揮“一字多義”的義理。

在《周易》文本中，既存在鮮明的異文争議，而又兼“一字多義”的情形，莫過於“革”卦“已日乃孚”之例。“已日”一詞，傳統注家説解分歧十分嚴重，除“已日”外，或讀爲“巳日”，或讀爲“己日”。因爲《周易》原文並無標音，字形更是混淆，因而引發後世詮釋經典的學者争論不已，當代注解《周易》的著作汗牛充棟，衆多注者和譯者更是隨意之所在，望文生義，不辨牛馬，造成各説各話。以下考論革卦此句的“己/已/巳”字，説明其以一字同時指涉兩個含義的事實，再爲古代中國經典“一字多義”的現象作一輔證。

## 二、已日乃孚

1. 已日

漢魏《易》家注解《周易》，多將“已日”讀爲“已經”字，是結束、完成的意思。如《玉篇》釋“已”爲：

> 止也、畢也、迄也。

“革”卦六二“已日乃革之，征吉，无咎”，荀爽(128—190)：

> 五已居位爲君，二乃革意，去三應五，故曰“已日乃革”。

王弼(226—249)《注》：

> 不能自革。革已，乃能從之。

干寶(286—336)：

> 天命已至之日也。

崔憬：

> 湯武行善，桀紂行惡，各終其日，然後革之，故曰已日乃革之。[②]

金景芳(1902—2001)、吕紹綱(1933—2008)《周易全解》説：

> 已字應讀作已(yǐ)，不應讀作十二地支辰巳的巳(sì)，也不應讀作十天干戊己之己(jǐ)。已日，可革之日也。條件不到位，即先時而革，人疑而不孚。[③]

考察上述諸説，傳統學者没有開展討論，尚未知道他們選擇讀爲“已”的理由。金景芳、吕紹綱則提出理由。但顯然他們是對卦爻先作了詮解，然後根據詮釋

① 鄭吉雄《論先秦思想史中的語言方法：義理與訓詁一體性新議》，《文史哲》2018 年第 5 期，頁 38—67。鄭吉雄《名、字與概念範疇》，《杭州師範大學學報(社會科學版)》2017 年第 4 期，頁 13—28。該文後被中國人民大學書報資料中心選入复印報刊資料《中國哲學》2017 年第 12 期，頁 10—25。

② 參李鼎祚《周易集解》。

③ 金景芳、吕紹綱《周易全解(修訂本)》，上海古籍出版社，2005 年，頁 381。

決定選擇"已"字。無奈這欠缺字形分析的理據。

2. 巳日

《易》家讀"已日"爲"巳日",有兩個解釋,或將"巳"字讀爲十二地支(earthly branches)的第六個"巳"。按《史記·律書》:

> 中吕者,言萬物盡旅而西行也,其於十二子爲巳。巳者,言陽氣之已盡也。

王應麟《困學紀聞》卷一:

> ……如"月幾望""巳日乃孚",皆陰陽氣數之變。

王夫之(1619—1692)《周易内傳》卷四則將"巳"和"日"分開,釋"巳"爲"巳時":

> 道之大明,待將盛之時以升中,於時爲"巳",日在禺中而將"午"。前明方盛,天下乃仰望其光輝而深信之。六二當之,故三陽協合。

"三陽協合"的"三陽",指的是《革》卦三四五爻。又或亦主"巳"字,但讀爲"祭祀"字。高亨(1900—1986)《周易古經今注》卷四:

> 巳,疑借爲祀。孚讀爲浮,罰也。巳日乃孚,謂祀社之日乃行罰也。……行罰之時,必祀社以告神,故曰巳日乃孚。①

同書《損》卦初九"已事遄往":

> 《釋文》:"已,虞作祀。"《集解》已作"祀"。惠棟:"鄭《詩譜》云:'孟仲子,子思弟子,子思論《詩》"於穆不已",孟仲子曰"於穆不祀"。'知已與祀通。"亨按:此文字當作"巳","巳"借爲"祀"。《革》云"巳日乃孚"。六二云"巳日乃革之"。並以巳爲祀。余疑《周易》初本"祀"皆作"巳",今多作"祀"者,後人增示旁耳。②

周振甫(1911—2000)《周易譯注》:

> 巳:同祀。孚,信。革卦,人們懷疑改革,到祭祀日才相信,大通順。③

由上述可見,讀爲"巳"有兩派,一派讀地支而釋爲巳時,另一派則讀爲祭祀字的省形。同樣地,他們的論證都欠缺古文字上的理據,主要是根據他們對經文文本推測而作判斷。

3. 己日

《易》家又或將"已日"讀爲"己日",其中也可以區分爲兩種意見。第一種認爲"己日"爲古代天干記日之法中的"己日",同時也因"己"在經典中也可以讀爲"改",有更改、改變的意思。顧炎武(1613—1682)《日知録》"巳日"條引南宋朱震(子發,? —1138)讀爲"戊己之己",認爲甲日至癸日之間,過"己日"(第

---

① 高亨《周易古經今注》,中華書局,1984年,頁302。

② 同前注引書,頁277。

③ 周振甫《周易譯注》,五南圖書公司,1993年,頁314—315。

六日）則爲過中，有改革的意思。：

> 《革》"已日乃孚"。六二"已日乃革之"。朱子發讀爲"戊己"之"己"。天地之化，過中則變，日中則昃，月盈則食。故《易》之所貴者中，十干則"戊""己"爲中，至于"己"則過中，而將變之時矣，故受之以"庚"。"庚"者，更也，天下之事當過中而將變之時，然後革而人信之矣。古人有以"己"爲變改之義者。《儀禮・少牢饋食禮》"日用丁己"，《注》："内事用柔，日必丁己者，取其令名自丁寧、自變改，皆爲謹敬。"而《漢書・律歷志》亦謂"理紀于己，斂更于庚"是也。王弼謂即日不孚，已日乃孚。以"已"爲"已事遄往"之"已"，恐未然。

清儒吴夌雲《吴氏遺著》卷一：

> "己"讀若"改"，與"开"讀若"開"、"豈"讀若"愷"同例。從"攴"爲"改"，又與"學"爲"斅"，"启"爲"啟"同意。《儀禮・少牢禮》："日用丁己。"《注》："必用丁己者，取其令自變改也。"是鄭（玄）以"己"爲古"改"字矣。"己日"，即"改日"；"改日"，猶"革日"也。①

屈萬里《周易集釋初稿》引顧、吴之説：

> 按：吴説，顧亭林已先言。又按："己"即戊己之"己"，因其音同"改"，有改變義，故曰"己日乃孚"也。

顧炎武、吴夌雲之説，涉及筆者"一字多義"之説，下文有詳細分析。

另一種讀爲"己日"則是用"納甲説"解釋。漢儒"納甲"的學説，是以八卦配十天干：乾、坤對應甲、乙和壬、癸，以震、巽對應庚、辛，以坎、離對應戊、己，以艮、兑對應丙、丁。革的内卦"離"爲"己"，故虞翻説：

> 四動體離，五在坎中。

尚秉和（1870—1950）《周易尚氏學》引虞翻之説，云：

> "離"爲日，貞"己"，故曰"己日"。己日謂二。二，"離"主爻，承陽應五，故曰"己日乃孚"。……顧炎武《日知録》謂朱子發讀爲戊己之己，當從之。按虞氏注云："離爲日，孚謂坎。四動體離，故己日乃孚。"是虞氏亦以"離"爲己日，讀爲戊己之己明甚。

惠棟（1697—1758）《周易述》：

> 二體離，離象就己，爲己日。孚謂五，三以言就五。……二體離爲日，晦夕朔旦，坎象就戊；日中則離，離象就己。故爲己日。

漢儒"納甲"之説，以八卦配十天干，《繫辭傳》"在天成象"，《周易集解》引虞翻：

> 謂日月在天成八卦，震象出庚，兑象見丁，乾象盈甲，巽象伏辛，艮象

---

① 屈萬里《讀易三種》引，《屈萬里先生全集》第一册，聯經出版事業公司，1983年，頁298。

> 消丙,坤象喪乙,坎象流戊,離象就己。故在天成象也。①

清儒李道平(1788—1844)亦主納甲之説,云:

> 二體"離"爲日,離納己,故曰"己日"。②

所謂"二體'離'"指的是《革》内卦"離"及三四五互"離",皆納"己"。以上可知,讀"己日"的亦有兩派:一派認爲就是天干紀日的第六日"己日",另一派則用納甲説來解釋。

4. 己、已、巳的相混——傳本到譯本

"巳""已""己"三字在歷代版本之中相混,也是造成注釋系統錯亂的原因之一。《説文解字》"巳"字:

> 已也。

段玉裁《注》引《史記·律書》及《漢書·律曆志》説:

> 辰巳之"巳",既久用爲已然、已止之"已",故即以已然之"已"釋之。……即用本字,不假異字也。《小雅·斯干》《箋》云:"'似'讀爲'巳午'之'巳'。""巳續妣祖"者,謂已成其宫廟也。此可見漢人"巳午"與"已然"無二音,其義則異而同也。③

古書無"已"字,假借"巳"字而爲"已",故漢代發生相混。《説文解字》"己"字段玉裁《注》又説:

> 此與"巳"止字絶不同。宋以前分别,自明代以來,書籍間大亂,如《論語》"莫己知也""斯己而已矣",唐石經不訛,宋儒乃不能了。④

而明代則"己""巳"亦相混。我們看北京大學出版社 2000 年出版李學勤主編整理本《十三經注疏》雖爲鉛字排印,但《革》卦仍作"巳日乃孚",儘管王弼《注》讀爲"巳事遄往"之"巳"。

漢字"己""已""巳"的相混,對以漢語爲母語的華人學者而言已屬繁難,對歐美學者而言更是困擾。上述三種讀法,在英譯《周易》中都曾被歐美學者採用:

> Wilhelm/Baynes 讀爲"己日",自己的"己":"On your own day you are believed…… Six in the second place: When one's own day comes, one may create revolution." ⑤
>
> John Lynn 讀爲"已日",已經的"已":"Only on the day when it

---

① 《周易集解》,中華書局,2016 年,頁 390。

② [清]李道平《周易集解纂疏》,中華書局,1994 年,頁 436。

③ 許慎著,段玉裁注《説文解字注》,北京:中華書局,2013 年,頁 752—753。

④ 《説文解字注》,頁 748。

⑤ Richard Welhelm translation, rendered into English by Cary F. Baynes, *I Ching or Book of Changes* (Penguin Books, 1950), pp. 636 - 638.

comes to an end does one begin to enjoy trust. ”[①]

Richard Rutt 則讀爲“巳日”，祭祀的“巳”：“On a sacrifice day，use the captives. ”[②]。

5. 改日與攺日

“巳日”字形不同的争議，近年因上海博物館刊佈所藏《戰國楚竹書》（以下簡稱《上博簡》）而有新説。《上博簡》第三册有《周易》簡，整理者濮茅左《楚竹書周易研究》則隸定爲“攺日”，解釋作：

逐鬼禳祟之日。[③]

濮茅左隸定“”字爲“攺”，可能依據甲骨文至楚系簡帛文字字形僅有“攺”而無“改”字。甲骨文作“”“” [④]等形。郭店楚簡《緇衣》作“”[⑤]。侯馬盟書308“而敢或𢻱改”的“改”字作“”，與《上博簡》明顯不同。

丁四新也有近似的推斷，《楚竹簡與漢帛書〈周易〉校注》説：

“攺”，帛本殘，今本作“巳”。案：《説文》分别“攺”“改”爲二字，誤。其實爲一字，字本從巳從攴，“改”乃俗訛字。

丁四新斷定“攺”字爲正，“改”字乃俗訛字，可能正是根據甲骨文至楚系簡帛僅

① Richard John Lynn trans. ，*The Classic of Changes：A New Translation of the I Ching as Interpreted by Wang Bi* （New York：Columbia University Press，1994），p. 445.

② Richard Rutt，*The Book of Changes* （Surrey：Curzon Press Ltd. 1996），p. 272.

③ 陳仁仁《戰國楚竹書〈周易〉研究》亦採用濮茅左之説，又説“從楚竹書本作‘攺’來看，此處變革之義似非抽象地談，而是涉及具體的‘逐鬼禳祟’之事或風俗，似表示需待‘攺’後方可革更之。”（武漢大學出版社，2010 年，頁 270）。夏含夷順從濮茅左之説，“Here and in the Six in the Second line，for yi 攺，which Pu Maozuo says means ‘to drive off ghosts and dispel curses，’ R reads si 巳，‘the sixth of the earthly branches. ’ ” 並譯此爻爲“On an exorcism day when trust. ” See Edward L. Shaughnessy，*Unearthing the Changes：Recently Discovered Manuscripts of the Yi Jing （I Ching） and Related Texts* （New York：Columbia University Press，2014），pp. 122－123

④ 前 5. 10. 6，合 39465，黄組；前 5. 17. 6，合 39468，黄組。

⑤ 引自“中央研究院”楚系簡帛文字庫 http：//xiaoxue. iis. sinica. edu. tw/chuwenzi

有"改"字而無"攺"字。然而針對同一文本,李零有很不同的觀察,值得參考。《上博簡》《井》卦"改邑不改井",李零説:

> 改,簡文从巳。濮説此字與"攺"形近字通,不妥。案許慎以爲改字从支己(《説文》卷三下),李陽冰也説"己有過,攴之即改",都是誤以此字从己。其實,早期巳、已無别,但與己明顯不同。改字並不从己,因此也無所謂形近字通。①

《革》卦"改日"下又説:

> 改,簡文寫法同簡 44,馬王堆本、今本作已,濮注讀爲𢻱攺的攺,不妥。②

又説:

> "巳日"讀"改日"。上博本作"改日",下"巳日"同。馬王堆本、雙古堆本,這兩處皆殘缺。下九四有"改命"。"改日""改命"皆與"革"字有關。案:改字从巳或已,不从己。巳、已、己現在寫法相似,但古文字,巳、已無别,而與己完全不同。③

李零讀爲"改日",即改革字,不同意濮茅左讀爲"攺日",爲𢻱攺字。首先,誠如李零指出,"己""巳"二字完全不同,李零强調"改"字不从"己"而从"巳",説明了"改""攺"二字無所謂"形近字通","改"也不是"攺"的俗訛字,二字並不能像丁四新所説"其實爲一字"。"己"字甲骨文字形爲""""④,"巳"字甲骨文字形則爲""""⑤。濮茅左讀此字爲"攺"而非"改",丁四新説"改"爲"攺"的俗訛字,也許就是囿於該字左偏旁从"巳"不从"己"。

這裏恰好讓我們注意到經典詮釋上一個重要的方法問題——考釋文本,不能單綫地依靠審視古文字形,而必須同時考慮文字訛變的類例、校勘異文的問題,尤其重要的是文本(text)意義脈絡的合理性。儘管"改"字甲骨文並不从"己",研究者應該充分考慮:文字發展過程中出現訛變,往往也是文字演變的常態。顧炎武《日知録》所引《儀禮》鄭《注》之説,"丁己"之"己"就是表述"改"字,《説文解字》更明確指出"改"字从"己",顯示漢儒訓詁知識中"改"字或書爲"己"⑥。再往上推,《周易》《革》卦全卦均申論"改革"之義,"改日"也合符卦義的系統。用"攺"反而扞格不通。

"改"字在經典中常見。《詩經·鄭風·緇衣》的"予又改爲兮""予又改造兮""予又改作兮"的"改"都是更改的"改",而不是"𢻱攺"的"攺",但兩字的讀

① 李零《讀上博楚簡〈周易〉》,《中國歷史文物》2006 年第 4 期,頁 62。

② 李零《讀上博楚簡〈周易〉》,頁 63。

③ 李零《死生有命,富貴在天:〈周易〉的自然哲學》,香港中文大學出版社,2013 年,頁 213。

④ 甲 2490,合 27138,何組;甲 2262,合 22484,子組。

⑤ 鐵 263.4,合 17736;前 4.4.3,合 13527,賓組。

⑥ 這個"己"字並非自己字,而是"改"字的左偏旁,和"己"字字形近同。

音則均从“巳”聲。我們也不要忽略了，朱駿聲（1788—1858）《説文通訓定聲》早已考論“攺”“改”二字的區别。《定聲》“攺”字説：

> 毅攺，大剛卯，以逐鬼鬽也。从攴，巳聲，讀若“巳”，與从巳聲之改革字别。按：“毅攺”亦疊韻連語，以正月卯日作，故曰“剛卯”。或以玉，或以金，佩之辟邪，其度大者長三寸，廣一寸，小者長一寸，廣五分，皆四方，于中央從穿作孔，采絲繫之，文曰“正月，剛卯既央，靈殳四方。赤青白黄，四色是當。帝令祝融，以教夔龍。庶疫剛癉，莫我敢當。”①

李零文章所提及“劾改”的“劾”應作“毅”。“毅攺”，是用來驅逐鬼鬽的“大剛卯”。朱駿聲特别區别了“攺”“改”二字，前者是“逐鬼鬽”之物，後者是改革字。濮茅左釋《上博簡》該字爲“逐鬼禳祟”，就是將之隸定爲“攺”。依照朱駿聲解釋：“毅攺”二字是有押韻關係的複合詞，是“疊韻連語”，即古漢語的連綿詞②。這樣一來，將“毅”“攺”二字拆開，另造爲“攺日”一詞，恐怕有扞格不通之弊。而《説文通訓定聲》“改”字下朱駿聲解釋説：

> 更也。从攴，巳聲，與从“巳”之毅攺字别。《詩・緇衣》：“敝，予又改爲兮。”《傳》：“更也。”……《士相見禮》：“改居，則請退可也。”《注》：“謂自變動也。”③

值得注意是朱駿聲論“攺”字則强調“與从巳聲之改革字别”，論“改”則强調“與从‘巳’之毅攺字别”，顯然是提醒學者切勿混淆此二字。

朱駿聲著有《六十四卦經解》，説雖本漢儒，但他讀“己日乃孚”，卻對上述幾種讀法一概反駁，單採曆法之義，釋讀爲“己日”：

> 甲子至癸亥名目，古以紀旬，不以紀年。旬法六十日一週。一歲六週。故今年甲子日子正初刻初分冬至，則明年必己巳日卯初三刻奇冬至也。計閲三百七十一年，而又爲甲子日子正初刻初分冬至，但不在朔日耳。……然則“己日”爲太陽一歲週而復始之日，舉一年以概三百六十年也。天運有常，不愆于期，故孚。所謂革而信之也。所謂“天地革而四時成”也，所謂“行有嘉”也，所謂“革去故”也。故象傳統一卦之象而揭之曰“君子以治曆明時”。④

朱駿聲根據《彖傳》“天地革而四時成”和《象傳》“君子以治曆明時”，認定《革》卦與天文曆法有關，認爲古代用甲子紀日，而每年 $365\frac{1}{4}$ 日，故今年甲子日在子正初刻初分冬至，經 365 日即爲己巳日，再過 $\frac{1}{4}$ 日即由子正初刻至卯初三刻。因此“己日”就是太陽一歲週而復始之日，舉一年即可概括其餘。至於

---

① ［清］朱駿聲《説文通訓定聲》，藝文印書館，1975 年，頁 218。

② 例如《楚辭・卜居》“哫訾栗斯，喔咿儒兒”就是連綿詞的顯例，“哫、訾”精母雙聲；“栗、斯”支部疊韻；“喔、儒”侯部疊韻，“咿、兒”影母、日母，雙聲。

③ ［清］朱駿聲《説文通訓定聲》，頁 220。

④ ［清］朱駿聲《六十四卦經解》，中華書局，1958 年，頁 212。

“己”“已”“巳”的讀音，朱駿聲説：

> 辰巳之巳，與已止之已，字畫音聲，本皆無異，皆羊里反，以陽氣至，巳而盡出，至午則陰生，故轉訓爲“既”爲“止”……按《説文》“己”居擬切，象萬物辟藏詘形也。己承戊，象人腹；巳爲蛇，象形，詳里切。四月陽氣已出，陰氣已藏，萬物見，成文章，故象蛇形也。已，羊止切，用也，从反巳，賈侍中説，已意已實也，象形，三字音聲略同，字畫迥殊，意義亦别。況文豈言“巳時乃孚”耶？又“已日，天命已至之日”……然已至之日，安得但云“已日”？①

朱氏强調“己”“已”“巳”三字音聲略同，但字畫字義均不相同，“已日”“巳日”均窒礙難通，而“己日”則怡然理順。

就古音而論，中古韻書所記，“攺”字養里切或羊己切，“改”字古亥切或己亥切。兩字讀音不同。然而，如依朱駿聲之説，“毅攺”爲疊韻連語，則二字韻部應該相同。考慮“毅”字上古音溪母之部（中古讀音古哀切），“改”字見母之部，“攺”字應亦屬之部，始符合疊韻連語的條件。這樣一來，朱駿聲所説“从巳聲”的“巳”，理應是十天干中的“己”而非十二地支的“巳”（詳前文引段玉裁稱明代以後印刷“己”“巳”不分），所从的聲符偏旁必定也是見母之部的“己”字，必不可能爲“巳”。只不過上古發展至中古，“攺”字有了新的讀音。由此推論，“攺”“改”二字上古音相同，中古則相異，但截然爲兩字，可無疑問。《上博簡》“改日”讀作“毅攺”字的可疑之處在於：它脱離了“毅”字，失去疊韻連語的本質，和“日”字合在一起成爲“攺日”一詞而釋爲“逐鬼禳祟”，在《周易》卦義系統上也窒礙難通，在古代經典中也未嘗出現過。朱駿聲特别指出“改”字“與毅攺字别”，正好説明了他注意到二字有混淆的危險。

研究經典的學者，必須時時刻刻注意：文字音義的發展是有流動性的。我們判讀經典文字，應該考察它動態的變化，而不能只執著於字形筆劃的異同。朱駿聲引《緇衣》的“改爲”、《儀禮·士相見禮》的“改居”，正是這個意思。因爲更改、改變的“改”字在經典中十分常見，像《尚書·仲虺之誥》的“改過不吝”、《召誥》的“改厥元子兹大國殷之命”、《楚辭·離騷》“何不改此度”等等，用的都是“更改”的“改”而不是“毅攺”的“攺”。總之，“攺”字在古經典中是罕見的，研究者要捨“改”取“攺”，必須分外小心。“改”字在《周易》《革》卦中和“改革”的主旨互相呼應，而讀爲“改”，更是顯而易見，不能因甲骨文至簡帛文字字形爲“攺”，就一律以“改”爲“攺”，而讀爲“逐鬼魃”，或者視兩個字爲一個字。同一推論，依朱駿聲所指“攺”爲“毅攺”的專用字，《上博簡》卻將“改日”寫成“攺日”，那只能推斷它是寫法的混淆所致。

顧炎武《日知録》指出“己日”之“己”，既讀爲十天干“戊己”字，亦有《儀禮·少牢禮》及《漢書·律歷志》“丁已”字。這提醒了我們，在《周易·革》卦

① ［清］朱駿聲《六十四卦經解》，頁 213。

中，此字實兼有二義——《周易》哲理本於陰陽消長、反復其道，“己日”爲第六日，過中則改，故同時也含有“改”革的本誼。這正是本文“一字多義”的又一顯例。

## 三、補充若干《周易》異文多義的例子

無論是“異文”或“一字多義”，皆非古漢字及漢文獻所獨有，拉丁文、梵文等古老語言文字均如此，最初皆因字少所致。如《詩經・大雅・緜》“自土沮漆”，傳注釋“漆”爲漆水、“沮”爲沮水。唯孔達生（德成，1920—2008）師《“自土沮漆”解》考證“土”即“杜”，謂《漢書・地理志》“杜陽”所指之“杜水”，齊《詩》正作“杜”；“沮”同“徂”。四字義謂周太王遷岐，自杜水往漆水之事。達生師説：

> 蓋古者字少，且以一字當數義，又同音文字，往往通用不别，若此類者，本無足異，故甲骨文及金文，或以且作祖，或以且作俎，《韓非子》以范雎作范且（見《外儲説左上》）。先秦經籍，此類例證甚多。[①]

達生師所指出“古者字少”，正好説出了“異文”和“一字多義”現象的成因。古代文字不多，或借用某一字形表達另一音義不同的字，是爲假借，如“然”字本義爲“燃”，下方四點即是“火”字。但此字被“然而”“雖然”借用爲語詞後，書寫者唯有再添加一“火”於左邊，成爲“燃燒”的專用字。又或同屬一字而有不同寫法，如“毓”“育”二字實皆女性産子的會意，音義皆同，而字形結體則有異。總之，漢字形、音、義的關係，或離或合、或異或同，變化多端，而在歷史洪流中，字形訛變，亦未必有道理可講。

《周易》迭經歷代人傳抄，難免出現字的訛誤。後人不認得原字，有時會用另一同音字取代（音近而誤），或誤用另一同形字（形近而誤），甚至有時直接用較通行的字代替。筆者《〈易〉學與校勘學》所引《睽》卦“其牛掣”的“掣”字就是這一類。《夬》卦九五“莧陸夬夬”的“莧”字，恐怕屬於同類情形。大多數《易》家讀如字，釋爲草木。王弼《注》：

> 草之柔脆者也，決之至易，故曰夬夬也。[②]

朱熹（1130—1200）《周易本義》：

> 莧陸，今馬齒莧，感陰氣之多者。[③]

唯王夫之《周易内傳》讀此字爲“**萈**”，與草本植物無關：

> **萈**，胡官反，从𦫳，與从艸者異。**萈**，細角羊不能觸者。陸，平原之地，

---

① 原刊《説文月刊》3卷10期（1943年5月），頁169—170。引自《孔德成先生文集》，藝術家出版社，2018年，頁15。

② ［晋］王弼、韓康伯著《周易王韓注》，大安出版社，1999年，頁136。

③ ［宋］朱熹撰，廖名春點校《周易本義》，中華書局，2009年，頁162。

羊所樂處也。兑本羊體，而行於平原，得其所安，故有此象。九五雖迫近上六，有決於驅除之責，而安居自得，與之鄰而无戒心，"夬夬"而實未決也，以其得位居中，而非暱於陰柔，故亦可以无咎。①

《説文解字》卷十"萈"部：

山羊之細角者。从兔足，从苜聲。凡萈之屬皆从萈。讀若丸。寬字从此。②

"莧"常見而"萈"罕睹。如讀爲草本的"莧"，則"莧陸夬夬"意義，實難索解；如讀爲細角山羊之"萈"，釋爲山羊在草地上決行無礙之貌，義更見長。設想原作"萈"而後人因字不常見而以"莧"字代替，實也在常理之中。只不過孤證難爲定論，從最嚴謹的角度考慮，暫時只能存疑。

又如王應麟(1223—1296)《困學紀聞》論《頤》卦六四爻辭"虎視眈眈，其欲逐逐"：

《漢書·叙傳》："六世眈眈，其欲浟浟。"原注：音滌。《注》："頤六四爻辭，浟浟，欲利之貌。今《易》作'逐逐'。《子夏傳》作'攸攸'，顔《注》以'浟浟'爲欲利，輔嗣以'逐逐'爲尚實，其義不同。"

這個例子和"鹿""麓"之例相同，讓人難以定奪"逐""攸""浟"三者究竟何者爲正確。

又《小畜》卦九二"牽復，吉"。屈萬里(1907—1979)《周易集釋初稿》：

牽復，言被牽而復也。疑"轚輹"二字之訛，牽字漢石經作"𤚩"(見牽羊悔亡)，形近轚。轚，車軸頭鐵。輹，説文："車軸縛也。"二者皆所以固軸。既轚又輹，軸固故吉。軸當車之中，故象曰在中也。又疑牽如字，復作輹(大畜作輹)。牽輹，謂縛輹於軸也。牽輹則吉，脱輹則凶。③

歷代傳注多採"牽復"之説，意思是被牽而復，因意義暢通，似無異辭。而屈先生以實證方式提出"轚輹"之説，或讀爲"牽輹"，實均可以成立，於卦義亦圓融無礙。但究竟應採何種讀法，今天看來，亦值得研究者思考。

又如《蹇》卦有蹇困之義，"王臣蹇蹇"，實兼有"蹇"及"謇"二義，也就是"蹇蹇"同時兼有"謇謇"的意思，即《後漢書·魯丕傳》"廣納謇謇"，指正言、直言之貌。④ 古代君臣之義，臣下持正直言，是士大夫精神，故有"謇謇"之義；但犯顔直諫，十分困難，甚至有殺身之禍，故又有"蹇蹇"之義。然而經文的抄寫者或印刷商，實難以將兩個字同時寫在一段經文之中，唯有保存一個、捨棄另一個，這就讓經典將兩字義同時寄託在一個字之中的現象灰飛煙滅了。

---

① [清]王夫之《周易内傳》，《無求備齋易經集成》第76册據清道光二十二年守經堂刊本影印，成文出版社，1977年，頁510。

② [漢]許慎著，段玉裁注《説文解字注》，頁477。

③ 屈萬里《讀易三種》，頁79。

④ 《廣韻》："謇，正言也。"《韻會》："謇，直言貌。"

## 四、結論

傳統校讎學方家，在不同板本之間作出是非判斷，如老吏斷獄，不能有所含糊，是其所擅長，也就常常無法考慮到筆者多年來常常申論《周易》經文中“一字多義”(polysemy)的現象，更不會思考到文獻學、訓詁學上“異文”(variation)的背後，在訓詁學、詮釋學和哲學上的意義。誰能想像到，一個小小的“異文”，已足以衍生出好多種不同的説解，可以引起千百年的誤會和跨世代的辯論。而關鍵卻在於，研究者未能以寬廣的心情，看待同一個字可以兼有兩種或以上的意義。

如筆者常常强調的，漢字是結合形、音、義三者爲一的語言，而三個元素可以有不同的組合，有時字形相同，用不同的讀音來表達不同意義；有時讀音一樣，字形、字義卻都不同；有時音義一樣，卻又有不同的字形結構。更有很多例子是，一字本身即含有兩個以上的意義。現代人未能細心揣摩、品嘗文本，囫圇吞棗，就急急在其中判斷出是非對錯，造成文獻的訛誤，也引致讀者的誤解。這是研究者不可不知的。

**【作者簡介】**鄭吉雄，香港教育大學文化歷史講座教授，研究方向爲《周易》、清代學術史、中國思想史、東亞文獻詮釋學。

# 《周易集解》引蜀才注文補證
## ——辨鄭剛中《周易窺餘》引發之誤解

劉駿勃

**【提　要】** 李鼎祚《周易集解》所引蜀才注中有若干條含有"案"字，宋鄭剛中《周易窺餘》認爲其中《需》卦一條"案"字之後的内容並非蜀才注文，而是李鼎祚之案語。鄭氏此説没有受到清代馬國翰、黄奭等輯佚家的認同，但馬、黄等人没有對此具體辨析，因而有研究者受鄭氏此説的影響，並進而認爲《集解》中所有蜀才注文"案"字後的内容均爲李鼎祚所加而非蜀才注。實際上，《窺餘》所引自相矛盾，難以信據；《集解》書中對於李氏案語和諸家注文在體例上原有明確之區别；且含有"案"字之蜀才注和不含案語之蜀才注在句式與辭義上均極爲相似；此外孫星衍《周易集解》、李道平《周易集解纂疏》與曹元弼《周易集解補釋》中亦將這類案語視爲蜀才注。故鄭氏之説實不可信。類似問題亦見於荀爽、干寶等人之注文中，因而厘清各家注文和案語之歸屬是研究利用《周易集解》的重要前提。

**【關鍵詞】** 蜀才　周易集解　李鼎祚　周易窺餘　鄭剛中

## 引言、對《周易集解》所引蜀才注之不同看法

蜀才原名范長生，是魏晉時期蜀地著名易學家，所撰《周易注》十卷，《經典釋文・叙録》《隋書・經籍志》及兩唐志均有著録，迄晁、陳二目以降則無記載，是亡於兩宋之時。陸德明《經典釋文》與李鼎祚《周易集解》中各有蜀才注若干條，故清代張澍、孫堂、張惠言、馬國翰、黄奭等所輯蜀才注大要皆據此二書，所得佚文亦大同小異。其中，《需》卦彖辭"需，有孚，光亨，貞吉，位乎天位，以正中也"之下，諸家輯本並作："此本《大壯》卦。案：六五降四，'有孚，光亨，貞吉'；九四升五，'位乎天位，以正中也'。"並注明其來源爲《集解》[①]。顯然，諸

① [清]張澍《蜀典》卷十下，《續修四庫全書》影印道光本，上海古籍出版社，2002年，第735册，頁236—237；[清]孫堂《漢魏二十一家易注・蜀才周易注》，嘉慶四年孫氏映雪草堂本，葉1a—b；[清]張惠言《易義别録・周易蜀才氏》，《清經解》卷一二三七，葉1b；[清]馬國翰《玉函山房輯佚書・周易蜀才注》，《續修四庫全書》影印嫏嬛館補校本，上海古籍出版社，2002年，第1200册，頁682；[清]黄奭《黄氏逸書考・范長生易注》，《續修四庫全書》影印懷荃堂本，上海古籍出版社，2002年，第1206册，頁695。

家將“此本”以下凡二十八字皆看作蜀才之注文。然而宋代鄭剛中《周易窺餘》對此則有異説，該書卷二《需》卦彖辭注解中引蜀才注，乃稱：“蜀才曰‘此本《大壯》卦’，李鼎祚曰‘六五降四，有孚，光亨，貞吉；九四升五，位乎天位，以正中也’。”[①]是鄭剛中僅以“此本《大壯》卦”五字爲蜀才注文，而以“六五降四”以下文句爲李鼎祚所加之案語。考《黄氏逸書考》此條下注云“《窺餘》引首五字”[②]，是黄奭明確知曉鄭氏之説，但輯本仍將該句全部列出，顯然表明黄氏等並不同意鄭氏這一看法。

這並非一個孤立的情況。實際上，《集解》所引蜀才注中類似這樣含有“案”字的文句有十餘條，對此清儒諸輯本均列爲蜀才注。而有研究者受《窺餘》的影響，進而認爲：“諸家之輯本，皆以李鼎祚《周易集解》之按語，輯爲蜀才之易注……凡‘案’以下之語，悉鼎祚《周易集解》闡述蜀才易注者也，非蜀才之注也。”其具體論據有三。首先從《集解》體例方面認定：“《集解》書中，凡‘某人曰’者，皆其人之易注，凡加‘案’者，皆鼎祚所添加”，並且從書寫格式上推測將案語當作注文的原因：“鼎祚引先儒注，若引一家則不加圈，若引二家易注，則加圈以别之。唯按語則不加圈，故難辨也。此所以引鼎祚《集解》各家易注者往往將鼎祚之按語，誤爲各家之注。”其次即是鄭剛中等古代學者之引用：“鄭剛中《周易窺餘》引需卦蜀才注唯引‘此本大壯卦’五字耳，引晋卦蜀才注唯引‘晋本觀卦’。《象旨決録》則以意引，謂‘自觀卦來’。皆不引‘案’以下語爲蜀才注。”復次則著眼於蜀才注文的文義方面，通過將這類含“案”字的蜀才注和《集解》所引“蜀才易注無按語者比較之……按語多説明陰陽之爻……而蜀才注大多注爻位而已……可發現其仍有不同也”，認爲這類含“案”字的注文和無案語的蜀才注文在注釋特點上顯示出不同的風格，因此其並非蜀才注[③]。持相同觀點的著作還有《象數易學發展史》，該書蜀才章中引用此類蜀才注時均止於“案”字以前，當引及此後文句時則稱爲“李鼎祚案語”，並認爲注文簡潔是蜀才注的一個特點，“蜀才不像虞翻那樣去做詳細的解釋”，而是“用高度概括語言表述”，這樣做優點是“使卦變理論自圓其説，不自相矛盾”，缺點則是“使後人更難把握他的思想”[④]。受鄭説影響的著作還有《漢唐巴蜀易學研究》，該書蜀才一節中亦對這一問題從《集解》體例、鄭氏等前人引用、注文思想方面加以考辨，最終認爲：“以上重重疑惑與矛盾，經過反覆分析，雖然得不出這些案語就是蜀才《易注》的内容，但綜合所有情況來看，我們傾向於以前絶大多數學者的認識，將今輯本中加有‘案’字的語句看作是蜀才的注釋。”[⑤]實際上，這樣的疑惑是不必要的，筆者認爲，鄭氏之説不可信據，這類案語確爲蜀才注文無疑，

① [宋]鄭剛中《周易窺餘》卷二，《景印文淵閣四庫全書》本，臺灣商務印書館，1986年，第11册，頁411。

② [清]黄奭《黄氏逸書考・范長生易注》，頁695。

③ 以上觀點及論證見徐芹庭《魏晋南北朝四十三家易學》，中國書店，2011年，頁40—42。

④ 以上見林忠軍《象數易學發展史(第二卷)》，齊魯書社，1998年，頁44。

⑤ 金生楊《漢唐巴蜀易學研究》，巴蜀書社，2007年，頁197—198。

清儒輯本不誤，在此不揣譾陋，試爲補證如下，不當之處敬請高明不吝賜教。

## 一、《周易窺餘》所引之自相矛盾

鄭剛中字亨仲，號北山，金華人，紹興名臣，官至四川宣撫使，治蜀頗有方略。鄭氏著有《周易窺餘》十五卷，見於《直齋書録解題》等宋、明書目，其後漸失傳，乾隆時四庫館臣從《永樂大典》中輯出，成爲通行之四庫本①。如前所述，《周易集解》中《需》卦彖辭下引注云："蜀才曰此本《大壯》卦。案：六五降四，'有孚，光亨，貞吉'；九四升五，'位乎天位，以正中也'。"②四庫本《周易窺餘》中《需》卦彖辭下鄭氏注云："蜀才曰'此本《大壯》卦'，李鼎祚曰'六五降四，有孚，光亨，貞吉；九四升五，位乎天位，以正中也'。"③可見此處鄭剛中明確認爲"案"字以後内容爲李鼎祚之案語而非蜀才注。但《集解》全書所引注文中與此類似的"蜀才曰此本某卦案云云"非止一處，而鄭氏在其他類似注文處並未將"案"字以下内容當作李鼎祚案語，是其看法有自相矛盾之處。

如《周易窺餘》之《訟》卦中鄭氏言："蜀才謂《訟》自《遯》來，二進居三，三降居二，此所謂剛來而得中。"④考《周易集解》中《訟》彖辭下注云："蜀才曰：此本《遯》卦，案：二進居三，三降居二，是剛來而得中也。"⑤此處鄭氏引文顯然同時包括了"案"字前後的内容，但他不僅没有指出"二進居三"以下的作者另有其人，連原文的"案"字也删去了，表明鄭氏將"二進居三"以下也視爲蜀才語，這顯然與其在《需》卦的看法自相矛盾。又如《比》卦中鄭氏言："蜀才曰：此本《師》卦。案：六五降二，九二升五，剛往得中，爲比之主。故能原究筮道，以求長正，而'无咎'矣。"⑥以上凡三十八字，與《周易集解》中此處蜀才注一字不差⑦，而其於"案"字前後無任何説明，可見是把整句均視爲蜀才注文。《咸》《恒》等卦亦與此類似。此外《晋》卦的例子更爲典型，鄭氏言："蜀才曰《晋》本《觀》卦。凡四陰二陽者皆自《臨》來，曰《觀》卦者，自《觀》變而爲《晋》也，《觀》六四以柔進而上行，故九五降而逆之，此《晋》所以爲上下相與之卦也。"⑧考《周易集解》中《晋》卦此處注云："蜀才曰：此本《觀》卦。案：九五降四，六四進五，是'柔進而上行'也。"⑨此處文字與鄭氏所引頗有不同，是因爲在鄭剛中的易學思想中，作爲四陰二陽之《晋》卦按通例當自《臨》卦變來，但蜀才卻稱《晋》

---

① ［宋］鄭剛中《周易窺餘》書前提要，頁 395—396。

② ［唐］李鼎祚《周易集解》卷二，《北京圖書館古籍珍本叢刊》影印明朱西亭聚樂堂本，書目文獻出版社，1989 年，第 1 册，頁 37。

③ ［宋］鄭剛中《周易窺餘》卷二，頁 411。

④ ［宋］鄭剛中《周易窺餘》卷二，頁 414。

⑤ ［唐］李鼎祚《周易集解》卷三，頁 40。

⑥ ［宋］鄭剛中《周易窺餘》卷二，頁 421。

⑦ ［唐］李鼎祚《周易集解》卷三，頁 48。

⑧ ［宋］鄭剛中《周易窺餘》卷八，頁 503。

⑨ ［唐］李鼎祚《周易集解》卷七，頁 128。"六四"之"四"原缺，據卦象補。

自《觀》來，因此鄭剛中隨後即對這一差異加以解釋，其所言"六四以柔進而上行"云云，正是針對《集解》此處"案"字之後内容的闡述，並且，鄭氏顯然是將這些内容全部當作當作蜀才注文加以闡述，而未曾指出"案"字之後的作者另有其人。

要之，對於這類含"案"字的蜀才注，鄭氏有一字不差引爲蜀才注的，也有略加改動但仍視其爲蜀才注的，這是全書的大部分情況，而將案語指爲李鼎祚所加的僅《需》卦一例，因此不足爲據。實際上，《周易窺餘》一書引用的謬誤之處不僅涉及蜀才，也表現在其他文句中。如《蒙》初六下稱"李鼎祚謂震足艮手，互與坎連，故稱桎梏，初動成兑，坎象毁説之象"①，考《周易集解》中《蒙》卦，此段實爲虞翻注文②，可見《窺餘》一書引注不乏草率，其引用未可盡信③。

此外，徐氏論據中所謂"晋卦……《象旨決録》則以意引，謂'自觀卦來'。皆不引'案'以下語爲蜀才注"，此亦不可據。考《象旨決録》全名《周易象旨決録》，爲明代熊過所撰，此處所涉文字在《晋》彖辭下，全句爲："蜀才云自《觀》卦，朱先生從之，不然矣。"④意在説明蜀才、朱熹及作者關於卦變看法之異同，既知爲"意引"，自不必照録原文。與此可作對照的是，《集解》中《隨》卦引蜀才注云："蜀才曰：此本《否》卦。剛自上來居初……"其中並無"案"字，故"剛自上來"云云信爲蜀才注，而《象旨決録》中《隨》卦注云："虞翻、蜀才、吴幼清皆以爲自《否》來，朱義主《困》《噬嗑》《未濟》三卦，余琰主《蠱》，皆非也。"⑤行文與《晋》卦類似，僅揭舉各家異同而已，如就此認爲蜀才注不包含"剛自上來"云云，則顯然是不正確的，可見《象旨決録》之引用完全不足以説明蜀才注的起止。

## 二、《周易集解》及衍生著作中案語之書寫體例

李鼎祚在《周易集解》自序中稱："先儒有所未詳，然後輒加添削，每至章句，僉例發揮，俾童蒙之流一覽而悟，達觀之士得意忘言。"⑥是知書中除彙集各家注文之外確有李氏所加之案語，但並非全部案語都爲李氏所加。李道平《周易集解纂疏》卷一第一條疏文稱"凡加案者，李氏説也"⑦，此言即失之絶對，《集解》中有些案語顯然是所引注文中原有之文句。如《説卦》首句"昔者聖人之作易也"一句，其下引注云："孔穎達曰：據今而稱上代，謂之'昔者'；聰明

---

① [宋]鄭剛中《周易窺餘》卷一，頁 409。

② [唐]李鼎祚《周易集解》卷二，頁 35。

③ 四庫本《周易窺餘》從《永樂大典》輯出，字句或有脱訛，但涉及引用各家姓氏之處當屬《窺餘》原貌。

④ [明]熊過《周易象旨決録》卷三，《景印文淵閣四庫全書》本，臺灣商務印書館，1986 年，第 31 册，頁 513。

⑤ [明]熊過《周易象旨決録》卷二，頁 476。

⑥ [唐]李鼎祚《周易集解》自序，頁 2。"詳"底本原作"誤"，據北師大藏朱氏聚樂堂本改。

⑦ [清]李道平《周易集解纂疏》卷一，光緒十七年(1891)三餘草堂刻本，葉 1a。

睿智，謂之‘聖人’，即伏羲也。案《下繫》云，古者庖羲氏之王天下，始作八卦。今言作易，明是伏羲，非謂文王也。”[①]考《周易正義》，此段孔疏原文爲：“據今而稱上世，謂之‘昔者’也；聰明叡知，謂之‘聖人’，此聖人即伏犧也。不言伏犧而云聖人者，明以聖知而制作也。且《下繫》已云，包犧氏之王天下也，於是始作八卦。今言作易，明是伏犧，非文王等。”[②]可見，此處“案”字前後皆爲孔疏原文，唯文句稍有出入[③]。又如《坎》上六象辭中“上六失道，凶三歲也”一句，《集解》引注云：“《九家易》曰：坎爲叢棘，又爲法律。案《周禮》：王之外朝，左九棘，右九棘，面三槐，司寇公卿議獄於其下。害人者，加明刑，任之以事。上罪三年舍，中罪二年而舍，下罪一年而舍也。案：坎於木堅而多心，叢棘之象也。坎下巽爻……”[④]這一段注文有兩條案語，顯然不會全是李鼎祚所加。前者“案《周禮》”云云意在説明此前注文中之“叢棘”與“法律”之關聯，是《九家易》注文中原有之案語；後者“案：坎於木堅而多心”云云，“堅而多心”的取象與《九家易》已有差别，而“坎下巽爻”以爻體解卦，亦與《九家易》之取徑不同，此案語乃是李氏所加。可見，就《周易集解》案語的整體情況而言，全書中案語可分兩類，一類確爲李鼎祚所加，另一類則是所引注文中原有的内容，因此不能簡單憑藉“案”字來認定蜀才注中案語的歸屬。

除體會文義外，《周易集解》的書寫體例對區分注文與案語有重要幫助。具體來説，《集解》宋、明以來各版本對於各家注文和李氏所加的案語在書寫格式上有以下四種形式。甲：南宋嘉定本，格式爲有多家注文時各家之間空兩格，注文後有李氏案語的“案”字前也空兩格。乙：明嘉靖朱西亭刻本，格式爲多家注文間以○隔開，注文後有李氏案語的“案”字前空一格，與此格式相同的還有毛晋汲古閣本、盧見曾雅雨堂本、張海鵬《學津討原》本。丙：胡震亨《秘册匯函》本，格式爲多家注文每條均提行，注文後有李氏案語的“案”字前空一格，不提行。丁：《四庫全書》本，格式爲多家注文間以○隔開，注文後有李氏案語的也以○隔開，與此類似的有周孝垓刻本，唯周本注文及案語均作雙行小字。可以看出，各本格式雖然有所不同，但李氏案語之前或有空格，或加○隔開，皆有一定之規，以免與注文混淆。而對那些注文中原有的案語，如前揭《説卦》孔注中的“案《下繫》”及《坎》上六象辭《九家易》注中的“案《周禮》”，則與“案”字前的文字緊密相連，其間没有任何空格或○，表明其爲注文原有之部分。此外，各版本中也並没有徐氏所稱“若引二家易注，則加圈以别之。唯按語則不加圈”的情況。是故諸版本的格式不僅不會導致關於案語作者的誤解，反而有助於區分不同案語的真實歸屬。今考相關含“案”字的蜀才注可以發現，所有此類 13 條注文，各版本中“案”字均與注文相連書寫，與前揭《説卦》中引孔注

① ［唐］李鼎祚《周易集解》卷十七，頁 286。

② ［唐］孔穎達《周易正義》卷十三，南宋越刊八行本，葉 2a。其中“明是伏犧”，清阮刻本作“言是伏犧”，與宋本不同，見阮氏校勘記。

③ 除文句外，文字亦略有異同，如宋本《集解》均作“羲”，宋本《注疏》均作“犧”。

④ ［唐］李鼎祚《周易集解》卷六，頁 113。

等處表現一致，而没有任何空格或〇的標識[①]。因此，從書寫格式的角度也可證明這些案語並非李氏所加，而是蜀才注原有之部分[②]。

《集解》的相關衍生著作對於原有注文和案語的書寫也具有重要參考價值。這類著作主要包括孫星衍所撰《周易集解》、李道平所撰《周易集解纂疏》和曹元弼所撰《周易集解補釋》等[③]。孫氏《周易集解》經傳各條下分"解""注""集解"三項，"解"中録李氏《集解》所引的除王弼、韓康伯外的各家注文及李氏案語，並對各引文的位置、次序及内容有一定改易與析併；"注"中專録王弼、韓康伯之注；"集解"中增補李氏未收的注文。在移録李氏《集解》原有的多家注文時，各家之間及各家与李氏案语间例空一格以示區分。考孫氏《集解》中所涉蜀才注的格式，其間並無空格（《臨》卦一條有不同，詳後）[④]，可見孫氏將這類案語均視爲蜀才注。李道平的《周易集解纂疏》是直接針對《周易集解》的義疏體著作，其體例是當《集解》所引注文有多家時，各家之間及各家与李氏案语间也例空一格以示區分，此下針對每家注文分别作疏解，並在各疏文前冠以"某注"，各家疏文間亦空一格，遇李鼎祚案語時，亦在相應疏文前冠以"案"字並空格（李道平的案語則冠以"愚案"），均與注文層次相呼應[⑤]，體現出李道平對諸家注文及案語歸屬的理解。考《纂疏》中所涉蜀才注的格式可見，此類案語在注文中均無空格，在疏文中亦未單獨標出加以疏解，可見李道平將這類案語均視爲蜀才注而非李鼎祚案語。曹元弼《周易集解補釋》最爲晚出，綜合孫星衍、李道平兩途，既補前人之未備，又隨文加以箋釋。當《集解》所引注文有多家時，《補釋》的體例是各家注文之間用〇隔開，李氏案語前無〇，但空一格。考《補釋》中所涉蜀才注的格式可見，此類案語前均無空格[⑥]，顯然曹元弼也將所有蜀才注中"案"字以後的内容均視爲蜀才注。綜上可見，在這一問題上，孫星衍、李道平、曹元弼等人的態度與孫堂、張澍、張惠言、馬國翰、黄奭等是一致的，這反映了清代學者的普遍觀點。在參考古人看法這一思路上，這些清代學者的研究要比鄭剛中、熊過等人的引用更爲可信。

## 三、兩類蜀才注文之對比分析

校勘學上有"本校"或"内證"的説法，指本書之内前後互證，抉其異同，這一思路對考察本問題也有幫助。將《周易集解》中這類帶"案"字的蜀才注和不帶按語的蜀才注加以對比，可以看出其間的相似遠大於不同。《周易集解》全

---

① 現存嘉定本《集解》缺上經，下經中涉及所論蜀才注文處皆相連書寫，上經當亦如是。

② 唯《臨》卦一條案語有可議處，詳後。

③ 《周易集解》的重要衍生著作尚有李富孫《李氏易解賸義》，但其中不録《集解》原有之注文。

④ [清]孫星衍《周易集解》，《叢書集成初編》據《岱南閣叢書》排印本，上海商務印書館，1936 年，第 445—454 册。

⑤ [清]李道平《周易集解纂疏》，光緒十七年（1891）三餘草堂刻本。

⑥ [清]曹元弼《周易集解補釋》，曹氏自刻本，1927 年。

書引蜀才注凡23條，其位置與主要内容如表1所示。

**表1 《周易集解》引蜀才注文的位置與内容**

| 序號 | 位置 | 注釋内容 | 有無“案”字 | 序號 | 位置 | 注釋内容 | 有無“案”字 |
|---|---|---|---|---|---|---|---|
| 1 | 《坤》彖辭 | 德行 | 無 | 2 | 《坤》彖辭 | 德行 | 無 |
| 3 | 《需》彖辭 | 卦變 | 有 | 4 | 《訟》彖辭 | 卦變 | 有 |
| 5 | 《師》彖辭 | 卦變 | 有 | 6 | 《比》彖辭 | 卦變 | 有 |
| 7 | 《泰》彖辭 | 卦變 | 無 | 8 | 《否》彖辭 | 卦變 | 無 |
| 9 | 《同人》彖辭 | 卦變 | 無 | 10 | 《隨》彖辭 | 卦變 | 無 |
| 11 | 《臨》彖辭 | 卦變、卦氣 | 有 | 12 | 《觀》彖辭 | 卦變 | 有 |
| 13 | 《无妄》彖辭 | 卦變 | 有 | 14 | 《大畜》彖辭 | 卦變 | 有 |
| 15 | 《咸》彖辭 | 卦變 | 有 | 16 | 《恒》彖辭 | 卦變 | 有 |
| 17 | 《晋》彖辭 | 卦變 | 有 | 18 | 《明夷》彖辭 | 卦變 | 有 |
| 19 | 《損》彖辭 | 卦變 | 有 | 20 | 《損》象辭 | 爻位承應 | 無 |
| 21 | 《益》彖辭 | 卦變 | 無① | 22 | 《旅》彖辭 | 卦變 | 無 |
| 23 | 《繫辭上》 | 德行 | 無 | | | | |

通觀全書23條蜀才注文可見，除第1、2、20、23共4條論德行或爻位承應外，其餘共19條均論卦變，占蜀才注的絶大多數。同時值得注意的是，所有論卦變的19條注文，其位置全在各卦彖辭之下，並且含有“案”字的13例注文恰好全部從屬於這19條。因此，可將論卦變的19條注文分爲含“案”字和不含“案”字的兩類，對各類之内和兩類之間加以整體的分析和比較。

首先，不帶“案”字的6條爲皆信爲蜀才注文，作爲基本對照，全部列出如下：

7.（《泰》彖辭）泰，小往大來，吉，亨

蜀才曰：此本《坤》卦。“小”謂陰也，“大”謂陽也。天氣下，地氣上，陰陽交，萬物通，故“吉，亨”②。

8.（《否》彖辭）大往小來

蜀才曰：此本《乾》卦。“大往”，陽往而消；“小來”，陰來而息也③。

9.（《同人》彖辭）柔得位得中，而應乎乾，曰同人

蜀才曰：此本《夬》卦。九二升上，上六降二，則“柔得位得中，而應乎乾”，下奉上之象，義同於人，故曰“同人”④。

10.（《隨》彖辭）隨時之義大矣哉

① 此處朱本、胡本、毛本無“案”字，盧本及受其影響各本不僅多出“案”字，文句更有異同，詳後文注釋，今據朱本。

② ［唐］李鼎祚《周易集解》卷四，頁57。

③ ［唐］李鼎祚《周易集解》卷四，頁61。

④ ［唐］李鼎祚《周易集解》卷四，頁64。

蜀才曰:此本《否》卦。剛自上來居初,柔自初而升上,則内動而外説,是“動而説,隨”也。相隨而“大亨”“无咎”,得於時也。得時則天下隨之矣,故曰“隨時之義大矣哉”①。

21.(《益》彖辭)益,損上益下,民説无疆

蜀才曰:此本《否》卦。乾上之初,坤爲无疆,震爲喜笑,以貴下賤,大得民,故“説无疆”矣②。

22.(《旅》彖辭)柔得中乎外而順乎剛,止而麗乎明,是以小亨,旅貞吉也

蜀才曰:否三升五,柔得中於外,上順於剛;九五降三,降不失正,止而麗乎明,所以“小亨,旅貞吉”也③。

以上 6 條注文在句式和辭義上都極相似。在句式上,各條均以“此本某卦”開始,先指明所從來之卦,然後論所從來之原因,最終歸結於彖辭文句上,僅最後一例偶缺“此本某卦”字樣。在辭義上,各條均以卦變解彖辭。卦變之術實甚繁雜,大略有消息升降、反覆、旁通、重卦、朱子卦變説等數家系統,此處各條均屬消息升降系統。具體來説,這一系統認爲,乾坤爲易之本,乾坤之陰陽爻相消息則漸次成《復》《臨》《泰》等十二消息卦(十二辟卦),消息卦中二爻升降則成其餘各卦。此六條中,《泰》《否》兩卦爲消息,《泰》爲陽息《坤》至三,《否》爲陰消《乾》至三,故蜀才注云《泰》本《坤》卦,《否》本《乾》卦。其餘四例則爲升降。如第 9 條云《同人》自《夬》來,《夬》爲十二辟卦之一,《夬》之九二與上六相升降則成《同人》,其上六降二後則柔得位且居中,並與上體《乾》九五相應,故有同人之象;此外《隨》《旅》兩卦亦爲二爻升降,故注中皆指明具體升降之爻。《益》卦稍有例外,並非二爻升降,而是一爻動後另五爻隨之遞動之例,即《否》上九降居初位,然後另五爻遞相上移(九五升上、九四升五……初六升二),如此則《否》變成《益》。如將蜀才注“乾上之初”理解爲《否》初、上二爻相升降,則《否》將變成《隨》卦(見第 10 例)而非《益》卦。要之,無論辟卦之消息或升降,注文之旨皆在以此解彖辭中之相關文句,如《泰》之“吉,亨”、《同人》之“柔得位得中”“應乎乾”等,《益》卦之所以用特例,也是要呼應彖辭中的“損上益下”之語(故必爲初、上之變動),這種以卦變呼應彖辭並表現爲固定句式的做法是蜀才注的突出特點。

其次,含“案”字的注文共 13 條,以下舉第 3、4、11、12、13 五條爲代表:

3.(《需》彖辭)需,有孚,光亨,貞吉,位乎天位,以正中也

蜀才曰:此本《大壯》卦。案:六五降四,“有孚,光亨,貞吉”。九四升五,

---

① [唐]李鼎祚《周易集解》卷五,頁 76。

② [唐]李鼎祚《周易集解》卷八,頁 149。又,胡本、毛本文字與此相同,盧本此處分兩條,正文“損上益下”下引“蜀才曰:此本《否》卦。案乾之上九下處坤初,坤之初六上升乾四,損上益下者也”。然後是正文“民説无疆”,下引“虞翻曰:上之初,坤爲无疆,震爲喜笑,以貴下賤,大得民,故説无疆矣”。此於舊本無據,爲惠棟仿《損》卦虞翻、蜀才注而改動,其後有一些版本受盧本影響,皆不可據,今從朱本。

③ [唐]李鼎祚《周易集解》卷十一,頁 197。

“位乎天位，以正中也”①。

4. (《訟》彖辭)訟，有孚，窒惕，中吉，剛來而得中也

蜀才曰：此本《遯》卦。案：二進居三，三降居二，是“剛來而得中也”②。

11. (《臨》彖辭)至於八月有凶，消不久也

蜀才曰：此本《坤》卦。剛長而柔消③，故大亨利正也。案：《臨》，十二月卦也。自建丑之月，至建申之月，凡歷八月，則成《否》也，否則天地不交，萬物不通，是“至於八月有凶”，斯之謂也④。

12. (《觀》彖辭)大觀在上

蜀才曰：此本《乾》卦。案：柔小浸長，剛大在上，其德可觀，故曰“大觀在上”也⑤。

13. (《无妄》彖辞)无妄，剛自外來而爲主於内

蜀才曰：此本《遯》卦。案：剛自上降，爲主於初，故“動而健，剛中而應”也。於是乎邪妄之道消，“大通以正”矣，无妄大亨，乃天道恒命也⑥。

從句式上看，以上 5 條注文除《臨》卦一例外亦均以“此本某卦”開始，復加“案”字論卦變，終則亦歸結於彖辭。其餘未列出各條亦同此句式，而這一句式與含“案”字的蜀才注顯然一致。從辭義上看，各條亦均以辟卦之消息或升降解彖辭，其中《觀》爲辟卦之消息，爲陰消《乾》至四，故注云本《乾》卦，而陰消《乾》至四仍有陽爻在上，故爲“大觀在上”；《需》《訟》及未列出的《師》《比》《咸》《恒》《晋》《明夷》《損》共 9 卦爲辟卦二爻升降，案語中皆指明具體升降之爻，不詳論；《无妄》與未列出的《大畜》屬於升降之特例，即一爻動後另五爻隨之遞動之例，如《无妄》自《遯》來，具體變動是“剛自上降，爲主於初”，並非指《遯》之初、上二爻相升降(如是則《遯》將變爲《革》)，而是指《遯》上六降居初位，同時另五爻遞相上移(九五升上、九四升五……初九升二)，如此則《遯》變成《无妄》，這與前一類中《益》卦的變動方式完全相同。此處之所以不用二爻升降，是因爲彖辭稱“剛自外來而爲主於内”，而《无妄》初(内)、上(外)均爲陽爻，無法通過此二爻升降以變卦，故需用特例達成之。總之，從辭義上看，此數條注文所用辟卦之消息、二爻升降或諸爻遞變之特例與不含“案”字各條在卦變闡釋的理路上完全屬於同一系統。

經過對比可見，蜀才注《易》特重以卦變解彖辭，其中有用辟卦消息者，如《泰》《否》《觀》；有用二爻升降者，如《同人》《需》等；偶有用遞變者，如《益》《无妄》等。各例之間句式、辭理均相同，而有無“案”字則無關緊要。並且，蜀才鵠的在以卦變解彖辭，故注文必以“故某某也”“故云某某”等爲歸結，若所注僅止

① [唐]李鼎祚《周易集解》卷二，頁 37。

② [唐]李鼎祚《周易集解》卷三，頁 40。

③ “消”，朱本原作“削”，胡本作“剥”，盧本作“消”，今從之。

④ [唐]李鼎祚《周易集解》卷五，頁 82。

⑤ [唐]李鼎祚《周易集解》卷五，頁 84。

⑥ [唐]李鼎祚《周易集解》卷六，頁 99。

於"此本某卦",不論及彖辭,則"本某卦"亦失去指向。如第22條《旅》卦,其中並無"此本某卦"字樣,而將其隱含在"否三升五"的闡述中,是知二者間以後者爲重,此乃注經之本也。故從句式和辭義角度對比兩類蜀才注,可以證明除《臨》卦外的12條含有"案"字的注文其"案"字後的内容皆信爲蜀才之注。

唯第11例《臨》卦頗有可議。此條注文含有"案"字,且亦在彖辭之下,但與其餘各例有所不同。最明顯的區别是,此條"案"字的位置不在"此本《坤》卦"之後,而在"故大亨利正也"之後。從"此本《坤》卦"到"故大亨利正也",謂《臨》自《坤》來,爲陽息坤至二,故剛長柔消,"大亨利正",是以消息解彖辭,故這一部分其句式與辭義均是典型的蜀才論卦變之注文。但"案"字以後的情況則有所不同。從句式看,"案"後的"臨,十二月卦也"云云,所釋爲"至於八月有凶",雖然也屬彖辭,但其"斯之謂也"的句詞則與蜀才注常見的"故某某也"顯有不同,篇幅與文氣亦不甚相類,反而與李鼎祚若干案語的文氣、用詞十分接近[①]。從辭義看,"臨,十二月卦也"云云,所用説法乃是十二辟卦與十二月支相配之卦氣説。通觀《集解》中可靠或不可靠的蜀才注,用卦氣説者僅此一見,與蜀才論卦變的慣常思路並不相同。而李鼎祚於《復》卦辭"七日來復"下加案語以《剥》爲九月、《坤》爲十月[②],與此處同屬卦氣説。故此案語是否爲蜀才文頗爲可疑。從書寫體例看,諸本以及李道平《纂疏》、曹元弼《補釋》此處"案"字皆緊連上文,並無空格或○等,唯孫星衍《集解》中在"案"字前空一格[③],但《補釋》中此處曹氏加"釋曰"稱:"蜀才以……李意以鄭、虞説爲正"[④],似又將案語視爲李氏手筆。對此筆者亦傾向於將《臨》卦"案"字以後的内容視爲李鼎祚所加案語。

## 四、荀爽、干寶等注文中之類似問題

通過以上考辨可知,《周易集解》中若干含有"案"字的蜀才注,其"案"字後的内容亦爲蜀才注文,而非李鼎祚案語。這一問題也同樣出現在荀爽、干寶等人的注文中,因文義不甚明顯,故或致誤會,如《未濟》一條的干寶注文即被鄭剛中《周易窺餘》誤當作李鼎祚之案語(詳第6例)。此類情況共6條:

1.(《屯》彖辭)動乎險中,大亨貞

> 荀爽曰:物難在始生。此本《坎》卦也。案:初六升二,九二降初,是"剛柔始交"也。交則成震,震爲動也,上有坎,是"動乎險中"也。動則物

① 如《繫辭上》"大衍之數五十,其用四十有九"句下李氏引崔憬説然後撰案語駁之,文末即云"神妙無方,藏往知來,以前民用,斯之謂矣"!見[唐]李鼎祚《周易集解》卷一四,頁239—240。

② [唐]李鼎祚《周易集解》卷六,頁96。

③ 孫氏將此處蜀才注與案語均從彖辭下移諸象辭下,見[清]孫星衍《周易集解》卷五,頁180—181。

④ [清]曹元弼《周易集解補釋》卷五,葉28a—b。

通而得正，故曰“動乎險中，大亨貞”也[①]。

此條爲荀爽論卦變以注彖辭。《集解》中荀爽論卦變的注文如《賁》彖辭“賁亨，柔來而文剛，故亨。分剛上而文柔，故小利有攸往”下，荀注曰“此本《泰》卦，謂陰從上來，居乾之中，文飾剛道，交於中和，故亨也。分乾之二，居坤之上，上飾柔道，兼據二陰，故小利有攸往矣”[②]；又如《井》彖辭“往來井井”下，荀注曰“此本《泰》卦，陽往居五，得坎爲井；陰來在下，亦爲井，故曰往來井井也”[③]，此皆確信爲荀爽注。故知荀注論卦變，亦不止於“此本某卦”，而務在得經傳文句之所來，其理與前論蜀才注相同。另外，本條荀注不僅釋“動乎險中，大亨貞”，亦兼釋彖辭前文“剛柔始交”。《屯》自《坎》來，《坎》初、二兩爻一剛一柔，且位在初、二，故云“剛柔始交”，《屯》下震上坎，震爲動、坎爲險，故云“動乎險中”，又因動則得通，故“大亨貞”。全句用卦變及《説卦》之象解釋彖辭，前後一貫，實不可割裂。此外，從各刻本體例來看，朱本、胡本、毛本、盧本、四庫本、張本“案”字皆與前文相連，唯有周本及孫星衍《集解》“案”字不連上文而空一格，《纂疏》承周本之誤亦空格，且單獨爲“案”作疏文，是誤認其爲李氏語[④]。曹元弼《補釋》於此處“案”字前有雙行夾注云“此下周空一格，非”[⑤]，已規其繆。故本條案語全屬荀爽注，非李鼎祚所加也。

2.（《蒙》彖辭）蒙亨，以亨行時中也

荀爽曰：此本《艮》卦也。案：二進居三，三降居二，剛柔得中，故能通。發蒙時令得時中矣，故曰“蒙亨，以亨行時中也”。[⑥]

此與上條同，“案”字前後均荀爽注，文義不可割裂，不詳論。各本體例，朱本、胡本、毛本、盧本、四庫本、張本連同孫星衍《集解》中“案”字皆與前文相連，唯有周本“案”字不連上文而空一格，《纂疏》承周本而誤，曹元弼《補釋》於“案”字前有雙行夾注云“此下周空一格，非”[⑦]。

3.（《蠱》卦辭）蠱：元亨

伏曼容曰：蠱，惑亂也。萬事從惑而起，故以蠱爲事也，案：《尚書大傳》云：“乃命五史，以書五帝之蠱事。”然爲訓者，正以太古之時无爲无事也。今言蠱者，是卦之惑亂也。時既漸澆，物情惑亂，故事業因之而起惑矣。故《左傳》云“女惑男，風落山，謂之蠱”，是其義也。[⑧]

本條伏曼容注雖在卦辭下，所釋實爲《序卦》“蠱者，事也”一句。原伏注之義，

---

① ［唐］李鼎祚《周易集解》卷二，頁 30。
② ［唐］李鼎祚《周易集解》卷五，頁 90。
③ ［唐］李鼎祚《周易集解》卷一一，頁 171。
④ ［清］李道平《周易集解纂疏》卷二，葉 19b。
⑤ 曹元弼《周易集解補釋》卷二，葉 47a。
⑥ ［唐］李鼎祚《周易集解》卷二，頁 34。
⑦ 曹元弼《周易集解補釋》卷二，葉 65b。
⑧ ［唐］李鼎祚《周易集解》卷五，頁 79。

先以惑亂解“蠱”字，此本“蠱”之習義，然“蠱”訓“事”又明見《序卦》，伏氏爲牽合“事”“惑”二義，故云“萬事從惑而起”，其下再輔以例證，先據《尚書大傳》證“蠱”爲“事”義，至後世時漸澆薄，乃事惑相因，故《左傳》“蠱”已爲惑義。伏氏意在彌縫二説，若止於《尚書大傳》前，則二説未見圓融。又據各版本及孫、李、曹諸書之體例，全爲連文，故此案爲伏曼容之注也。

4.（《大畜》九二象辭）輿説輹，中无尤也

盧氏曰：乾爲輿。案：輹，車之鉤心，夾軸之物。處失其正，上應於五，五居畜盛，止不我升，故且脱輹，停留待時，而進退得正，故“无尤”也。[①]

本條“案”字後内容亦盧氏注。盧氏先解“輿”字，次解“輹”字，進而解“无尤”之故，條理清晰。《大畜》下體《乾》爲輿，九二處其中故有輹象，然九二雖得中卻失正，故必脱輹乃能得正，此爲輿與輹之關係。若盧注止“乾爲輿”三字，則與九二爻無涉也。又據各本及孫、李、曹諸書之體例，全爲連文並無例外，故此案爲盧氏之語也。

5.（《既濟》九五象辭）東鄰殺牛，不如西鄰之時也

崔憬曰：居中當位，於既濟之時，則當是周受命日也。五坎爲月，月出西方，西鄰之謂也。二應在離，離爲日，日出東方，東鄰之謂也。離又爲牛，坎水克離火，東鄰殺牛之象。禴，殷春祭之名，案《尚書》，克殷之歲，“厥四月，哉生明，王來自商，至於豐”，“丁未，祀於周廟”。四月，殷之三月，春也，則明西鄰之禴祭，得其時而受祉福也。[②]

此條崔注雖處象辭下，實兼釋九五爻辭“東鄰殺牛，不如西鄰之禴祭，實受其福”。崔注先將《既濟》九五之“時”指爲“周受命日”，復以卦中坎、離之象輾轉得“西鄰”“東鄰”之所來，再以水克火得“東鄰殺牛”之象，復論禴祭在殷爲春時，又據《尚書》證克殷亦在春時，是此時西鄰可稱得時受福。前後依次解經文“東鄰”“西鄰”“殺牛”“禴祭”“受福”“時”等語，顯爲一整體，不可割裂。又據各本及孫、李、曹諸書之體例，全爲連文，故此案爲崔注之文也。

6.（《未濟》卦辭）濡其尾，无攸利

干寶曰：坎爲狐。《説文》曰：汔，涸也。案：剛柔失正，故“未濟”也。五居中應剛，故“亨”也。小狐力弱，汔乃可濟。水既未涸，而乃濟之，故尾濡而无所利也。[③]

本條干寶注雖在“濡其尾，无攸利”下，所釋實爲卦辭整句“未濟，亨，小狐汔濟，濡其尾，无攸利”。注文先釋坎、狐關係及“汔”之訓詁，然後疏通整句，依次涉及卦辭“未濟”“亨”“小狐”“汔濟”及“濡其尾，无攸利”，顯爲一整體，其中所言“水既未涸”即源出前引《説文》。若以此案爲李氏語，則干寶所引《説文》之訓

---

① ［唐］李鼎祚《周易集解》卷六，頁103。
② ［唐］李鼎祚《周易集解》卷一二，頁218—219。“祉”，明嘉靖本原作“礻”旁，據宋嘉定本改。
③ ［唐］李鼎祚《周易集解》卷一二，頁219。

無所依歸也。又據各本及孫、李、曹諸書之體例，全爲連文，故此處《説文》後之案語實爲干寶注之内容。鄭剛中《周易窺餘》此處言："干寶曰：坎爲狐，《説文》曰汔，涸也。鼎祚曰：案剛柔失正，故未濟也；五居中應剛，故亨也。"①將"案"以後視爲李鼎祚所加，割裂干注，正與其《需》卦割裂蜀才注同誤。

## 結　語

綜上可見，《周易集解》全書之案語中，除李氏所加者外，也有爲蜀才、荀爽、干寶等注文中原有者。《集解》的諸點校本在這一問題上亦有微瑕，如中華書局新近出版的《易學典籍叢刊》中的《周易集解》，各蜀才注中案語均用引號標爲蜀才注文之一部分，獨於《需》卦處則誤將蜀才案語置諸引號外，或即受《窺餘》之影響，此外《屯》卦荀注、《蠱》卦伏注、《未濟》干注及《説卦》首句孔穎達注等處之案語亦均誤置於引號外②。若以錯誤的作者歸屬去分析案語的思想，則對李鼎祚或蜀才等的研究都會産生失誤。例如，虞翻注《損》卦，言"《泰》初之上，損下益上，以據二陰，故'有孚，元吉，无咎'"（在卦辭"有孚，元吉，无咎"下）③；蜀才注《損》卦，則言"此本《泰》卦。案：坤之上六下處乾三，乾之九三上升坤六，'損下益上'者也。陽德上行，故曰'其道上行'矣"（在彖辭"損下益上，其道上行"下）④。可見二人雖然均認爲《損》自《泰》變來，但具體卦變過程並不相同。虞翻認爲《損》是"《泰》初之上"，而蜀才認爲是"《泰》三之上"。其背後的深層差別是，蜀才言《泰》三、上升降得《損》用的是常見的二爻升降之例，而虞注此處所用則是一爻動而五爻隨之遞動之例，這是由於虞注要呼應《損》六三爻辭"三人行則損一人"（虞翻謂此一人即《泰》之初，故損一人則必是初之上而非三之上），因而有此變例⑤。二家注文之差別顯示出蜀才此處並未信從虞氏的變例，設使蜀才注僅有"此本《泰》卦"四字，則其與虞翻注之差別泯不可見。故此，厘清注家注文、案語之歸屬是正確認識和深入研究蜀才、李鼎祚等各家易學思想的堅實基礎。

**【作者簡介】**劉駿勃，北京師範大學歷史學院博士研究生，研究方向爲歷史文獻學。

① [宋]鄭剛中《周易窺餘》卷一五，頁593。

② [唐]李鼎祚《周易集解》，《易學典籍叢刊》本，中華書局，2016年，頁59、47、131、384、501。其餘如2003年九州出版社《周易集解》點校本以换行區分各家注文，其中《需》《師》兩處蜀才注换行，而《訟》《比》兩處則未换行，體例未純，不煩詳舉，此外2005年齊魯書社《〈周易集解〉導讀》和2012年上海書店出版社《周易集解》點校本引多家注文時既無引號起止，亦無换行、空格或○等標識，難以判定對各家注文的劃分。

③ [唐]李鼎祚《周易集解》卷八，頁145。

④ [唐]李鼎祚《周易集解》卷八，頁145—146。"上六"原誤作"上九"，據卦象改。

⑤ [唐]李鼎祚《周易集解》卷八，頁147，並參見林忠軍《象數易學發展史》論虞翻及蜀才部分。

# 南宋以降諸道書引録《周易參同契》引文内容與現存諸本關係考*

屈燕飛

**【提　要】** 從"道藏資料庫"中檢索出所有有關《周易參同契》的引文，然後去掉干擾、冗餘信息，剩下的引文以年代順序重新考校。再將這些引文與現存諸本（主要以《道藏》所存陰長生注《周易參同契》、容字號無名氏《周易參同契注》、彭曉《周易參同契分章通真義》以及朱熹《周易參同契考異》）一字一句逐文對校，找出與現存諸本之關係，然後進行統計。通過統計、分析，可以得出這樣一個結論：南宋及以後諸道書所引《參同契》文本與現存彭本、朱本更爲接近，而與陰本、容本距離較遠。這似乎可以證實兩點：一，《周易參同契》在歷史上存在多個文本系統；二，陰本、容本似乎確如陳國符、孟乃昌所論是《參同契》的早期注本。同時也説明，南宋前流通的《參同契》文本系統以陰本、彭注所屬的文本系統爲主，南宋以降以彭注、朱注所屬的文本系統爲主。

**【關鍵詞】** 周易參同契　注本　文本系統

《周易參同契》在道教史上乃至世界文化史上都享有舉足輕重的地位。然近代以來諸如陳國符、欽偉剛諸先生相繼認爲《參同契》或爲僞書，或現存文本乃後世僞出[①]。然陳國符先生又認爲現存《道藏》之陰長生注《周易參同契》（以下簡稱陰本）、容字號無名氏《周易參同契注》（以下簡稱容本）爲唐所出[②]。然陰本、容本果爲唐出乎？《參同契》之文本形態果如欽氏所論乎？

---

* 【基金項目】本文係國家社科基金後期資助項目"《周易參同契》文獻類輯與考釋"（20FZJB001）階段性成果。

① 陳國符先生在《中國外丹黄白法經決出世朝代考》力主《參同契》乃唐五代僞出之作（《道藏源流續考》，明文書局，1987年，頁355）。欽偉剛先生從《道藏》若干丹經中找出若干條標識"參同契"而不見載於現存《參同契》文本的引文，認爲現存《參同契》文本直到朱子《周易參同契考異》出現後方才統一（《朱熹與〈參同契〉文本》，巴蜀書社，2004年）。這實際上也變相否定了《參同契》的真實性。

② 詳見陳國符《中國外丹黄白法經決出世朝代考》，頁89—91。按，此一結論與僞出之説自相矛盾。

# 一、引　言

文獻考證的核心在於文本的確證，蓋文本才是一切文獻的真正核心。歷代有關《參同契》真僞之争論如果能落實到《參同契》文本本身，很多争論都能消解。即如果我們能如欽偉剛先生一樣，從所有道經中輯出標識爲"參同契"的引文，然後對這些引文分析考察，我們就離真正厘清《參同契》真僞問題不遠。

不管現存《參同契》諸多注本到底最早出於哪個時代，有一點我們是可以確認的：即現存諸多注本中有兩個文本系統：即以陰長生注《周易參同契》、容字號無名氏《周易參同契注》爲一個文本系統；而以彭曉《周易參同契分章通真義》（以下簡稱彭本）和朱熹《周易參同契考異》（以下簡稱朱本）爲首的另外一個文本系統。這似乎暗示著陰本、容本屬於一個較早的文本系統，蓋彭曉、朱熹本流行以後，現存所有注本中除了陰本、容本外都屬於彭本、朱本之系統。且，惟有這兩個注本内容性質爲外丹，其餘皆爲内丹①。

我們在《北宋及以前諸道書引録〈周易參同契〉引文内容與現存諸本關係考》②一文中按照孟乃昌先生③、欽偉剛先生的思路，從"道藏資料庫"中輯出南宋前諸道書引録的《參同契》引文，並與現存陰本、容本、彭本、朱本對勘，發現南宋前的引文更接近陰本、容本而非彭本、朱本。這一結論有力地佐證了陳國符、孟乃昌二先生認爲陰本、容本出於唐的主張——雖然從引文文本的相關性看，我們仍不能説明此二注本確爲唐所出，但此二注本屬於《參同契》早期文本系統則無疑。同時，這也驗證了《參同契》存在多種文本系統的結論。

然南宋以降《參同契》文本果真如欽偉剛先生所論於朱子《考異》出現後方歸於一整？此後《參同契》文本是否存在其他不同的文本形態？關於此點，我們仍然需要從南宋以降的歷代《參同契》引文中尋找答案。

# 二、南宋以降諸道書引録《參同契》文本内容考録與分析

本文擬在孟乃昌先生的路徑上繼續開拓，通過新技術的運用，以"周易參同契""參同契""參同""契""魏公""魏生""魏君""魏伯陽""龍虎（上）經""金碧""潛通""古歌""淳于翼""淳于真人""徐從事""徐真人"等爲關鍵字，通盤檢

---

① 有關彭本屬外丹還是内丹，學界尚有争論，一般傾向爲内丹論。

② 《宗教學研究》已録用，待刊。

③ 孟乃昌先生認爲陳國符先生這種論證方式"較爲孤單，憑據不足"，他走了另外一條論證的路子，即通過檢出《道藏》中二十六種引用了《參同契》文本内容的唐宋丹經，共計得到157條引文信息，將這些引文與現存諸本做對比，發現"陰本正文、容本正文與唐代《真元妙道要略》《還丹肘後訣》《通幽訣》《還金述》《丹論訣旨心鑒》《太上衛靈神化九轉丹砂法》《陰陽九轉成紫金點化還丹訣》《日月玄樞論》《大還丹照鑒》等引《參同契》正文相同。以上一切表明陰本、容本獨立，這在注文上得到印證，它們互相不引用，它們没有傳授相承的關係。陰本、容本以自身正文與唐代多種來源不同的引文相合，證明本身時代屬唐可靠。"（《〈周易參同契〉通考》，上海古籍出版社，1993年，頁28。）

索"道藏資料庫"和"古籍資料庫",全盤檢出歷代道書援引《參同契》的引文信息,並逐一考校,然後以歷史時間順序爲序與現存諸本一一合校,我們就可以直觀考察這些引文信息與現存諸本之間的關係,進而進一步分析、考察這些注本的所屬的歷史信息。蓋道書所引之文獻必然會有時代的烙印,换言之,被引之典籍必然不會晚於引文所出之道書。《周易參同契》雖不是僞書,然比對現存諸本可知,《參同契》在歷史上確實存在著諸多版本,每版之間在分篇與文句、文字上都有細微的差別。這種差别由於年代的代差,必然會反映在引文中。换言之,我們亦可通過對校引文與現存諸本之間的關係,反過來驗證諸本所出之年代。

然諸本之間相同之處畢竟遠遠大於相異之處,且版本數量較多,所以就會出現彼與彼之間,此與此之間,彼與此之間同異重疊交叉的情況,如陰本與容本相近,然陰本與朱本相近之處亦甚多,而彭本與朱本亦相近。所以,爲了便於討論,我們必須尋找一個穩定的參照系,即可與諸本比較同異的一個基點,如此才能討論其他未定版本所屬之年代。細觀《道藏》所存《參同契》諸本,陰本、容本兩個版本最爲接近,彭本、朱本亦接近,而映字號、儲華穀、陳顯微、俞琰及以後諸本基本以彭本、朱本爲底本。而所有諸本中,只有陰本、容本所屬年代尚未確論,且今彭本是否爲五代彭曉所出之本亦受到懷疑。基於此,本文以朱本爲參照系,並以朱本所出年代爲界限,考察朱本之前與朱本之後諸道書徵引《參同契》引文與陰本、容本、彭本之關係,從這種"歷史的烙印"中,反過來判定陰本、容本、彭本所屬之年代。

又,《考異》黄瑞節附云"彭曉本最傳",又謂朱熹"考辨正文,引證依據,其本始終定"[①],陳顯微《周易參同契解》亦謂"惟以彭曉箋《義》而爲善本",是則南宋諸家皆以彭本爲底本,又朱子攜莫大之威望又稍次於彭曉也。觀乎此論之真實,可參南宋以來諸注本之底本可直見彭本、朱本之影響矣,現存映字號《周易參同契注》,儲華穀注《周易參同契》以及陳顯微之《周易參同契解》,或依彭本,或依朱本,或綜合二者爲底本,而與陰本、容本幾無相關[②]。又,南宋以來諸家論《參同契》之作者時幾以彭曉之論爲是[③],此又可旁證彭本於南宋影響之側面。如此,不管今本《通真義》是否即是五代彭曉所著,然其與朱本於南宋廣爲流播之事實則無疑。此論若實,可爲本節所論提供一個堅實的基礎。

**(一) 文本考録**

我們通過相關關鍵字的檢索,將檢出的所有引文信息按照年代順序[④]排

① 周全彬、盛克琦點校《參同集注——萬古丹經王〈周易參同契〉注解集成》,第1册,宗教文化出版社,2013年,頁206。

② 此處之相關,非説這幾個注本與陰本、容本毫無關係,而是説判定諸本之間沿襲關係之某些關鍵文句或段落。

③ 筆者另擬文討論。

④ 《道藏》所存道書有大量没有明確年代信息的,本文依據施舟人《道藏通考》、任繼愈《道藏提要》、蕭登福《正統道藏提要》以及諸如陳國符、李約瑟、孟乃昌等人的相關研究對本文所涉及到的道經做一個大體的界定。限於篇幅,本文没有具體標出某部道經據何理由定爲何時所出。

列，並將這些引文信息與陰本、容本、彭本以及朱本的《參同契》正文内容一一對勘，考校其異同而標出之，以備下文分析之用。對於下文引文的考録，我們有幾點需要做個簡要説明：

一、下文引文與諸本之間區分之標準以同、近等字爲標識，同者即全同之意；近，又有近似、近同等語，概而言之即相近之意。

二、下文所録與諸本異同之引文，只録單獨近同者，以及近同兩本者，如近陰本即是此條引文只近同陰本，與其他版本差異較大，近同陰本、容本者亦如是。不録近同三本或四本，如近陰本、容本、彭本（或加朱本），因三本以上已不具有比較意義。當然也就不録與四本全同者，或與四本全異者。

三、上文雖云以朱本爲界限分析諸多引文與諸本之關係，實際上則以曾慥《道樞》爲界限，《道樞》以及以前與道樞以後。蓋因《道樞》恰屬兩宋過度之際，又與朱子同屬一個時代而稍早。

**表 1**

| 文獻出處 | 引文正文 | 備　注 |
|---|---|---|
| 南宋・吴悟撰《漁莊邂逅録》(1187) | “故古歌曰：‘白馬芽，真丹砂。淮南王煉秋石，黄帝美金花。’” | “淮南王”句，同容本：“黄帝美金花，淮南煉秋石。” |
| 南宋・蕭應叟撰《元始無量度人上品妙經内義》(1226) | “故《參同契》引《易》而言‘天地設位，而易行其中矣。天地者，乾坤也；設位者，列陰陽配合之謂也。易謂坎離，坎離者，乾坤二用。二用無爻位，周流行六虚。往來既不定，上下亦無常。’又曰：‘坎戊月精，離己日光。日月爲易，剛柔相當。易者，象也，懸象著明，莫大乎日月。窮神以知化，陽往則陰來。’又曰：‘混沌既交接，權輿樹根基。經營養鄞鄂，凝神以成軀。’”<br>“《參同契》曰：‘混洞鴻濛，牝牡相從。滋液潤澤，施化流通。始於東北斗箕之鄉，旋而右轉，嘔輪吐萌，潛潭見象，發散精光者也。’” | “天地”句，與容本、朱本同：“天地設位，而易行其中矣。天地者，乾坤也；設位者，列陰陽配合之位也。易謂坎離，坎離者，乾坤二用。二用無爻位，周流行六虚。往來既不定，上下亦無常。”“坎戊”，與彭本、朱本同：“坎戊月精，離己日光。日月爲易，剛柔相當。”“易者，象也，懸象著明，莫大乎日月。窮神以知化，陽往則陰來。”“混沌”句，與容本同：“混沌既交接，權輿樹根基。經營養鄞鄂，凝神以成軀。”<br>“混洞”句，近彭本：“混沌鴻濛，牝牡相從。滋液潤澤，施化流通。天地神明，不可度量。利用安身，隱形而藏。始於東北，箕斗之鄉。旋而右轉，嘔輪吐萌。潛潭見象，發散精光。” |
| 南宋・夏元鼎（字宗禹）撰《黄帝陰符經講義》，成書於寶慶三年(1227) | “三要者何？耳目口是也。《參同契》云：‘三寶固塞，勿發揚。三者既關鍵，動静不竭窮。’” | “三寶”句，彭本、朱本爲：“耳目口三寶，固塞勿發揚。”“三者”句，近朱本：“三者既關鍵，緩體處空房。”“動静”句，朱本爲：“爲己之軸轄，動静不竭窮。” |

續表

| 文獻出處 | 引文正文 | 備　注 |
|---|---|---|
| 南宋・夏元鼎撰《紫陽真人悟真篇講義》七卷 | “《參同契》曰：‘汞日爲流珠，青龍與之俱。舉東以合西，魂魄自相拘。上弦兑數八，下弦數亦八。兩弦合其精，乾坤體乃成。二八應一斤，易道正不傾。’”<br>“《參同契》曰：‘畢昴之上，震出爲證，陽氣造端。’……《契》云：‘艮主進止，不得踰時。’” | “汞日”句，與容本、彭本、朱本近：“汞日爲流珠，青龍與之俱。舉東以合西，魂魄自相拘。上弦兑數八，下弦數亦八。兩弦合其精，乾坤體乃成。二八應一斤，易道正不傾。”“拘”字，與彭本、朱本同，“數亦八”之“數”字與容本同。<br>“畢昴”句，同陰本：“畢昴之上，震出爲證，陽氣造端，初九潛龍。”“艮主”句，同於陰本、朱本：“艮主進止，不得踰時。” |
| 南宋・王慶升撰《爰清子至命篇》(1249) | “《契》曰：‘河上姹女，靈而最神。得火則飛，不見埃塵。鬼隱龍匿，莫知所存。將欲制之，黄芽爲根。’” | “河上”句，同彭本、朱本爲：“河上姹女，靈而最神。得火則飛，不見埃塵。鬼隱龍匿，莫知所存。將欲制之，黄芽爲根。” |
| 南宋・李簡易撰《玉溪子丹經指要》(1264) | “《契》云：‘擣治並合之，持入赤色門。’”<br>“又曰：‘嗷嗷聲甚悲兮，如嬰兒之慕母。’又曰：‘熒惑守西，太白經天。殺氣所臨，何有不傾。狸犬守鼠，鳥雀畏鸇。’”<br>“《參同契》曰：‘二月榆死，八月麥生。’”<br>“又云：‘物無陰陽，違天背元。牡雞自卵，其雛不全。’”<br>“又魏仙翁曰：‘偃月法爐鼎，白虎爲熬樞。汞日爲流珠，青龍與之俱。’”<br>“《契》曰：‘坎戊月精，離己日光。日月爲易，剛柔相當。’”<br>“《契》云：‘雄陽播玄施，雌陰化黄包。混沌相交接，權輿堅根基。經營養鄞鄂，凝神以成軀。衆夫蹈以出，蠕動莫不由。’”<br>“《鼎器歌》曰：‘來去遊，不出門。漸成大，性情純。’”<br>“《參同契》曰：‘類如雞子，白黑相符。縱廣一寸，以爲始初。四肢五臟，筋骨乃俱。彌曆十月，脱出其胞。’”<br>“又云：‘賞罰應春秋，昏明順寒暑。爻辭有仁義，隨時發喜怒。如是應四時，五行得其理。’” | “擣治”句，同彭本：“擣治並合之，持入赤色門。”<br>“嗷嗷”句，同於朱本：“嗷嗷聲甚悲兮，如嬰兒慕母。”“熒惑”句，同於朱本：“熒惑守西，太白經天。殺氣所臨，何有不傾。狸犬守鼠，鳥雀畏鸇。”<br>“二月”句，此兩句同於陰本，朱本。<br>“物無”句，同於陰本、彭本：“物無陰陽，違天背元。牡雞自卵，其雛不全。”<br>“偃月”句，同陰本：“偃月法爐鼎，白虎爲熬樞。汞日爲流珠，青龍與之俱。”<br>“坎戊”句，同於彭本、朱本：“坎戊月精，離己日光。日月爲易，剛柔相當。”<br>“雄陽”句，近彭本、朱本：“雄陽播玄施，雌陰化黄包。混沌相交接，權輿堅根基。經營養鄞鄂，凝神以成軀。衆夫蹈以出，蠕動莫不由。”<br>“來去”句，同於彭本、朱本：“來去遊，不出門。漸成大，性情純。”<br>“類如”句，同於彭本：“類如雞子，白黑相符。縱廣一寸，以爲始初。四肢五臟，筋骨乃俱。彌曆十月，脱出其胞。”<br>“賞罰”句，同於彭本：“賞罰應春秋，昏明順寒暑。爻辭有仁義，隨時發喜怒。如是應四時，五行得其理。” |

續表

| 文獻出處 | 引文正文 | 備　注 |
|---|---|---|
| 《悟真篇注釋》三卷，原題象川無名子翁淵明注，即翁葆光，出於南宋時期 | “《參同契》曰：‘朔旦屯直事，至暮蒙當受。晝夜各一卦，用之依次序。既未至晦爽，終則復更始是也。’”<br>“《參同契》曰：‘上弦兑數八，下弦艮亦八。兩弦合其精，乾坤體乃成。二八應一斤，易道正不傾。’”<br>“《參同契》曰：‘欲作服食仙，當以同類者。’”<br>“《參同契》曰：‘將欲制之，黄芽爲根是也。’”<br>“《參同契》曰：‘金砂入五内，霧散若風云。薫蒸達四肢，顔色悦懌好。鬢髮皆變黑，更生易牙齒。老翁反丁壯，耆嫗成姹女。’”<br>“《參同契》曰：‘牝雞自卵，其雛不全。’”<br>“《參同契》曰：‘關關雎鳩，在河之洲。窈窕淑女，君子好求。雄不孤處，雌不孤居。玄武龜蛇，蟠虯相扶。以明牝牡，竟當相須。’” | “朔旦”句，同於彭本：“朔旦屯直事，至暮蒙當受。晝夜各一卦，用之依次序。既未至晦爽，終則復更始。”<br>“上弦”句，同於陰本、彭本：“上弦兑數八，下弦艮亦八。兩弦合其精，乾坤體乃成。二八應一斤，易道正不傾。”<br>“欲作”句，近彭本、朱本：“欲作服食仙，宜以同類者。”<br>“將欲”句，同彭本、朱本：“將欲制之，黄芽爲根。”<br>“金砂”句，與容本、彭本近：“金砂入五内，霧散若風雨。薫蒸達四肢，顔色悦澤好。鬢髮皆變黑，更生易（彭本爲‘稚’）牙齒。老翁復丁壯，耆嫗成姹女。改形免世厄，號之曰真人。”惟“復”爲“反”。<br>“牝雞”句，近陰本、彭本：“牝雞自卵，其雛不全。”<br>“關關”句，近彭本：“關關雎鳩，在河之洲。窈窕淑女，君子好逑。雄不獨處，雌不孤居。玄武龜蛇，蟠糾相扶。以明牝牡，竟當相須。” |
| 《紫陽真人悟真篇三注》五卷，北宋張伯端原著，南宋薛道光、陸墅，元陳致虚（1289—?）注 | 薛道光：<br>“《參同》云：‘朔旦屯直事，至暮蒙當受。晝夜各一卦，用之依次序。既未至晦爽，終則復更始是也。’”<br>“《參同契》曰：‘去冷加冰，除熱用湯。飛龜舞蛇，愈見乖張。假使二女同室，顔色甚殊。令蘇秦通言，張儀結媒。發辯利舌，奮爲美辭。推心調諧，合爲夫婦。弊發腐齒，終不相知。’……《參同契》云：‘陰道厭九一，濁亂弄元胞。食氣鳴腸胃，吐正吸外邪。晝夜不卧寐，朔晦未嘗休。身體自疲倦，恍惚狀若癡。’” | “朔旦”句，同於彭本：“朔旦屯直事，至暮蒙當受。晝夜各一卦，用之依次序。既未至晦爽，終則復更始。”<br>“去冷”句，同於彭本、朱本：“去冷加冰，除熱用湯。飛龜舞蛇，愈見乖張。”“假使”以下，幾同彭本：“假使二女共室，顔色甚姝。令蘇秦通言，張儀結媒。發辯利舌，奮舒美辭。推心調諧，合爲夫妻。弊發腐齒，終不相知。”“陰道”句，近彭本：“陰道厭九一，濁亂弄元胞。食氣鳴腸胃，吐正吸外邪。晝夜不卧寐，晦朔未嘗休。身體日疲倦，恍惚狀若癡。” |

續表

| 文獻出處 | 引文正文 | 備　注 |
| --- | --- | --- |
| | “《參同契》云：‘上弦兑數八，下弦艮亦八。兩弦合其精，乾坤體乃成。二八應一斤，易道正不傾是也。’” | “上弦”句，同陰本、彭本：“上弦兑數八，下弦艮亦八。兩弦合其精，乾坤體乃成。二八應一斤，易道正不傾。” |
| | “《參同契》云：‘同類易施工，非種難爲巧。欲作服食仙，當以同類者。’” | “欲作”句，近彭本、朱本：“欲作服食仙，宜以同類者。” |
| | “《參同契》曰：‘關關雎鳩，在河之洲。窈窕淑女，君子好求。雄不獨處，雌不獨居。’” | “關關”句，同彭本、朱本：“關關雎鳩，在河之洲。窈窕淑女，君子好求。雄不獨處，雌不獨居。” |
| | 陸子野：<br>注《序》：“《參同契》云：‘物無陰陽，違天背元。牝雞自卵，其雛不全。’” | “物無”句，同於陰本、彭本：“物無陰陽，違天背元。牝雞自卵，其雛不全。” |
| | “《參同契》云：‘離氣納榮衛，坎乃不用聰。兑合不以談，希言順洪濛。’之謂也。又云：‘汞日爲流珠’。” | “離氣”句，近彭本：“離氣内營衛，坎乃不用聰。兑合不以談，希言順鴻濛。”“汞自”句，四本均爲：“汞日爲流珠。” |
| | “《參同》云：‘關鍵有低昂兮，害氣遂奔走。江淮之枯竭兮，水流注於海。’《鼎器歌》云：‘陰在上，陽下奔。’” | “關鍵”句，同朱本：“關鍵有低昂兮，害氣遂奔走。江淮之枯竭兮，水流注於海。”“陰在上”句，陰本、彭本、朱本均爲：“陰在下，陽下奔。” |
| | “《契》云：‘植禾當以黍，覆雞用其卵。’” | “植禾”句，近彭本：“植禾當以黍，覆雞用其子。” |
| | 陳致虛：<br>“《契》則云：‘兩七聚，輔翼人。’” | “兩七”句，同陰本、彭本：“兩七聚，輔翼人。” |
| | “《契》云：‘是非曆藏法，内視有所思。陰道厭九一，濁亂弄元胞。諸術甚衆多，千條有萬餘。’” | “是非”句，近彭本、朱本：“是非曆藏法，内視有所思。履行步斗宿，六甲以日辰。陰道厭九一，濁亂弄元（朱本爲‘玄’）胞。……諸術（彭本爲‘述’）甚衆多，千條有萬餘。” |
| 《紫陽真人悟真篇注疏》八卷，北宋張伯端撰，南宋翁葆光注，元戴起宗疏（1335年疏）。注文上已録，全同，故此只録戴氏疏文 | 注文“又上陽子曰：《契》云：是非曆藏法，内視有所思，陰道厭九一，濁亂弄元胞，諸術甚衆多，千條有萬餘。”（翁葆光引陳致虛文，頗可疑，並此條引文所出之一段爲《〈悟真篇〉注釋》所無，而爲《紫陽真人悟真篇三注》之内容，然文中他處注文亦有引上陽子、陸子野語，頗可疑。） | 近彭本、朱本：“是非曆藏法，内視有所思。履行步斗宿，六甲以日辰。陰道厭九一，濁亂弄元（朱本爲‘玄’）胞。……諸術（彭本爲‘述’）甚衆多，千條有萬餘。”<br>“物無”句，同陰本、彭本：“物無陰陽，違天背元。” |

續表

| 文獻出處 | 引文正文 | 備　注 |
| --- | --- | --- |
| | 疏文"又曰:'三性既會合,本性共宗祖。'"<br>疏文"《參同契》云:'元精流布,因氣托初。'" | "始於"句,同陰本、彭本:"始於東北,箕斗之鄉。"<br>"三性"句,近彭本、朱本:"三性既合會(陰本爲'會合'),本性共宗祖。"<br>"元精"句,近彭本、朱本:"元精雲布,因氣托初。" |
| 元・馬涖昭注《金丹賦》 | "故經曰:'處中以制外,故在於曆紀。'"<br>"又曰,'類如雞子,黄白相扶',須蒙密固濟也。……又曰:'易之門户,衆卦之父母也。'"<br>"又云:'猶御者,執銜轡,準繩墨,隨軌轍。處中以制外,故在於曆紀。'"<br>"經曰:'陽不獨立,陰不獨居。玄武龜蛇,盤糾相扶。以明牝牡,竟當相須。'"<br>"經曰:'龍呼其虎,虎吸龍精,兩相飲食,俱相貪榮。'" | "處中"句,近容本:"處中以制外,是故在曆紀。"<br>"類如"句,近朱本:"類如雞子,黑白相扶。""易之門户"句,四本均同此。<br>"猶御者"句,近陰本、朱本:"猶工(朱本無'工'字)御者,執銜轡,準繩墨,隨軌轍。處中以制外,數在律(陰本爲'數在於')曆紀。"<br>"陽不"句,近陰本:"雄不獨處,雌不孤居。玄武龜蛇,盤糾相扶。以明牝牡,竟當相須。"<br>"龍呼"句,近陰本:"龍呼於虎,虎吸其精。兩相飲食,俱相貪榮。" |
| 元・蕭廷芝《修真十書》六十卷 | 金丹大成集:<br>卷十三:<br>"《參同契》云:'月晦日相包,隱藏其垣廊(疑爲'郭'之誤)。'"<br>"《參同契》曰:'道成德就,潛伏候時。太乙乃召,移居中丹。功滿上升,膺圖受録。'"<br>《悟真篇》:<br>卷二十六:<br>"《參同契》曰:'河上姹女,靈而最神。得火則飛,不見埃塵。鬼匿龍潛,莫知所存。將欲制之,黄芽爲根。'"<br>"《參同契》曰:'三者既關鍵,緩體處空房。委志歸虚無,無念以爲常。'"<br>"《參同契》曰:'《火記》不虚作,演易以明之。偃月法爐鼎,白虎爲熬樞。汞日爲流珠,青龍與之俱。舉東以合西,魂魄自相拘。上弦兑數八,下弦數亦八,兩弦合其精,乾坤體乃成。二八應一斤,易道正不傾。銖有三百八十四,以應火候爻之數。'" | "雌雄"句,近彭本:"雌雄錯雜,以類相求。"<br>"月晦"句,同陰本:"月晦日相包,隱藏其垣郭。"<br>"道成"句,近彭本:"道成德就,潛伏俟時。太一乃召,移居中洲。功滿上升,膺籙受圖。"<br>"河上"句,近彭本、朱本:"河上姹女,靈而最神。得火則飛,不見埃塵。鬼隱龍匿,莫知所存。將欲制之,黄芽爲根。"。<br>"三者"句,同陰本、朱本:"三者既關鍵,緩體處空房。委志歸虚無,無念以爲常。"<br>"《火記》"句,近陰本:"《火記》不虚作,演《易》以明之。偃月法爐鼎,白虎爲熬樞。汞日爲流珠,青龍與之俱。舉東以合西,魂魄自相求(彭本、朱本爲"拘")。上弦兑數八,下弦艮(容本爲"數")亦八。兩弦合其精,乾坤體乃成。二八應一斤,易道正不傾。銖有三百八十四,亦應火候爻象之計。" |

續表

| 文獻出處 | 引文正文 | 備　注 |
| --- | --- | --- |
| | | “近在”句，近彭本、朱本：“近在我心（陰本爲“形”），不離己身。抱一毋舍，可以長存。配以服食，雄雌設陳。挺除武都，八石棄捐。” |
| | “《參同契》曰：‘本之但二物兮，末之爲三五。三五並爲一兮，都集應二所是也。’” | “本之”句，近陰本：“本之但二物兮，末之爲三五。三五之與（朱本爲‘並爲’）一兮，都集應二所。” |
| | 卷二十七： | |
| | “《參同契》曰；‘偃月法爐鼎，白虎爲熬樞是也。’” | “偃月”句，同陰本：“偃月法爐鼎，白虎爲熬樞。” |
| | “《參同契》曰：‘植禾當以粟，覆雞用其子。’又曰：‘枝莖花葉，果實垂布。正其根株，不失其素。’” | “植禾”句，同陰本、朱本：“植禾當以粟，覆雞用其子。” |
| | “《參同契》曰：‘委附去害，依託丘山。循遊寥廓，與鬼爲鄰。’” | “委附”句，近彭本、朱本：“委時去害，依託丘山。循遊寥廓，與鬼爲鄰。” |
| | “《參同契》曰：‘欲作服食仙，當以同類者。類同者相從，事乖不成寶。’” | “欲作”句，彭本、朱本爲：“欲作服食仙，宜以同類者。”“類同者相從，事乖不成寶。” |
| | “《參同契》曰：‘日潛道而沉彩，月施德以舒光。日受月化，體不虧傷。’” | “日潛”句，同陰本：“日潛遁而沈彩，月施德以舒光。日受月化，體不虧傷。” |
| | “《參同契》曰：‘縱橫一寸，以爲始初。’” | “縱横”句，同朱本：“縱横一寸，以（陰本爲‘形’）爲始初。” |
| | “《參同契》曰：‘上弦兑數八，下弦數亦八。兩弦合其精，乾坤體乃成。’” | “上弦”句，同容本：“上弦兑數八，下弦數亦八。兩弦合其精，乾坤體乃成。” |
| | “《參同契》曰：‘帝王永御，千秋常存。’” | “帝王”句，同陰本：“帝王永御，千秋常存。”。 |
| | 卷二十八： | |
| | “《參同契》曰：‘三日震動，八日兑行。三五德就，乾體乃成。巽繼其統，固濟採時。艮生進止，不得喻時。六五坤承，清恬終始。輕春衆子，世爲類母。’” | “三日”句，近朱本：“故三日震動，八日兑行。九二見龍，和平有明。三五德就，乾體乃成。九三夕惕，虧折神符。盛衰漸革，終還其初。巽繼其統，固濟操持。九四或躍，進退道危。艮主進止，不得逾時。二十三日，典守弦期。九五飛龍，天位加喜。六五坤承，結括終始。韞養衆子，世爲類母。” |
| | 卷二十九： | |
| | “《參同契》曰：‘稽古當元皇，關雎建始初。冠婚炁相紐，元年乃牙滋是也。’” | “稽古”句，近陰本、容本：“稽古當元皇，關雎建始初。冠婚氣相紐，元年乃芽（惟彭本爲‘牙’）滋。” |
| | “《參同契》曰：‘晦朔之間，合符行中。混沌鴻濛，牝牡相從。滋液潤澤，施行流通。天地神靈，不可度量。利用安身，隱形 | “晦朔”句，近彭本：“晦朔之間，合符行中。混沌鴻濛，牝牡相從。滋液潤澤，施化流通。天地神靈，不可度量。利用安身，隱形而藏。始於東北，箕 |

續表

| 文獻出處 | 引文正文 | 備　注 |
| --- | --- | --- |
| | 而藏。始其東北,箕斗之鄉。旋而右轉,嘔輪吐萌。潛澤見象,發散精光。'"<br>"《參同契》曰:'若遂結舌瘖(同"喑"),絶道獲罪誅。寫情著竹帛,恐泄天之符。'"<br>"《參同契》曰:'明者省厥旨,曠然知所由。勤而行之,夙夜不殆。服食三載,輕舉遠遊。跨火不焦,入水不濡。能存能亡,長樂無憂。道成德備,潛伏候時。太一乃召,移居中洲。功滿上升,應籙受圖。'" | 斗之鄉。旋而右轉,嘔輪吐萌。潛潭見象,發散精光。"<br>"若遂"句,同陰本、容本:"若遂結舌瘖,絶道獲罪誅。寫情著竹帛,恐泄天之符。"<br>"明者"句,近彭本、朱本:"明者省厥旨,曠然知所由。勤而行之,夙夜不休。服食三載,輕舉遠遊。跨(朱本爲'入')火不焦,入水不濡。能存能亡,長樂無憂。道成德就,潛伏俟(朱本爲'竢')時。太一乃召,移居中洲。功滿上升,應(彭本爲'膺')籙受圖。" |
| 元・陳致虚撰《上陽子金丹大要》 | "《參同契》曰:'此兩孔穴法,金氣亦相胥。'"<br>"《參同契・鼎器歌》:'圓三五,寸一分。口四八,兩寸唇。長尺二,厚薄匀。腰臍三,坐垂温。陰在上,陽下奔。首尾武,中間文。始七十,終三旬。二百六,善調均。陰火白,黄芽鉛。兩七聚,輔翼人。'"<br>"又曰:'昴畢之上,震出爲征。陽氣造端,初九潛龍。'"<br>"《參同契》曰:'耳目口三寶,閉塞勿發通。真人潛深淵,浮游守規中。……'又曰:'離炁納營衛,坎乃不用聰。兑合不以談,希言順鴻濛。三者既關楗,緩體處空房。委志歸虚無,無念以爲常。'"<br>"《參同契》曰:'名曰第一鼎兮,食如大黍米。'"<br>"《契》曰:'千周燦彬彬兮,萬遍將可覩(古通'睹')。'"<br>"《參同契》曰:'候視加謹慎,審察調寒温。周旋十二節,節盡更須親。'" | "此兩孔"句,同朱本:"此兩孔穴法,金氣亦相胥。"<br>"圓三五"句,近陰本、彭本:"圓三五,寸一分。口四八,兩寸唇。長尺二,厚薄匀。腹齊三,坐垂温。陰在上,陽下奔。首尾武,中間文。始七十,終三旬。二百六,善調均。陰火白,黄芽鉛。兩七聚,輔翼人。"<br>"昴畢"句,同彭本:"昴畢之上,震出爲征。陽氣造端,初九潛龍。"<br>"耳目口"句,近彭本、朱本:"耳目口三寶,固塞勿發揚。真人潛深淵,浮游守規中。""離炁"句,同彭本:"離氣内營衛,坎乃不用聰。兑合不以談,希言順鴻濛。三者既關楗,緩體處空房。委志歸虚無,無念以爲常。"<br>"名曰"句,同彭本、朱本:"名曰第一鼎兮,食如大黍米。"<br>"千周"句,同彭本、朱本:"千周燦彬彬兮,萬遍將可睹。"<br>"候視"句,同彭本:"候視加謹慎,審察調寒温。周旋十二節,節盡更須親。" |
| 穀神子撰《龍虎還丹訣頌》 | "又曰:'植禾當以粟,覆雞用其子。'" | "植禾",同陰本、朱本:"植禾當以粟,覆雞用其子。" |
| 南宋元?胥元一撰《黄帝陰符經心法》 | "《參同契》曰:'耳目口三寶,固塞勿發通。真人潛深淵,浮游守規中。'" | "耳目口"句,同彭本、朱本:"耳目口三寶,固塞勿發揚。真人潛深淵,浮游守規中。" |

### (二) 引文分析

將表 1 相關内容進行統計,得表 2 之數據。此表數據縱列,按照引用量以及相關性依次[1]排列,依次爲:陰本、容本、彭本、朱本;横列則全以某一注本爲主,將此一注本相關數據按照引用量及相關性依次排列。

**表 2**

| | | | | |
|---|---|---|---|---|
| 南宋以降 | 同彭本:10 條。 | 同朱本:5 條。 | 同陰本:6 條。 | 同容本:3 條。 |
| | 近彭本:8 條。 | 近朱本:3 條。 | 近陰本:4 條。 | 近容本:1 條。 |
| | 同彭本、朱本:11 條。 | 同彭本、朱本:12 條。 | 近陰本、彭本:1 條。 | 同容本、朱本:1 條。 |
| | 近彭本、朱本:12 條。 | 近彭本、朱本:11 條。 | 同陰本、彭本:8 條。 | 近容本、彭本:1 條。 |
| | 同陰本、彭本:8 條。 | 同陰本、朱本:5 條。 | 同陰本、朱本:5 條。 | 同陰本、容本:1 條。 |
| | 近陰本、彭本:1 條。 | 近陰本、朱本:1 條。 | 近陰本、朱本:1 條。 | 近陰本、容本:1 條。 |
| | 近容本、彭本:1 條。 | 同容本、朱本:1 條。 | 同陰本、容本:1 條。 | |
| | | | 近陰本、容本:1 條。 | |
| | 總計:51 條。 | 總計:38 條。 | 總計:27 條。 | 總計:8 條。 |

同樣,觀察總計之數據最直觀之印象即是,彭本、朱本與南宋諸道書引《參同契》文關係最密,尤其是前者。同樣,我們如果疊加彭本、朱本之引用量,再加上彭本、朱本與陰本、容本共屬之數據,而陰本、容本删除與彭本、朱本共屬之數據,亦可得出另一數據,彭本、朱本之系統對陰本、容本所屬系統:88∶18[2]。同樣,我們去掉彭本、朱本與陰本、容本共屬之數據,又得出另一組數字:71∶18[3]。不管是前一組數據,還是後一組數據,足以説明彭本與朱本在南宋以後之流播情況。且從引文所得之結論,又與時人論彭、朱之語,若合節拍。如此,我們對南宋以來《參同契》文本之流播情況有了較清晰的認識。又,從南宋及以後引文反映彭、朱之情況與諸文獻之佐證以參證引文與注本之關係,又可爲前一節之陰本、容本所出之年代提供了另一重證據,即從南宋前引文情況來看,陰本、容本所出較早之結論又有了更爲牢固的基礎。

同時,我們還需要注意一點,雖然南宋以來,彭、朱二注逐漸取得統治地位,然陰本或陰本所屬文本系統並未徹底沉没。表 2 之數據顯示,陰本之引用量僅稍次於朱本,依然在南宋以來受到諸道書之青睞。

再觀彭本與朱本二者關係,綜合數據爲 51∶38,去掉二者重合的部分爲 28∶15。欽偉剛先生認爲現存彭本已非彭本原本,乃是後人據朱本改易而成。

---

[1] 此處所謂相關性,是謂陰本與容本兩本最接近,彭本與朱本最接近。此點上文已做交代,這裏再次强調一下。

[2] 88 之數據,即是將彭本、朱本所得數據相加,而陰本、容本之數據,則是删去如近陰本、彭本,近陰本、朱本,容本亦如是。

[3] 71 之數據,是删除如近陰本、彭本,近陰本、朱本,而保留彭本自身以與朱本相關之數據所得,18 之數據亦如是。

果如此，彭本、朱本二者當幾無差别，然對勘彭本與朱本，二者差别雖與陰本、容本差别比起遠甚，然細微處處處可見。且，有宋四個注本除朱本外，映字號無名氏《周易參同契注》與陳顯微《周易參同契解》與彭本更接近，而只有褚華穀注《周易參同契》與朱本接近。這同樣喻示著彭本與朱本雖屬同一文本系統，然二者之間也存在細微的差别。再結合本文數據看，現存彭本絶非如欽偉剛先生所言乃全據朱本而改易，其真實性應當受到尊重①。本文更關注的是，南宋以降雖説彭注、朱注的文本系統成爲主流，然就二者而言，彭注的影響力遠遠大於朱注。這一點也同樣可驗之於有宋其他三個存世注本。

## 三、結　論

從歷代道書引録的《參同契》引文信息看，我們驗證了《參同契》存在不同文本系統（至少兩個系統）的事實。將這數百條引文信息與現存陰本、容注、彭注與朱注對校後，我們得出陰本、容注的文本系統屬於《參同契》的早期文本系統，可能屬於唐存注本。同時，南宋前流通的文本系統以陰本、容注的文本系統爲主——尤以陰本底本爲主，南宋以降則以彭注、朱注的文本系統爲主——尤以彭注爲主。

**【作者簡介】**屈燕飛，哲學博士，台州學院人文學院講師，研究方向爲道教哲學、道教文獻。

① 有關彭曉《通真義》真僞的問題，我們需另文討論。

# 蜀石經《毛詩》殘拓校理*

王天然

**【提　要】** 上海圖書館藏蜀石經《毛詩》殘拓起自卷一《召南·鵲巢》鄭箋"爵位，故以興焉"，訖於卷二《邶風·二子乘舟》尾。本次校理參校寫本十件、刻本七種，既努力呈現文本異同的静態結果，也重視還原文本變化的動態過程。本項工作是探討蜀石經《毛詩》性質的基礎，同時也期待爲梳理《毛詩》文本源流關係提供更多細節佐證。緣此，本篇對參校本異文盡量一一出校，包括明顯由參校本自身訛誤所致者。另外文中未定校勘凡例，旨在保留每條校理文字面對具體情況時的靈活性。

**【關鍵詞】** 蜀石經　毛詩　文本性質　文本源流

蜀石經《毛詩》殘拓原件現藏上海圖書館，起自卷一《召南·鵲巢》鄭箋"爵位，故以興焉"，訖於卷二《邶風·二子乘舟》尾，凡四十開半。爲方便閱讀，今據日本静嘉堂文庫藏室町時代寫本略補起始闕文並以"〖 〗"括出，小字注文以"()"括出。拓中字跡殘損處，尚可辨識者徑録其文，不可辨識者亦據静嘉堂文庫本録文並以"□"標示；拓中殘損處不明具體字數者，以"▨"標示。本次校理參校寫本十件(敦煌寫本六件、吐魯番寫本一件、日本寫本三件)，刻本七種(唐石經一種、南宋石經一種、宋刻本四種、元刻本一種)。其間注意汲取寫本中的校記文字，注意分辨刻本中的原石/磨改、原版/補版/修版等具體情形。此外，斟酌參考蜀石經《毛詩》清人摹本(兩種)、唐孔穎達疏文、唐張參《五經文字》、《毛詩》音義類文獻(兩種)、原本《玉篇》殘卷引文、宋人詩學著述引文(兩種)，以及清人校勘記類文獻(五種)。現略敘所據各本如下：

1. 法國國家圖書館藏 Pelliot chinois Touen - houang 2529 寫本，簡稱"P. 2529"。該殘卷題中雖有"詁訓傳"字樣，但實際僅有經文，應是從經注本中抄出的白文本。今據法國國家圖書館數字圖書館公佈之全文影像校勘，詳見：https://gallica.bnf.fr/。

2. 英國國家圖書館藏 Stein 789 寫本，簡稱"S. 789"。該殘卷題中雖有"詁訓傳""鄭氏牋"字樣，但實際僅有經文，應是從經注本中抄出的白文本。今據《英藏敦煌文獻》影印本校勘。

---

* 【基金項目】本文係國家社科基金後期資助項目"蜀石經遺文考"(18FZS027)階段性成果。

3. 俄羅斯科學院東方研究所聖彼得堡分所藏敦煌 12697 號寫本，簡稱“Дх. 12697”。該殘片爲白文本，今據《俄藏敦煌文獻》影印本校勘。

4. 法國國家圖書館藏 Pelliot chinois Touen-houang 2538 寫本，簡稱“P. 2538”。該本含經文、毛傳、鄭箋，爲《毛詩傳箋》殘卷。今據法國國家圖書館數字圖書館公佈之全文影像校勘，詳見：https://gallica. bnf. fr/。

5. 英國國家圖書館藏 Stein 541 寫本，簡稱“S. 541”。該本含經文、毛傳、鄭箋，爲《毛詩傳箋》殘卷，可與“P. 2538”綴合。今據《英藏敦煌文獻》影印本校勘。

6. 英國國家圖書館藏 Stein 10 寫本，簡稱“S. 10”。該本含經文、毛傳、鄭箋，爲《毛詩傳箋》殘卷。今據國際敦煌項目公佈之全文影像校勘，詳見：http://idp. bl. uk/database/oo_scroll_h. a4d? uid=2435229659;recnum=9;index=1。

7. 中國國家博物館藏吐魯番雅爾湖舊城出土《毛詩傳箋》寫本殘片(《旄丘》至《泉水》)，簡稱“吐魯番本”。今據黃文弼《吐魯番考古記》所附圖版校勘。

8. 日本大念佛寺藏日寫本[①]，簡稱“大念本”。今據 1942 年京都帝國大學文學部影印本校勘，另外對卷中日人校記亦有參考。

9. 日本宫内廳書陵部藏鐮倉時代寫本《羣書治要・詩》，簡稱“治要”。今據“宫内廳書陵部收藏漢籍集覽”公佈之全文影像校勘，詳見：http://db. sido. keio. ac. jp/kanseki/T_bib_body. php? no=069336。

10. 日本静嘉堂文庫藏室町時代寫本[②]，簡稱“静嘉本”。今據 1992 年汲古書院影印本校勘，另外對卷中日人(蓋清原宣賢)校記亦有參考。

11. 唐開成石經，簡稱“唐石經”。今據西安碑林博物館第一室陳列之《毛詩》原石校勘，並參李石曾舊藏拓本複製件。

12. 南宋紹興石經，簡稱“南宋石經”。今據杭州孔廟石經閣陳列之《毛詩》第一石校勘。

13. 國家圖書館藏瞿氏鐵琴銅劍樓舊藏宋刻巾箱本，簡稱“瞿本”。今據《中華再造善本》影印本校勘。

14. 臺北故宫博物院藏宋刻十二行纂圖互注本，簡稱“臺北纂圖本”。今據 1995 年臺北故宫博物院影印本校勘。

15. 國家圖書館藏宋刻十行纂圖互注本，簡稱“國圖纂圖本”。今據《中華再造善本》影印本校勘。

16. 日本足利學校遺蹟圖書館藏南宋建安劉叔剛注疏合刻十行本，簡稱“劉叔剛本”。今據 1973 年汲古書院影印本校勘。

17. 國家圖書館藏元刻明修初印十行本，簡稱“元十行本”。今據《中華再造善本》影印本校勘，必要時參考北京市文物局藏元刻明修後印本。

18. 清吳騫拜經樓舊藏摹寫傳抄本《蜀石經殘字三種・毛詩》，簡稱“吳

① 吉川幸次郎以此本爲平安時代寫本：“寺伝では菅公の筆と称する。果たして菅公の筆か否かは別として、平安朝写本であることは、疑いない。”《吉川幸次郎全集》第十卷，筑摩書房，1970 年，頁 458。

② 此本形製雖爲寫卷，然抄寫所據或爲南宋刻本。說詳米山寅太郎《毛詩鄭箋解題》，《毛詩鄭箋(三)》，汲古書院，1994 年，頁 414—415。本文校勘結果或可從文本方面印證此說。

本”。今據國家圖書館所藏原件。

19. 清道光六年陳宗彝據張敦仁藏本影刻之《蜀石經殘字·毛詩》,簡稱“陳本”。今據《歷代石經研究資料輯刊》影印本。

20. 唐孔穎達等撰《毛詩正義》,簡稱“正義”。今據1973年汲古書院影印劉叔剛本。

21. 唐張參《五經文字》,今據開成石經所附本。

22. 國家圖書館藏宋刻宋元遞修本《經典釋文·毛詩音義》,簡稱“釋文”。今據《中華再造善本》影印本。

23. 英國國家圖書館藏Stein 2729寫本,簡稱“S. 2729”。該寫本部分内容爲一種《毛詩》音義類文獻,今據《英藏敦煌文獻》影印本。

24. 南朝顧野王《玉篇》,日本藏原本殘卷數種,簡稱“原本玉篇”。今據《續修四庫全書》影印本①,其中據《古逸叢書》所補者標明“古逸本”。

25. 宋蘇轍《詩集傳》,今據《中華再造善本》影印國家圖書館藏宋淳熙七年蘇詡筠州公使庫刻本。

26. 宋魏了翁《毛詩要義》,簡稱“要義”。今據《續修四庫全書》影印日本天理圖書館藏宋淳祐十二年刻本。

27. 清武英殿本《毛詩注疏》卷二、卷三尾所附考證,簡稱“殿本考證”。今據清乾隆四年刻本。

28. 清阮元等撰《十三經注疏校勘記·毛詩注疏校勘記》,簡稱“阮氏校記”。今據2007年藝文印書館影印之清嘉慶南昌府學刻本所附,並參《續修四庫全書》影印之南京圖書館藏文選樓單行本。該書“引據各本目録”載所用“宋小字本二十卷”,半葉十三行、行大小皆二十四字。國家圖書館現藏一册宋刻本,存十八至二十凡三卷,與其行款相合,有顧廣圻跋。今覆覈國圖殘本與阮氏校記所言小字本,二者頗相符合②,可能爲一書③。殘本除經注附釋文外,尚有重言、重意、互注等内容④,又知原書卷首有圖⑤,則此書實屬纂圖互注重言重意類刊本⑥。該本《召南》《邶風》部分不知存世否⑦,幸賴阮氏校記尚可窺得大貌,文中簡稱“小字本”。

29. 清王昶《金石萃編·後蜀毛詩石經殘本》,簡稱“王氏校記”。今據《續

---

① 請參蘇芃《原本〈玉篇〉殘卷國内影印本述評》,《中國典籍與文化》2008年第4期,頁51—54。近來又有《日本藏漢籍古鈔本叢刊》新印本,因未收本文所涉卷十九“汵”至“潦”部分,今仍用《續修四庫全書》本。

② 現僅舉一例:卷尾《殷武》篇,阮氏校記“字音饘”條云“按,小字本所附作‘羶’,不誤”,國圖殘本正作“字音羶”。

③ 袁媛亦推斷二者爲同本,並指出顧跋中“所謂‘西湖寓館’,正是在《十三經》局時的居所”。詳見《十三經注疏校勘記》第2册,《毛詩注疏校勘記·整理説明》,北京大學出版社,2015年,頁575—576。

④ 請參楊紹和《楹書隅録》卷一之著録及該書書影。詳見《清人書目題跋叢刊三》,中華書局,1990年,頁397;《國家圖書館宋元善本圖録·經部一》,浙江古籍出版社,2019年,頁312—313。

⑤ 詳見顧廣圻等人跋文及楊氏《楹書隅録》。

⑥ 張麗娟已指出此點,詳見《宋代經書注疏刊刻研究》,北京大學出版社,2013年,頁217。

⑦ 據楊氏《楹書隅録》可知該部書卷十八前已毁於兵火,不知世間是否另有存本。

修四庫全書》影印本。

30. 清吴騫《蜀石經毛詩考異》,簡稱"吴氏校記"。今據"中華古籍資源庫"公佈之國家圖書館藏拜經樓抄本,詳見:http://read.nlc.cn/allSearch/searchDetail?searchType=1002&showType=1&indexName=data_892&fid=411999012156。

31. 清馮登府《石經補攷・後蜀石經考異》,簡稱"馮氏校記"。今據《續修四庫全書》影印本。

〖**維鵲有巢,維鳩居之。**〗(〖興也。鳩,鳲鳩,秸鞠也。鳲鳩不自爲巢,居鵲之成巢。箋云:鵲之作巢,冬至架之,至春乃成,猶國君積行累功〗以致爵位①,故以興焉②。興焉者③,鳲鳩因鵲成巢而居之④,而有均一之德⑤,諭猶國君夫人來嫁⑥,居君子之室,其德亦然也⑦。室者⑧,燕寢也⑨。)**之子于歸⑩,百兩御之⑪**。(百兩,百乘也。諸侯之子嫁於諸侯,送迎之車皆百乘⑫。箋云:之子,是子也。迓⑬,迎也。是子如鳲鳩之子⑭,其往嫁也,家

① 按,蜀石經《毛詩》殘拓曾於乾嘉之際又佚去《周南》十一篇及《召南》首篇《鵲巢》半開,據殿本考證所言"'維鳩居之'箋'猶國君積行累功',蜀本石經此句下多'以致爵位'四字",今徑補"以致"二字與殘拓起始"爵位"二字銜接。大念本、静嘉本、瞿本、臺北纂圖本、國圖纂圖本、劉叔剛本、元十行本無"以致爵位"。

② 大念本無"焉"。

③ 元十行本"興"作"舆",以下相同處不再出校。静嘉本、瞿本、臺北纂圖本、國圖纂圖本、劉叔剛本、元十行本無"焉",大念本同蜀石經。

④ 大念本"因"作"曰"。大念本、静嘉本、瞿本、臺北纂圖本、國圖纂圖本、劉叔剛本、元十行本"居"後有"有"字。

⑤ 大念本、瞿本、劉叔剛本、元十行本"一"作"壹",静嘉本、臺北纂圖本、國圖纂圖本、小字本同蜀石經。

⑥ 大念本、静嘉本、瞿本、臺北纂圖本、國圖纂圖本、劉叔剛本、元十行本無"諭"。元十行本"國"作"国",以下相同處不再出校。

⑦ 大念本、静嘉本、瞿本、臺北纂圖本、國圖纂圖本、劉叔剛本、元十行本無"其",静嘉本"其"爲小字擠寫。大念本"亦"後有"宜",静嘉本"亦"後有日人小字校記"宜,扌无"。大念本、静嘉本、瞿本、臺北纂圖本、國圖纂圖本、劉叔剛本、元十行本無"也"。按,静嘉本小字擠寫者大多當屬校勘文字,而非所據底本之文。日人校記中"扌"爲"摺"之略,因"摺"爲印刷之意,即指傳來之宋刊本(請參米山寅太郎《解題》)。以下相同處不再贅言。

⑧ 静嘉本、瞿本、臺北纂圖本、國圖纂圖本、劉叔剛本、元十行本無"者";大念本同蜀石經有"者",該字旁有日人小字校記"本无"。

⑨ 大念本"燕"前有"謂"。

⑩ S.789與上句合觀,不重"之"字。P.2529"歸"作"帰",以下相同處不再出校。

⑪ P.2529"兩"作"雨"。釋文或本、大念本"御"作"訝",釋文又作"迓",P.2529、S.789、釋文底本、南宋石經、静嘉本、瞿本、臺北纂圖本、國圖纂圖本、劉叔剛本、元十行本同蜀石經。

⑫ 釋文底本、静嘉本、瞿本、臺北纂圖本、國圖纂圖本、劉叔剛本、元十行本、小字本"迎"作"御",釋文或本、大念本作"迎"。大念本無"之車皆",静嘉本、瞿本、臺北纂圖本、國圖纂圖本、劉叔剛本、元十行本、小字本無"之車"。

⑬ S.2729出字、大念本"迓"作"訝",静嘉本、瞿本、臺北纂圖本、國圖纂圖本、劉叔剛本、元十行本作"御"。

⑭ 静嘉本、瞿本、臺北纂圖本、國圖纂圖本、劉叔剛本、元十行本無前"子",静嘉本"是"後有日人小字校記"子,扌无";大念本同蜀石經。大念本無後"子","之"後小字擠寫"德";静嘉本後"子"旁有日人小字校記"德,本"。按,大念本小字擠寫者大多當屬校勘文字,而非所據底本之文,以下相同處不再贅言。

人送之，良人迎之，車皆百乘，象有百官之盛[①]。)**維鵲有巢**[②]**，維鳩方之。**(方，有之也[③]。)**之子于歸，百兩將之。**(將，送也[④]。)**維鵲有巢，維鳩盈之。**(盈，滿也。箋云[⑤]：滿者，言衆媵姪娣之多也[⑥]。)**之子于歸，百兩成之。**(能成百兩之禮[⑦]。箋云：是子有鳲鳩之德[⑧]，宜配國君，故以百兩之禮送迎成之[⑨]。)**《鵲巢》三章，章四句**[⑩]**。**

**《采蘩》**[⑪]**，夫人不失職也**[⑫]**。夫人可以奉祭祀**[⑬]**，則不失職矣**[⑭]**。**(共祭祀者[⑮]，采蘩之事也。不失職者，夙夜在公也[⑯]。)**于以采蘩？于沼于沚。**(蘩，皤蒿也。于，於也[⑰]。沼，池也[⑱]。沚，渚也。公侯夫人執蘩采以助祭祀[⑲]，神享德與信[⑳]，不求備焉[㉑]，沼沚谿澗之草[㉒]，猶可以薦[㉓]。王后則荇菜也[㉔]。箋云：于以，猶言往以[㉕]。執蘩采者[㉖]，以豆

---

① 臺北纂圖本"官"作"𠕁"形，蓋版片磨損所致。大念本"盛"後有"也"。

② 原本玉篇、大念本"維"作"惟"，P. 2529、S. 789、南宋石經、静嘉本、瞿本、臺北纂圖本、國圖纂圖本、劉叔剛本、元十行本同唐石經、蜀石經，以下相同處不再出校。按，唐石經此處"維鵲"雖已殘損，然首句尚存，作"維"。

③ 原本玉篇、釋文或本無"之"，釋文底本、大念本、静嘉本、瞿本、臺北纂圖本、國圖纂圖本、劉叔剛本、元十行本、小字本同蜀石經。

④ 瞿本"將，送也"作"將如字，送也，沈七羊反"。按，此處或爲瞿本附釋文而改注文例。

⑤ 大念本重"箋"字。

⑥ 大念本"娣"作"𡛊"；"多"後有"之"，"之"旁有日人小字校記"本无"。静嘉本、瞿本、臺北纂圖本、國圖纂圖本、劉叔剛本、元十行本無"也"。

⑦ 大念本、元十行本"禮"作"礼"，以下相同處不再出校。静嘉本、瞿本、臺北纂圖本、國圖纂圖本、劉叔剛本、元十行本"禮"後有"也"，大念本"礼"後擠寫小字"也"。

⑧ 大念本"鳲"作"尸"。

⑨ 大念本"之"作"也"。

⑩ 南宋石經無篇題章句，以下相同處不再出校。

⑪ P. 2529、釋文或本"蘩"作"繁"，臺北纂圖本作"蘩"，S. 789、釋文底本、大念本、南宋石經、静嘉本、瞿本、國圖纂圖本、劉叔剛本、元十行本同唐石經、蜀石經，以下相同處不再出校。

⑫ P. 2529、S. 789、大念本"職"作"軄"，南宋石經、静嘉本、瞿本、臺北纂圖本、國圖纂圖本、劉叔剛本、元十行本同唐石經、蜀石經，以下相同處不再出校。

⑬ P. 2529 無"夫人"，S. 789、南宋石經、静嘉本、瞿本、臺北纂圖本、國圖纂圖本、劉叔剛本、元十行本同唐石經、蜀石經。

⑭ 大念本"失"後擠寫小字"其"。

⑮ 瞿本句首有"箋云"。大念本、静嘉本、瞿本、臺北纂圖本、國圖纂圖本、劉叔剛本、元十行本"共"作"奉"。

⑯ 大念本"公"後擠寫小字"事也"。

⑰ 原本玉篇云"傳曰'于以，猶亏以也'"。静嘉本、瞿本、臺北纂圖本、國圖纂圖本、劉叔剛本、元十行本無"也"，大念本同蜀石經。

⑱ 静嘉本、瞿本、臺北纂圖本、國圖纂圖本、劉叔剛本、元十行本無"也"，大念本同蜀石經。

⑲ 大念本、静嘉本、瞿本、臺北纂圖本、國圖纂圖本、劉叔剛本、元十行本"采"作"菜"。静嘉本、瞿本、臺北纂圖本、國圖纂圖本、劉叔剛本、元十行本無"祀"；大念本同蜀石經，"祀"旁有日人小字校記"本无"。

⑳ 大念本、静嘉本、瞿本、臺北纂圖本、國圖纂圖本、劉叔剛本、元十行本"享"作"饗"。大念本"與"作"与"，以下相同處不再出校。

㉑ 大念本"備"作"俻"，瞿本作"偹"，以下相同處不再出校。大念本"備"後有"物"，"物"後擠寫小字"焉"；静嘉本"備"後有日人小字校記"物，扌无"。

㉒ S. 2729 出字、臺北纂圖本"谿"作"溪"。劉叔剛本、元十行本"澗"作"間"。

㉓ 大念本"薦"作"廌"，以下相同處不再出校。

㉔ 大念本"則"後有"共"，静嘉本"則"後擠寫小字"供"。

㉕ 大念本、静嘉本、瞿本、臺北纂圖本、國圖纂圖本、劉叔剛本、元十行本"以"後有"也"。

㉖ 大念本"蘩"作"繁"，臺北纂圖本作"𦸈"形。大念本、静嘉本、瞿本、臺北纂圖本、國圖纂圖本、劉叔剛本、元十行本"采"作"菜"。

薦蘩菹也①。)**于以用之？公侯之事。**(之事，祭事也。箋云：言夫人於君祭祀而薦此豆也②。)**于以采蘩？于澗之中。**(山夾水曰澗③。)**于以用之？公侯之宫。**(宫，廟也④。)**被之僮僮⑤，夙夜在公⑥。**(被，首飾也⑦。僮僮，竦敬也⑧。夙，早也⑨。箋云：公，事也。早夜在於公事⑩，謂視濯溉饎爨之事⑪。《禮記》曰⑫："主婦髲鬄也⑬。")**被之祁祁，薄言還歸⑭。**(祁祁，舒遲皃也⑮，言事有儀⑯。箋云：言，我也。祭事畢，夫人釋祭服而去其髲鬄⑰，其威儀祁祁然而安舒，無疲倦之失⑱。我還歸者，自廟反其燕寢也⑲。)**《采**

① 大念本"菹"後有"之"，"之"旁有日人小字校記"本无"。静嘉本、瞿本、臺北纂圖本、國圖纂圖本、劉叔剛本、元十行本無"也"。

② 臺北纂圖本"豆"作"盲"形，蓋版片磨損所致。大念本"豆"後有"唐之"，二字旁又有日人小字校記"本无"。

③ 大念本"澗"後有"也"。

④ 大念本"廟"作"唐"，以下相同處不再出校。

⑤ 大念本"僮僮"作"潼丶"，字旁又有日人小字校記"僮，本"，以下相同處不再出校；P. 2529、S. 789、南宋石經、静嘉本、瞿本、臺北纂圖本、國圖纂圖本、劉叔剛本、元十行本、要義同唐石經、蜀石經。

⑥ 大念本"夙"作"鳳"，該字旁又有日人小字校記"夙，本"；P. 2529、S. 789、南宋石經、静嘉本、瞿本、臺北纂圖本、國圖纂圖本、劉叔剛本、元十行本、要義同唐石經、蜀石經。

⑦ 大念本"飾"作"餝"，瞿本作"餙"。

⑧ 瞿本"竦"作"踈"。

⑨ 釋文底本"早"作"蚤"，又云"本多作'早'"。

⑩ 大念本、静嘉本、瞿本、臺北纂圖本、國圖纂圖本、劉叔剛本、元十行本、要義無"於公"。

⑪ S. 2729出字"溉"作"概"，大念本作"慨"。釋文出字、S. 2729出字、静嘉本、瞿本、臺北纂圖本、國圖纂圖本、劉叔剛本、要義"爨"作"爨"，元十行本作"爨"。大念本"事"後有"也"。

⑫ 瞿本"禮"作"礼"，以下相同處不再出校。静嘉本、瞿本、臺北纂圖本、國圖纂圖本、劉叔剛本、元十行本、要義無"曰"，大念本同蜀石經。静嘉本"禮記"旁有日人小字校記"少牢，江本"。按，静嘉本校記中之"江"，當指大江家(請參米山寅太郎《解題》)，以下相同處不再贅言。

⑬ 國圖纂圖本"主"作"王"形。S. 2729出字"髲鬄"作"髲鬄"，大念本作"髮鬄"，釋文底本"鬄"作"鬄"，以下相同處不再出校。静嘉本、瞿本、臺北纂圖本、國圖纂圖本、劉叔剛本、元十行本、要義無"也"，大念本同蜀石經。

⑭ P. 2529"還"作"施"，"施"字上又有朱筆改作"旋"；S. 789"還"作"旋"；大念本、南宋石經、静嘉本、瞿本、臺北纂圖本、國圖纂圖本、劉叔剛本、元十行本、要義同唐石經、蜀石經。

⑮ 静嘉本、瞿本、國圖纂圖本、劉叔剛本"遲"作"遟"，以下相同處不再出校。大念本、静嘉本、瞿本、臺北纂圖本、國圖纂圖本、劉叔剛本、元十行本、要義無"皃"。

⑯ 大念本、静嘉本、瞿本、臺北纂圖本、國圖纂圖本、劉叔剛本、元十行本、要義"言"作"去"。大念本"儀"前有"威"。静嘉本、瞿本、臺北纂圖本、國圖纂圖本、劉叔剛本、元十行本、要義"儀"後有"也"，大念本同蜀石經。

⑰ 静嘉本"去"旁有日人小字校記"本无"。大念本、静嘉本、瞿本、臺北纂圖本、國圖纂圖本、劉叔剛本、元十行本無"其"。大念本、瞿本"鬄"後有"也"。正義曰"言去事有儀者，謂祭畢去其事之時有威儀。故箋云'祭畢，釋祭服而去'，是去事也；'髲鬄，其威儀祁祁然而安舒'，是有儀也。定本云'祭事畢，夫人釋祭服而髲鬄'，無'去'字"。阮氏校記云"定本無'去'字，正義於'去'字斷句，定本於'髲鬄'斷句也"。

⑱ 大念本"無"作"无"，以下相同處不再出校。釋文底本、大念本、静嘉本、瞿本、臺北纂圖本、國圖纂圖本、劉叔剛本、元十行本"疲"作"罷"，釋文或本同蜀石經。大念本"失"後有"礼"，静嘉本"失"後有日人小字校記"礼，扌无"。

⑲ 大念本、要義無"其"。大念本"也"前有"之"。静嘉本、瞿本、臺北纂圖本、國圖纂圖本、劉叔剛本、元十行本、要義無"也"。静嘉本"燕"旁有日人小字校記"本无"。

**蘩》三章**[①]**，章四句。**

**《草蟲》**[②]**，大夫妻能以禮自防也**[③]**。**（卿大夫之妻待禮而行，隨從君子也[④]。）**喓喓草蟲，趯趯阜螽。**（興也。喓喓，聲也[⑤]。草蟲，常羊也。趯趯，跳躍也[⑥]。阜螽，蠜螽也[⑦]。卿大夫之妻待禮而行[⑧]，隨從君子[⑨]。箋云：草蟲鳴而阜螽躍而從之[⑩]，異種同類，猶男女嫁時以禮相求呼也[⑪]。）**未見君子，憂心忡忡。**（忡忡，猶衝衝也[⑫]。婦人雖適人[⑬]，猶有歸宗之義[⑭]。箋云：未見君子者，謂在塗之時也[⑮]。在塗之時而憂[⑯]，憂不當君子，無以自寧父母[⑰]，故心衝衝然。是其不自絶於其族之情也[⑱]。）**亦旣見止**[⑲]**，亦旣覯止**[⑳]**，我**

① 大念本"采"作"菜"，P. 2529、S. 789、静嘉本、瞿本、臺北纂圖本、國圖纂圖本、劉叔剛本、元十行本同唐石經、蜀石經。劉叔剛本、元十行本"蘩"作"繁"，P. 2529、S. 789、大念本、静嘉本、瞿本、臺北纂圖本、國圖纂圖本同唐石經、蜀石經。

② 釋文或本、大念本"蟲"作"虫"，P. 2529、S. 789、釋文底本、南宋石經、静嘉本、瞿本、臺北纂圖本、國圖纂圖本、劉叔剛本、元十行本(明版)同唐石經、蜀石經，以下相同處不再出校。

③ P. 2529、S. 789"禮"作"礼"，以下相同處不再出校。

④ 大念本、静嘉本、瞿本、臺北纂圖本、國圖纂圖本、劉叔剛本、元十行本(明版)無"卿大夫之妻待禮而行隨從君子也"。按，下文毛傳有此句，是否亦鄭箋頗存疑問。蓋後人爲補《草蟲》小序無注而摘引毛傳，最初或爲旁添批注，在文本流傳過程中由批語變爲正文。

⑤ 大念本"聲"前有"鳴"。

⑥ 静嘉本、瞿本、臺北纂圖本、國圖纂圖本、劉叔剛本、元十行本(明版)、要義無"跳"。大念本"趯趯，跳躍也"作"趯，踊也"。

⑦ 静嘉本、瞿本、臺北纂圖本、國圖纂圖本、劉叔剛本、元十行本(明版)、要義、小字本無"螽"，静嘉本"蠜"後有日人小字校記"螽，扌无"；大念本同蜀石經。按，正義云"定本云'阜螽，蠜'，依《爾雅》云，則俗本云'蠜螽'者，衍字也"，據蜀石經、大念本可知，確有存"螽"字之"俗本"流傳。

⑧ 大念本"待"作"侍"，以下相同處不再出校。

⑨ 大念本"隨"作"随"，以下相同處不再出校。

⑩ 静嘉本、瞿本、臺北纂圖本、國圖纂圖本、劉叔剛本、元十行本(明版)、要義無前"而"，大念本同蜀石經。

⑪ 大念本、静嘉本、瞿本、臺北纂圖本、國圖纂圖本、劉叔剛本、元十行本(明版)、要義"嫁"作"嘉"。静嘉本、瞿本、臺北纂圖本、國圖纂圖本、劉叔剛本、元十行本(明版)、要義無"也"，大念本同蜀石經。

⑫ 静嘉本、臺北纂圖本、國圖纂圖本"衝"作"衝"，以下相同處不再出校。元十行本(明版)"也"字處爲墨釘。

⑬ 静嘉本、臺北纂圖本、國圖纂圖本、小字本"雖"後有"未"，静嘉本"未"旁有日人小字校記"本无"，臺北纂圖本"未"字上有圈號；大念本、瞿本、劉叔剛本、元十行本(明版)同蜀石經。

⑭ 大念本、静嘉本、瞿本、臺北纂圖本、國圖纂圖本、劉叔剛本、元十行本(明版)無"猶"。

⑮ 大念本、静嘉本、瞿本、臺北纂圖本、國圖纂圖本、劉叔剛本、元十行本(明版)無"之"。大念本無"也"。

⑯ 大念本、静嘉本、瞿本、臺北纂圖本、國圖纂圖本、劉叔剛本、元十行本(明版)無"之時"。

⑰ 大念本、静嘉本、瞿本、臺北纂圖本、國圖纂圖本、劉叔剛本、元十行本(明版)無"自"。臺北纂圖本、元十行本(明版)"寧"作"寕"，以下相同處不再出校。

⑱ 大念本前"其"爲擠寫，在"不"後；"族"前擠寫"親"；"族"後有"人"。静嘉本、瞿本、臺北纂圖本、國圖纂圖本、劉叔剛本、元十行本(明版)無"也"，大念本同蜀石經。

⑲ P. 2529"亦旣"作"旣〻亦"，"〻"上有朱筆塗抹。

⑳ S. 789與上句合觀"止亦旣"作"亦止"。

**心則降。**（止，辭也[1]。覯，遇也[2]。降，下也[3]。箋云：既見君子[4]，謂已同牢而食[5]。既覯[6]，謂已婚禮也[7]。始者憂於不當，今君子待己以禮，庶幾自此可以寧父母[8]，故心下也。《易》曰“男女覯精，萬物化生”也[9]。）**陟彼南山[10]，言采其蕨。**（南山，周南山也。蕨，虌也[11]。箋云：言，我也[12]。我采者[13]，在塗而見采虌菜者[14]，得其所欲[15]，猶今之行嫁者欲得禮[16]，以自喻也[17]。）**未見君子，憂心惙惙。**（惙惙，憂也。）**亦既見止[18]，亦既覯止，我心則說[19]。**（說，服也。）**陟彼南山，言采其薇。**（薇，菜也[20]。）**未見君子[21]，我心傷悲。**（嫁女之家，不息火三日，思相離也[22]。箋云：惟父母思己[23]，故己亦傷悲也[24]。）**亦既見止，**

---

① 大念本“辭”作“辞”，以下相同處不再出校。

② 靜嘉本、臺北纂圖本、國圖纂圖本、劉叔剛本、元十行本（明版）無“也”，大念本同蜀石經。瞿本作“覯，古豆反，遇也”，且在注首。按，此處或爲瞿本附釋文而改注文例。

③ 元十行本（明版）“下”作“小”。

④ 大念本、靜嘉本、瞿本、臺北纂圖本、國圖纂圖本、劉叔剛本、元十行本（明版）無“君子”。

⑤ 大念本、劉叔剛本“牢”作“窂”。大念本、靜嘉本、瞿本、臺北纂圖本、國圖纂圖本、劉叔剛本、元十行本（明版）“食”後有“也”。

⑥ 臺北纂圖本“覯”作“見”。

⑦ 大念本“婚”作“婚”，靜嘉本、臺北纂圖本、國圖纂圖本、劉叔剛本、元十行本（明版）作“昬”，瞿本作“昏”，以下相同處不再出校。大念本、靜嘉本、瞿本、臺北纂圖本、國圖纂圖本、劉叔剛本、元十行本（明版）無“禮”。

⑧ 大念本“庶”後擠寫“幾也”。靜嘉本、瞿本、臺北纂圖本、國圖纂圖本、劉叔剛本、元十行本（明版）無“幾”。

⑨ 元十行本（明版）“萬”作“万”，以下相同處不再出校。靜嘉本、瞿本、臺北纂圖本、國圖纂圖本、劉叔剛本、元十行本（明版）無“也”，大念本同蜀石經。

⑩ S. 789“彼南”作“南彼”，字旁有乙改符號。

⑪ 釋文或本、S. 2729 出字、小字本“虌”作“虌”，大念本作“虌”，靜嘉本、臺北纂圖本、國圖纂圖本作“虌”，劉叔剛本、元十行本作“鱉”，釋文底本、瞿本同蜀石經，以下相同處不再出校。

⑫ 大念本“言”後擠寫“我也”二字。

⑬ 大念本“我”作“我〻”，“者”後有“也”；靜嘉本“我”旁有日人小字校記“我，扌无”。

⑭ 瞿本“菜”作“采”，元十行本該字略損。阮氏校記云“考正義標起止云‘言我至采鱉’，是正義本作‘采’，讀以‘采者得其所欲得’七字爲一句。‘采’譌爲‘菜’，并改其讀，失之矣”。按，此處或爲字異而句讀不同例，然阮氏“菜”爲“采”譌之說則未必。

⑮ 大念本、靜嘉本、臺北纂圖本、國圖纂圖本、劉叔剛本、元十行本“欲”後有“得”，瞿本同蜀石經。

⑯ 大念本、靜嘉本、瞿本、臺北纂圖本、國圖纂圖本、劉叔剛本、元十行本“猶”後有“己”，無“嫁”。

⑰ 靜嘉本“以”前有日人小字校記“故，扌无”。大念本“喻”作“諭”，以下相同處不再出校；該字後有“焉”，“焉”旁有日人小字校記“无本”。

⑱ 大念本“止”作“之”，P. 2529、S. 789、南宋石經、靜嘉本、瞿本、臺北纂圖本、國圖纂圖本、劉叔剛本、元十行本（明版）同唐石經、蜀石經。

⑲ S. 789“說”作“悅”，P. 2529、釋文出字、大念本、南宋石經、靜嘉本、瞿本、臺北纂圖本、國圖纂圖本、劉叔剛本、元十行本（明版）同唐石經、蜀石經。

⑳ 大念本“菜”作“草”，該字旁有日人校記“菜，本”。

㉑ P. 2529 原無“君”，“見”“子”之間有朱筆後補之“君”。

㉒ 瞿本“思相”作“相思”。

㉓ 元十行本（明版）“云”字處爲墨釘。靜嘉本、瞿本、臺北纂圖本、國圖纂圖本、劉叔剛本、元十行本（明版）“惟”作“維”，靜嘉本該字旁有日人小字校記“惟，本”；大念本同蜀石經。大念本“思”前有“之”。

㉔ 靜嘉本、瞿本、臺北纂圖本、國圖纂圖本、劉叔剛本、元十行本（明版）無“也”，大念本“也”作“之”。

**亦既覯止，我心則夷。**（夷，平也。）**《草蟲》三章，章七句。**

**《采蘋》**[①]**，大夫妻能循法度也**[②]**。能循法度，則可以承先祖**[③]**，共祭祀矣**[④]**。**（女子十年不出[⑤]，姆教婉娩聽從[⑥]，執麻枲，治絲繭[⑦]，織紝組紃[⑧]，學女事以共衣服[⑨]。觀於祭祀[⑩]，納酒漿籩豆葅醢[⑪]，禮相助奠。十有五年而笄[⑫]，二十而嫁[⑬]。此言能循法度者，今既嫁而爲大夫妻[⑭]，能循其所爲女子之時所學可觀之事[⑮]，以爲法度也[⑯]。）**于以采蘋？南澗之濱。于以采藻？于彼行潦。**（蘋，大萍也[⑰]。濱，厓也[⑱]。藻，聚藻也。沉曰蘋，浮曰藻[⑲]。行潦，流潦也。箋云：古者婦人先嫁三月，祖廟未毁，教于公宫；祖廟既毁[⑳]，教于宗室。教以婦德、婦言、婦容、婦功。教成之祭，牲用魚，芼之以蘋藻[㉑]，所以成婦順也。此祭

---

① 大念本"采"作"菜"，P. 2529、S. 789、南宋石經、静嘉本、瞿本、臺北纂圖本、國圖纂圖本、劉叔剛本、元十行本（明版）同唐石經、蜀石經。

② 國圖纂圖本"大"作"太"形。P. 2529、大念本無"也"，S. 789、南宋石經、静嘉本、瞿本、臺北纂圖本、國圖纂圖本、劉叔剛本、元十行本（明版）、要義同唐石經、蜀石經。

③ 大念本"可以"作"以可"。

④ P. 2529、釋文或本、大念本"共"作"供"，S. 789、釋文底本、南宋石經、静嘉本、瞿本、臺北纂圖本、國圖纂圖本、劉叔剛本、元十行本（明版）、要義同唐石經、蜀石經。

⑤ 瞿本句首有"箋云"。大念本"出"後有"門"，静嘉本"出"後有日人小字校記"門，扌无"。

⑥ 大念本"姆"前有"傅"。静嘉本"教"前有日人小字校記"傅姆，扌无"，"教""婉"之間有日人小字校記"以，扌无"。瞿本"娩"作"婉"。正義云"定本云'姆教婉娩'，勘禮本亦然，今俗云'傅姆教之'，誤也"。

⑦ 大念本"絲"作"糸"，以下相同處不再出校。釋文或本"繭"作"璽"，大念本作"䌛"，静嘉本作"繭"。

⑧ S. 2729 出字、大念本、静嘉本、臺北纂圖本"紝"作"絍"。

⑨ 大念本"共"作"供"。

⑩ 元十行本（明版）"觀"字處爲墨釘。

⑪ 大念本"籩"作"邊"，静嘉本作"籩"，瞿本作"籩"。

⑫ 大念本"十"前有"女"。大念本、静嘉本、瞿本、臺北纂圖本、國圖纂圖本、劉叔剛本、元十行本（明版）、要義、小字本無"年"。正義云"又（指定本）'十有五而笄'上無'女子'二字，有者亦非"。

⑬ 大念本"二十"作"廿"。

⑭ 大念本"嫁"後擠寫"為"。大念本、静嘉本、瞿本、臺北纂圖本、國圖纂圖本、劉叔剛本、元十行本（明版）、要義無"而"。

⑮ 大念本、静嘉本、瞿本、臺北纂圖本、國圖纂圖本、劉叔剛本、元十行本（明版）、要義無"所""子"。大念本、静嘉本、瞿本、臺北纂圖本、國圖纂圖本、劉叔剛本、元十行本（明版）、要義"可"作"所"。元十行本（明版）"學"字處爲墨釘。

⑯ 静嘉本、瞿本、臺北纂圖本、國圖纂圖本、劉叔剛本、元十行本（明版）、要義無"也"，大念本同蜀石經。

⑰ 釋文底本、S. 2729 出字、静嘉本、瞿本、臺北纂圖本、國圖纂圖本、劉叔剛本、元十行本"萍"作"蓱"，釋文又作"苹"，大念本作"荓"，釋文或本、要義同蜀石經。

⑱ 釋文底本、大念本、國圖纂圖本"厓"作"涯"，S. 2729 出字作"漄"，釋文或本、静嘉本、瞿本、臺北纂圖本、劉叔剛本、元十行本、要義同蜀石經。

⑲ 大念本、静嘉本、瞿本、臺北纂圖本、國圖纂圖本、劉叔剛本、元十行本、要義無"沉曰蘋浮曰藻"。阮氏校記以此六字"與物理不合，是據《釋文》所引《韓詩》增入也"。王氏校記云"惟篇首序下引陸氏《經典釋文》'韓詩云：沈者曰蘋，浮者曰藻'"，又云"則此六字以《釋文》攙入毛傳矣"。按，此六字與上文"蘋，大萍也""藻，聚藻也"顯爲兩說，或許原爲旁添批注，在文本流傳過程中由批語變爲正文。

⑳ 大念本重"毁"字，後"毁"旁有日人小字校記"本无"。

㉑ 大念本、静嘉本、瞿本、臺北纂圖本、國圖纂圖本、劉叔剛本、元十行本、要義"之以"作"用"。殿本考證載"臣光型按，《昏義》文本作'芼之以蘋藻'"。

祭女所出祖也[①]。法度莫大於四教，是又祭以成之，故舉以言焉[②]。蘋之言賓也[③]，藻之言澡也[④]。婦人行[⑤]，尚柔順，自潔清也[⑥]，故取名以爲戒也[⑦]。）**于以盛之？維筐及筥**[⑧]**。于以湘之？維錡及釜。**（方曰筐。負曰筥[⑨]。湘，亨也[⑩]。錡，釜屬也[⑪]，有足曰錡，無足曰釜[⑫]。箋云：亨蘋藻者[⑬]，於魚湆之中，是鉶羹之芼也[⑭]。）**于以奠之？宗室牖下。**（奠，置也。宗室，太宗之廟也[⑮]。大夫士祭於宗廟[⑯]，奠於牖下。箋云：牖下[⑰]，戶牖間之前也[⑱]。祭不於室中者[⑲]，凡婚事[⑳]，於女禮設几筵於戶外[㉑]，此其義也與？宗子主此祭禮[㉒]，

---

① 大念本"此"爲擠寫。靜嘉本、瞿本、劉叔剛本、元十行本僅有一"祭"字，靜嘉本"此"後擠寫小字"祭"。按，正義云"知此祭祭女所出祖者"，蓋正義所見本亦重"祭"字。

② 元十行本"舉"作"𢍉"，以下相同處不再出校。

③ 大念本無"也"。

④ 大念本"澡"作"藻"。

⑤ 釋文出字、大念本、靜嘉本、瞿本、臺北纂圖本、國圖纂圖本、劉叔剛本、元十行本、要義"人"後有"之"。

⑥ 釋文出字、靜嘉本、劉叔剛本、元十行本、要義"潔"作"絜"，以下相同處不再出校；大念本、瞿本、臺北纂圖本、國圖纂圖本同蜀石經。大念本、靜嘉本、瞿本、臺北纂圖本、國圖纂圖本、劉叔剛本、元十行本、要義無"也"。

⑦ 靜嘉本、瞿本、臺北纂圖本、國圖纂圖本、劉叔剛本、元十行本、要義無"也"，大念本同蜀石經。

⑧ 靜嘉本"筐"作"筺"，P. 2529、S. 789、大念本、南宋石經、瞿本、臺北纂圖本、國圖纂圖本、劉叔剛本、元十行本同唐石經、蜀石經。南宋石經、臺北纂圖本、國圖纂圖本、劉叔剛本、元十行本"筐"字避諱闕筆，以下相同處不再贅言。P. 2529、S. 789、S. 2729 出字、大念本"筥"作"莒"，南宋石經、靜嘉本、瞿本、臺北纂圖本、國圖纂圖本、劉叔剛本、元十行本同唐石經、蜀石經。

⑨ 靜嘉本、瞿本、臺北纂圖本、國圖纂圖本、劉叔剛本、元十行本"負"作"圓"，大念本同蜀石經。

⑩ 釋文底本、瞿本、劉叔剛本、元十行本"亨"作"亨"，S. 2729 出字、大念本作"亨"，釋文或本、靜嘉本、臺北纂圖本、國圖纂圖本同蜀石經，以下相同處不再出校。

⑪ 靜嘉本、瞿本、臺北纂圖本、國圖纂圖本、劉叔剛本、元十行本無"也"，大念本同蜀石經。

⑫ 正義云"定本'有足曰錡'下更無傳，俗本'錡'下又云'無足曰釜'"。

⑬ 臺北纂圖本"亨"作"亨"。大念本"者"作"煑"，"煑"後、"魚"前擠寫"扵"。劉叔剛本原刻似作"者"，"者"下"灬"蓋後添，元十行本作"者"可爲佐證。靜嘉本"於"前有日人小字校記"煑，扌无"。按，此處或爲字異而句讀不同例，蜀石經作"者"蓋屬上讀，與作"煑"者不同。

⑭ 釋文或本、S. 2729 出字、大念本、靜嘉本、瞿本、臺北纂圖本、國圖纂圖本、劉叔剛本、元十行本"鉶"作"鉶"，釋文底本同蜀石經。大念本"羹"作"美"，"芼"作"笔"。靜嘉本、瞿本、臺北纂圖本、國圖纂圖本、劉叔剛本、元十行本無"也"，大念本同蜀石經。

⑮ 大念本、靜嘉本、瞿本、國圖纂圖本、劉叔剛本、元十行本"太"作"大"。臺北纂圖本作"𡗗"，則原刻似作"太"，又改作"大"。

⑯ 元十行本(明版)"大"作"太"，"士"作"土"形。正義云"定本、集注皆云'大夫士祭於宗廟'，不作'室'字"。

⑰ 大念本"下"爲擠寫。

⑱ 大念本"牖"爲擠寫。臺北纂圖本"間"作"問"，劉叔剛本、元十行本(明版)作"閒"。靜嘉本、瞿本、臺北纂圖本、國圖纂圖本、劉叔剛本、元十行本(明版)無"也"，大念本同蜀石經。

⑲ 大念本"於室"作"室扵"；"不"後擠寫小字"扵"，"室扵"之"扵"旁有日人小字校記"本无"。

⑳ 大念本"婚"作"昏"，以下相同處不再出校。

㉑ 元十行本(明版)"几"作"凡"。

㉒ 元十行本(明版)"主"作"王"。靜嘉本、瞿本、臺北纂圖本、國圖纂圖本、劉叔剛本、元十行本(明版)無"禮"，靜嘉本"祭"後有日人小字校記"礼，扌无"；大念本同蜀石經。

唯君使有司爲之①。)**誰其尸之？有齊季女**②。(尸，主也③。齊，敬也④。季⑤，少女也⑥。蘋藻，薄物也⑦。澗潦⑧，至質也。筐筥錡釜⑨，陋器也。少女，微主也⑩。古之將嫁女者⑪，必先醴之於宗室⑫，牲用魚，芼之以蘋藻。箋云：主婦設羹者季女⑬，則非醴也⑭。女將行嫁⑮，父醴之而俟迎者⑯，蓋母薦之⑰，無祭事也。祭禮主婦設羹⑱，教成祭之⑲，更使季女者⑳，成婦禮㉑。季女不主魚，魚俎實男子設之㉒，其齊盛蓋以黍稷㉓。)**《采蘋》三**

---

① 靜嘉本、瞿本、臺北纂圖本、國圖纂圖本、劉叔剛本、元十行本(明版)"唯"作"維"，靜嘉本該字旁有日人小字校記"唯，本乍"；大念本同蜀石經。大念本"之"後有"也"。臺北纂圖本無"之"，"爲"下接附音"○云牖音酉"云云；按，此處或曾發生文本變動。

② P. 2529、釋文或本、大念本"齊"作"齋"，S. 789、釋文底本、南宋石經、靜嘉本、瞿本、臺北纂圖本、國圖纂圖本、劉叔剛本、元十行本(明版)、要義同唐石經、蜀石經。

③ 元十行本(明版)"尸"作"户"。靜嘉本、瞿本、臺北纂圖本、國圖纂圖本、劉叔剛本、元十行本(明版)、要義無"也"，大念本同蜀石經。

④ 靜嘉本、瞿本、臺北纂圖本、國圖纂圖本、劉叔剛本、元十行本(明版)、要義無"也"，大念本同蜀石經。

⑤ 大念本"季"後有"女"，靜嘉本"季"後有日人小字校記"女，扌无"。

⑥ 大念本"少"作"小"，以下相同處不再出校。靜嘉本、瞿本、臺北纂圖本、國圖纂圖本、劉叔剛本、元十行本(明版)、要義無"女"，靜嘉本"少"後有日人小字校記"女，扌无"；大念本同蜀石經。

⑦ 劉叔剛本"薄"作"簿"，元十行本(明版)作"溥"。臺北纂圖本"物"作"卿"。

⑧ 元十行本(明版)"潦"作"僚"。

⑨ 大念本"筐筥"作"莒莒"。

⑩ 大念本"微"作"徵"。

⑪ 大念本"將"作"待"。

⑫ 大念本、靜嘉本、瞿本、臺北纂圖本、國圖纂圖本、劉叔剛本、元十行本(明版)、要義"醴"作"禮"。

⑬ 國圖纂圖本"主"作"王"。靜嘉本、瞿本、臺北纂圖本、國圖纂圖本、劉叔剛本、元十行本(明版)、要義無"婦"，大念本同蜀石經。大念本"羹"作"美"。

⑭ 大念本、靜嘉本、瞿本、國圖纂圖本、劉叔剛本、元十行本(明版)、要義、小字本"醴"作"禮"；臺北纂圖本作"礼"，以下相同處不再出校。

⑮ 靜嘉本、瞿本、臺北纂圖本、國圖纂圖本、劉叔剛本、元十行本(明版)、要義無"嫁"，靜嘉本"行"後有日人小字校記"嫁，扌无"，大念本同蜀石經。

⑯ 靜嘉本、瞿本、臺北纂圖本、國圖纂圖本、劉叔剛本、元十行本(明版)、要義"醴"作"禮"，靜嘉本"禮"旁有日人小字校記"醴，本乍"；大念本同蜀石經。大念本"而"作"以"。

⑰ 瞿本"蓋"作"盖"，以下相同處不再出校。

⑱ 瞿本、劉叔剛本、元十行本(明版)"禮"作"事"，靜嘉本、臺北纂圖本、國圖纂圖本、要義、小字本同蜀石經。元十行本(明版)"主"作"王"。按，正義云"祭禮主婦設羹"，蓋正義所見本亦作"禮"。

⑲ 大念本、靜嘉本、瞿本、臺北纂圖本、國圖纂圖本、劉叔剛本、元十行本(明版)、要義"祭之"作"之祭"。

⑳ 大念本"女者"作"者女"。

㉑ 大念本、靜嘉本、瞿本、臺北纂圖本、國圖纂圖本、劉叔剛本、元十行本(明版)、要義"成"後有"其"，"禮"後有"也"。

㉒ 國圖纂圖本"俎"作"葅"。

㉓ 釋文底本原刻"齊"當作"齍"，然此處版片似有殘損，修版後呈"齍"形；S. 2729 出字作"盜"；釋文或本、大念本、靜嘉本、瞿本、臺北纂圖本、國圖纂圖本、劉叔剛本、元十行本(明版)、要義作"粢"。大念本"稷"後有"云"，靜嘉本"稷"後有日人小字校記"云，扌无"。

**章**[①]**，章四句**[②]**。**

**《甘棠》，美召伯也**[③]**。召伯之教，明於南國**[④]**。**（召伯[⑤]，姬姓也[⑥]，名奭[⑦]，食菜於召[⑧]，作上公[⑨]，爲二伯，後封於燕[⑩]。此美其爲伯之功，故言伯云也[⑪]。）**蔽芾甘棠**[⑫]**，勿翦勿伐，召伯所茇**[⑬]**。**（蔽芾，小貌也[⑭]。甘棠，杜也。翦，去也[⑮]。伐，擊也[⑯]。箋云[⑰]：茇，草舍也。召伯聽男女之訟，重煩勞百姓[⑱]，止舍小棠之下而聽斷焉[⑲]。國人被其德，而說

---

① 大念本"采"作"菜"，P. 2529、S. 789、静嘉本、瞿本、臺北纂圖本、國圖纂圖本、劉叔剛本、元十行本同唐石經、蜀石經。S. 789"蘋"作"頻"，P. 2529、大念本、静嘉本、瞿本、臺北纂圖本、國圖纂圖本、劉叔剛本、元十行本同唐石經、蜀石經。

② 瞿本無"四"。

③ 治要"召"作"邵"，以下相同處不再出校。《五經文字》云"邵，郫邵，地名。召公字，經典多作召"。

④ P. 2529、治要"於"作"于"。治要"國"作"国"，以下相同處不再出校。大念本、南宋石經、静嘉本、瞿本、臺北纂圖本、國圖纂圖本、劉叔剛本、元十行本同唐石經、蜀石經。

⑤ 瞿本句首有"箋云"。

⑥ 大念本"姬"作"姖"，以下相同處不再出校。治要、静嘉本、瞿本、臺北纂圖本、國圖纂圖本、劉叔剛本、元十行本無"也"，大念本同蜀石經。

⑦ 大念本"奭"作"夾"，字旁有日人小字校記"奭，本"；静嘉本、臺北纂圖本、國圖纂圖本、劉叔剛本、元十行本作"奭"；瞿本同蜀石經。

⑧ 大念本"食"後擠寫小字"公"。静嘉本、瞿本、臺北纂圖本、國圖纂圖本、劉叔剛本、元十行本"菜"作"采"，大念本同蜀石經。瞿本"於"作"于"，大念本作"扵"。

⑨ 大念本"作"爲小字擠寫。

⑩ 静嘉本、臺北纂圖本、國圖纂圖本、劉叔剛本、元十行本"於"作"于"，釋文出字、大念本無"於"，瞿本同蜀石經。

⑪ 大念本"也"前有"之"。静嘉本、瞿本、臺北纂圖本、國圖纂圖本、劉叔剛本、元十行本無"也"。静嘉本"云"旁有日人小字校記"本无，江本有"。

⑫ 大念本"蔽"作"蔽"，"棠"作"堂"，P. 2529、治要、南宋石經、静嘉本、瞿本、臺北纂圖本、國圖纂圖本、劉叔剛本、元十行本、要義同唐石經、蜀石經，以下相同處不再出校。P. 2529、S. 789、S. 2729 出字"芾"作"茀"，大念本、治要、南宋石經、静嘉本、瞿本、臺北纂圖本、國圖纂圖本、劉叔剛本、元十行本、要義同唐石經、蜀石經，以下相同處不再出校。

⑬ 原本玉篇"召伯"作"邵栢"，"茇"作"废"。

⑭ 大念本"貌"作"狼"形，治要作"貇"，静嘉本、瞿本、臺北纂圖本、國圖纂圖本、劉叔剛本、元十行本、要義作"貌"，以下相同處不再出校。治要、静嘉本、瞿本、臺北纂圖本、國圖纂圖本、劉叔剛本、元十行本、要義無"也"，大念本同蜀石經。

⑮ 静嘉本、瞿本、臺北纂圖本、國圖纂圖本、劉叔剛本、元十行本、要義、小字本無"也"，大念本同蜀石經。釋文出字作"去也"，或亦與蜀石經同。

⑯ 大念本無"也"。

⑰ 原本玉篇引作"傳曰'草舍也'"，蓋顧氏所見本此文屬毛傳。正義標起訖作"傳'蔽芾'至'草舍'""箋'召伯'至'其樹'"，則正義所見本此文亦屬毛傳，"箋云"或在"召伯"前。正義又云"定本、集注於注内並無'箋云'"，阮氏校記云"是其本自'茇草舍也'至'敬其樹'凡四十一字皆爲傳也"。大念本、静嘉本、瞿本、臺北纂圖本、國圖纂圖本、劉叔剛本、元十行本、要義同蜀石經。

⑱ 治要、静嘉本、瞿本、臺北纂圖本、國圖纂圖本、劉叔剛本、元十行本、要義"重"前有"不"，静嘉本"不"旁有日人小字校記"本无"，大念本同蜀石經。阮氏校記以蜀石經"較今本少'不'字，與《漢書·司馬相如傳》'方今田時，重煩百姓'合，是條差爲可取"。按，師古曰"重，難也，不欲召聚之也"。此"重"字已含否定，有"不"字者恐爲後人不明"重"義而添。

⑲ 大念本、治要、元十行本"斷"作"断"。

其化[1],思其人[2],敬其樹也[3]。)**蔽芾甘棠,勿翦勿敗,召伯所憩**[4]**。**(憩[5],息也。)**蔽芾甘棠**[6]**,勿翦勿拜,召伯所説**[7]**。**(説,舍也。箋云:拜之言拔也。)**《甘棠》三章,章三句。**

**《行露》**[8]**,召伯聽訟也。衰亂之俗微**[9]**,貞信之教興**[10]**,彊暴之男不能侵陵貞女也**[11]**。**(衰亂之俗微[12],貞信之教興者[13],此殷之末廿[14],周之盛德,當文王與紂之時也[15]。)**厭浥行露**[16]**,豈不夙夜?謂行多露。**(興也。厭浥,濕意也。行,道也。豈不,言有是也[17]。箋云:夙夜,早暮也[18]。厭浥然濕,道中始有露,謂二月中嫁娶之時也[19]。我豈不

① 大念本、治要、静嘉本、瞿本、臺北纂圖本、國圖纂圖本、劉叔剛本、元十行本、要義無"而"。治要"説"作"悦"。

② 大念本、治要無"思其人",静嘉本有日人小字校記"三字本无"。按,需要注意的是《羣書治要》多有摘句現象,此處無法作爲版本依據,僅能提供一種參考。

③ 静嘉本、瞿本、臺北纂圖本、國圖纂圖本、劉叔剛本、元十行本、要義無"也",大念本同蜀石經。

④ 大念本"召"作"邵",以下相同處不再出校。釋文或本、大念本"憩"作"愒",S. 2729 出字作"憇",P. 2529、S. 789、釋文底本、南宋石經、静嘉本、瞿本、臺北纂圖本、國圖纂圖本、劉叔剛本、元十行本(明版)、小字本同唐石經、蜀石經。

⑤ 大念本"憩"作"愒"。

⑥ 大念本"蔽"作"蔽"。

⑦ 釋文或本"説"作"税",又作"脱";P. 2529、S. 789、釋文底本、大念本、南宋石經、静嘉本、瞿本、臺北纂圖本、國圖纂圖本、劉叔剛本、元十行本(明版)同唐石經、蜀石經。

⑧ S. 789"露"作"路",以下相同處不再出校。

⑨ P. 2529、S. 789、大念本"亂"作"乱",以下相同處不再出校。瞿本"亂"作"世"。

⑩ 静嘉本、臺北纂圖本、國圖纂圖本、劉叔剛本"貞"字避諱闕末筆,瞿本、元十行本(明版)不闕筆,以下相同處不再贅言。

⑪ P. 2529、大念本"彊"作"強",以下相同處不再出校;S. 789"強"爲後添;元十行本(明版)作"疆"。瞿本"暴"作"暴",以下相同處不再出校。P. 2529"陵"作"淩",以下相同處不再出校。南宋石經、静嘉本、臺北纂圖本、國圖纂圖本、劉叔剛本同唐石經、蜀石經。

⑫ 瞿本句首有"箋云"。

⑬ 要義"貞"字避諱闕末筆。

⑭ 蜀石經"世"字避諱闕筆作"廿",静嘉本、臺北纂圖本、國圖纂圖本、劉叔剛本、元十行本(明版)、要義作"丗",大念本、瞿本作"世",以下相同處不再贅言。

⑮ 静嘉本、瞿本、臺北纂圖本、國圖纂圖本、劉叔剛本、元十行本(明版)、要義無"也",大念本同蜀石經。

⑯ 釋文或本、大念本"浥"作"挹",P. 2529、S. 789、釋文底本、南宋石經、静嘉本、瞿本、臺北纂圖本、國圖纂圖本、劉叔剛本、元十行本同唐石經、蜀石經,以下相同處不再出校。P. 2529"露"作"路",以下相同處不再出校。

⑰ 大念本無"也"。

⑱ 釋文出字作"夜莫",或本"莫"作"暮";大念本"夙夜早暮也"作"夙早也夜暮";静嘉本、瞿本、臺北纂圖本、國圖纂圖本、劉叔剛本、元十行本、小字本作"夙早也"。按,静嘉本有日人小字校記"夜暮也,本ナ","ナ"爲"有"之略(請參米山寅太郎《解題》),則此本蓋與釋文、大念本相合。

⑲ 瞿本、劉叔剛本、元十行本"娶"作"取",静嘉本、臺北纂圖本、國圖纂圖本同蜀石經。大念本、静嘉本、瞿本、臺北纂圖本、國圖纂圖本、劉叔剛本、元十行本無"之"。

知當早夜成婚禮與[①]? 謂道中心之露太多[②],故不早行耳[③]。彊暴之男[④],以此多露之時,禮不足而彊來[⑤],不度時之可否,故云然也[⑥]。《周禮》仲春之月[⑦],令會男女之無夫家者[⑧]。仲春行事必以昏昕之時[⑨]。)**誰謂雀無角[⑩],何以穿我屋[⑪]? 誰謂女無家[⑫],何以速我獄[⑬]?**(不思物變而推其類,雀之穿屋,似有角者[⑭]。速,召也[⑮]。獄,訟也[⑯]。箋云:汝,汝[⑰]。彊暴之男[⑱],變異也。人皆謂雀之穿屋似有角[⑲],彊暴之男,召我而獄,似有室家之道於我也。物有相似而不同者[⑳],雀之穿屋不以角[㉑],乃以味[㉒]。今彊暴之男召我而獄,不以室家之道於我[㉓],乃以侵陵。物有與事有似而非者[㉔],士師當審也[㉕]。)**雖速我獄,室家不**

---

① 靜嘉本、瞿本、臺北纂圖本、國圖纂圖本、劉叔剛本、元十行本"我"前有"言";大念本無"我","豈"旁擠寫"言我"二字。

② 靜嘉本、瞿本、臺北纂圖本、國圖纂圖本、劉叔剛本、元十行本無"心",大念本無"心之"。釋文出字、大念本、瞿本、劉叔剛本、元十行本"太"作"大"。

③ 大念本、靜嘉本、瞿本、臺北纂圖本、國圖纂圖本、劉叔剛本、元十行本無"早"。

④ 靜嘉本、瞿本、臺北纂圖本、國圖纂圖本、劉叔剛本、元十行本"彊"前有"今",大念本"今"爲擠寫。

⑤ 釋文出字、瞿本"彊"作"強",以下相同處不再出校。

⑥ 靜嘉本、瞿本、臺北纂圖本、國圖纂圖本、劉叔剛本、元十行本無"也",大念本同蜀石經。

⑦ 大念本無"之"。

⑧ 大念本無"之"。

⑨ 大念本、靜嘉本、瞿本、臺北纂圖本、國圖纂圖本、劉叔剛本、元十行本無"仲春"。釋文出字、大念本、靜嘉本、臺北纂圖本、國圖纂圖本、劉叔剛本、元十行本"昏"作"昬",瞿本同蜀石經,以下相同處不再出校。S. 2729 出字、臺北纂圖本"昕"作"昕"。大念本"昏昕之時"作"昬時昕也";靜嘉本、瞿本、臺北纂圖本、國圖纂圖本、劉叔剛本、元十行本無"之時",靜嘉本有日人小字校記"之時,扌无"。

⑩ S. 2729 出字"雀"作"爵"。

⑪ 釋文或本"穿"作"穿",P. 2529、S. 789、釋文底本、大念本、南宋石經、靜嘉本、瞿本、臺北纂圖本、國圖纂圖本、劉叔剛本、元十行本同唐石經、蜀石經。

⑫ P. 2529"女"作"汝"。

⑬ S. 789"速"作"連"。

⑭ 大念本"者"後有"也"。

⑮ 靜嘉本、瞿本、臺北纂圖本、國圖纂圖本、劉叔剛本、元十行本、要義無"也",大念本同蜀石經。

⑯ 釋文出字、靜嘉本、瞿本、臺北纂圖本、國圖纂圖本、劉叔剛本、元十行本、要義"訟"作"埆";S. 2729 出字作"桷";大念本同蜀石經,"訟"後有日人校記"埆,本"。

⑰ 大念本、靜嘉本、瞿本、臺北纂圖本、國圖纂圖本、劉叔剛本、元十行本、要義兩"汝"皆作"女",以下相同處不再出校。

⑱ 大念本"男"後有"也"。

⑲ 大念本"角"後有"者"。

⑳ 靜嘉本、瞿本、臺北纂圖本、國圖纂圖本、劉叔剛本、元十行本、要義無"相",靜嘉本"似"前有日人小字校記"相,扌无";大念本同蜀石經。大念本、靜嘉本、瞿本、臺北纂圖本、國圖纂圖本、劉叔剛本、元十行本、要義無"者"。

㉑ 大念本"屋"作"室"。

㉒ 釋文或本"味"作"噣",大念本作"喙",釋文底本、S. 2729 出字、靜嘉本、瞿本、臺北纂圖本、國圖纂圖本、劉叔剛本、元十行本、要義同蜀石經。

㉓ 靜嘉本"以"後有日人小字校記"有,扌无"。

㉔ 大念本、靜嘉本、瞿本、臺北纂圖本、國圖纂圖本、劉叔剛本、元十行本、要義無前"有"。大念本"非"作"不同",靜嘉本"非"後有日人小字校記"同,扌无"。

㉕ 大念本、靜嘉本、瞿本、臺北纂圖本、國圖纂圖本、劉叔剛本、元十行本、要義"師"後有"所"。

**足。**（婚禮紨帛不過五兩[①]。箋云：幣可以備也[②]。室家之道不足[③]，謂不以媒妁之言[④]，不知六禮之來[⑤]，彊委之也[⑥]。）**誰謂鼠無牙，何以穿我墉？誰謂女無家[⑦]，何以速我訟[⑧]？**（墉，墻也[⑨]。視墉之穿[⑩]，推其物類可謂鼠有牙也[⑪]。）**雖速我訟，亦不女從。**（不女從[⑫]，終不弃禮[⑬]，而随此彊暴之男也[⑭]。）**《行露》三章，一章三句[⑮]，二章章六句[⑯]。**

**《羔羊》，《鵲巢》之功致也[⑰]。召南之國，化文王之政[⑱]，在位皆節儉正直[⑲]，**

① 大念本、靜嘉本、臺北纂圖本、國圖纂圖本、劉叔剛本、元十行本、小字本"紨"作"純"，瞿本作"財"，釋文出字、S.2729出字同蜀石經。正義云"定本作'紨'字"。

② 大念本"幣"作"薋帛猶"，靜嘉本"幣"後有日人小字校記"帛猶，扌无"。大念本、靜嘉本、瞿本、臺北纂圖本、國圖纂圖本、劉叔剛本、元十行本無"以"，靜嘉本"可"後有日人小字校記"以，扌无"。

③ 靜嘉本、瞿本、臺北纂圖本、國圖纂圖本、劉叔剛本、元十行本無"之道"；大念本同蜀石經，並有日人小字校記"二字本无"。

④ 大念本"謂"爲擠寫。大念本、靜嘉本、瞿本、臺北纂圖本、國圖纂圖本、劉叔剛本、元十行本無"不以"。大念本"妁"作"酌"。

⑤ 大念本、靜嘉本、瞿本、臺北纂圖本、國圖纂圖本、劉叔剛本、元十行本"知"作"和"。大念本"來"作"来"。

⑥ 大念本"之"作"是"。靜嘉本、瞿本、臺北纂圖本、國圖纂圖本、劉叔剛本、元十行本無"也"，大念本同蜀石經。

⑦ 大念本"謂女"作"女誰"，字旁有日人小字校記"謂女，本"。S.789重"家"字，後"家"字上又有塗抹。

⑧ S.789"速"作"穿"，該字又改作"速"。

⑨ 大念本"墻"作"墟"，靜嘉本、國圖纂圖本、劉叔剛本、元十行本作"牆"。

⑩ 大念本"墉"作"墟"，靜嘉本、臺北纂圖本、國圖纂圖本、劉叔剛本、元十行本作"牆"，瞿本作"墻"。

⑪ 大念本、靜嘉本、瞿本、臺北纂圖本、國圖纂圖本、劉叔剛本、元十行本無"物"。靜嘉本、瞿本、臺北纂圖本、國圖纂圖本、劉叔剛本、元十行本無"也"，大念本同蜀石經。

⑫ 大念本、靜嘉本、瞿本、臺北纂圖本、國圖纂圖本、劉叔剛本、元十行本無"女"。

⑬ 大念本、靜嘉本、瞿本、臺北纂圖本、國圖纂圖本、劉叔剛本、元十行本"弃"作"棄"，以下相同處不再出校。

⑭ 靜嘉本、瞿本、臺北纂圖本、國圖纂圖本、劉叔剛本、元十行本"随"作"隨"。靜嘉本、瞿本、臺北纂圖本、國圖纂圖本、劉叔剛本、元十行本無"也"，大念本"也"作"之也"。

⑮ P.2529"一章三句"作"章三句"，S.789"一"作重文符號，大念本作"章四句"，臺北纂圖本、國圖纂圖本重"章"字，靜嘉本、瞿本、劉叔剛本、元十行本同唐石經、蜀石經。

⑯ S.789不重"章"字。

⑰ P.2529"之功"作"功之"。P.2529、大念本"致"前有"所"，S.789"致"前後添"所"。南宋石經、靜嘉本、瞿本、臺北纂圖本、國圖纂圖本、劉叔剛本、元十行本、小字本同唐石經、蜀石經。正義云"定本'致'上無'所'字"。

⑱ P.2529無"之"。南宋石經、靜嘉本、瞿本、臺北纂圖本、國圖纂圖本、劉叔剛本、元十行本同唐石經、蜀石經。

⑲ 大念本"皆"作"背"，以下相同處不再出校。P.2529、大念本、南宋石經"節"作"莭"，以下相同處不再出校。S.789、靜嘉本、瞿本、臺北纂圖本、國圖纂圖本、劉叔剛本、元十行本同唐石經、蜀石經。

**德如羔羊也**[①]**。**(《鵲巢》之君[②],積行累功[③],以致此《羔羊》之化[④],在位卿大夫競相切化[⑤],皆如此《羔羊》之人也[⑥]。)**羔羊之皮,素絲五紽**[⑦]**。**(小曰羔,大曰羊。素,白也[⑧]。紽[⑨],數也。古者素絲以黃裘[⑩],不失其制[⑪],大夫羔裘以居之[⑫]。)**退食自公,委蛇委蛇**[⑬]**。**(公,公門也。委蛇[⑭],行可踪跡也[⑮]。箋云:退食[⑯],謂減膳也。自,從也[⑰]。於公[⑱],謂正直順於事也[⑲]。委蛇[⑳],委曲自得之貌也[㉑],節儉而順,心志定,故可自得公食也[㉒]。)**羔羊之革,素絲五緎。**(革,猶皮也。緎,縫也[㉓]。)**委蛇委蛇,自公退食。**(箋云:自公退食,猶退食自公[㉔]。)**羔羊之縫,素絲五總**[㉕]**。**(縫,言縫殺之[㉖],大之與小得其制也[㉗]。總,數也。)**委蛇委蛇,退食自公。《羔羊》三章,章四句。**

---

① P. 2529 無"也"。大念本"也"爲小字擠寫。S. 789、南宋石經、靜嘉本、瞿本、臺北纂圖本、國圖纂圖本、劉叔剛本、元十行本同唐石經、蜀石經。

② 瞿本句首有"箋云"。

③ 臺北纂圖本"積行累功"作"積功累行"。

④ 瞿本無"此"。大念本"羔羊"作"羊羔","化"後擠寫"也"。

⑤ 瞿本無"夫"。大念本"切"爲擠寫,作"切"。

⑥ 靜嘉本、瞿本、臺北纂圖本、國圖纂圖本、劉叔剛本、元十行本無"也",大念本同蜀石經。

⑦ 釋文底本"紽"作"它",或本作"他";S. 2729 出字作"佗";P. 2529、S. 789 作"絁";大念本作"紽";原本玉篇、南宋石經、靜嘉本、瞿本、臺北纂圖本、國圖纂圖本、劉叔剛本、元十行本同唐石經、蜀石經。

⑧ 原本玉篇引作"素,綿也"。

⑨ 釋文底本"紽"作"它",大念本作"紽"。

⑩ 釋文出字、S. 2729 出字、大念本、靜嘉本、瞿本、臺北纂圖本、國圖纂圖本、劉叔剛本、元十行本"黃"作"英"。大念本、靜嘉本、瞿本、臺北纂圖本、國圖纂圖本、劉叔剛本、元十行本"裘"作"裘"。

⑪ 大念本"失"爲擠寫,"制"後有"也"。

⑫ 大念本、靜嘉本、瞿本、臺北纂圖本、國圖纂圖本、劉叔剛本、元十行本"裘"作"裘"。大念本"之"作"也",靜嘉本、瞿本、臺北纂圖本、國圖纂圖本、劉叔剛本、元十行本無"之"。

⑬ P. 2529"蛇"作"虵",S. 789、釋文底本、S. 2729 出字、大念本作"虵",釋文或本、南宋石經、靜嘉本、瞿本、臺北纂圖本、國圖纂圖本、劉叔剛本、元十行本同唐石經、蜀石經,以下相同處不再出校。

⑭ 大念本"委蛇"作"委虵委虵"。

⑮ 釋文底本、靜嘉本、瞿本、臺北纂圖本、國圖纂圖本、劉叔剛本、元十行本"踪跡"作"從迹";大念本作"蹤跡";釋文或本作"蹤迹","迹"又作"跡"。

⑯ 正義云"定本'退謂減膳',更無'食'字"。按,正義標起訖作"箋退食至之貌",蓋正義所見本有"食"字。

⑰ 大念本"也"爲擠寫。

⑱ 靜嘉本、瞿本、臺北纂圖本、國圖纂圖本、劉叔剛本、元十行本"於"前有"從",大念本"從"爲擠寫。

⑲ 瞿本"於"作"于"。

⑳ 大念本"委蛇"作"委虵委虵"。

㉑ 大念本、靜嘉本、瞿本、臺北纂圖本、國圖纂圖本、劉叔剛本、元十行本無"也"。

㉒ 靜嘉本、瞿本、臺北纂圖本、國圖纂圖本、劉叔剛本、元十行本無"公食",大念本"公食"作"志"。

㉓ 釋文或本"緎"後有"猶",大念本"縫"作"絳"。

㉔ 大念本"公"後有"之也"。

㉕ P. 2529、S. 789、S. 2729 出字、大念本"總"作"総",瞿本作"總",南宋石經、靜嘉本、臺北纂圖本、國圖纂圖本、劉叔剛本、元十行本同唐石經、蜀石經,以下相同處不再出校。

㉖ 大念本"殺"作"煞"。

㉗ 大念本、靜嘉本、瞿本、臺北纂圖本、國圖纂圖本、劉叔剛本、元十行本無"之與"。靜嘉本、瞿本、臺北纂圖本、國圖纂圖本、劉叔剛本、元十行本無"也",大念本同蜀石經。

**《殷其靁》**①**，勸以義也**②**。召南之大夫遠行從政**③**，不遑寧處**④**。其室家能閔其勤勞，勸以義也**⑤**。**（召南大夫⑥，召伯之屬⑦。遠行，謂使出邦畿也⑧。）**殷其靁，在南山之陽。**（殷殷⑨，雷聲也⑩。山南曰陽。雷出地奮⑪，震驚百里。山出雲雨，以潤天下。箋云：雷以喻號令於南山之陽⑫，又喻其在外⑬。召南之大夫以王命施號令於四方⑭，猶雷之殷殷然而發聲於南山之陽也⑮。）**何斯違斯？莫敢或遑**⑯**。**（何，何此君子也⑰。斯，此也⑱。違，去也⑲。遑⑳，暇也㉑。箋云：何乎此君子適居此㉒，復去此，轉行遠㉓，從事

---

① 原本玉篇"磤"字下引作"殷其雷"；P. 2529"殷"作"磤"；大念本作"殷"，該字旁有日人小字校記"殷，下同"；以下相同處不再出校。P. 2529、S. 789、釋文或本、大念本"靁"作"雷"，釋文底本、南宋石經、靜嘉本、瞿本、臺北纂圖本、國圖纂圖本、劉叔剛本、元十行本同唐石經、蜀石經，以下相同處不再出校。《五經文字》云"靁雷，上《說文》，見《詩・風》。下《字林》"。

② 釋文或本無"以"字，下句始有；P. 2529、S. 789、釋文底本、大念本、南宋石經、靜嘉本、瞿本、臺北纂圖本、國圖纂圖本、劉叔剛本、元十行本、小字本同唐石經、蜀石經。

③ P. 2529"政"作"正"。S. 789 無"政"，"從"後又後添"士"。

④ S. 789"遑"作"皇"，釋文或本作"偟"，P. 2529、釋文底本、大念本、南宋石經、靜嘉本、瞿本、臺北纂圖本、國圖纂圖本、劉叔剛本、元十行本同唐石經、蜀石經。

⑤ 大念本"也"爲小字擠寫。

⑥ 瞿本句首有"箋云"。

⑦ 大念本"屬"作"属"，該字後有"也"。

⑧ 大念本"邦"作"邦"；元十行本作"邦"，此處似在殘損元刻版片上進行了修補。靜嘉本、瞿本、臺北纂圖本、國圖纂圖本、劉叔剛本、元十行本無"也"，大念本同蜀石經。

⑨ 原本玉篇、大念本、靜嘉本、瞿本、臺北纂圖本、國圖纂圖本、劉叔剛本、元十行本、要義僅一"殷"字。

⑩ 靜嘉本、臺北纂圖本、國圖纂圖本、劉叔剛本、元十行本"雷"作"靁"，原本玉篇、大念本、瞿本、要義同蜀石經，以下相同處不再出校。元十行本"聲"作"声"，以下相同處不再出校。

⑪ 瞿本"雷"作"靁"，以下相同處不再出校。大念本"奮"作"奪"。

⑫ 大念本無"於"。

⑬ 大念本、靜嘉本、瞿本、臺北纂圖本、國圖纂圖本、劉叔剛本、元十行本"外"後有"也"。

⑭ 靜嘉本、瞿本、臺北纂圖本、國圖纂圖本、劉叔剛本、元十行本無"之"，大念本同蜀石經。

⑮ 大念本、靜嘉本、瞿本、臺北纂圖本、國圖纂圖本、劉叔剛本、元十行本無前"之"，無"而"。靜嘉本、瞿本、臺北纂圖本、國圖纂圖本、劉叔剛本、元十行本無"南"，靜嘉本"於"後有日人小字校記"南，扌无"。靜嘉本、臺北纂圖本、國圖纂圖本、劉叔剛本、元十行本無"也"，大念本"也"作"之也"，瞿本同蜀石經。

⑯ 大念本"遑"作"皇"，S. 789、南宋石經、靜嘉本、瞿本、臺北纂圖本、國圖纂圖本、劉叔剛本、元十行本同唐石經、蜀石經。

⑰ 靜嘉本、瞿本、臺北纂圖本、國圖纂圖本、劉叔剛本、元十行本僅一"何"字，靜嘉本"此"前有日人小字校記"何，扌无"；大念本同蜀石經。

⑱ 靜嘉本、瞿本、臺北纂圖本、國圖纂圖本、劉叔剛本、元十行本無"也"，大念本同蜀石經。

⑲ 靜嘉本、瞿本、臺北纂圖本、國圖纂圖本、劉叔剛本、元十行本無"也"，大念本同蜀石經。

⑳ 大念本"遑"作"皇"。

㉑ 大念本"暇也"作"也暇"。

㉒ 靜嘉本、瞿本、臺北纂圖本、國圖纂圖本、劉叔剛本、元十行本"適"作"適"。

㉓ 大念本"行遠"作"遠行"，靜嘉本"行遠"旁有日人小字校記"遠行，本乍"。

於王所命之四方[①]，無敢或閑暇之時[②]，閔其勤勞也[③]。）**振振君子**[④]**，歸哉歸哉。**（振振，信厚也。箋云：大夫信厚之君子，爲君使，功業未成[⑤]，歸哉歸哉者[⑥]，勸以爲臣之義，未得歸也[⑦]。）**殷其靁，在南山之側。**（亦在其陰與左右也。）**何斯違斯？莫敢遑息**[⑧]**。**（息，止也。）**振振君子**[⑨]**，歸哉歸哉。殷其靁，在南山之下。**（或在其下。箋云：下謂山足下也[⑩]。）**何斯違斯？莫或遑處**[⑪]**。**（處，居[⑫]。）**振振君子，歸哉歸哉。《殷其靁》三章**[⑬]**，章六句。**

**《摽有梅》**[⑭]**，男女及時也**[⑮]**。召南之國**[⑯]**，被文王之化，男女得以及時也**[⑰]**。摽有梅，其實七兮。**（興也。摽，落也。盛極則墮落者[⑱]，梅也。尚在樹者七[⑲]。箋云：興者，梅實尚餘七未落[⑳]，喻始衰也。謂女年二十[㉑]，春盛而不嫁[㉒]，至夏則衰矣[㉓]。）**求我庶**

---

① 大念本、静嘉本、瞿本、臺北纂圖本、國圖纂圖本、劉叔剛本、元十行本無“四”。

② 釋文出字、瞿本、劉叔剛本“閑”作“閒”，静嘉本、臺北纂圖本、國圖纂圖本、元十行本作“間”，大念本同蜀石經。大念本、静嘉本、瞿本、臺北纂圖本、國圖纂圖本、劉叔剛本、元十行本無“之”。

③ 静嘉本、瞿本、臺北纂圖本、國圖纂圖本、劉叔剛本、元十行本無“也”，大念本“也”作“之也”。

④ P. 2529“振”作“桭”，以下相同處不再出校。

⑤ 大念本、静嘉本、瞿本、臺北纂圖本、國圖纂圖本、劉叔剛本、元十行本無“業”。

⑥ 大念本、静嘉本、瞿本、臺北纂圖本、國圖纂圖本、劉叔剛本、元十行本無“者”。

⑦ 大念本“歸”後有“之”。

⑧ S. 789“敢”作“或”。S. 789、大念本“遑”作“皇”。南宋石經、静嘉本、瞿本、臺北纂圖本、國圖纂圖本、劉叔剛本、元十行本同唐石經、蜀石經。

⑨ P. 2529“子”爲墨筆後添。

⑩ 静嘉本、瞿本、臺北纂圖本、國圖纂圖本、劉叔剛本、元十行本無“下也”。大念本“下”作“之”。

⑪ P. 2529、大念本、國圖纂圖本“或”作“敢”；S. 789、南宋石經、静嘉本、瞿本、臺北纂圖本、劉叔剛本、元十行本同唐石經、蜀石經，静嘉本“或”旁有日人小字校記“敢，本乍”。S. 789“或”後有“我”，該字旁又有卜煞符號。S. 789、大念本“遑”作“皇”，南宋石經、静嘉本、瞿本、臺北纂圖本、國圖纂圖本、劉叔剛本、元十行本同唐石經、蜀石經。

⑫ 静嘉本、臺北纂圖本、國圖纂圖本、劉叔剛本、元十行本“居”後有“也”，大念本同蜀石經。瞿本“處，居”作“處，尺煮反，居也”。按，此處或爲瞿本附釋文而改注文例。

⑬ P. 2529 此處同蜀石經作“殷”。

⑭ P. 2529“摽”作“標”，S. 2729 出字、大念本作“標”，S. 789、南宋石經、静嘉本、瞿本、臺北纂圖本、國圖纂圖本、劉叔剛本、元十行本同唐石經、蜀石經，以下相同處不再出校。

⑮ 釋文或本“男女及時也”作“得以及時”，並云“從下而誤”；P. 2529、S. 789、釋文底本、大念本、南宋石經、静嘉本、瞿本、臺北纂圖本、國圖纂圖本、劉叔剛本、元十行本、小字本同唐石經、蜀石經。

⑯ S. 789“南”作“男”。

⑰ 大念本《摽有梅》小序後有小字“興也標落也盛”。按，此六字或爲抄寫者誤寫下注於此，發現後未繼續抄寫。

⑱ 釋文出字、瞿本、臺北纂圖本、國圖纂圖本、劉叔剛本、元十行本“墮”作“隋”，大念本作“堕”，静嘉本同蜀石經。

⑲ 大念本“在”作“有”。

⑳ 大念本“梅”前擠寫“俞”，静嘉本“梅”前有日人小字校記“喻，扌无”。臺北纂圖本“實”作“落”。大念本“尚”後有“有”字，静嘉本“尚”後有日人小字校記“有，扌无”。

㉑ 大念本“謂女”爲擠寫，“二十”作“廿”。静嘉本、瞿本、臺北纂圖本、國圖纂圖本、劉叔剛本、元十行本無“年”，静嘉本“女”後有日人小字校記“年，扌无”。

㉒ 大念本“盛”作“戚”。

㉓ 大念本“矣”作“之也”。静嘉本、瞿本、臺北纂圖本、國圖纂圖本、劉叔剛本、元十行本無“矣”。

**士，迨其吉兮。**（吉，善也。箋云：我，我當嫁者也[①]。庶，衆也[②]。迨，及也。求女之當嫁者衆士也[③]，宜及其善時[④]。善時謂女年二十[⑤]，雖夏未未大衰也[⑥]。）**摽有梅，其實三兮。**（在者三也。箋云：此夏向晚[⑦]，梅之墮落若多[⑧]，在者餘三也[⑨]。）**求我庶士，迨及今兮[⑩]。**（今，急辭也[⑪]。）**摽有梅，頃筐塈之[⑫]。**（塈，取也。箋云：傾筐取之[⑬]，謂夏之已晚[⑭]，以傾筐取之於地也[⑮]。）**求我庶士，迨其謂之。**（不待備禮也[⑯]。三十之男[⑰]，二十之女[⑱]，禮未備則不待禮會而行之[⑲]，所以蕃育人㞒也[⑳]。箋云：謂勤也。女年二十而無嫁端[㉑]，

---

① 大念本、靜嘉本、瞿本、臺北纂圖本、國圖纂圖本、劉叔剛本、元十行本無“也”。

② 原本玉篇引作“傳曰‘庶，衆也’”，蓋顧氏所見本此文屬毛傳。靜嘉本、瞿本、臺北纂圖本、國圖纂圖本、劉叔剛本、元十行本無“也”，大念本同蜀石經。

③ 大念本、靜嘉本、瞿本、臺北纂圖本、國圖纂圖本、劉叔剛本、元十行本“者”後有“之”，無“也”。

④ 大念本“時”作“〃”，重文符號後擠寫“時時”，蓋讀“善時善時”。

⑤ 靜嘉本、瞿本、臺北纂圖本、國圖纂圖本、劉叔剛本、元十行本無“女”，靜嘉本“謂”後擠寫小字“女”；大念本同蜀石經。大念本“二十”作“廿”。

⑥ 大念本、靜嘉本、瞿本、臺北纂圖本、國圖纂圖本、劉叔剛本、元十行本無“未”。大念本、靜嘉本“大”作“太”。靜嘉本、瞿本、臺北纂圖本、國圖纂圖本、劉叔剛本、元十行本無“也”，大念本“也”作“之也”。

⑦ 釋文底本、靜嘉本、瞿本、臺北纂圖本、國圖纂圖本、劉叔剛本、元十行本“向”作“鄉”，釋文或本、大念本作“嚮”，釋文或本又作“向”。

⑧ 大念本“墮”作“堕”，靜嘉本、瞿本、臺北纂圖本、國圖纂圖本、劉叔剛本、元十行本作“隋”。大念本“若”作“𦵣”，釋文出字、靜嘉本、瞿本、臺北纂圖本、國圖纂圖本、劉叔剛本、元十行本作“差”。

⑨ 大念本“餘”爲擠寫。靜嘉本、瞿本、臺北纂圖本、國圖纂圖本、劉叔剛本、元十行本“也”作“耳”，大念本作“耳之也”。

⑩ 唐石經、S. 789、大念本、南宋石經、靜嘉本、瞿本、臺北纂圖本、國圖纂圖本、劉叔剛本、元十行本“及”作“其”；P. 2529 作“及”，該字上又有朱筆改作“其”。

⑪ 大念本“辭也”作“之辞”。元十行本“辭”作“辤”，以下相同處不再出校。

⑫ P. 2529、S. 789、大念本“頃”作“傾”。大念本“筐塈”作“筺概”，以下相同處不再出校。釋文出字作“頃筐”，“筐”字避諱闕筆。靜嘉本“筐”字避諱闕筆，瞿本不闕筆，以下相同處不再出校。

⑬ 靜嘉本、瞿本、臺北纂圖本、國圖纂圖本、劉叔剛本、元十行本“傾”作“頃”，大念本同蜀石經。大念本“取”後有“地”。

⑭ 靜嘉本、瞿本、臺北纂圖本、國圖纂圖本、劉叔剛本、元十行本無“之”。大念本“之”作“時”。

⑮ 靜嘉本、瞿本、臺北纂圖本、國圖纂圖本、劉叔剛本、元十行本無“以”“也”。大念本、靜嘉本、瞿本、臺北纂圖本、國圖纂圖本、劉叔剛本、元十行本“傾”作“頃”。大念本“之於地也”作“地之也”。

⑯ 大念本“備禮”作“礼俻”。

⑰ 大念本“三十”作“卅”。

⑱ 大念本“二十”作“廿”。

⑲ 大念本“之”後有“者”，“者”旁有日人小字校記“本无”；靜嘉本、瞿本、臺北纂圖本、國圖纂圖本、劉叔剛本、元十行本“之”後有“者”，靜嘉本“者”旁有日人小字校記“本无”。

⑳ S. 2729 出字、大念本“蕃”作“番”。蜀石經“民”字避諱闕末筆，以下相同處不再贅言。靜嘉本、臺北纂圖本、國圖纂圖本、劉叔剛本、元十行本、小字本“人民”作“民人”，大念本、瞿本同蜀石經。大念本“也”爲擠寫。

㉑ 大念本“二十”作“廿”，“端”作“瑞”。

則有勤望之憂。不待禮會而行[1],謂明年仲春,不待以禮會之也[2]。時雖不備[3],相奔亦不禁也[4]。)**《摽有梅》三章,章四句。**

**《小星》,惠及下也。夫人無妬忌之行,惠及賤妾,進御於君,知其命有貴賤,能盡其心矣。**(以色曰妬[5],以行曰忌。命,謂禮命有貴賤[6]。)**嘒彼小星[7],三五在東。**(嘒,微貌也[8]。小星,衆無名者也[9]。三,心。五,噣。四時更見。箋云:衆無名之星,随心、噣在天[10],猶諸妾随夫人以次序進御於君也。心在東方,三月時也。噣在東方,正月時也。如是終歲則列宿更見之[11]。)**肅肅宵征[12],夙夜在公[13],寔命不同。**(肅肅[14],疾貌也[15]。宵,夜也[16]。征,行也[17]。寔,是也。命不得同於列位[18]。箋云:夙,早也。謂諸妾肅肅然夜行[19],或早或夜,在於君所,以次序進御者,是其禮命之數不同也[20]。凡妾御於君,不敢當夕[21]。)**嘒彼小星,維參與昴[22]。**(參,伐也。昴,留也[23]。箋云:此言衆無名之星,亦

---

① 靜嘉本"待"作"得"。大念本、靜嘉本、瞿本、臺北纂圖本、國圖纂圖本、劉叔剛本、元十行本"行"後有"之者"。

② 元十行本"待"作"侍"。大念本"以""之"爲擠寫,"也"作"而行之"。國圖纂圖本"也"作"者"。

③ 瞿本重"時"字。大念本、靜嘉本、瞿本、臺北纂圖本、國圖纂圖本、劉叔剛本、元十行本"雖"前有"禮"。

④ 大念本無"亦","禁"後有"之"。靜嘉本、瞿本、臺北纂圖本、國圖纂圖本、劉叔剛本、元十行本無"亦""也"。

⑤ 瞿本句首有"箋云"。

⑥ 靜嘉本、瞿本、臺北纂圖本、國圖纂圖本、劉叔剛本、元十行本無"有"。

⑦ S. 789"嘒"作"嘷",以下相同處不再出校。

⑧ 靜嘉本、瞿本、臺北纂圖本、國圖纂圖本、劉叔剛本、元十行本、要義"徵"作"微",無"也"。

⑨ 靜嘉本"名"後有日人小字校記"星,扌无"。靜嘉本、瞿本、臺北纂圖本、國圖纂圖本、劉叔剛本、元十行本、要義無"也"。

⑩ 要義"随"作"隨",以下相同處不再出校。

⑪ 靜嘉本、瞿本、臺北纂圖本、國圖纂圖本、劉叔剛本、元十行本、要義無"則""之"。

⑫ P. 2529 僅一"肅"字,字旁有朱筆"ヾ"符號。P. 2529"宵"作"霄",S. 789 作"霄",以下相同處不再出校。

⑬ P. 2529"夙"作"風",該字上又有朱筆改作"夙";S. 789、南宋石經、靜嘉本、瞿本、臺北纂圖本、國圖纂圖本、劉叔剛本、元十行本同唐石經、蜀石經。

⑭ 元十行本"肅"作"粛",以下相同處不再出校。

⑮ 靜嘉本、瞿本、臺北纂圖本、國圖纂圖本、劉叔剛本、元十行本無"也"。

⑯ 靜嘉本、瞿本、臺北纂圖本、國圖纂圖本、劉叔剛本、元十行本無"也"。

⑰ 靜嘉本、瞿本、臺北纂圖本、國圖纂圖本、劉叔剛本、元十行本無"也"。

⑱ 靜嘉本、瞿本、臺北纂圖本、國圖纂圖本、劉叔剛本、元十行本"位"後有"也"。

⑲ 靜嘉本"謂"旁有日人小字校記"本无"。

⑳ 元十行本"數"作"数",以下相同處不再出校。

㉑ 靜嘉本、瞿本、臺北纂圖本、國圖纂圖本、劉叔剛本、元十行本無"敢"。

㉒ P. 2529、劉叔剛本、元十行本"昴"作"昂",南宋石經作"昴",靜嘉本、瞿本、臺北纂圖本、國圖纂圖本同唐石經、蜀石經。

㉓ 釋文出字、靜嘉本、瞿本、臺北纂圖本、國圖纂圖本、劉叔剛本"畱"作"留",元十行本殘損似作"留"。

随伐、罶在天[1]。猶諸妾雖賤與夫人亦進御於君也[2]。)**肅肅宵征,抱衾與裯[3],寔命不猶。**(衾,被也[4]。裯,単被也[5]。猶,若也。箋云:裯,床帳也[6]。諸妾夜行,抱被與床帳以待進御之序也[7]。不若,亦言尊卑異數也[8]。)**《小星》二章,章五句。**

**《江有汜》,美媵也。勤而無怨[9],嫡能悔過也[10]。文王之時,江沱之間[11],有嫡不以其媵備數[12],媵遇勞而無怨[13],嫡亦自悔者也[14]。**(勤者[15],以己冝媵而不得,心望也[16]。)**江有汜,**(興也。江水決而復入爲汜[17]。箋云:興者[18],喻江水大,汜水小,然而並流[19],似嫡媵冝俱行之[20]。)**之子于歸[21],不我以。不我以,其後也悔[22]。**(嫡能自悔

① 静嘉本、瞿本、臺北纂圖本、國圖纂圖本、劉叔剛本、元十行本"罶"作"留"。

② 静嘉本、瞿本、臺北纂圖本、國圖纂圖本、劉叔剛本、元十行本無此十四字。按,殿本考證云蜀石經"多'猶妾雖賤亦與夫人同御于君也'十三字"。蓋殿本校勘所據蜀石經《毛詩》爲傳抄本而非原拓,故文本有所偏差。

③ P.2529"抱"作"枹"。P.2529、S.789 、S.2729 出字"與"作"与",以下相同處不再出校。阮氏校記云"唐石經初刻'稠',後改'裯'。案,初刻誤也"。按,今檢唐石經原石,"裯"字左半尚存"禾"旁殘筆。

④ 臺北纂圖本無"也"。

⑤ 静嘉本、瞿本、臺北纂圖本、國圖纂圖本、要義"単"作"禪",劉叔剛本作"禪"形,元十行本作"禪"形。

⑥ 静嘉本、瞿本、臺北纂圖本、國圖纂圖本、劉叔剛本、元十行本、要義"床"作"牀",以下相同處不再出校。

⑦ 瞿本、劉叔剛本、元十行本"被"作"衾",静嘉本、臺北纂圖本、國圖纂圖本、小字本同蜀石經。静嘉本、瞿本、臺北纂圖本、國圖纂圖本、劉叔剛本、元十行本無"以""也","之"後有"次"。静嘉本"次"旁有日人小字校記"本无"。

⑧ 静嘉本、瞿本、臺北纂圖本、國圖纂圖本、劉叔剛本、元十行本無"異數"之"數"。静嘉本"卑"後有日人小字校記"數,扌无,江又无"。

⑨ P.2529、S.789"無"作"不"。南宋石經、静嘉本、瞿本、臺北纂圖本、國圖纂圖本、劉叔剛本、元十行本同唐石經、蜀石經,静嘉本"無"旁有日人小字校記"扌乍""不,本乍"。

⑩ 國圖纂圖本"嫡"作"嫡",以下相同處不再出校。P.2529 無"也",S.789、南宋石經、静嘉本、瞿本、臺北纂圖本、國圖纂圖本、劉叔剛本、元十行本同唐石經、蜀石經。

⑪ P.2529"沱"作"沲",S.789 作"池"。S.789、唐石經、南宋石經、静嘉本、劉叔剛本、元十行本"間"作"閒"。瞿本、臺北纂圖本、國圖纂圖本同蜀石經。

⑫ P.2529"備"作"俻"。

⑬ S.789 無"而"。南宋石經、静嘉本、瞿本、臺北纂圖本、國圖纂圖本、劉叔剛本、元十行本同唐石經、蜀石經。

⑭ P.2529、唐石經、南宋石經、静嘉本、瞿本、臺北纂圖本、國圖纂圖本、劉叔剛本、元十行本(明版)無"者",S.789 同蜀石經。

⑮ 瞿本句首有"箋云"。

⑯ 静嘉本、瞿本、臺北纂圖本、國圖纂圖本、劉叔剛本、元十行本(明版)"也"作"之"。

⑰ 静嘉本、瞿本、臺北纂圖本、國圖纂圖本、劉叔剛本、元十行本(明版)無"江水",静嘉本"决"前有日人小字校記"水,扌无"。静嘉本、瞿本、臺北纂圖本、國圖纂圖本、劉叔剛本、元十行本(明版)無"而"。

⑱ 元十行本(明版)"興"字處爲墨釘。

⑲ 瞿本"而"作"得","並"作"竝"。元十行本(明版初印)"而"字處爲墨釘,元十行本(明版後印)作"得"。

⑳ 静嘉本、瞿本、臺北纂圖本、國圖纂圖本、劉叔剛本、元十行本(明版)無"之"。

㉑ P.2529、S.789、唐石經、南宋石經、静嘉本、瞿本、臺北纂圖本、國圖纂圖本、劉叔剛本、元十行本(明版)無"于",静嘉本"子"後有日人小字校記"于,扌无"。按,蜀石經或據《毛詩》他處"之子于歸"句添"于"字。

㉒ P.2529"後"作"浚",以下相同處不再出校。

也。箋云:之子,是子[①],謂嫡也[②]。婦人謂嫁曰歸。以,猶與也。)**江有渚,**(渚,小洲也[③]。水岐成曰渚[④]。箋云:江水流而渚水留[⑤],是嫡與己異心[⑥],使己獨留而不行[⑦]。)**之子于歸[⑧],不我與。不我與,其後也處。**(處,止也。箋云:嫡亦悔過自止[⑨]。)**江有沱[⑩],**(沲[⑪],江水之別者[⑫]。箋云:岷山導江[⑬],東別爲沲[⑭]。)**之子于歸[⑮],不我過。不我過,其嘯也歌。**(箋云[⑯]:嘯者[⑰],蹙口而出聲也[⑱]。嫡有所思而說爲之[⑲],既覺自悔而歌。歌者,言其悔過,以自解說之也[⑳]。)**《江有汜》三章,章五句。**

**《野有死麕》[㉑],惡無禮也[㉒]。天下大亂,彊暴相陵,遂成淫風。被文王之**

---

① 靜嘉本、瞿本、臺北纂圖本、國圖纂圖本、劉叔剛本、元十行本(明版)"子"後有"也"。

② 靜嘉本、瞿本、臺北纂圖本、國圖纂圖本、劉叔剛本、元十行本(明版)"謂"前有"是子"。

③ 釋文或本無"渚小洲也"。阮氏校記云"案,《釋文》云'本或無此注',考《關雎》正義云'《江有汜》傳曰渚小洲也',是正義本有"。

④ 釋文出字、瞿本"坟"作"枝",靜嘉本、國圖纂圖本、劉叔剛本、元十行本(明版)、小字本作"岐",臺北纂圖本作"歧"。靜嘉本、瞿本、臺北纂圖本、國圖纂圖本、劉叔剛本、元十行本(明版)、小字本無"曰"。阮氏校記云"案,'岐'當作'枝'。《釋文》'枝如字,何音其宜反,又音祇'。考此讀如字者是也,水枝謂水之分流,如木之分枝耳"。

⑤ 元十行本(明版)"江"作"泗"。靜嘉本、瞿本、臺北纂圖本、國圖纂圖本、劉叔剛本、元十行本(明版)無後"水"。

⑥ 元十行本(明版)"己"作"尸"。

⑦ 靜嘉本、瞿本、臺北纂圖本、國圖纂圖本、劉叔剛本、元十行本(明版)無"而"。

⑧ P. 2529、S. 789、唐石經、南宋石經、靜嘉本、瞿本、臺北纂圖本、國圖纂圖本、劉叔剛本、元十行本(明版)無"于",靜嘉本"子"後有日人小字校記"于,扌无"。

⑨ 靜嘉本、瞿本、臺北纂圖本、國圖纂圖本、劉叔剛本、元十行本(明版)無"亦"。靜嘉本"嫡"後有日人小字校記"能,扌无"。

⑩ P. 2529"沱"作"沲",S. 789 作"池",南宋石經、靜嘉本、瞿本、臺北纂圖本、國圖纂圖本、劉叔剛本、元十行本(明版)同唐石經、蜀石經。

⑪ 靜嘉本、瞿本、臺北纂圖本、國圖纂圖本、劉叔剛本、元十行本(明版)"沲"作"沱"。

⑫ 靜嘉本、瞿本、臺北纂圖本、國圖纂圖本、劉叔剛本、元十行本(明版)無"水",靜嘉本"江"後有日人小字校記"水,本𠂇"。臺北纂圖本"者"作"名"。

⑬ 釋文底本、靜嘉本、瞿本、臺北纂圖本、國圖纂圖本、劉叔剛本"岷"作"岷",釋文或本作"崏",元十行本(明版)作"𡶒"形。釋文底本、S. 2729 出字、靜嘉本、瞿本、臺北纂圖本、國圖纂圖本、劉叔剛本、元十行本(明版)"導"作"道",釋文或本同蜀石經。

⑭ 靜嘉本、瞿本、臺北纂圖本、國圖纂圖本、劉叔剛本、元十行本(明版)"沲"作"沱"。

⑮ P. 2529、S. 789、唐石經、南宋石經、靜嘉本、瞿本、臺北纂圖本、國圖纂圖本、劉叔剛本、元十行本(明版)無"于",靜嘉本"子"後有日人小字校記"于,扌无"。

⑯ 瞿本無"箋云"。

⑰ 靜嘉本、瞿本、臺北纂圖本、國圖纂圖本、劉叔剛本、元十行本(明版)無"者"。

⑱ 釋文或本"蹙"作"蹴"。靜嘉本、瞿本、臺北纂圖本、國圖纂圖本、劉叔剛本、元十行本(明版)無"也"。

⑲ 元十行本(明版)"嫡"作"故"。靜嘉本、瞿本、臺北纂圖本、國圖纂圖本、劉叔剛本、元十行本(明版)無"說"。

⑳ 靜嘉本、瞿本、臺北纂圖本、國圖纂圖本、劉叔剛本、元十行本無"之"。

㉑ P. 2529"麕"作"麕";S. 789 作"齋",該字旁又有後改之"麕";釋文底本作"麏",釋文或本又作"麇";釋文或本、靜嘉本、瞿本、臺北纂圖本、國圖纂圖本、劉叔剛本、元十行本同唐石經、蜀石經;以下相同處不再出校。

㉒ P. 2529、S. 789、S. 2729 出字"惡"作"悪",以下相同處不再出校。

**化，雖當亂廿，猶惡無禮也**[①]**。**（無禮謂不由媒妁[②]，鴈幣不至，劫脅以成婚[③]，謂紂時之廿也[④]。）**野有死麕，白茅包之**[⑤]**。**（郊外曰野。苞[⑥]，裹也。凶荒則殺禮，猶有以將之。野有死麕，羣畋之所獲而分其肉也[⑦]。白茅，取其潔清[⑧]。箋云：亂廿之𡰥貧，而彊暴之男多行無禮，故貞女之情，欲令人以白茅裹野中者[⑨]，所分麕肉爲禮而來也[⑩]。）**有女懷春，吉士誘之。**（懷，思也。春，不暇待秋也。誘，導也[⑪]。箋云：有貞女思仲春以禮與男會也[⑫]，欲吉士使媒人導成之[⑬]。疾時無禮而言然。）**林有樸樕**[⑭]**，野有死鹿。白茅純束**[⑮]**，**（樸樕，小木也。野有死鹿，廣物也。純束，猶包之也[⑯]。箋云：樸樕之中及野若有死鹿[⑰]，皆可以白茅裹束以爲禮[⑱]，廣可用之物，非獨麕肉也[⑲]。純讀爲屯也[⑳]。）**有女如玉**[㉑]**。**（德如玉也。箋云：如玉者，取其堅而潔白也[㉒]。）**舒而脫脫兮**[㉓]**。**（舒，徐也。脫

---

① S. 789 無“禮”。

② 瞿本句首有“箋云”。静嘉本、瞿本、臺北纂圖本、國圖纂圖本、劉叔剛本、元十行本“謂”作“者爲”，静嘉本“爲”旁有日人小字校記“謂，本”。

③ 釋文出字、静嘉本、瞿本、臺北纂圖本、國圖纂圖本、劉叔剛本、元十行本“脅”作“脅”，以下相同處不再出校。

④ 静嘉本、瞿本、臺北纂圖本、國圖纂圖本、劉叔剛本、元十行本無“時”“也”。静嘉本“紂”後有日人小字校記“時，本ナ”。

⑤ P. 2529、S. 789、釋文出字“包”作“苞”，南宋石經、静嘉本、瞿本、臺北纂圖本、國圖纂圖本、劉叔剛本、元十行本、小字本同唐石經、蜀石經。

⑥ 静嘉本、瞿本、臺北纂圖本、國圖纂圖本、劉叔剛本、元十行本“苞”作“包”。

⑦ 静嘉本、瞿本、臺北纂圖本、國圖纂圖本、劉叔剛本、元十行本“畋”作“田”，無“所”“也”。

⑧ 静嘉本、瞿本、臺北纂圖本、國圖纂圖本、劉叔剛本、元十行本無“其”，“清”後有“也”。

⑨ 瞿本“令”作“今”。静嘉本、瞿本、臺北纂圖本、國圖纂圖本、劉叔剛本、元十行本“裹”後有“束”，“中”後有“田”；静嘉本“束”旁有日人小字校記“本无”。

⑩ 静嘉本、瞿本、臺北纂圖本、國圖纂圖本、劉叔剛本、元十行本無“也”。

⑪ 静嘉本、瞿本、臺北纂圖本、國圖纂圖本、劉叔剛本、元十行本“導”作“道”。

⑫ 元十行本“貞”字不闕筆。静嘉本、瞿本、臺北纂圖本、國圖纂圖本、劉叔剛本、元十行本無“也”。

⑬ 静嘉本、瞿本、臺北纂圖本、國圖纂圖本、劉叔剛本、元十行本無“欲”，“導”作“道”。

⑭ P. 2529“有”後有“野”，該字上又有朱筆塗抹。P. 2529、S. 789、S. 2729 出字“樕”作“棟”。南宋石經、静嘉本、瞿本、臺北纂圖本、國圖纂圖本、劉叔剛本、元十行本同唐石經、蜀石經。

⑮ 原本玉篇“茅”作“茦”。唐石經“純”字避諱闕末筆，蜀石經、P. 2529、S. 789 不闕筆，以下相同處不再贅言。S. 789“茅”後有“苞”，該字旁又有卜煞符號。

⑯ 原本玉篇引作“純，苞之也”。

⑰ 静嘉本、瞿本、臺北纂圖本、國圖纂圖本、劉叔剛本、元十行本、要義無“若”。

⑱ 瞿本、劉叔剛本、元十行本“茅”後有“包”，静嘉本、臺北纂圖本、國圖纂圖本、要義、小字本同蜀石經。

⑲ 静嘉本、瞿本、臺北纂圖本、國圖纂圖本、劉叔剛本、元十行本、要義無“肉”。

⑳ 釋文出字、静嘉本、瞿本、臺北纂圖本、國圖纂圖本、劉叔剛本、元十行本、要義“爲”作“如”。静嘉本、瞿本、臺北纂圖本、國圖纂圖本、劉叔剛本、元十行本、要義無“也”。按，臺北纂圖本“純”字前有“○”，國圖纂圖本“純”字框出，皆使此句成爲附音的一部分。

㉑ 元十行本“玉”作“王”，此處似在殘損元刻版片上進行了修補。

㉒ 静嘉本、瞿本、臺北纂圖本、國圖纂圖本、劉叔剛本、元十行本無“也”。

㉓ 劉叔剛本（補抄）“兮”作“乎”。

脱,舒貌也[①]。箋云:貞女欲吉士以禮來,脱脱然舒也。又疾時彊暴之男相劫脅也[②]。)**無感我帨兮**[③]**,**(感,動也。帨,佩巾也。奔走節則動其佩飾也[④]。帨音稅也[⑤]。)**無使尨也吠**[⑥]**。**(尨,狗也。非禮相陵則狗吠[⑦]。)**《野有死麕》三章**[⑧]**,二章章四句**[⑨]**,一章三句**[⑩]**。**

**《何彼襛矣》**[⑪]**,美王姬也**[⑫]**。雖則王姬亦下嫁於諸侯**[⑬]**,車服不繫其夫**[⑭]**,下王后一等**[⑮]**,猶執婦道,以成肅雍之德也**[⑯]**。**(下王后一等[⑰],謂車乘猒翟[⑱],勒面

---

① 靜嘉本、瞿本、臺北纂圖本、國圖纂圖本、元十行本、小字本"貌"作"遲"。劉叔剛本(補抄)"舒"後有"遲"。正義云"定本'脱脱舒貌',有'貌'字,與俗本異"。

② 靜嘉本、瞿本、臺北纂圖本、國圖纂圖本、劉叔剛本(補抄)、元十行本"時"後有"無禮",靜嘉本有日人小字校記"二字本无"。瞿本無"相"。劉叔剛本(補抄)"脅"作"脅"。靜嘉本、瞿本、臺北纂圖本、國圖纂圖本、元十行本無"也",劉叔剛本(補抄)"也"作"之也"。

③ P. 2529"感"作"檬"。劉叔剛本(補抄)"我"爲補寫。P. 2529、S. 2729 出字、劉叔剛本(補抄)"帨"作"悅",S. 789 作"稅",以下相同處不再出校。南宋石經、靜嘉本、瞿本、臺北纂圖本、國圖纂圖本、元十行本同唐石經、蜀石經。

④ 靜嘉本、瞿本、臺北纂圖本、國圖纂圖本、劉叔剛本(補抄)、元十行本"奔"前有"箋云","走"後有"失"。靜嘉本、瞿本、臺北纂圖本、國圖纂圖本、元十行本無"則""也"。瞿本"飾"作"巾",劉叔剛本(補抄)作"餝"。劉叔剛本(補抄)"也"作"之也"。

⑤ 靜嘉本、瞿本、臺北纂圖本、國圖纂圖本、劉叔剛本(補抄)、元十行本無"帨音稅也"。按,此四字或許原爲旁添音注,在文本流傳過程中由批語變爲正文。

⑥ P. 2529"無"作"无","尨"作"狵","吠"後有"兮";S. 789、南宋石經、靜嘉本、瞿本、臺北纂圖本、國圖纂圖本、劉叔剛本(補抄)、元十行本同唐石經、蜀石經。

⑦ 劉叔剛本(補抄)"陵"作"淩","吠"後有"之也"。

⑧ P. 2529 此處同蜀石經作"麕"。

⑨ P. 2529"二"作"上"。S. 789、元十行本不重"章"字。臺北纂圖本無"二章"。靜嘉本、瞿本、國圖纂圖本、劉叔剛本(補抄)同唐石經、蜀石經。

⑩ P. 2529"一"前有"下"。P. 2529、靜嘉本、臺北纂圖本、國圖纂圖本重"章"字。S. 789、瞿本、劉叔剛本(補抄)、元十行本同唐石經、蜀石經。

⑪ P. 2529、S. 789"彼"作"被",以下相同處不再出校。治要"襛"作"穠",以下相同處不再出校。南宋石經、靜嘉本、瞿本、臺北纂圖本、國圖纂圖本、劉叔剛本(補抄)、元十行本同唐石經、蜀石經。

⑫ 治要"姬"作"姖",以下相同處不再出校。

⑬ 劉叔剛本(補抄)"雖則"作"則雖"。釋文底本無"則";P. 2529、S. 789、釋文或本、治要、南宋石經、靜嘉本、瞿本、臺北纂圖本、國圖纂圖本、元十行本、小字本同唐石經、蜀石經,靜嘉本"則"旁有日人小字校記"本无",治要"則"旁有校記"定本无"。正義云"定本'雖王姬',無'則'字"。

⑭ 釋文或本"繫"作"繼",P. 2529、S. 789、釋文底本、治要、南宋石經、靜嘉本、瞿本、臺北纂圖本、國圖纂圖本、劉叔剛本(補抄)、元十行本同唐石經、蜀石經。

⑮ P. 2529"后"作"看"。P. 2529、S. 789、南宋石經"等"作"等"。治要"王"爲小字擠寫。

⑯ P. 2529"成"作"誠"。南宋石經、靜嘉本、瞿本、臺北纂圖本、國圖纂圖本、元十行本"雍"作"雝",以下相同處不再出校;P. 2529、S. 789、治要、劉叔剛本(補抄)同唐石經、蜀石經。劉叔剛本(補抄)"肅"後有"之"。S. 789、治要無"也"。

⑰ 瞿本句首有"箋云"。靜嘉本"等"作"等"。劉叔剛本(補抄)"等"後有"者"。

⑱ 釋文出字、S. 2729 出字、靜嘉本、瞿本、臺北纂圖本、國圖纂圖本、劉叔剛本(補抄)、元十行本"猒"作"厭"。

繪總①,服則褕翟②。)**何彼襛矣? 唐棣之華**③。(興也。襛由戎戎也④。唐棣,栘也⑤。箋云⑥:何乎彼戎戎者乃栘之華⑦。興者,喻王姬顔[色]之美盛也⑧。)**曷不肅雍**⑨**? 王姬之車。**(肅⑩,敬也⑪。雍,和也⑫。箋云⑬:曷,何也⑭。之,往也。何不敬和乎,王姬往乘之車⑮。言嫁時始乘車則已敬和矣⑯。)**何彼襛矣**⑰**? 華如桃李。平王之孫,齊侯之子**⑱。(平,正也。武王之女⑲,文王之[孫]⑳,適齊侯之子㉑。箋云:華如桃李者,興王姬與諸侯之子顔色俱盛也㉒。正王者,德能正天下之王㉓。)**其釣維何? 維絲伊緡**㉔**。齊侯之子,平王之孫。**(伊,維也㉕。緡,綸也。箋云:釣者以此有求於彼。何以爲之子乎㉖? 以絲爲之綸㉗,則是善釣也。以言王姬與齊侯之子以善道相求之㉘。)**《何彼襛矣》三章,章四句。**

---

① 釋文或本、S. 2729 出字、静嘉本、瞿本、臺北纂圖本、國圖纂圖本、劉叔剛本(補抄)、元十行本"繪"作"績",釋文底本同蜀石經。

② 釋文或本"翟"作"狄",釋文底本、静嘉本、瞿本、臺北纂圖本、國圖纂圖本、劉叔剛本(補抄)、元十行本同蜀石經。劉叔剛本(補抄)"翟"後有"也"。

③ P. 2529"唐"作"棠"。

④ 治要、静嘉本、瞿本、臺北纂圖本、國圖纂圖本、劉叔剛本、元十行本"由"作"猶"。

⑤ 臺北纂圖本"栘"作"移"。

⑥ 治要無"箋"。

⑦ 元十行本"栘"作"移"。

⑧ 静嘉本、瞿本、臺北纂圖本、國圖纂圖本、劉叔剛本、元十行本無"也",治要同蜀石經。

⑨ 治要"不"作"弗"。劉叔剛本"雍"作"雝",以下相同處不再出校。

⑩ 臺北纂圖本"肅"作"粛",以下相同處不再出校。

⑪ 静嘉本、瞿本、臺北纂圖本、國圖纂圖本、劉叔剛本、元十行本無"也",治要同蜀石經。

⑫ 静嘉本、瞿本、臺北纂圖本、國圖纂圖本、劉叔剛本、元十行本無"也",治要同蜀石經。

⑬ 治要無"箋云"。

⑭ 静嘉本、瞿本、臺北纂圖本、國圖纂圖本、劉叔剛本、元十行本無"也",治要同蜀石經。

⑮ 治要、静嘉本、瞿本、臺北纂圖本、國圖纂圖本、劉叔剛本、元十行本無"之"。静嘉本、瞿本、臺北纂圖本、國圖纂圖本、劉叔剛本、元十行本"車"後有"也",治要同蜀石經。

⑯ 治要、静嘉本、瞿本、臺北纂圖本、國圖纂圖本、劉叔剛本、元十行本"言"後有"其"。静嘉本、瞿本、臺北纂圖本、國圖纂圖本、劉叔剛本、元十行本無"矣",治要同蜀石經。

⑰ S. 789 此處同蜀石經作"彼"。

⑱ S. 789"侯"作"王"。

⑲ 静嘉本、瞿本、臺北纂圖本、國圖纂圖本、劉叔剛本、元十行本無"之"。

⑳ 静嘉本、瞿本、臺北纂圖本、國圖纂圖本、劉叔剛本、元十行本無"之"。

㉑ 元十行本"齊"作"斉",以下相同處不再出校。

㉒ 静嘉本、瞿本、臺北纂圖本、國圖纂圖本、劉叔剛本、元十行本"諸"作"齊",無"也"。

㉓ 瞿本"王"作"士"。

㉔ P. 2529"絲"在上句"維"之後,"何"字旁有墨筆乙改符號。原本玉篇"緡"作"緍",P. 2529 作"婚",釋文出字、S. 2729 出字、南宋石經、静嘉本、瞿本、臺北纂圖本、國圖纂圖本、劉叔剛本、元十行本作"緍",S. 789 同唐石經、蜀石經,以下相同處不再出校。

㉕ 静嘉本、瞿本、臺北纂圖本、國圖纂圖本、劉叔剛本、元十行本無"也"。

㉖ 静嘉本、瞿本、臺北纂圖本、國圖纂圖本、劉叔剛本、元十行本無"子"。

㉗ 瞿本、劉叔剛本、元十行本"爲之"作"之爲",静嘉本、臺北纂圖本、國圖纂圖本、小字本同蜀石經。

㉘ 静嘉本、瞿本、臺北纂圖本、國圖纂圖本、劉叔剛本、元十行本無"之"。

**《騶虞》**①**,《鵲巢》之應也。《鵲巢》之化行,則人倫既正**②**,朝廷既治。天下純被文王之化,則庶類蕃殖,蒐田以時。仁如騶虞,則王道成也**③**。**(應者,應德自遠而至④。)**彼茁者葭**⑤**,**(茁,出也。葭,蘆也。箋云:記蘆始出者,著春田之早晚也⑥。)**一發五豝**⑦**。**(豕牝曰豝。虞人翼五豝,以待公之發。箋云:君射一發而翼五豝⑧,戰禽獸之命也⑨。必戰之者,仁心之至也⑩。)**于嗟乎騶虞**⑪**。**(騶虞,義獸⑫。白虎黑文,不食生物,有至信之德則應之。箋云:于嗟者,美也⑬。)**彼茁者蓬**⑭**,**(蓬,草名也。)**一發五豵**⑮**。**(一歲曰豵。箋云:豕生三歲曰豵⑯。)**于嗟乎騶虞。《騶虞》二章**⑰**,章三句**⑱**。**(召南

---

① P. 2529"騶"作"騶",S. 789 作"騶",南宋石經、靜嘉本、瞿本、臺北纂圖本、國圖纂圖本、劉叔剛本、元十行本同唐石經、蜀石經,以下相同處不再出校。

② P. 2529、S. 789、唐石經、南宋石經、靜嘉本、瞿本、臺北纂圖本、國圖纂圖本、劉叔剛本、元十行本無"則",靜嘉本"人"前有日人小字校記"則,扌无"。按,蜀石經或受下文"則庶類蕃殖""則王道成也"影響,爲構造相同句式而添"則"字。

③ P. 2529"也"作"矣",S. 789、南宋石經、靜嘉本、瞿本、臺北纂圖本、國圖纂圖本、劉叔剛本、元十行本同唐石經、蜀石經。

④ 靜嘉本"而"後有日人小字校記"來,扌无"。

⑤ P. 2529"彼"作"被",該字上又有朱筆改作"彼"。

⑥ 靜嘉本、瞿本、臺北纂圖本、國圖纂圖本、劉叔剛本、元十行本無"也"。

⑦ P. 2529、S. 789、釋文出字、S. 2729 出字、唐石經、南宋石經、靜嘉本、瞿本、臺北纂圖本、國圖纂圖本、劉叔剛本、元十行本、要義"一"作"壹"。P. 2529"豝"作"豝",S. 789 作"䝁",S. 2729 出字作"犯",南宋石經、靜嘉本、瞿本、臺北纂圖本、國圖纂圖本、劉叔剛本、元十行本、要義同唐石經、蜀石經。按,"一"爲數詞,"壹"爲形容詞,數目用"壹"乃較晚之事(請參《王力古漢語字典》)。字形簡繁有别,或爲區分詞義。此處蓋數詞,似作"一"者更近於詩之原貌。如作爲《詩經》早期文本的安大簡作"一發",未用楚文字中"一"之繁寫"罷""弌"等。

⑧ 劉叔剛本、元十行本"豝"作"豬"。靜嘉本、瞿本、臺北纂圖本、國圖纂圖本、劉叔剛本、元十行本、要義"豝"後有"者"。

⑨ 瞿本"戰禽"作"禽戰",臺北纂圖本"戰"作"獸"。靜嘉本、瞿本、臺北纂圖本、國圖纂圖本、劉叔剛本、元十行本、要義無"也"。

⑩ 靜嘉本、瞿本、臺北纂圖本、國圖纂圖本、劉叔剛本、元十行本、要義無"也"。

⑪ P. 2529"于嗟"作"嗟于",二字旁又有墨筆乙改符號;S. 789、南宋石經、靜嘉本、瞿本、臺北纂圖本、國圖纂圖本、劉叔剛本、元十行本同唐石經、蜀石經。

⑫ 靜嘉本、瞿本、臺北纂圖本、國圖纂圖本、劉叔剛本、元十行本"獸"後有"也"。

⑬ 靜嘉本、瞿本、臺北纂圖本、國圖纂圖本、劉叔剛本、元十行本"美"後有"之"。

⑭ P. 2529"彼"作"被",該字上又有朱筆改作"彼"。

⑮ P. 2529、S. 789、唐石經、南宋石經、靜嘉本、瞿本、臺北纂圖本、國圖纂圖本、劉叔剛本、元十行本(明版)"一"作"壹"。P. 2529"豵"作"豝",S. 789、釋文或本作"猣",釋文底本、南宋石經、靜嘉本、瞿本、臺北纂圖本、國圖纂圖本、劉叔剛本、元十行本(明版)同唐石經、蜀石經。

⑯ 靜嘉本、瞿本、劉叔剛本、元十行本(明版)無"歲"。臺北纂圖本"歲"作"■",國圖纂圖本作"日"。按,臺北纂圖本此處有眉批云"《爾雅》曰:豕生三,豵;二,師;一,特。豬生子常多,故别其少者之名",該本"■"或爲批注者所塗。

⑰ S. 789"二"作"三",靜嘉本、瞿本、臺北纂圖本、國圖纂圖本、劉叔剛本、元十行本(明版)同唐石經、蜀石經。

⑱ P. 2529"三"作"四",S. 789、靜嘉本、瞿本、臺北纂圖本、國圖纂圖本、劉叔剛本、元十行本(明版)同唐石經、蜀石經。

之國十有四篇①，四十章②，一百七十七句③。）

**毛詩卷第一**④　　經二千八百六字，注五千四百七十一字⑤。

**毛詩卷第二**⑥　**毛詩國風　鄭氏箋**⑦

**邶柏舟詁訓傳第三**⑧

**《柏舟》，言仁而不遇也。衛頃公之時**⑨**，仁而不遇**⑩**，小人在側。**（不遇者，君不受己之志也。近小人⑪，則賢者見侵害。）**汎彼柏舟**⑫**，亦汎其流。**（興[也]⑬。汎汎

---

① P.2529"召"作"邵"，"國"作"什"。唐石經、靜嘉本、瞿本、臺北纂圖本、國圖纂圖本、劉叔剛本、元十行本(明版)無"有"，P.2529、S.789同蜀石經。

② S.789"四十"作"卌"。

③ P.2529無"四十章一百七十七句"。S.789"一百七十七句"作"七百十句"。唐石經、靜嘉本、瞿本、臺北纂圖本、國圖纂圖本、劉叔剛本、元十行本(明版)無"一"。唐石經、靜嘉本、瞿本、臺北纂圖本、國圖纂圖本、劉叔剛本、元十行本(明版)"召南"至"七句"爲大字；P.2529"邵南之什十有四篇"爲大字；S.789"召南"至"卌章"爲大字，"七百十句"爲雙行小字。

④ P.2529、S.789、南宋石經無卷題。臺北纂圖本題作"纂圖互注毛詩卷第一"，國圖纂圖本題作"監本纂圖重言重意互注點校毛詩卷第一"，靜嘉本、瞿本同唐石經、蜀石經。劉叔剛本、元十行本(明版)爲注疏合刻本，題作"附釋音毛詩注疏卷第一 一之五"。

⑤ P.2529、S.789、南宋石經、靜嘉本、瞿本、臺北纂圖本、國圖纂圖本、劉叔剛本、元十行本(明版)無經注字數。

⑥ P.2529、S.789、P.2538無卷題。臺北纂圖本題作"互注毛詩卷第二"，國圖纂圖本題作"監本纂圖重言重意互注點校毛詩卷第二"，靜嘉本、瞿本同唐石經、蜀石經。劉叔剛本、元十行本(明版)爲注疏合刻本，題作"附釋音毛詩注疏卷第二 二之一"。南宋石經無卷題，且無"毛詩國風鄭氏箋""邶柏舟詁訓傳第三"，而有"邶國風"三字。

⑦ S.789"箋"作"牋"，"毛詩國風鄭氏牋"位於"鄁栢舟故訓傳第三"下，同占一行。P.2529無"鄭氏箋"，"毛詩國風"位於"鄁栢之什詁訓傳第三"下，同占一行。P.2538"毛詩國風鄭氏箋"位於"鄁栢舟故訓傳第三"下，同占一行。唐石經、靜嘉本、瞿本、臺北纂圖本、國圖纂圖本此七字位於"邶柏舟詁訓傳第三"後，另占一行。劉叔剛本、元十行本(明版)爲注疏合刻本，"毛詩國風鄭氏箋孔穎達疏"位於"邶柏舟詁訓傳第三"後，另占一行。按，蓋蜀石經爲節省空間，將"毛詩國風鄭氏箋"移至卷題下之空白處，卻破壞了古書小題在上(前)、大題在下(後)這一較爲原始的面貌。大題在下說，較早見於陸德明《經典釋文·毛詩音義》。而余嘉錫又有深入闡發，指出古人著書其初僅有小題，並無大題(請參余嘉錫《古書通例》)，很好地解釋了古書小題在上、大題在下現象。

⑧ P.2529、S.789、P.2538、釋文或本、S.2729出字"邶"作"鄁"，釋文底本、靜嘉本、瞿本、臺北纂圖本、國圖纂圖本、劉叔剛本、元十行本(明版)同唐石經、蜀石經。P.2529、S.789、P.2538、釋文或本、S.2729出字"柏"作"栢"，以下相同處不再出校。S.789"詁"作"故"。按，《五經文字》云"邶，《詩·風》，作鄁者訛"，此爲唐人對《毛詩》用字的認識與規範。

⑨ P.2529、S.789、P.2538"頃"作"傾"。P.2529、S.789、治要無"之"，P.2529"公""時"之間有朱筆"之"。南宋石經、靜嘉本、瞿本、臺北纂圖本、國圖纂圖本、劉叔剛本、元十行本同唐石經、蜀石經。

⑩ P.2529、S.789、P.2538、治要、唐石經、南宋石經、靜嘉本、瞿本、臺北纂圖本、國圖纂圖本、劉叔剛本、元十行本、要義"而"作"人"。按，蜀石經或涉上文"仁而不遇"誤。

⑪ P.2538、釋文出字、靜嘉本、瞿本、臺北纂圖本、國圖纂圖本、劉叔剛本、元十行本、要義"近"前有"君"。

⑫ 原本玉篇(古逸本)"汎"作"泛"，以下相同處不再出校。原本玉篇(古逸本)"柏"作"栢"。《五經文字》云"汎泛，二同，浮也。上附弓反，見《詩》。下見《禮記》"。

⑬ 瞿本"興"作"兴"，臺北纂圖本作"兴"，以下相同處不再出校。

流貌[1]。柏木所以宜爲舟[2]。亦汎其流[3]，不以濟渡也[4]。箋云[5]：舟，濟渡物[6]。今不見用[7]，而與衆物汎汎然俱流水中[8]。興者，喻仁人之不見用[9]，與羣小竝列[10]。亦，猶是也[11]。）**耿耿不寐，如有隱憂**[12]。（耿耿，田儆儆也[13]。隱，痛也。箋云[14]：言仁人既不遇[15]，憂在見侵害[16]。）**微我無酒，以遨以遊**[17]。（非我無酒，可以遨遊忘憂也[18]。）**我心匪鑒**[19]**，不可以茹**。（鑒，所以察形也[20]。茹，度也。箋云：鑒之察形，但知方圓白黑[21]，不能度其眞

---

① P. 2538"汎汎流貌"作"汎流狠也"，釋文底本作"汎流貌"，原本玉篇(古逸本)、釋文或本、治要、靜嘉本、瞿本、臺北纂圖本、國圖纂圖本、劉叔剛本、元十行本、小字本同蜀石經重"汎"字，釋文云或本爲"從王肅注加"。正義標起訖作"汎流"至"濟渡"，正義所見本似不重"汎"字。瞿本"貌"作"皃"，以下相同處不再出校。治要"貌"後有"也"。

② P. 2538"以宜"作"宜以"。P. 2538、治要、靜嘉本、瞿本、臺北纂圖本、國圖纂圖本、劉叔剛本、元十行本"舟"後有"也"。

③ 治要無"亦"。靜嘉本、瞿本、臺北纂圖本、國圖纂圖本、劉叔剛本、元十行本重"汎"字，靜嘉本前"汎"旁有日人小字校記"本无"；P. 2538、治要同蜀石經。

④ 靜嘉本、臺北纂圖本、國圖纂圖本、劉叔剛本、元十行本"渡"作"度"，P. 2538、治要、瞿本同蜀石經。

⑤ 治要無"箋云"。

⑥ 治要"濟渡物"作"載物也"。P. 2538、靜嘉本、瞿本、臺北纂圖本、國圖纂圖本、劉叔剛本、元十行本"濟"作"載"。靜嘉本、瞿本、臺北纂圖本、國圖纂圖本、劉叔剛本、元十行本"物"後有"者"，P. 2538"物"後有"者也"。

⑦ 元十行本"今"作"令"。治要無"不見用"。P. 2538、靜嘉本、瞿本、臺北纂圖本、國圖纂圖本、劉叔剛本、元十行本無"見"。瞿本"用"作"同"。按，據文意當作"用"，瞿本作"同"蓋形近所致。

⑧ P. 2538、治要"與"作"与"，以下相同處不再出校。靜嘉本、臺北纂圖本、國圖纂圖本、小字本無"衆"，靜嘉本"與"後擠寫小字"衆"；劉叔剛本、元十行本有"衆"，但此處有擠刻痕跡；瞿本同蜀石經。P. 2538無"水"。

⑨ P. 2538無"之""見"。治要"喻"作"諭"，無"見"。靜嘉本"見"旁有日人小字校記"本无"。

⑩ 靜嘉本、臺北纂圖本"與"作"而"，靜嘉本"羣"前有日人小字校記"與，扌无"。瞿本、國圖纂圖本、劉叔剛本、元十行本"與"前有"而"，然劉叔剛本、元十行本"見用而與"處有擠刻痕跡。治要"羣"作"群"。P. 2538、治要、靜嘉本、瞿本、國圖纂圖本、臺北纂圖本、劉叔剛本、元十行本"小"後有"人"，"竝"作"並"。P. 2538"列"作"烈"。

⑪ P. 2538無"也"。

⑫ P. 2529"隱"作"殷"，S. 789、南宋石經、靜嘉本、瞿本、臺北纂圖本、國圖纂圖本、劉叔剛本、元十行本同唐石經、蜀石經。

⑬ P. 2538、治要、靜嘉本、瞿本、臺北纂圖本、國圖纂圖本、劉叔剛本、元十行本"田"作"猶"。按，蜀石經"田"似應爲"由"。

⑭ 治要無"箋云"。

⑮ P. 2538、治要、靜嘉本、瞿本、臺北纂圖本、國圖纂圖本、劉叔剛本、元十行本無"言"。P. 2538"既不"作"不既"。

⑯ P. 2538"害"後有"之也"，治要"害"後有"也"。

⑰ 釋文底本、唐石經、南宋石經、靜嘉本、瞿本、臺北纂圖本、國圖纂圖本、劉叔剛本、元十行本"遨"作"敖"，P. 2529、S. 789、P. 2538、釋文或本同蜀石經。

⑱ 瞿本、臺北纂圖本、國圖纂圖本、劉叔剛本、元十行本"遨"作"敖"，靜嘉本同蜀石經。P. 2538無"也"。

⑲ P. 2529、S. 789、P. 2538、釋文底本"鑒"作"監"，釋文或本、南宋石經、靜嘉本、瞿本、臺北纂圖本、國圖纂圖本、劉叔剛本、元十行本同唐石經、蜀石經，以下相同處不再出校。

⑳ 蜀石經"察"字避諱闕末三筆，以下相同處不再贅言。

㉑ P. 2538"但"作"伹"，"圓"作"貟"。

僞[1]。我心匪如是鑒也[2],我於衆人之善惡外内[3],心度知之[4]。)**亦有兄弟[5],不可以據。**(據,依也。箋云:兄弟至親,當相據依。言亦有不相據依,以爲是也[6],希耳。責之不以兄弟之道[7],謂同姓之臣也[8]。)**薄言往愬[9],逢彼之怒[10]。**(彼之兄弟[11]。)**我心匪石,不可轉也。我心匪席[12],不可卷也[13]。**(石雖堅,尚可轉也[14]。席雖平,尚可卷也[15]。箋云:言己心至堅平[16],過於石席也[17]。)**威儀棣棣[18],不可選也。**(君子望之儼然可畏[19],禮容俯仰各有威儀爾[20]。棣棣,富而閑習也[21]。物有其容,不可數也[22]。箋云:稱己威儀如此者[23],言德

① 静嘉本"度"後有日人小字校記"知,扌无"。

② P.2538、静嘉本、瞿本、臺北纂圖本、國圖纂圖本、劉叔剛本、元十行本"匪"作"非"。静嘉本、瞿本、臺北纂圖本、國圖纂圖本、劉叔剛本、元十行本無"也"。

③ P.2538"惡"作"恶"。

④ 静嘉本"之"後有日人小字校記"尒,扌无"。

⑤ P.2538"弟"作"苐",S.789、南宋石經、静嘉本、瞿本、臺北纂圖本、國圖纂圖本、劉叔剛本、元十行本、要義同唐石經、蜀石經,以下相同處不再出校。

⑥ 静嘉本"以"後有日人小字校記"爲,扌无"。P.2538、静嘉本、瞿本、臺北纂圖本、國圖纂圖本、劉叔剛本、元十行本、要義"也"作"者"。

⑦ P.2538、静嘉本、瞿本、臺北纂圖本、國圖纂圖本、劉叔剛本、元十行本、要義無"不"。按,此處有無"不"字,意皆可通,然無"不"者更順暢。

⑧ P.2538無"謂""之""也"。静嘉本、臺北纂圖本、國圖纂圖本、劉叔剛本、元十行本、要義無"之",瞿本同蜀石經。

⑨ P.2529、S.789"愬"作"訴",P.2538、南宋石經、静嘉本、瞿本、臺北纂圖本、國圖纂圖本、劉叔剛本、元十行本同唐石經、蜀石經。

⑩ P.2529、S.789、P.2538"逢"作"逢",静嘉本、瞿本、臺北纂圖本、國圖纂圖本、劉叔剛本、元十行本同唐石經、蜀石經。

⑪ P.2538無"之","弟"後有"也"。静嘉本、瞿本、臺北纂圖本、國圖纂圖本、劉叔剛本、元十行本"之"作"彼"。

⑫ P.2538"席"作"席",南宋石經、静嘉本、瞿本、臺北纂圖本、國圖纂圖本、劉叔剛本、元十行本同唐石經、蜀石經,以下相同處不再出校。按,《經典釋文條例》云"《五經》字體乖替者多,……席下爲帶,惡上安西",P.2538此處用字即"席下爲帶"例。上文數種寫本"惡"作"恶",即"惡上安西"例。

⑬ S.789重"可"字。

⑭ P.2538、静嘉本、瞿本、臺北纂圖本、國圖纂圖本、劉叔剛本、元十行本、要義無"也"。

⑮ 静嘉本、瞿本、臺北纂圖本、國圖纂圖本、劉叔剛本、元十行本、要義無"也",P.2538同蜀石經。

⑯ P.2538、静嘉本、瞿本、臺北纂圖本、國圖纂圖本、劉叔剛本、元十行本、要義"至"作"志"。

⑰ 静嘉本、瞿本、臺北纂圖本、國圖纂圖本、劉叔剛本、元十行本、要義無"也",P.2538同蜀石經。

⑱ S.789、釋文或本、S.2729出字"棣"作"逮",P.2529、P.2538、釋文底本、南宋石經、静嘉本、瞿本、臺北纂圖本、國圖纂圖本、劉叔剛本、元十行本、要義同唐石經、蜀石經。

⑲ 釋文或本"儼"作"嚴"。

⑳ P.2538"禮"作"礼",以下相同處不再出校;"俯"作"府","威儀爾"作"宜尒"。静嘉本、瞿本、臺北纂圖本、國圖纂圖本、劉叔剛本、元十行本、要義、小字本"爾"作"耳",静嘉本"耳"旁有日人小字校記"扌乍""尒,本"。

㉑ 元十行本(初印)"富"作"[illegible]"形,元十行本(後印)作"富"。按,前者尚爲元刻葉,版片磨損痕跡明顯,後者則替換爲明補版。

㉒ 瞿本、臺北纂圖本"數"作"数",以下相同處不再出校。

㉓ 瞿本、臺北纂圖本"稱"作"稱",以下相同處不再出校。

備而不遇[1]，所以愠也[2]。）**憂心悄悄[3]，愠于羣小[4]。**（愠，怨也[5]。箋云[6]：悄悄，憂也[7]。羣[8]，衆小人在君側也[9]。）**覯閔既多[10]，受侮不少。**（閔，病[11]。）**靜言思之，寤辟有摽[12]。**（靜，安也。辟[13]，拊心也[14]。摽，亦拊心貌也[15]。箋云：言，我也。）**日居月諸，胡迭而微。**（箋云：日[16]，君象也[17]。月，臣象也。微，謂虧傷也[18]。君道常明，如月而有虧盈[19]，今君失道而任用小人[20]，臣下專恣[21]，則日如月然也[22]。）**心之憂矣，如匪澣衣。**（如衣之

① 靜嘉本、瞿本、臺北纂圖本、國圖纂圖本、劉叔剛本、元十行本、要義“言”後有“己”，P.2538同蜀石經。P.2538“備”作“俻”，以下相同處不再出校。

② P.2538“所以愠也”作“而愠”。

③ P.2538“悄悄”作“帩帩”，S.789、南宋石經、靜嘉本、瞿本、臺北纂圖本、國圖纂圖本、劉叔剛本、元十行本同唐石經、蜀石經。

④ P.2529“愠于”作“于愠”，字旁有朱筆乙改符號。

⑤ 治要、靜嘉本、瞿本、臺北纂圖本、國圖纂圖本、劉叔剛本、元十行本、小字本“怨”作“怒”，P.2538作“惌”。阮氏校記云“正義云‘言仁人憂心悄悄然，而怨此羣小人在於君側者也’。正義本‘怒’字當是‘怨’字”。

⑥ 靜嘉本、瞿本、臺北纂圖本、國圖纂圖本、劉叔剛本、元十行本“箋云”在下文“羣”字前，P.2538同蜀石經。吳氏校記云“案，經文‘悄悄’本在‘愠于’上，傳不應倒，疑當依拓本”。按，吳說巧妙。今據P.2538，又知蜀石經“悄悄，憂也”屬鄭箋並非孤例。

⑦ 治要“憂”後有“意”。靜嘉本、瞿本、臺北纂圖本、國圖纂圖本、劉叔剛本、元十行本“也”作“貌”，P.2538作“狠”，治要同蜀石經。

⑧ 瞿本“羣”作“群”，以下相同處不再出校。P.2538、靜嘉本、瞿本、臺北纂圖本、國圖纂圖本、劉叔剛本、元十行本“羣”後有“小”。

⑨ P.2538無“小”，“也”前有“者”。靜嘉本、瞿本、臺北纂圖本、國圖纂圖本、劉叔剛本、元十行本“也”作“者”。

⑩ P.2529、釋文底本“覯”作“遘”，S.789、P.2538、釋文或本、治要、南宋石經、靜嘉本、瞿本、臺北纂圖本、國圖纂圖本、劉叔剛本、元十行本同唐石經、蜀石經。

⑪ 治要、靜嘉本、瞿本、臺北纂圖本、國圖纂圖本、劉叔剛本、元十行本“病”後有“也”，P.2538同蜀石經。

⑫ P.2529、S.789、釋文或本、S.2729出字“辟”作“擘”，P.2538、瞿本作“擗”，釋文底本、南宋石經、靜嘉本、臺北纂圖本、國圖纂圖本、劉叔剛本、元十行本同唐石經、蜀石經。P.2529、S.789“摽”作“標”，釋文底本、南宋石經、靜嘉本、瞿本、臺北纂圖本、國圖纂圖本、劉叔剛本、元十行本同唐石經、蜀石經。

⑬ P.2538、瞿本“辟”作“擗”。

⑭ P.2538“拊”作“柎”。

⑮ P.2538無“亦”，“貌”作“皃”。靜嘉本、瞿本、臺北纂圖本、國圖纂圖本、劉叔剛本、元十行本無“亦”“也”。靜嘉本“貌”旁有日人小字校記“本无”。

⑯ 瞿本“日”作“曰”形。

⑰ P.2538“象”作“𫠣”，以下相同處不再出校。

⑱ 靜嘉本、瞿本、臺北纂圖本、國圖纂圖本、劉叔剛本、元十行本、要義“虧”作“虧”，P.2538作“虧”，以下相同處不再出校。

⑲ P.2538、靜嘉本、瞿本、臺北纂圖本、國圖纂圖本、劉叔剛本、元十行本、要義作“君道當常明如日，而月有虧盈”。

⑳ P.2538、靜嘉本、瞿本、臺北纂圖本、國圖纂圖本、劉叔剛本、元十行本、要義無“用”，靜嘉本“任”後有日人小字校記“用，扌无”。

㉑ P.2538無“下”，靜嘉本、瞿本、臺北纂圖本、國圖纂圖本、劉叔剛本、元十行本、要義“臣下”作“大臣”。臺北纂圖本、劉叔剛本、元十行本“恣”作“次”。

㉒ P.2538“日如”作“如日”。P.2538、靜嘉本、瞿本、臺北纂圖本、國圖纂圖本、劉叔剛本、元十行本、要義無“也”。

不澣矣。箋云：衣之不澣，則潰亂垢辱無照㴭也①。）**靜言思之，不能奮飛**②。（不能如鳥奮翼而飛去③。箋云：臣不遇於君，猶不忍去，[厚]之至也。）**《柏舟》五章，章六句。**

**《緑衣》④，衛莊姜傷己也。妾上僭，夫人失位而作是詩也⑤。**（緑當爲"褖"⑥，今轉作"緑"⑦，字之誤也。莊姜，莊公夫人，齊女也⑧，姓姜氏⑨。妾上僭者⑩，謂公子州吁之母也⑪，母嬖而州吁驕也⑫。）**緑兮衣兮，緑衣黄裏**⑬。（興也。緑，間色也⑭。黄，正色也⑮。箋云：緑兮衣兮者⑯，言褖衣自有禮制也⑰。諸侯夫人祭服爲之下⑱，鞠衣爲上⑲，展衣次之⑳，緑衣次之㉑。次之者㉒，衆妾亦以貴賤之等服之㉓。鞠衣黄㉔，展衣白，褖

① P. 2538、釋文出字、靜嘉本、瞿本、臺北纂圖本、國圖纂圖本、劉叔剛本、元十行本"潰亂垢辱"作"憒辱"，靜嘉本"憒"後有日人小字校記"乱垢，二字扌无，本有"；S. 2729 出字作"憒"。P. 2538、靜嘉本、瞿本、臺北纂圖本、國圖纂圖本、劉叔剛本、元十行本無"也"。

② P. 2538"奮"之"田"旁作"旧"，又有朱筆於字上改作"田"，以下相同處不再出校。

③ 國圖纂圖本無"而"。P. 2538"去"字後有"也"。

④ P. 2529、S. 789、P. 2538、釋文出字、S. 2729 出字、南宋石經、靜嘉本、瞿本、臺北纂圖本、國圖纂圖本、劉叔剛本、元十行本同蜀石經作"緑"，釋文並云"毛如字，鄭改作褖"。

⑤ P. 2529 無"也"，S. 789、P. 2538、南宋石經、靜嘉本、瞿本、臺北纂圖本、國圖纂圖本、劉叔剛本、元十行本同唐石經、蜀石經。

⑥ 瞿本"爲"作"嫣"。

⑦ P. 2538、靜嘉本、瞿本、臺北纂圖本、國圖纂圖本、劉叔剛本、元十行本"轉"前有"故作褖"，無"今"。靜嘉本"轉"前有日人小字校記"今，扌无"。

⑧ P. 2538、靜嘉本、瞿本、臺北纂圖本、國圖纂圖本、劉叔剛本、元十行本、要義無"也"。

⑨ P. 2538 無"氏"。

⑩ P. 2538 無"妾"。

⑪ P. 2538"吁"作"呼"。靜嘉本、瞿本、臺北纂圖本、國圖纂圖本、劉叔剛本、元十行本、要義、小字本無"也"，P. 2538 同蜀石經。

⑫ P. 2538、靜嘉本、瞿本、臺北纂圖本、國圖纂圖本、劉叔剛本、元十行本、要義無"也"。阮氏校記云"正義云是公子州吁之母嬖也，又云是吁州驕也(當作'州吁')。定本'妾上僭者，謂公子州吁之母也，母嬖而州吁驕'。……正義本當不重'母'字，以'嬖'上屬讀爲句，與定本不同"。

⑬ 瞿本、劉叔剛本、元十行本"裏"作"裹"，南宋石經、靜嘉本、臺北纂圖本、國圖纂圖本同唐石經、蜀石經，以下相同處不再出校。

⑭ 釋文出字、S. 2729 出字"間"作"閒"，靜嘉本、瞿本、臺北纂圖本、國圖纂圖本、劉叔剛本、元十行本同蜀石經。P. 2538"色也"作"也色"，"也"字上有朱筆塗抹。靜嘉本、瞿本、臺北纂圖本、國圖纂圖本、劉叔剛本、元十行本無"也"。

⑮ 靜嘉本、瞿本、臺北纂圖本、國圖纂圖本、劉叔剛本、元十行本無"也"，P. 2538 同蜀石經。

⑯ 靜嘉本、瞿本、臺北纂圖本、劉叔剛本、元十行本"緑"作"褖"，P. 2538、國圖纂圖本同蜀石經。

⑰ P. 2538 無"有"。

⑱ P. 2538、靜嘉本、瞿本、臺北纂圖本、國圖纂圖本、劉叔剛本、元十行本無"爲"。

⑲ 靜嘉本"鞠"前有日人小字校記"服，扌无"。

⑳ 釋文或本"展"作"襢"。

㉑ P. 2538、靜嘉本、瞿本、臺北纂圖本、國圖纂圖本、劉叔剛本、元十行本"緑"作"褖"。

㉒ P. 2538 無"次之"。

㉓ P. 2538"等"作"等"，"之"後有"也"，"之"字上有朱筆塗抹。

㉔ P. 2538 無"黄"，"衣"旁又有墨筆後添之"黄"字。

衣黑，皆以素紗爲裏[①]。今緑衣反以黄爲裏[②]，非其制也[③]，故以喻妾上僭也[④]。）**心之憂矣，曷維其已**[⑤]。（憂雖欲目止[⑥]，何時能止也[⑦]。）**緑兮衣兮**[⑧]**，緑衣黄裳**。（上曰衣，下曰裳。箋云：婦人之服[⑨]，不殊衣裳[⑩]，上下同色。今衣黑而裳黄[⑪]，喻亂嫡妾之禮也[⑫]。）**心之憂矣，曷維其亡**[⑬]。（箋云：亡之言忘也[⑭]。）**緑衣絲兮**[⑮]**，女所治兮**[⑯]。（緑，末也[⑰]。絲，本也。箋云：汝，汝妾上僭也[⑱]。先染絲[⑲]，後製衣[⑳]，皆女所治爲也[㉑]，而女反亂之[㉒]，亦喻其亂嫡妾之禮也[㉓]，責以本末之行[㉔]。禮，大夫巳上衣織[㉕]，故本於絲也。）**我思**

---

① 國圖纂圖本"裏"作"裹"，以下相同處不再出校。

② 元十行本"今"作"令"。P. 2538、静嘉本、瞿本、臺北纂圖本、國圖纂圖本、劉叔剛本、元十行本"緑"作"褖"。P. 2538"衣"後有"也"，該字上有朱筆塗抹；"反"作"又"；"裏"作"裹"。

③ P. 2538、静嘉本、瞿本、臺北纂圖本、國圖纂圖本、劉叔剛本、元十行本"其"後有"禮"。P. 2538無"也"。

④ P. 2538、静嘉本、瞿本、臺北纂圖本、國圖纂圖本、劉叔剛本、元十行本無"也"。

⑤ P. 2529"維"作"云"。

⑥ P. 2538、静嘉本、瞿本、臺北纂圖本、國圖纂圖本、劉叔剛本、元十行本"目"作"自"。P. 2538"止"似作"巳"。

⑦ P. 2538 無"也"。

⑧ S. 789 前"兮"爲後添。

⑨ P. 2538"之"後有"礼"。

⑩ 正義云"言不殊裳者，謂衣裳連，連則色同，故云上下同色也。定本、集注皆云'不殊衣裳'"。阮氏校記云"正義本無'衣'字"。

⑪ 元十行本"今"作"令"。

⑫ 瞿本"亂"作"乱"，以下相同處不再出校。釋文或本"嫡"作"適"，要義作"嫡"，P. 2538、釋文底本、静嘉本、瞿本、臺北纂圖本、國圖纂圖本、劉叔剛本、元十行本同蜀石經。静嘉本、瞿本、臺北纂圖本、國圖纂圖本、劉叔剛本、元十行本、要義無"也"，P. 2538 同蜀石經。

⑬ P. 2529"維"作"惟"，S. 789、南宋石經、静嘉本、瞿本、臺北纂圖本、國圖纂圖本、劉叔剛本、元十行本同唐石經、蜀石經。

⑭ P. 2538"忘"後有"之"，該字上又有朱筆塗抹。

⑮ P. 2529、S. 789、P. 2538、唐石經、南宋石經、静嘉本、瞿本、臺北纂圖本、國圖纂圖本、劉叔剛本、元十行本"衣"作"兮"。正義云"毛以爲言緑兮而由於絲兮"。按，蜀石經蓋涉鄰近文字而誤。

⑯ P. 2529"女"作"汝"。

⑰ 瞿本、元十行本"末"作"未"。

⑱ P. 2538 作"女，女上僭者也"，正義云"故知'汝，汝妾之上僭者'"。静嘉本、瞿本、臺北纂圖本、國圖纂圖本、劉叔剛本、元十行本"也"作"者"。

⑲ 静嘉本"先"前有日人小字校記"必，扌无"。P. 2538"染"作"深"，静嘉本、臺北纂圖本、國圖纂圖本、劉叔剛本、元十行本作"梁"。

⑳ P. 2538、静嘉本、瞿本、臺北纂圖本、國圖纂圖本、小字本"製"作"制"，劉叔剛本、元十行本同蜀石經。

㉑ 瞿本"皆"作"衣"。P. 2538、静嘉本、瞿本、臺北纂圖本、國圖纂圖本、劉叔剛本、元十行本"女"後有"之"。

㉒ P. 2538 無"女反"。

㉓ 静嘉本、瞿本、臺北纂圖本、國圖纂圖本、劉叔剛本、元十行本無"其"，P. 2538 同蜀石經。P. 2538、静嘉本、瞿本、臺北纂圖本、國圖纂圖本、劉叔剛本、元十行本無"也"。

㉔ 元十行本"末"作"未"。P. 2538"行"前有"所"，"行"後有"也"。

㉕ P. 2538、釋文出字、静嘉本、瞿本、臺北纂圖本、國圖纂圖本、劉叔剛本、元十行本"巳"作"以"。

**古人**[①]**，俾無訧兮**[②]**。**（俾，使也[③]。訧，過也。箋云：古人，謂制禮者[④]。我思此定尊卑[⑤]，使人無過差之行，故心善之[⑥]。）**絺兮綌兮**[⑦]**，淒其以風。**（淒，寒風也[⑧]。箋云：絺綌所以當暑服也[⑨]，今以待寒[⑩]，喻失所也[⑪]。）**我思古人，實獲我心。**（古之君子，實得我之心也[⑫]。箋云：古之聖人制禮者[⑬]，使夫婦有道，妻妾貴賤有序也[⑭]。）**《綠衣》四章，章四句。**

**《燕燕》**[⑮]**，衛莊姜送歸妾也**[⑯]**。**（莊姜無子[⑰]，陳女戴嬀生子名完[⑱]，莊姜以爲己子[⑲]。莊公薨，完立，而州吁殺之[⑳]。戴嬀於是大歸[㉑]，莊姜遠送于野[㉒]，作詩見己志也[㉓]。）

---

① 原本玉篇"古"後有"之"。

② 釋文或本"訧"作"尤"，原本玉篇、P. 2529、S. 789、P. 2538、釋文底本、南宋石經、靜嘉本、瞿本、臺北纂圖本、國圖纂圖本、劉叔剛本、元十行本同唐石經、蜀石經。P. 2538"兮"作"焉"，P. 2529、S. 789、釋文底本、南宋石經、靜嘉本、瞿本、臺北纂圖本、國圖纂圖本、劉叔剛本、元十行本同唐石經、蜀石經。

③ 靜嘉本、瞿本、臺北纂圖本、國圖纂圖本、劉叔剛本、元十行本無"也"，P. 2538 同蜀石經。

④ P. 2538"者"後有"也"。

⑤ P. 2538、靜嘉本、瞿本、臺北纂圖本、國圖纂圖本、劉叔剛本、元十行本"此"後有"人"。靜嘉本"此"後有日人小字校記"古，扌无"。

⑥ P. 2538、靜嘉本、瞿本、臺北纂圖本、國圖纂圖本、劉叔剛本、元十行本無"故"，"之"後有"也"。靜嘉本"心"前有日人小字校記"故，扌无"。

⑦ P. 2529、P. 2538"綌"作"紘"，S. 789 作"絺"，南宋石經、靜嘉本、瞿本、臺北纂圖本、國圖纂圖本、劉叔剛本、元十行本（明版）同唐石經、蜀石經，以下相同處不再出校。按，《五經文字》云"綌，作絃訛"，此爲唐人對經典用字的認識與規範。

⑧ 元十行本（明版）"淒寒風也"處爲墨釘。

⑨ P. 2538 無"服"，靜嘉本、瞿本、臺北纂圖本、國圖纂圖本、劉叔剛本、元十行本（明版）無"服也"。正義云"毛以爲'絺兮綌兮'當服之以暑時"。

⑩ 元十行本（明版）"今"作"令"形，"寒"字處爲墨釘。

⑪ 元十行本（明版）"喻"字處爲墨釘。靜嘉本、瞿本、臺北纂圖本、國圖纂圖本、劉叔剛本、元十行本（明版）"喻"後有"其"，P. 2538 同蜀石經。P. 2538"也"作"之"。

⑫ P. 2538"實"後有"獲"，該字上又有朱筆塗抹。

⑬ 元十行本（明版）"制禮者"處爲墨釘。

⑭ 靜嘉本、瞿本、臺北纂圖本、國圖纂圖本、劉叔剛本、元十行本（明版）"賤"後有"各"，無"也"。P. 2538、靜嘉本、瞿本、臺北纂圖本、劉叔剛本、元十行本（明版）"序"前有"次"，國圖纂圖本"序"前有"定"。

⑮ S. 789 後"燕"作"有"。

⑯ P. 2529 無"姜"，P. 2538 無"也"，S. 789、靜嘉本、瞿本、臺北纂圖本、國圖纂圖本、劉叔剛本、元十行本（明版）、要義同唐石經、蜀石經。

⑰ P. 2538"無"作"无"。

⑱ P. 2538"嬀"作"[illegible]"。釋文或本"完"作"皃"。要義"完"字避諱闕末筆，以下相同處不再贅言。

⑲ P. 2538"子"爲後添。

⑳ P. 2538、瞿本"吁"作"呼"。P. 2538"殺"作"煞"。元十行本（明版）"州吁"處爲墨釘。

㉑ 元十行本（明版）"歸"作"帰"，以下相同處不再出校。

㉒ P. 2538"送"後有"之子"，靜嘉本、瞿本、臺北纂圖本、國圖纂圖本、劉叔剛本、元十行本（明版）、要義"送"後有"之"。

㉓ 靜嘉本"作"後有日人小字校記"是，扌无"。P. 2538"志"作"意"。P. 2538、靜嘉本、瞿本、臺北纂圖本、國圖纂圖本、劉叔剛本、元十行本（明版）、要義無"也"。

**燕燕于飛，差池其羽。**（燕燕①，乙也②。燕之將飛③，必差池其羽。箋云：于，往也④。差池其羽，謂張舒其尾翼也⑤，興戴嬀將歸，顧視其衣服也⑥。）**之子于歸，遠送于野。**（之子，去者也⑦。歸⑧，歸宗也。遠送，過禮也⑨。于，於也⑩。野，郊外也⑪。箋云：婦人之禮，送迎不出門。今我送是子，乃至於野⑫，舒己之憤⑬，盡己之情⑭。）**瞻望弗及⑮，泣涕如雨。**（瞻，視也⑯。）**燕燕于飛，頡之頏之。**（飛上曰頡⑰，飛下曰頏⑱。箋云：頡之興戴嬀將歸⑲，出入前却也⑳。）**之子于歸，遠于將之。**（將，行也。箋云：將亦送也㉑。）**瞻望**

---

① P. 2538 僅一"燕"字。

② 釋文底本、瞿本、臺北纂圖本、國圖纂圖本、劉叔剛本"乙"作"鳦"；元十行本（明版）作"鳦"；靜嘉本作"鳦"；P. 2538 作"[illegible]"，該字上有朱筆塗抹；釋文或本同蜀石經。

③ P. 2538"將"作"扵"，靜嘉本、瞿本、臺北纂圖本、國圖纂圖本、劉叔剛本、元十行本（明版）作"于"。

④ P. 2538、靜嘉本、瞿本、臺北纂圖本、國圖纂圖本、劉叔剛本、元十行本（明版）、小字本無"于往也"。

⑤ 臺北纂圖本無"尾"。靜嘉本、瞿本、臺北纂圖本、國圖纂圖本、劉叔剛本、元十行本（明版）無"也"，P. 2538 同蜀石經。

⑥ P. 2538"顧"作"頋"，以下相同處不再出校。P. 2538、靜嘉本、瞿本、臺北纂圖本、國圖纂圖本、劉叔剛本、元十行本（明版）無"也"。

⑦ P. 2538"去"後有"志"，該字上又有朱筆塗抹。

⑧ 瞿本"歸"作"皈"，以下相同處不再出校。

⑨ 靜嘉本、瞿本、臺北纂圖本、國圖纂圖本、劉叔剛本、元十行本（明版）無"也"，P. 2538 同蜀石經。

⑩ P. 2538"於"作"扵"，以下相同處不再出校。靜嘉本、國圖纂圖本"於"作"郊"，靜嘉本"郊"旁有日人小字校記"於，本"。臺北纂圖本原刻似作"郊"，該字上又有墨筆改動痕跡，似欲改作"於"。瞿本、劉叔剛本、元十行本（明版）同蜀石經。

⑪ 靜嘉本、瞿本、臺北纂圖本、國圖纂圖本、劉叔剛本、元十行本（明版）"野郊外也"作"郊外曰野"，靜嘉本有日人小字校記"野郊外也，本作"；P. 2538 同蜀石經。

⑫ 靜嘉本、瞿本、臺北纂圖本、國圖纂圖本、劉叔剛本、元十行本（明版）"於"作"于"。P. 2538、靜嘉本、瞿本、臺北纂圖本、國圖纂圖本、劉叔剛本、元十行本（明版）"野"後有"者"。

⑬ P. 2538、釋文出字、靜嘉本、瞿本、臺北纂圖本、國圖纂圖本、劉叔剛本、元十行本（明版）無"之"。

⑭ 瞿本、元十行本（明版）"盡"作"尽"。P. 2538、靜嘉本、瞿本、臺北纂圖本、國圖纂圖本、劉叔剛本、元十行本（明版）無"之"。

⑮ P. 2529、S. 789、P. 2538"弗"作"不"，靜嘉本、瞿本、臺北纂圖本、國圖纂圖本、劉叔剛本、元十行本（明版）同唐石經、蜀石經，以下相同處不再出校。

⑯ P. 2538"視也"作"見"。

⑰ P. 2538、靜嘉本、臺北纂圖本、國圖纂圖本、劉叔剛本、元十行本（明版）、要義"飛"後有"而"，瞿本"飛"後有"在"。

⑱ P. 2538、靜嘉本、瞿本、臺北纂圖本、國圖纂圖本、劉叔剛本、元十行本（明版）、要義"飛"後有"而"。

⑲ S. 10"興"字前爲"頏者"二字。P. 2538"之"作"亢"，靜嘉本、瞿本、臺北纂圖本、國圖纂圖本、劉叔剛本、元十行本（明版）、要義作"頏"。

⑳ P. 2538"也"作"之"。靜嘉本、瞿本、臺北纂圖本、國圖纂圖本、劉叔剛本、元十行本（明版）、要義無"也"。

㉑ P. 2538 無"也"。

**弗及**[①]**，佇立以泣**[②]**。**（佇立[③]，久立也。）**燕燕于飛，下上其音**[④]**。**（飛而上曰上音，飛而下曰下音[⑤]。箋云：下上其音[⑥]，興戴嬀將歸，言語感激，聲有大小也[⑦]。）**之子于歸，遠送于南。**（陳　衞南[⑧]。）**瞻望弗及**[⑨]**，實勞我也**[⑩]**。**（實，是也[⑪]。）**仲氏任只，其心塞淵**[⑫]**。**（仲氏[⑬]，戴嬀字也。任，大也[⑭]。塞，瘞也[⑮]。淵，深也[⑯]。箋云：任者，以恩深相親信也[⑰]。《周禮》六行，孝、友、睦、婣[⑱]、任、恤也[⑲]。）**終温且惠**[⑳]**，淑慎其身**[㉑]**。**（惠，順也[㉒]。

① P. 2538此處同唐石經、蜀石經作"弗"。

② P. 2538、釋文出字"佇"作"竚"，S. 2729出字作"竚"，P. 2529、S. 789、静嘉本、瞿本、臺北纂圖本、國圖纂圖本、劉叔剛本、元十行本同唐石經、蜀石經。

③ P. 2538"佇"作"竚"，無"立"。

④ 瞿本"下上"作"上下"，S. 2729出字、静嘉本、臺北纂圖本、國圖纂圖本、劉叔剛本、元十行本同唐石經、蜀石經。

⑤ P. 2538無"飛而下曰下音"。

⑥ 瞿本"下上"作"上下"。

⑦ P. 2538無"聲"。静嘉本、瞿本、臺北纂圖本、國圖纂圖本、劉叔剛本、元十行本、小字本"大小"作"小大"。静嘉本、臺北纂圖本、國圖纂圖本、劉叔剛本、元十行本無"也"，瞿本同蜀石經。

⑧ 蜀石經"陳"後爲空白，有一字之容。P. 2538、静嘉本、瞿本、臺北纂圖本、國圖纂圖本、劉叔剛本、元十行本"陳"後"衞"前之字爲"在"。臺北纂圖本"南"作"南"，以下相同處不再出校。

⑨ P. 2538此處同唐石經、蜀石經作"弗"。

⑩ P. 2529、釋文或本"實"作"寔"，S. 789、P. 2538、釋文底本、静嘉本、瞿本、臺北纂圖本、國圖纂圖本、劉叔剛本、元十行本同唐石經、蜀石經。P. 2529、S. 789、P. 2538、S. 10、唐石經、静嘉本、瞿本、臺北纂圖本、國圖纂圖本、劉叔剛本、元十行本"也"作"心"。王氏校記云"'心'與'南'叶韻，萬無作'也'之理。此以'心''也'字形相近，傳寫致譌"。馮氏校記亦云"'心''也'形相涉而譌"。

⑪ P. 2538作"實，是"，S. 10作"寔，是"，静嘉本同蜀石經，皆以此文爲毛傳。瞿本作"實，是也。實亦作寔"，臺北纂圖本、國圖纂圖本作"實，是也。本亦作寔"，三者與釋文"實，是也。本亦作寔"大體相合。劉叔剛本作"○實，是也。本亦作寔"，元十行本"○"處爲空格，此類處理使"實是也"明確成爲附音的一部分。王氏校記以此三字"本《經典釋文》語，非毛傳"，又云"觀此可知《釋文》之夾入傳箋五代已然，不自宋始矣"。馮氏校記云"'實，是也'是《釋文》，然宋相臺岳氏本（以岳本爲宋刻乃當時普遍認識）、《考文》古本亦有此三字"。按，今據P. 2538、S. 10等，《釋文》雖有此語，卻無法排除亦爲毛傳的可能。

⑫ 蜀石經同唐石經"淵"字避諱闕末筆，P. 2529作"渕"，S. 789、P. 2538作"渕"，以下相同處不再贅言。

⑬ P. 2538、静嘉本、瞿本、臺北纂圖本、國圖纂圖本、劉叔剛本無"氏"。元十行本"仲氏"處爲墨釘，似處於殘損元刻版片上的修補之處。

⑭ P. 2538無"任大也"。静嘉本、瞿本、臺北纂圖本、國圖纂圖本、劉叔剛本、元十行本無"也"。

⑮ P. 2538"瘞"作"實"，釋文出字、静嘉本、臺北纂圖本、元十行本、小字本作"瘗"，瞿本、國圖纂圖本、劉叔剛本作"痤"，釋文並云"崔集注本作實"。静嘉本、瞿本、臺北纂圖本、國圖纂圖本、劉叔剛本、元十行本無"也"。正義云"定本'任大'之下云'塞，瘞也'，俗本'塞，實也'"。

⑯ P. 2538、静嘉本"深"作"㴱"，以下相同處不再出校。

⑰ P. 2538"恩"作"恩"，以下相同處不再出校。P. 2538、静嘉本、瞿本、臺北纂圖本、國圖纂圖本、劉叔剛本、元十行本無"深"。

⑱ P. 2538"婣"作"回"。

⑲ 静嘉本、瞿本、臺北纂圖本、國圖纂圖本、劉叔剛本、元十行本無"也"，P. 2538同蜀石經。

⑳ P. 2538"温"後有"清"。

㉑ P. 2529、S. 789、P. 2538"淑"作"淑"，以下相同處不再出校。瞿本、臺北纂圖本、國圖纂圖本、劉叔剛本"慎"字避諱闕末筆，以下相同處不再贅言。

㉒ P. 2538"順"作"慎"。

箋云：温，謂顔色和也。淑，善也。）**先君之思，以勖寡人**[1]**。**（勖，勉也。箋云：戴嬀思先君莊公之故，故將歸，猶勸勉寡人以禮義。寡人，莊姜自謂也。）**《燕燕》四章，章六句**[2]**。**

**《日月》，衛莊姜傷己也。遭州吁之難，傷己不見荅於先君**[3]**，以至困窮而作是詩也**[4]**。日居月諸，照臨下土**[5]**。**（日乎月乎，照臨之也。箋云：日月喻國君與夫人也[6]，當同德齊意以治國之常道也[7]。）**乃如之人兮**[8]**，逝不古處。**（逝，逮也[9]。古，故也。箋云：之人，是人也[10]，謂莊公也[11]。其所以接及我者，不以故處，甚爲其初時　也[12]。）**胡能有定？寧不我顧**[13]**？**（胡，何也[14]。定，止也。箋云：云寧猶曾也[15]。君之行如是，何能有所定乎？曾不顧念我之言，是其所以不能定貌也[16]。）**日居月諸，下土是冒**[17]**。**（冒，

---

① 劉叔剛本"勖"字避諱闕末筆，以下相同處不再贅言。P. 2529"寡"作"𡨋"，S. 789作"𡫑"，P. 2538作"𡫑"，静嘉本、瞿本、臺北纂圖本、國圖纂圖本、元十行本同唐石經、蜀石經，以下相同處不再出校。

② 静嘉本"六"作"八"。

③ P. 2529、S. 789、P. 2538無"見"，静嘉本、瞿本、臺北纂圖本、國圖纂圖本、劉叔剛本、元十行本同唐石經、蜀石經。

④ P. 2529、P. 2538無"而作是詩"。S. 789、唐石經、静嘉本、瞿本、臺北纂圖本、國圖纂圖本、劉叔剛本、元十行本、小字本"而作是詩"作"之詩"；釋文底本同唐石經，並云"舊本皆爾，俗本或作'以至困窮而作是詩也'，誤"；静嘉本"之詩"旁有日人小字校記"二字本无"。阮氏校記云"《正義》云'俗本作以致困窮之詩者，誤也'。《釋文》云'以至困窮之詩也，舊本皆爾。俗本或作以至困窮而作是詩也，誤'。《正義》《釋文》所說相反"。按，上文《緑衣》小序云"衛莊姜傷己也。妾上僭，夫人失位而作是詩也"，或對此處文本有所影響。

⑤ P. 2529、P. 2538"土"作"圡"，以下相同處不再出校。

⑥ P. 2538"人"後有"之"。臺北纂圖本"與"作"与"，元十行本作"与"，以下相同處不再出校。

⑦ 臺北纂圖本"德"作"國"。P. 2538、静嘉本、瞿本、臺北纂圖本、國圖纂圖本、劉叔剛本、元十行本"之"作"者"。

⑧ P. 2538無"人"。P. 2529"乃"作"及"，該字上又有朱筆塗抹改作"乃"；S. 789"乃"作"迺"；静嘉本、瞿本、臺北纂圖本、國圖纂圖本、劉叔剛本、元十行本同唐石經、蜀石經；以下相同處不再出校。

⑨ 静嘉本、瞿本、臺北纂圖本、國圖纂圖本、劉叔剛本、元十行本無"也"，P. 2538同蜀石經。

⑩ P. 2538無"也"。

⑪ P. 2538"莊"後有"也"，該字上又有朱筆塗抹。

⑫ 蜀石經"時"後爲空白，有一字之容。P. 2538"甚爲"作"違"，静嘉本、瞿本、臺北纂圖本、國圖纂圖本、劉叔剛本、元十行本"爲"作"違"。P. 2538、静嘉本、瞿本、臺北纂圖本、國圖纂圖本、劉叔剛本、元十行本無"也"。

⑬ P. 2529、S. 10"顧"作"頋"，S. 789、P. 2538、釋文或本作"頋"，釋文底本、静嘉本、瞿本、臺北纂圖本、國圖纂圖本、劉叔剛本、元十行本、要義同唐石經、蜀石經，以下相同處不再出校。《五經文字》云"顧，作頋非"，此爲唐人對經典用字的認識與規範。

⑭ 静嘉本、瞿本、臺北纂圖本、國圖纂圖本、劉叔剛本、元十行本、要義無"也"，P. 2538同蜀石經。

⑮ P. 2538、静嘉本、瞿本、臺北纂圖本、國圖纂圖本、劉叔剛本、元十行本、要義僅一"云"字。瞿本"寧"作"寜"，以下相同處不再出校。

⑯ P. 2538、静嘉本、瞿本、臺北纂圖本、國圖纂圖本、劉叔剛本、元十行本、要義"貌"作"完"。P. 2538無"也"。王氏校記云"定貌，無此文理。完卽莊姜之子、載（當爲'戴'）嬀所生"，又云"推其故，'完'字形近'皃'，此又寫'皃'爲'貌'也"。按，上文《燕燕》小序鄭箋"陳女戴嬀生子名完"，釋文或本"完"即作"皃"。王說揭示了"完—皃—貌"這一文本訛變過程，頗可信從。

⑰ S. 2729出字"冒"作"冐"，元十行本"冒"作"冐"。

覆也。箋云:覆,猶照臨也。)**乃如人之兮**[①]**,逝不相好。**(不及我以恩相好也[②]。箋云:其所以接及我者[③],不以相好之恩情[④],甚於己薄也[⑤]。)**胡能有定?寧不我報?**(我盡婦道而不得相報[⑥]。)**日居月諸,出自東方。**(日始月盛,皆出東方。箋云[⑦]:自,從也。言夫人當盛之時,與君同位也[⑧]。)**乃如之人兮**[⑨]**,德音無良。**(音,聲也[⑩]。良,善也[⑪]。箋云:無善恩意之聲語於我也[⑫]。)**胡能有定?俾也可忘。**(箋云:俾,使也[⑬]。君之行如此,何能有所定,使是無良可忘也[⑭]。)**日居月諸,東方自出**[⑮]**。父兮母兮**[⑯]**,畜我不卒**[⑰]**。**(箋云:畜,養也[⑱]。卒,終也。父兮母兮者,言己尊之如父[⑲],親之如母[⑳],乃及養遇我而不終也[㉑]。)**胡能有定?報我不述**[㉒]**。**(述,循也。箋云:不循者[㉓],不循禮也[㉔]。)《日

---

① P. 2529、S. 789、P. 2538、唐石經、靜嘉本、瞿本、臺北纂圖本、國圖纂圖本、劉叔剛本、元十行本"人之"作"之人"。按,"人之"蓋蜀石經倒誤。

② S. 10、P. 2538 無"恩相"。靜嘉本、瞿本、臺北纂圖本、國圖纂圖本、劉叔剛本、元十行本無"恩""也"。

③ P. 2538"接"作"椄",無"我"。

④ 元十行本"恩"作"恴",以下相同處不再出校。S. 10 無"情"。

⑤ 靜嘉本"甚"後有日人小字校記"其,扌无"。

⑥ P. 2538、靜嘉本、瞿本、臺北纂圖本、國圖纂圖本、劉叔剛本、元十行本無"我""相"。P. 2538"得"作"淂","報"後有"也"。

⑦ P. 2538"箋"作"笺",以下相同處不再出校。

⑧ S. 10"與"作"与",以下相同處不再出校。P. 2538、靜嘉本、瞿本、臺北纂圖本、國圖纂圖本、劉叔剛本、元十行本無"也",S. 10 同蜀石經。

⑨ S. 10 無"兮"。

⑩ S. 10、靜嘉本、瞿本、臺北纂圖本、國圖纂圖本、劉叔剛本、元十行本、要義無"也",P. 2538 同蜀石經。

⑪ P. 2538 無"也",S. 10、靜嘉本、瞿本、臺北纂圖本、國圖纂圖本、劉叔剛本、元十行本、要義同蜀石經。

⑫ P. 2538 無"箋云無善""聲"。要義"於"作"于"。

⑬ P. 2538 無"也"。

⑭ P. 2538 無"也",S. 10、靜嘉本、瞿本、臺北纂圖本、國圖纂圖本、劉叔剛本、元十行本同蜀石經。

⑮ S. 789"出"作"屶"。

⑯ P. 2538"母兮"爲墨筆後添。

⑰ S. 789、S. 2729 出字"卒"作"卆",靜嘉本、瞿本、臺北纂圖本、國圖纂圖本、劉叔剛本、元十行本(明版)同唐石經、蜀石經。按,《五經文字》云"卒,作卆及卒皆訛",此爲唐人對經典用字的認識與規範。

⑱ P. 2538"養"作"飬",以下相同處不再出校。靜嘉本、瞿本、臺北纂圖本、國圖纂圖本、劉叔剛本、元十行本(明版)無"也",P. 2538 同蜀石經。

⑲ P. 2538 無"如父"。靜嘉本"如父"旁有日人小字校記"二字本无"。

⑳ P. 2538、靜嘉本、瞿本、臺北纂圖本、國圖纂圖本、劉叔剛本、元十行本(明版)"親"前有"又"。P. 2538 無"如母",靜嘉本"如母"旁有日人小字校記"二字本无"。P. 2538 句尾有"也"。

㉑ 元十行本(明版)"乃"作"弓"。靜嘉本、瞿本、臺北纂圖本、國圖纂圖本、劉叔剛本、元十行本(明版)"及"作"反",無"而";P. 2538 同蜀石經。

㉒ P. 2538"報我不"作"寧不我"。釋文或本"述"作"術",P. 2529、S. 789、P. 2538、S. 10、釋文底本、靜嘉本、瞿本、臺北纂圖本、國圖纂圖本、劉叔剛本、元十行本(明版)同唐石經、蜀石經。

㉓ P. 2538、靜嘉本、瞿本、臺北纂圖本、國圖纂圖本、劉叔剛本無"者",元十行本(明版)"不"後僅一字之容爲墨釘,S. 10 同蜀石經。阮氏校記云"閩本、明監本、毛本上'循'字作'述'。案,山井鼎云箋申毛傳,作'循'似是。考凡鄭箋皆箋傳,而非箋經,'循'字是矣"。

㉔ S. 10"禮"作"礼",無"也"。P. 2538 無"禮也"。

**月》四章，章六句。**

**《終風》，衛莊姜傷己也。遭州吁之暴**[1]**，見侮慢而不能正也**[2]**。**（正，猶止也[3]。）**終風且暴**[4]**，顧我則笑**[5]**。**（興也。終日風爲終風[6]。暴，疾也[7]。笑，侮慢也[8]。箋云：既競日風矣[9]，而又有暴疾之風[10]。興者，喻州吁之不爲善[11]，如終日風之無休息[12]，而其間又甚惡[13]。其在莊姜之旁[14]，視莊姜則反笑也[15]，是無敬之甚也[16]。）**謔浪笑敖**[17]**，**（言戲謔不敬也[18]。）**中心是悼。**（箋云[19]：悼，傷也[20]。傷其如是然而已[21]。）**終風且霾**[22]**，**

---

① P. 2538“吁”後有“見”，該字上又有朱筆塗抹；“之暴”作“暴之”，二字旁有朱筆乙改符號。

② P. 2538“見”爲墨筆後添。P. 2529、P. 2538“慢”作“慯”，S. 789作“嫚”，以下相同處不再出校。P. 2529“正”字上有朱筆改作“止”，P. 2538“正”字上有朱筆塗抹，S. 10“正”作“止”。

③ P. 2538“正”字上有朱筆塗抹，“止”作“正”。S. 10“正”作“止”，“止”作“正”。

④ 原本玉篇（古逸本）“暴”作“瀑”。

⑤ P. 2529“笑”作“[illegible]”，S. 789作“咲”，P. 2538作“唉”，静嘉本、瞿本、臺北纂圖本、國圖纂圖本、劉叔剛本、元十行本（明版）同唐石經、蜀石經，以下相同處不再出校。

⑥ 國圖纂圖本“日”後有“之”。

⑦ 原本玉篇（古逸本）引作“瀑，疾風也”。

⑧ 静嘉本、瞿本、臺北纂圖本、國圖纂圖本、劉叔剛本、元十行本（明版）“慢”作“之”。P. 2538“也”作“之”。

⑨ P. 2538、静嘉本、瞿本、臺北纂圖本、國圖纂圖本、劉叔剛本、元十行本（明版）“競”作“竟”。元十行本（明版）“矣”字處爲墨釘。

⑩ P. 2538、静嘉本、瞿本、臺北纂圖本、國圖纂圖本、劉叔剛本、元十行本（明版）無“有”“之風”。

⑪ S. 10“喻”作“諭”，以下相同處不再出校。P. 2538、S. 10、静嘉本、瞿本、臺北纂圖本、國圖纂圖本、劉叔剛本、元十行本（明版）“不爲”作“爲不”。

⑫ P. 2538、静嘉本、瞿本、臺北纂圖本、國圖纂圖本、劉叔剛本、元十行本（明版）無“日”，静嘉本“終”後有日人小字校記“日，扌无”。S. 10“無”作“不”。S. 10、瞿本、臺北纂圖本、國圖纂圖本、劉叔剛本、元十行本（明版）“休”作“休”，P. 2538、静嘉本同蜀石經。P. 2538、静嘉本、瞿本、臺北纂圖本、國圖纂圖本、劉叔剛本、元十行本（明版）“息”作“止”；S. 10該字已殘損，似“止”字。

⑬ S. 10無“而”。P. 2538“而”字上有墨筆改作“其”，無後“其”；“甚”後有“其”，該字上又有朱筆塗抹。元十行本（明版）“其”字處爲墨釘。静嘉本、瞿本、臺北纂圖本、國圖纂圖本、劉叔剛本、元十行本（明版）“又”後有“有”字。

⑭ P. 2538“莊姜”作“姜莊”。S. 10“旁”作“傍”。

⑮ 臺北纂圖本“視”作“俔”。P. 2538“反”作“及”，該字上又有朱筆塗抹。P. 2538、S. 10、静嘉本、瞿本、臺北纂圖本、國圖纂圖本、劉叔剛本、元十行本（明版）“也”作“之”。

⑯ S. 10“無”作“无”。P. 2538、S. 10、静嘉本、瞿本、臺北纂圖本、國圖纂圖本、劉叔剛本、元十行本（明版）“敬”後有“心”。静嘉本、瞿本、臺北纂圖本、國圖纂圖本、劉叔剛本、元十行本（明版）無“也”，P. 2538、S. 10同蜀石經。

⑰ S. 2729出字“笑”作“咲”，釋文或本作“唉”。P. 2529、S. 789“敖”作“慠”，瞿本作“傲”，P. 2538、S. 10、S. 2729出字、静嘉本、臺北纂圖本、國圖纂圖本、劉叔剛本、元十行本（明版）同唐石經、蜀石經。

⑱ P. 2538“戲謔”作“謔戯”，字旁有乙改符號。S. 10“戲”作“戱”；静嘉本、臺北纂圖本、劉叔剛本作“戲”；瞿本、國圖纂圖本作“戯”，以下相同處不再出校；元十行本（明版）“言戲”處爲墨釘。静嘉本、瞿本、臺北纂圖本、國圖纂圖本、劉叔剛本、元十行本（明版）無“也”，P. 2538、S. 10同蜀石經。

⑲ 元十行本（明版）“云”字處爲墨釘。

⑳ P. 2538、静嘉本、瞿本、臺北纂圖本、國圖纂圖本、劉叔剛本“悼”後有“者”，無“傷也”。元十行本（明版）“悼”字後僅一字之容爲墨釘。

㉑ P. 2538“已”後有“不能得而正之”；静嘉本、瞿本、臺北纂圖本、國圖纂圖本、劉叔剛本、元十行本（明版）作“不能得而止之”，静嘉本“能”“而”二字旁有日人小字校記“本无”。

㉒ S. 789、S. 10“霾”作“霾”，静嘉本、瞿本、臺北纂圖本、國圖纂圖本、劉叔剛本、元十行本（明版）同唐石經、蜀石經。

(霾,雨土也[1]。)**惠然肯來**[2]?(言時有順心[3]。箋云:惠,順也[4]。肯[5],可也。有順心然後可以來至我傍[6],不欲見其譴也[7]。)**莫往莫來,悠悠我思。**(人無子道以來事己,己以不得以母道加之[8]。箋云:我思其如是,心悠悠然[9]。)**終風且曀,不日有曀**[10]。(陰而風曰曀[11]。箋云:有,又也。既競日風[12],且復曀不見日[13],而又曀也[14],喻州吁之闇亂甚也[15]。)**寤言不寐**[16]**,願言則嚏**[17]。(嚏,跲也[18]。箋云:言,我也。願,思也[19]。嚏,讀爲不敢嚏咳之嚏[20]。我甚憂悼而不能寐[21],汝思我心如是[22],我則嚏矣[23]。今俗人嚏[24],云"人道

---

① 靜嘉本"土"作"圡",以下相同處不再出校。S. 10 無"也"。

② P. 2529、S. 789、P. 2538、S. 10"來"作"来",以下相同處不再出校。

③ P. 2538"順"作"愼",以下相同處不再出校。P. 2538、靜嘉本、瞿本、臺北纂圖本、國圖纂圖本、劉叔剛本、元十行本(明版)"心"後有"也",S. 10 同蜀石經。

④ P. 2538、S. 10、靜嘉本、瞿本、臺北纂圖本、國圖纂圖本、劉叔剛本、元十行本(明版)無"惠順也"。

⑤ 元十行本(明版)"肯"作"歲"。

⑥ S. 10 無"以"。P. 2538、靜嘉本、瞿本、臺北纂圖本、國圖纂圖本、劉叔剛本、元十行本(明版)"傍"作"旁",S. 10 同蜀石經。

⑦ P. 2538、S. 10、靜嘉本、瞿本、臺北纂圖本、國圖纂圖本、劉叔剛本、元十行本(明版)"其"後有"戲"。靜嘉本"譴"作"謔"。P. 2538"譴"後有"之"。S. 10、靜嘉本、瞿本、臺北纂圖本、國圖纂圖本、劉叔剛本、元十行本(明版)無"也"。

⑧ P. 2538、S. 10、靜嘉本、瞿本、臺北纂圖本、國圖纂圖本、劉叔剛本、元十行本前"以"作"亦"。P. 2538、靜嘉本、瞿本、臺北纂圖本、國圖纂圖本、劉叔剛本、元十行本"道"後有"往"。

⑨ P. 2538"然"後有"也"。

⑩ P. 2538 無"日",靜嘉本、瞿本、臺北纂圖本、國圖纂圖本、劉叔剛本、元十行本同唐石經、蜀石經。

⑪ P. 2538 無"風"。

⑫ P. 2538、S. 10、靜嘉本、瞿本、臺北纂圖本、國圖纂圖本、劉叔剛本、元十行本"競"作"竟"。

⑬ P. 2538、靜嘉本、瞿本、臺北纂圖本、國圖纂圖本、劉叔剛本、元十行本"日"後有"矣"。

⑭ S. 10 無"也"。P. 2538、靜嘉本、瞿本、臺北纂圖本、國圖纂圖本、劉叔剛本、元十行本"也"作"者"。靜嘉本"者"旁有日人小字校記"本无"。

⑮ 靜嘉本、瞿本、臺北纂圖本、國圖纂圖本、劉叔剛本、元十行本無"之",P. 2538、S. 10 同蜀石經。P. 2538、S. 10 無"也"。

⑯ P. 2529"言"爲後添。

⑰ P. 2529、S. 10"願"作"頋",S. 789 作"頙",以下相同處不再出校。S. 789、S. 10"嚏"作"嚏",P. 2538 作"疌",釋文底本作"疌",釋文或本又作"疐",以下相同處不再出校。阮氏校記云"段玉裁云毛作'疐跲也',鄭云'疐讀爲不敢嚏咳之嚏'。此鄭改字,唐石經以下經傳皆從口,是用鄭廢毛,嚏不得訓跲明矣。今考正義本傳是'跲'也,則其經當是'疐'字"。

⑱ P. 2538"跲"作"顏",該字上有朱筆塗抹;S. 10 作"咳";釋文底本作"劫";國圖纂圖本作"跆"形;釋文或本、靜嘉本、瞿本、臺北纂圖本、劉叔剛本、元十行本、小字本同蜀石經。正義云"王肅云'願以母道往加之,則嚏劫而不行','跲'與'劫'音義同也。定本、集注並同"。

⑲ 靜嘉本、瞿本、臺北纂圖本、國圖纂圖本、劉叔剛本、元十行本無前"也",P. 2538、S. 10 同蜀石經。

⑳ P. 2538、靜嘉本、瞿本、臺北纂圖本、國圖纂圖本、劉叔剛本、元十行本"讀"後有"當"。靜嘉本"敢"作"嗽"。P. 2538 無"咳之嚏"。

㉑ P. 2538、S. 10 無"甚",靜嘉本、瞿本、臺北纂圖本、國圖纂圖本、劉叔剛本、元十行本"甚"作"其"。

㉒ P. 2538、釋文出字"汝"作"女",S. 10、劉叔剛本同蜀石經,元十行本此字殘損,以下相同處不再出校。

㉓ S. 10 無"我"。P. 2538、S. 10、靜嘉本、瞿本、臺北纂圖本、國圖纂圖本、劉叔剛本、元十行本"矣"作"也"。

㉔ S. 10"人"後有"言"。P. 2538 無"嚏"。

我"①,此古之遺言也②。)**曀曀其陰,**(如常陰曀曀然③。)**虺虺其靁④。**(暴若震雷之聲虺虺然⑤。)**寤言不寐⑥,願言則懷⑦。**(懷,傷也。箋云:懷,安也。汝思我心如是,我則安也⑧。)**《終風》四章,章四句。**

**《擊鼓》⑨,怨州吁也。衛州吁用兵暴亂,使公孫文仲將而平陳與宋⑩,國人怨其勇而無禮也⑪。**(將者,將兵以伐鄭⑫。平,成也。將兵伐鄭⑬,先告陳與宋,以成其伐事⑭。《春秋傳》曰"宋殤公之即位⑮,公子馮出奔鄭⑯,鄭人欲納之。及衛州吁立⑰,將修先君之怨於鄭⑱,而求寵於諸侯,以和其民⑲。使告於宋曰:'君若伐鄭,以除君害⑳,君爲主㉑,弊邑以賦與陳、蔡從㉒,則衛國之願㉓。'宋人許之。於是陳、蔡方睦於衛,故宋公、陳

---

① P. 2538"我"作"[illegible]"。S. 10"我"後有"我則[illegible]"。

② S. 10 無"此""也"。P. 2538、S. 10、静嘉本、瞿本、臺北纂圖本、國圖纂圖本、劉叔剛本、元十行本"言"作"語"。按,《王力古漢語字典》"語"字條辨二者之別云"作名詞時,'言''語'常可互換;但諺語、俗語義和語言義,一般只用'語',不用'言'",則此處"語"較"言"爲佳。

③ P. 2538"常"作"是",該字上又有朱筆塗抹。S. 10 後"曀"字後有重文符號。

④ P. 2538、S. 10"靁"作"雷"。

⑤ P. 2538 無"聲","然"後有"也"。

⑥ 阮氏校記云"唐石經初刻'寐言不寤',後改同今本。案,初刻非也"。按,今檢唐石經原石,後改"寤"字下層尚存"寐"字殘筆,後改"寐"字下層尚存"寤"字殘筆。

⑦ P. 2538"言"作"我",静嘉本、瞿本、臺北纂圖本、國圖纂圖本、劉叔剛本、元十行本同唐石經、蜀石經。

⑧ S. 10 無"也"。

⑨ P. 2529、S. 789、P. 2538、S. 10"鼓"作"皷",静嘉本、瞿本、臺北纂圖本、國圖纂圖本、劉叔剛本、元十行本、要義同唐石經、蜀石經,以下相同處不再出校。

⑩ S. 789"文仲"作"仲文",字旁又有乙改符號。P. 2538"陳"作"懔",該字上又有塗改。

⑪ P. 2529"國"作"国",以下相同處不再出校。P. 2538"禮"爲後添。

⑫ S. 10 無"以"。P. 2538、静嘉本、瞿本、臺北纂圖本、國圖纂圖本、劉叔剛本、元十行本、要義"鄭"後有"也"。

⑬ P. 2538、S. 10、静嘉本、瞿本、臺北纂圖本、國圖纂圖本、劉叔剛本、元十行本、要義無"兵"。

⑭ S. 10 無"以"。P. 2538 無"其伐"。

⑮ 臺北纂圖本"宋"作"本"。P. 2538、静嘉本、瞿本、臺北纂圖本、國圖纂圖本、劉叔剛本、元十行本、要義"位"後有"也",S. 10 同蜀石經。

⑯ P. 2538、釋文或本"馮"作"憑",S. 10 作"[illegible]",釋文底本、S. 2729 出字、静嘉本、瞿本、臺北纂圖本、國圖纂圖本、劉叔剛本、元十行本、要義同蜀石經。

⑰ P. 2538"立"作"位","亻"處又有朱筆塗抹。

⑱ 静嘉本、臺北纂圖本、國圖纂圖本"修"作"脩",以下相同處不再出校。元十行本"先"作"免"。

⑲ P. 2538"民"字似闕筆,S. 10 不闕筆,以下相同處不再出校。S. 10"民"後有"人";静嘉本"民"後有日人小字校記"人,扌无"。

⑳ P. 2538"除"作"徐","彳"處又有朱筆塗抹。

㉑ P. 2538"君"前有"為",該字上又有朱筆塗抹。

㉒ P. 2538、S. 10、S. 2729 出字"獘"作"弊",静嘉本、瞿本、臺北纂圖本、國圖纂圖本、劉叔剛本、元十行本、要義作"敝",以下相同處不再出校。

㉓ P. 2538、S. 10、静嘉本、瞿本、臺北纂圖本、國圖纂圖本、劉叔剛本、元十行本、要義"願"後有"也"。

侯、蔡人、衛人伐鄭"是也①。伐鄭在魯隱公四年也②。)**擊鼓其鏜③,踴躍用兵④。**(鏜然⑤,擊鼓聲也⑥。使衆踴躍用兵也⑦。箋云:此用兵⑧,謂始治兵也⑨。)**土國城漕⑩,我獨南行。**(漕,衛邑也⑪。箋云:言衆巳皆勞苦也⑫,或修土功於國⑬,或修治漕城⑭,而我獨見使從軍南行伐鄭⑮,是尤勞苦之甚也⑯。)**從孫子仲,平陳與宋。**(從孫子仲⑰,公孫文仲也⑱,平陳於宋也⑲。箋云:子仲⑳,字也㉑。平陳與宋㉒,謂使告宋曰"君爲王㉓,獘邑

① S.10 無"是也"。

② P.2538"伐"作"代",該字上又有朱筆改作"伐"。S.10 無"伐鄭"。P.2538、靜嘉本、瞿本、臺北纂圖本、國圖纂圖本、劉叔剛本、元十行本、要義、小字本無"公",靜嘉本"隱"後擠寫小字"公"。S.10、靜嘉本、瞿本、臺北纂圖本、國圖纂圖本、劉叔剛本、元十行本、要義、小字本無"也",P.2538 同蜀石經。

③ P.2529"擊"作"繫",該字上又有墨筆改作"擊"。P.2529、P.2538、S.2729 出字"鏜"作"鏜",以下相同處不再出校。S.789、靜嘉本、瞿本、臺北纂圖本、國圖纂圖本、劉叔剛本、元十行本同唐石經、蜀石經。

④ P.2529、S.789、P.2538、唐石經、瞿本、劉叔剛本、元十行本"踴"作"踊",S.10、靜嘉本、臺北纂圖本、國圖纂圖本同蜀石經。按,《五經文字》云"踊,弋冢反,跳也,作踴非",此爲唐人對經典用字的認識與規範。

⑤ S.10 重"鏜"字。

⑥ 瞿本"聲"作"声",以下相同處不再出校。P.2538、S.10 無"也"。

⑦ P.2538"衆"作"皆",S.10、靜嘉本、瞿本、臺北纂圖本、國圖纂圖本、劉叔剛本、元十行本"衆"後有"皆"。P.2538、瞿本、臺北纂圖本、劉叔剛本、元十行本"踴"作"踊",S.10、靜嘉本、國圖纂圖本同蜀石經。S.10 無"也"。

⑧ P.2538 無"此"。

⑨ P.2538、S.10、靜嘉本、瞿本、臺北纂圖本、國圖纂圖本、劉叔剛本、元十行本無"始"。P.2538"兵"後有"時之者"。S.10"也"作"之時",靜嘉本、瞿本、臺北纂圖本、國圖纂圖本、劉叔剛本、元十行本"也"作"時"。按,正義云"言州吁初治兵出國,命士衆將行,則擊此鼓,其聲鏜然,使士衆皆踊躍用兵也",又云"以下始云從孫子仲在路之事,故知此謂治兵時。《穀梁傳》曰'出曰治兵,入曰振旅'是也"。此處蜀石經鄭箋或受疏文影響。

⑩ S.789"土"作"圡"。P.2538、S.10"漕"作"曹",S.789、S.2729 出字、靜嘉本、瞿本、臺北纂圖本、國圖纂圖本、劉叔剛本、元十行本同唐石經、蜀石經,以下相同處不再出校。

⑪ S.10 無"也"。

⑫ P.2538、S.10、靜嘉本、瞿本、臺北纂圖本、國圖纂圖本、劉叔剛本、元十行本"言"前有"此"。P.2538"民"字不闕筆,以下相同處不再出校。P.2538"苦"作"若"。S.10 無"也"。

⑬ P.2538、S.10"修"作"伇",靜嘉本、瞿本、臺北纂圖本、國圖纂圖本、劉叔剛本、元十行本作"役"。P.2538"國"作"曹"。

⑭ P.2538、劉叔剛本、元十行本"修"作"脩"。靜嘉本、瞿本、臺北纂圖本、國圖纂圖本、劉叔剛本、元十行本"治"作"理",靜嘉本"理"旁有日人小字校記"治,本"。

⑮ 國圖纂圖本"南"作"南"。

⑯ S.10 無"是"。P.2538 無"勞"。S.10、靜嘉本、瞿本、臺北纂圖本、國圖纂圖本、劉叔剛本、元十行本無"也",P.2538 同蜀石經。

⑰ P.2538、S.10、靜嘉本、瞿本、臺北纂圖本、國圖纂圖本、劉叔剛本、元十行本無"從"。

⑱ 靜嘉本、瞿本、臺北纂圖本、國圖纂圖本、劉叔剛本、元十行本"公"前有"謂",靜嘉本"謂"旁有日人小字校記"本无",P.2538、S.10 同蜀石經。S.10 無"也"。

⑲ 瞿本、元十行本"於"作"與",元十行本此處似在殘損元刻版片之上進行了修補。S.10、靜嘉本、瞿本、臺北纂圖本、國圖纂圖本、劉叔剛本、元十行本無"也",P.2538 同蜀石經。

⑳ P.2538 無"子",靜嘉本"子"旁有日人小字校記"本无"。

㉑ P.2538"字"作"宋","仲宋也"三字上又有朱筆塗抹。

㉒ P.2538、S.10、靜嘉本、瞿本、臺北纂圖本、國圖纂圖本、劉叔剛本"與"作"於",元十行本同蜀石經。

㉓ S.10"告"後有"扵"。P.2538、S.10、靜嘉本、臺北纂圖本、國圖纂圖本"王"作"主";瞿本作"王"形,然"王"上似有點劃殘筆;劉叔剛本"王"形上點劃似後添;元十行本此處似版損補刻作"王"。按,《左傳》隱公四年傳文作"君爲主"。

以賦與陳、蔡從"也①。)**不我以歸②,憂心有忡。**(憂心忡忡然也③。箋云:以,猶與也④。與我南行⑤,不與我歸者⑥。兵凶事⑦,懼不得歸,豫憂也⑧。)**爰居爰處⑨?爰喪其馬?**(有不還者,有亡其馬⑩。箋云:爰,於也。不還,謂死也,傷也⑪,病也。今於何居也⑫,於何處乎⑬,於何喪其馬乎⑭?)**于以求之?于林之下。**(山木曰林。箋云:于,於也。求不還者及亡其馬者⑮,當於林下⑯。軍行必依山川⑰,求其故處,近得之⑱。)**死生契闊⑲,與子成說⑳。**(契闊㉑,勤苦也㉒。說,數也㉓。箋云:從軍之士與其伍約㉔,生也死

---

① S. 10、靜嘉本、瞿本、臺北纂圖本、國圖纂圖本、劉叔剛本、元十行本無"也",P. 2538 同蜀石經。

② S. 10"歸"作"埽",以下相同處不再出校。

③ P. 2538"然也"作"也然",字旁又有乙改符號。S. 10、靜嘉本、瞿本、臺北纂圖本、國圖纂圖本、劉叔剛本、元十行本無"也"。

④ P. 2538 無"以""與也"。S. 10 無"也"。

⑤ S. 10 無"與"。

⑥ S. 10"與我"作"我与"。P. 2538 無"我""者"。S. 10、靜嘉本、瞿本、臺北纂圖本、國圖纂圖本、劉叔剛本、元十行本"者"作"期"。靜嘉本"期"旁有日人小字校記"本无"。

⑦ S. 10"兵"後有"者"。

⑧ S. 10、靜嘉本、瞿本、臺北纂圖本、國圖纂圖本、劉叔剛本、元十行本"也"作"之",P. 2538 同蜀石經。

⑨ P. 2529 無"爰居","處"字以墨筆改作"居",又有朱筆所添"爰處"二字。

⑩ P. 2538 無"有"。S. 10、靜嘉本、瞿本、臺北纂圖本、國圖纂圖本、劉叔剛本、元十行本、要義"馬"後有"者"。

⑪ S. 10 無"傷也"。

⑫ P. 2538、S. 10、靜嘉本、瞿本、臺北纂圖本、國圖纂圖本、劉叔剛本、元十行本、要義"也"作"乎"。

⑬ P. 2538 無"於"。

⑭ P. 2538"何"爲後添,"乎"後有"也"。

⑮ P. 2538 無"其",靜嘉本"其"旁有日人小字校記"本无"。

⑯ S. 10、靜嘉本、瞿本、臺北纂圖本、國圖纂圖本、劉叔剛本、元十行本"林"前有"山","林"後有"之";P. 2538 同蜀石經。

⑰ P. 2538"山"作"此"。S. 10、靜嘉本、瞿本、臺北纂圖本、國圖纂圖本、劉叔剛本、元十行本"川"作"林"。按,正義云"以軍行必依山林,死傷病亡當在其下,故令家人於林下求之也",正義所據本亦當作"山林"。然正義又云"以軍行爲所取給易,必依險阻,故於山林也。是以《肆師》云'祭兵于山川',注云'蓋軍之所依止也'。求其故處,謂求其所依止之處,近於得之"。可知《周禮·春官宗伯》"祭兵于山川"下鄭注與此箋通,蜀石經作"山川"蓋與此相關。

⑱ P. 2538"之"後有"也"。

⑲ P. 2529、S. 789、釋文或本"契"作"挈",P. 2538 作"抙",S. 10、釋文底本、靜嘉本、瞿本、臺北纂圖本、國圖纂圖本、劉叔剛本、元十行本同唐石經、蜀石經。P. 2529"闊"作"濶"。

⑳ S. 10"成"作"誠"。P. 2529"說"作"悅",P. 2538 作"帨",S. 789、S. 10、靜嘉本、瞿本、臺北纂圖本、國圖纂圖本、劉叔剛本、元十行本同唐石經、蜀石經。

㉑ P. 2538"契"作"挈",S. 2729 出字作"抙",S. 10、靜嘉本、瞿本、臺北纂圖本、國圖纂圖本、劉叔剛本、元十行本同蜀石經。

㉒ S. 10 無"也"。

㉓ S. 10 無"也"。

㉔ P. 2538"從"後有"事","軍"字上有朱筆塗抹,"士"作"圡","伍"作"五";S. 10、靜嘉本、瞿本、臺北纂圖本、國圖纂圖本、劉叔剛本、元十行本同蜀石經。

也[①]，相與處勤苦之中，我與子成說愛之恩[②]，志在相救者[③]。）**執子之手，與子偕老。**（偕，俱也。箋云：執其手，與之約誓[④]，示信也。言俱老者[⑤]，庶幾俱免於難[⑥]。）**于嗟闊兮，不我活兮。**（不我生活也[⑦]。箋云：州吁阻兵安忍，阻兵無衆[⑧]，安忍無親，衆叛親離[⑨]。軍事弃其伍約[⑩]，離散而相遠[⑪]。故吁嗟歎之[⑫]，闊兮[⑬]。汝不與我相救活[⑭]，傷也[⑮]。）**于嗟洵兮[⑯]，不我信兮。**（洵，遠也[⑰]。信，亟也[⑱]。箋云：嗟其弃洵[⑲]，不與我相親信[⑳]，亦傷之也[㉑]。）**《擊鼓》五章[㉒]，章四句[㉓]。**

---

① P. 2538、S. 10"生也死也"作"死生也"，靜嘉本、瞿本、臺北籛圖本、國圖籛圖本、劉叔剛本、元十行本作"死也生也"。

② P. 2538、S. 10、靜嘉本、瞿本、臺北籛圖本、國圖籛圖本、劉叔剛本、元十行本"成"後有"相"。P. 2538"愛"作"憂"，"之"作"心"。S. 10"恩"作"恴"，以下相同處不再出校。

③ P. 2538"救者"作"存𢦏"。S. 10"者"作"活也"。靜嘉本、瞿本、臺北籛圖本、國圖籛圖本、劉叔剛本、元十行本"相"後有"存"，"者"作"也"。

④ S. 10"誓"作"束"，釋文底本無"誓"，P. 2538、釋文或本、靜嘉本、瞿本、臺北籛圖本、國圖籛圖本、劉叔剛本、元十行本(補刻)、小字本同蜀石經。

⑤ P. 2538"耂"作"老"，S. 10、靜嘉本、瞿本、臺北籛圖本、國圖籛圖本、劉叔剛本、元十行本作"老"。P. 2538、S. 10 無"者"。

⑥ S. 10"於"作"患"。P. 2538 無"庶"，"免"作"兔"，"難"後有"之也"。

⑦ S. 10、靜嘉本、瞿本、臺北籛圖本、國圖籛圖本、劉叔剛本、元十行本"不"後有"與"，P. 2538 同蜀石經。S. 10"生"作"相救"。

⑧ S. 10 無"安忍阻兵"。

⑨ P. 2538"衆"爲墨筆後添。S. 10"叛"作"畔"。

⑩ P. 2538"弃"作"棄"，以下相同處不再出校。P. 2538、S. 10、靜嘉本、瞿本、臺北籛圖本、國圖籛圖本、劉叔剛本、元十行本"事"作"士"，無"伍"。按，正義云"由是軍士棄其約"，蓋正義所見本亦"事"作"士"，無"伍"字。蜀石經所據本蓋因此箋與上箋"從軍之士與其伍約"對言，故有"伍"字。

⑪ 靜嘉本、瞿本、臺北籛圖本、國圖籛圖本、劉叔剛本、元十行本無"而"，P. 2538、S. 10 同蜀石經。

⑫ P. 2538、S. 10"吁"作"于"。

⑬ S. 10"兮"後有"者"。

⑭ P. 2538 此處同蜀石經作"汝"。S. 10"不"後有"復"。

⑮ S. 10"傷"後有"之"。P. 2538"也"作"之者"。靜嘉本、瞿本、臺北籛圖本、國圖籛圖本、劉叔剛本、元十行本"也"作"之"。

⑯ 原本玉篇、P. 2538"洵"作"絢"；釋文或本"洵"作"詢"，並云"誤也"；P. 2529、S. 789、S. 10、釋文底本、S. 2729 出字、靜嘉本、瞿本、臺北籛圖本、國圖籛圖本、劉叔剛本、元十行本同唐石經、蜀石經，P. 2529 又有墨筆腳批"絢"；以下相同處不再出校。

⑰ 靜嘉本、瞿本、臺北籛圖本、國圖籛圖本、劉叔剛本、元十行本無"也"，P. 2538、S. 10 同蜀石經。

⑱ P. 2538、S. 10、靜嘉本、瞿本、臺北籛圖本、國圖籛圖本、劉叔剛本、元十行本"亟"作"極"。正義云"伸即終極之義，故云'信，極也'"。

⑲ P. 2538、S. 10、靜嘉本、瞿本、臺北籛圖本、國圖籛圖本、劉叔剛本、元十行本"嗟"作"歎"，"洵"作"約"。

⑳ S. 10 無"親"。

㉑ S. 10、靜嘉本、瞿本、臺北籛圖本、國圖籛圖本、劉叔剛本、元十行本無"也"，P. 2538 同蜀石經。

㉒ P. 2529"擊"作"繫"，該字上又有墨筆改作"擊"。

㉓ 劉叔剛本、元十行本爲注疏合刻本，"四句"後另行卷題作"附釋音毛詩注疏卷第二 二之一"。

**《凱風》**[①]**，美孝子也。衛之淫風流行，雖有七子之母，猶不能安其室**[②]**，故美七子能盡其孝道，以慰其母心**[③]**，而成其志爾**[④]**。**（不安其室，欲去嫁也[⑤]。成其志者[⑥]，成孝子自責之意也[⑦]。）**凱風自南，吹彼棘心**[⑧]**。**（興也。南風謂之凱風。凱風[⑨]，樂夏之長養也[⑩]。棘，難長養者[⑪]。箋云[⑫]：凱風喻寬仁之母也[⑬]，棘猶七子也[⑭]。）**棘心夭夭，母氏劬勞。**（夭夭，盛貌也[⑮]。劬勞，病苦[⑯]。箋云：夭夭喻七子少長[⑰]，母養之病苦也[⑱]。）

---

① 劉叔剛本、元十行本（明版）爲注疏合刻本，劉叔剛本"凱風"前另行卷題作"附釋音毛詩注疏卷第二 二之二"，另行又題"毛詩國風 鄭氏箋 孔穎達疏"。元十行本（明版）同，唯"二之二"誤作"二之三"。P. 2529、P. 2538、S. 2729出字"凱"作"颽"，以下相同處不再出校；S. 789、S. 10、靜嘉本、瞿本、臺北纂圖本、國圖纂圖本、劉叔剛本、元十行本（明版）同唐石經、蜀石經。

② P. 2529、S. 789、P. 2538無"能"；S. 10、靜嘉本、瞿本、臺北纂圖本、國圖纂圖本、劉叔剛本、元十行本（明版）同唐石經、蜀石經，靜嘉本"能"旁有日人小字校記"本无"。

③ S. 10"慰"作"尉"。

④ S. 789"而"作"以"，無"其"。P. 2529無"而"。P. 2538無"成"。P. 2529、S. 10"爾"作"尔"，S. 789作"佘"，以下相同處不再出校。靜嘉本、瞿本、臺北纂圖本、國圖纂圖本、劉叔剛本、元十行本（明版）、小字本同唐石經、蜀石經。正義云"俗本作'以成其志'，'以'字誤也。定本'而成其志'"。

⑤ S. 10"去嫁"作"嫁去"。P. 2538、S. 10、瞿本無"也"，靜嘉本、臺北纂圖本、國圖纂圖本、劉叔剛本、元十行本（明版）同蜀石經。

⑥ 靜嘉本"成"前有日人小字校記"以，扌无"。

⑦ S. 10"成"作"言"，無"也"。P. 2538、靜嘉本、瞿本、臺北纂圖本、國圖纂圖本、劉叔剛本、元十行本（明版）"成"後有"言"，無"也"。P. 2538無"子"。

⑧ P. 2529、S. 789、P. 2538"棘"作"棘"，S. 2729出字作"𣚍"，釋文底本、靜嘉本作"棘"，S. 10、瞿本、臺北纂圖本、國圖纂圖本、劉叔剛本、元十行本（明版）同蜀石經皆近於"棘"形，釋文並云"俗作'棘'"，以下相同處不再出校。按，唐石經"棘"多作""形，即"朿"中小横不封口，此形與"棘"字相近易淆。

⑨ P. 2538、S. 10、靜嘉本、瞿本、臺北纂圖本、國圖纂圖本、劉叔剛本、元十行本（明版）無"凱風"。

⑩ S. 10"夏"作"憂"，字旁又有墨筆"夏"字；"也"作"万物"。P. 2538無"養"。S. 10、靜嘉本"養"作"餋"，以下相同處不再出校。靜嘉本、瞿本、臺北纂圖本、國圖纂圖本無"也"。劉叔剛本、元十行本（明版）無"也棘難長養"。按，劉叔剛本蓋涉下文相似文字脱誤，元刻明修十行本沿誤。

⑪ P. 2538"者"後有"也"。S. 10無"者"。

⑫ 元十行本（明版）"箋"字處爲墨釘。

⑬ P. 2538、S. 10、靜嘉本、瞿本、臺北纂圖本、國圖纂圖本、劉叔剛本、元十行本（明版）"凱"前有"興者以"，無"也"。S. 10"仁"作"人"。P. 2538"寬"作"危"。

⑭ 靜嘉本"猶"旁有日人小字校記"喻，本"。元十行本（明版）"七"作"十"形。S. 10無"也"。P. 2538"也"作"之"。

⑮ P. 2538"盛"作"成就"；"貌"作"狠"，以下相同處不再出校。S. 10"盛"後之字殘損，似作"皃"。P. 2538、S. 10、靜嘉本、瞿本、臺北纂圖本、國圖纂圖本、劉叔剛本、元十行本（明版）無"也"。

⑯ S. 10"苦"作"也"。P. 2538、靜嘉本、瞿本、臺北纂圖本、國圖纂圖本、劉叔剛本、元十行本（明版）"苦"後有"也"。

⑰ P. 2538、S. 10、靜嘉本、瞿本、臺北纂圖本、國圖纂圖本、劉叔剛本、元十行本（明版）"喻"前有"以"。元十行本（明版）"七"作"上"形。

⑱ S. 10無"也"。

**凱風自南，吹彼棘薪。**（棘薪，言其盛就①。）**母氏聖善，我無令人。**（聖，叡也②。箋云：叡作聖③。令④，善也。母乃有叡智之善德⑤，我七子無善人而能報之⑥，故母氏不安我室⑦，故去嫁也⑧。）**爰有寒泉，在浚之下。**（浚，衞邑也⑨。在浚之下，言有益於浚人也⑩。箋云：爰，曰也⑪。曰有寒泉者⑫，在浚之下浸潤之⑬，使浚之民逸樂⑭，以興七子不能如也。）**有子七人⑮，母氏勞苦。睍睆黄鳥⑯，載好其音。**（睍睆，好貌也⑰。箋云：睍睆以興顔色説也⑱。好其音者⑲，興辭令順也⑳，以言七子不能如也㉑。）**有子七人，莫慰母心。**（慰㉒，安也㉓。）**《凱風》四章，章四句。**

① P. 2538、S. 10"言其盛就"作"其成就也"，靜嘉本、瞿本、臺北纂圖本、國圖纂圖本、劉叔剛本、元十行本(明版)作"其成就者"。正義云"然風吹難養之棘以成就，猶母長養七子以成人"，又云"此不言長之狀，而言棘薪，則棘長已成薪矣。《月令》注云'大者可析謂之薪'，是薪者木成就"。

② P. 2538、S. 10"叡"作"㕡"，元十行本(明版)作"叡"，以下相同處不再出校。

③ 國圖纂圖本"叡"作"睿"，以下相同處不再出校。

④ P. 2538 無"令"。

⑤ P. 2538 無"乃"。釋文底本、靜嘉本、瞿本、臺北纂圖本、劉叔剛本、元十行本(明版)、要義"智"作"知"，S. 10、P. 2538、釋文或本、國圖纂圖本同蜀石經。

⑥ 元十行本(明版)"七"作"士"。P. 2538"子"字上墨筆改作"自"。S. 10"而"作"不"。P. 2538、靜嘉本、瞿本、臺北纂圖本、國圖纂圖本、劉叔剛本、元十行本(明版)、要義無"而"，"之"後有"者"。元十行本(明版)"能"作"䏻"。

⑦ P. 2538、S. 10、靜嘉本、瞿本、臺北纂圖本、國圖纂圖本、劉叔剛本、元十行本、要義無"氏"。

⑧ P. 2538、S. 10、靜嘉本、瞿本、臺北纂圖本、國圖纂圖本、劉叔剛本、元十行本、要義"故"作"欲"。正義云"故母不安而欲嫁也"。S. 10"去嫁"作"嫁去"。

⑨ S. 10 無"也"。

⑩ P. 2538 無"人"。S. 10、靜嘉本、瞿本、臺北纂圖本、國圖纂圖本、劉叔剛本、元十行本無"人也"。

⑪ P. 2538 無"也"，S. 10、靜嘉本、瞿本、臺北纂圖本、國圖纂圖本、劉叔剛本、元十行本同蜀石經。

⑫ P. 2538"曰"作"月"，該字上又有朱筆塗抹。P. 2538、S. 10、臺北纂圖本無"者"，靜嘉本"者"旁有日人小字校記"本无"。

⑬ S. 10"浸"作"濅"。

⑭ P. 2538"浚"作"俊"。S. 10"逸"作"佚"。

⑮ P. 2538"子七"作"七子"。

⑯ P. 2529、S. 789、P. 2538"睆"作"晥"，以下相同處不再出校；S. 10、靜嘉本、瞿本、臺北纂圖本、國圖纂圖本、劉叔剛本、元十行本、要義同唐石經、蜀石經。P. 2538"黄"作"皇"，S. 10、S. 789、P. 2529、靜嘉本、瞿本、臺北纂圖本、國圖纂圖本、劉叔剛本、元十行本、要義同唐石經、蜀石經。

⑰ S. 10"貌"作"皃"，以下相同處不再出校。靜嘉本、瞿本、臺北纂圖本、國圖纂圖本、劉叔剛本、元十行本、要義無"也"，P. 2538、S. 10 同蜀石經。

⑱ P. 2538、S. 10"説"作"悦"。S. 10 無"也"。

⑲ S. 10"好"前有"載"，靜嘉本"好"前有日人小字校記"載，扌无"。

⑳ S. 10"辭"作"辝"，以下相同處不再出校。P. 2538"興辭令"作"其和"。靜嘉本、瞿本、臺北纂圖本、國圖纂圖本、劉叔剛本、元十行本、要義"興"後有"其"。S. 10 無"也"。

㉑ P. 2538"也"作"之"。S. 10 無"也"。靜嘉本"以言"旁有日人小字校記"二字本无"。

㉒ S. 10"慰"作"尉"。

㉓ P. 2538、S. 10 無"也"。

**《雄雉》，刺衛宣公也**[1]**。宣公淫亂不恤國事**[2]**，軍旅數起**[3]**，大夫久役**[4]**，男女怨曠**[5]**，國人患之，故作是詩也**[6]**。**（淫亂者，荒放於妻妾[7]，烝於夷姜之等也[8]。國人久處軍役之事[9]，故男多曠，女多怨[10]。男曠而苦其事[11]，女怨而望其君子也[12]。）**雄雉于飛，洩洩其羽**[13]**。**（興也。雄雉見雌雉飛而鼓其翼洩洩然[14]。箋云：興者，喻宣公整其

① P. 2529、S. 789、P. 2538、S. 10"刺"作"刾"，釋文底本、靜嘉本、瞿本、臺北纂圖本、國圖纂圖本、劉叔剛本、元十行本（明版）同蜀石經皆近於"刺"形，釋文並云"俗作'刾'"，以下相同處不再出校。按，《五經文字》云"刺刺，上千亦反，從朿，朿七賜反，作刾訛。下力末反，從束，經典無刺字，但以與刺相亂，故見之"。唐石經"刺"多作"刺"形，即"朿"中小横不封口，此形與"刺"字相近易淆。

② P. 2529、S. 789、P. 2538、唐石經、靜嘉本、瞿本、臺北纂圖本、國圖纂圖本、劉叔剛本、元十行本（明版）無"宣公"，S. 10 同蜀石經。S. 10"亂"作"乱"，以下相同處不再出校。釋文或本"恤"作"邺"，P. 2529、S. 789、P. 2538、S. 10、釋文底本、靜嘉本、瞿本、臺北纂圖本、國圖纂圖本、劉叔剛本、元十行本（明版）同唐石經、蜀石經。

③ P. 2529"旅"作"𣄴"，P. 2538、S. 10、靜嘉本、瞿本、臺北纂圖本、國圖纂圖本、劉叔剛本、元十行本（明版）同唐石經、蜀石經。

④ P. 2529、P. 2538、S. 10"役"作"伇"，S. 789、靜嘉本、瞿本、臺北纂圖本、國圖纂圖本、劉叔剛本、元十行本（明版）同唐石經、蜀石經，以下相同處不再出校。按，《五經文字》云"役伇，二同，經典並用上字"，此爲唐人對經典用字的認識與規範。

⑤ P. 2538"曠"爲墨筆後添。

⑥ P. 2529、S. 789、P. 2538、S. 10 無"故作是詩也"。唐石經、靜嘉本、瞿本、臺北纂圖本、國圖纂圖本、劉叔剛本、元十行本（明版）、小字本"故"作"而"，無"也"。阮氏校記針對"而作是詩"云"唐石經初刻無此四字，後改有"。按，其一，唐石經《雄雉》小序凡三十三字，以每行十一字書刻爲三行。但這三行文字存在磨改痕跡，如"淫"字下層似有"也"字殘筆，"不"字下層似有"亂"字殘筆，"事"字下層似有"國"字殘筆，"國人"間似有"怨"字殘筆，"患"字下層似有"曠"字殘筆，"之"字下層似有"國"字殘筆，"而"字下層似有"人"字殘筆，"作"字下層似有"患"字殘筆，"是"字下層似有"之"字殘筆。蓋原刻每行十字，且無末尾"而作是詩"四字，後磨改擠刻爲現存之貌。其二，蜀石經重"宣公"二字，當有文本依據。宋蘇轍《詩集傳》云"《雄雉》，刺衛宣公也。《毛詩》之敘曰：宣公淫亂不邺國事，軍旅數起，大夫久役，男女怨曠"，蘇氏所見者大概重"宣公"二字。且如前校理已言 S. 10 此處同蜀石經，即確有重"宣公"之文本。重"宣公"、作"故作是詩也"皆爲蜀石經的有意修改，體現了對文意完整的重視、對因果關係的強調。

⑦ 靜嘉本"荒"前有日人小字校記"宣公，扌无"。元十行本（明版）"放"作"教"。

⑧ S. 10 無"之等也"。釋文出字、靜嘉本、瞿本、臺北纂圖本、國圖纂圖本、劉叔剛本、元十行本（明版）"烝"作"烝"，無"也"；P. 2538 同蜀石經有"也"。

⑨ S. 10"國"作"国"。P. 2538"處"作"役"，"役"作"旅"。靜嘉本、臺北纂圖本無"軍"，靜嘉本"役"前有日人小字校記"軍，扌无"；P. 2538、S. 10、瞿本、國圖纂圖本、劉叔剛本、元十行本（明版）同蜀石經有"軍"。

⑩ P. 2538、S. 10、靜嘉本、瞿本、臺北纂圖本、國圖纂圖本、劉叔剛本、元十行本（明版）"怨"後有"也"。

⑪ P. 2538"曠"爲墨筆後添。

⑫ S. 10、靜嘉本、瞿本、臺北纂圖本、國圖纂圖本、劉叔剛本、元十行本（明版）無"也"，P. 2538 同蜀石經。

⑬ P. 2529、S. 789、釋文出字、S. 2729 出字、靜嘉本、瞿本、臺北纂圖本、國圖纂圖本、劉叔剛本、元十行本（明版）"洩"作"泄"，P. 2538 作"泄"，S. 10 作"𣲖"，蜀石經同唐石經避諱作"洩"，以下相同處不再出校。

⑭ P. 2538"雄雄"作"雄雉"，"雉"爲墨筆後添；S. 10、靜嘉本、瞿本、臺北纂圖本、國圖纂圖本、劉叔剛本、元十行本"雄雄"作"雄雉"。P. 2538"雌雉"之"雉"爲後改，臺北纂圖本、國圖纂圖本"雌雉"作"雌雄"。元十行本"洩"作"泄"。正義云"毛言雄雉往飛向雌雉之時，則泄泄然鼓動其羽翼"。

衣服而起[1]，奮迅其形貌[2]，志在婦人而已[3]，不恤國之政事也[4]。）**我之懷矣，自詒伊阻**[5]。（詒，遺也[6]。伊，維也[7]。阻[8]，難也。箋云：懷，安也[9]。伊當作繄[10]。繄，由是也[11]。君子行如是[12]，我安在其朝而不去[13]。今從軍旅[14]，久役不得歸[15]，此自遺以是患難也[16]。）**雄雉于飛，下上其音**。（箋云：下上其音者[17]，喻宣公小大其聲[18]，怡悅婦人也[19]。）**展矣君子，實勞我心**[20]。（展，誠也。箋云：誠矣君子，訴於君也[21]。君之行如是[22]，實使我心勞矣[23]。君若不然[24]，則我無軍役之事也[25]。）**瞻彼日月，悠悠我思**。（瞻，視也。箋云：視日月之行[26]，

---

① P. 2538 無“整其”“起”。S. 10“其衣”作“而”。

② P. 2538 無“奮迅其形貌”。釋文底本、靜嘉本、瞿本、臺北纂圖本、國圖纂圖本、劉叔剛本、元十行本“迅”作“訊”，S. 2729 出字作“訙”，S. 10、釋文或本同蜀石經。臺北纂圖本“貌”作“皃”。

③ P. 2538 無“志在婦人而”，S. 10、靜嘉本、瞿本、臺北纂圖本、國圖纂圖本、劉叔剛本、元十行本同蜀石經。

④ P. 2538、靜嘉本、瞿本、臺北纂圖本、國圖纂圖本、劉叔剛本、元十行本無“也”，S. 10 同蜀石經。

⑤ P. 2529、釋文底本、S. 2729 出字“詒”作“貽”，原本玉篇、S. 789、P. 2538、S. 10、釋文或本、靜嘉本、瞿本、臺北纂圖本、國圖纂圖本、劉叔剛本、元十行本、要義同唐石經、蜀石經。原本玉篇“伊”作“瞖”。

⑥ P. 2538“遺”作“阻”，該字上又有墨筆改作“遺”。靜嘉本、瞿本、臺北纂圖本、國圖纂圖本、劉叔剛本、元十行本、要義無“也”，P. 2538、S. 10 同蜀石經。

⑦ P. 2538 無“維也”，“伊”字上以墨筆改作“阻”。靜嘉本、瞿本、臺北纂圖本、國圖纂圖本、劉叔剛本、元十行本、要義無“也”，P. 2538、S. 10 同蜀石經。

⑧ P. 2538 無“阻”，S. 10、靜嘉本、瞿本、臺北纂圖本、國圖纂圖本、劉叔剛本、元十行本、要義同蜀石經。

⑨ 靜嘉本無“也”；P. 2538、S. 10、瞿本、臺北纂圖本、國圖纂圖本、劉叔剛本、元十行本、要義同蜀石經，瞿本此處似有修版擠刻痕跡。

⑩ P. 2538、S. 10“繄”作“翳”。

⑪ 原本玉篇“繄”作“瞖”。原本玉篇、P. 2538、S. 10、靜嘉本、瞿本、臺北纂圖本、國圖纂圖本、劉叔剛本、元十行本、要義“由”作“猶”。S. 10 無“也”，P. 2538、靜嘉本、瞿本、臺北纂圖本、國圖纂圖本、劉叔剛本、元十行本同蜀石經。

⑫ P. 2538、S. 10、釋文出字、靜嘉本、瞿本、臺北纂圖本、國圖纂圖本、劉叔剛本、元十行本、要義“子”作“之”。瞿本“如”作“女”。

⑬ P. 2538、S. 10、靜嘉本、瞿本、臺北纂圖本、國圖纂圖本、劉叔剛本、元十行本、要義無“在”。

⑭ P. 2538“從”爲墨筆後添。

⑮ S. 10“得”作“淂”。

⑯ P. 2538、S. 10 無“是”。P. 2538“也”作“之事”。S. 10、靜嘉本、瞿本、臺北纂圖本、國圖纂圖本、劉叔剛本、元十行本、要義無“也”。

⑰ P. 2538 無“下上其音者”，靜嘉本“下上其音”後有日人小字校記“四字本无”。S. 10、靜嘉本、瞿本、臺北纂圖本、國圖纂圖本、劉叔剛本、元十行本無“者”。

⑱ P. 2538、S. 10、靜嘉本、瞿本、臺北纂圖本、國圖纂圖本、劉叔剛本、元十行本“喻”作“興”。P. 2538“小大”作“大小”，“小”字爲後添。S. 10“小大”作“大小”，“聲”後有“音”。

⑲ P. 2538、S. 10、靜嘉本、瞿本、臺北纂圖本、國圖纂圖本、劉叔剛本、元十行本無“也”。

⑳ S. 789“我”爲墨筆後添。

㉑ S. 10 無“訴”。P. 2538“也”作“子”。靜嘉本、瞿本、臺北纂圖本、國圖纂圖本、劉叔剛本、元十行本“訴”作“愬”，“君”後有“子”。正義云“大夫憂之，故以君行訴於君子”。

㉒ P. 2538 無“君”，“之”字上以墨筆改作“君”。

㉓ P. 2538“使我”上有朱筆塗抹，有“我使”二字，“心”爲後添，無“矣”。S. 10“矣”作“苦”。

㉔ P. 2538“君”後有“勞”，該字上又有朱筆塗抹。

㉕ S. 10“則”前有“實”，然該字旁似又有卜煞符號。S. 10、靜嘉本、瞿本、臺北纂圖本、國圖纂圖本、劉叔剛本、元十行本無“也”，P. 2538 同蜀石經。

㉖ S. 10“視”前有“我”。劉叔剛本、元十行本無“視”。

迭往而迭來[①]。今君子獨久行役而不來[②]，使我心悠悠思之[③]。女怨之辭也[④]。）**道之云遠**[⑤]**，曷云能來？**（箋云：曷，何也。何時能來望之也[⑥]。）**百爾君子**[⑦]**，不知德行。**（箋云：爾[⑧]，汝也[⑨]，汝衆君子[⑩]。我不知人之德行何如者可謂爲有德行[⑪]，而君子或有所留或有所遺[⑫]。女怨之故問此[⑬]。）**不忮不求，何用不臧？**（忮，害也[⑭]。臧，善也。箋云：我君子之行，不疾害也[⑮]，不求備於一人[⑯]，其行何用爲不善[⑰]，而君獨遠使之在外[⑱]，不得來歸[⑲]，亦女怨之辭也[⑳]。）**《雄雉》四章，章四句。**

---

① P. 2538 無"而"，"往迭"爲後添。S. 10、静嘉本、瞿本、臺北纂圖本、國圖纂圖本、劉叔剛本、元十行本無"而"。

② P. 2538"獨久"作"久獨"，S. 10、静嘉本、瞿本、臺北纂圖本、國圖纂圖本、劉叔剛本、元十行本同蜀石經。静嘉本"今"後有日人小字校記"我，扌无"，"不"後有日人小字校記"得，扌无"。

③ S. 10、静嘉本、瞿本、臺北纂圖本、國圖纂圖本、劉叔剛本、元十行本"思"前有"然"，P. 2538 同蜀石經。

④ P. 2538、S. 10、静嘉本、瞿本、臺北纂圖本、國圖纂圖本、劉叔剛本、元十行本無"也"。

⑤ P. 2538"云"爲墨筆後添。

⑥ S. 10 無"也"，P. 2538、静嘉本、瞿本、臺北纂圖本、國圖纂圖本、劉叔剛本、元十行本同蜀石經。

⑦ P. 2529"百"作"伯"。P. 2538"爾"作"尒"，以下相同處不再出校。静嘉本、瞿本、臺北纂圖本、國圖纂圖本、劉叔剛本、元十行本同唐石經、蜀石經。

⑧ 元十行本"爾"作"尔"。

⑨ S. 10"汝"作"女"，以下相同處不再出校。

⑩ P. 2538 無"汝"，元十行本（明版）"汝"作"女"，静嘉本"衆"前有日人小字校記"女，扌无"。

⑪ P. 2538"何如"作"如何"。S. 10 無"德"。静嘉本"知"後有日人小字校記"衆，扌无"。P. 2538、S. 10、静嘉本、瞿本、臺北纂圖本、國圖纂圖本、劉叔剛本、元十行本（明版）無"有"，静嘉本"爲"後有日人小字校記"有，扌无"。

⑫ 劉叔剛本、元十行本（明版）"而"作"事"。P. 2538、S. 10、静嘉本、瞿本、臺北纂圖本、國圖纂圖本、劉叔剛本、元十行本（明版）、小字本無"子"。静嘉本、瞿本、臺北纂圖本、國圖纂圖本、劉叔剛本"留"作"畱"，元十行本（明版）作"留"。S. 10、静嘉本、瞿本、臺北纂圖本、國圖纂圖本、劉叔剛本、元十行本（明版）無"或有所遺"，P. 2538"或有所遺"作"也"。

⑬ P. 2538、S. 10、静嘉本、瞿本、臺北纂圖本、國圖纂圖本、劉叔剛本、元十行本（明版）無"之"，"此"後有"焉"。

⑭ S. 10、静嘉本、瞿本、臺北纂圖本、國圖纂圖本、劉叔剛本、元十行本（明版）無"也"，P. 2538 同蜀石經。

⑮ P. 2538"害"作"苦"。静嘉本、瞿本、臺北纂圖本、國圖纂圖本、劉叔剛本、元十行本（明版）無"也"，P. 2538、S. 10 同蜀石經。

⑯ P. 2538、S. 10"人"後有"也"。

⑰ P. 2538 無"行""用"，S. 10、静嘉本、瞿本、臺北纂圖本、國圖纂圖本、劉叔剛本、元十行本（明版）同蜀石經。

⑱ S. 10 無"君"。

⑲ 劉叔剛本"歸"作"皈"，元十行本（明版）作"歸"。S. 10"歸"後有"也"。

⑳ 元十行本（明版）"女"作"夂"。P. 2538、静嘉本、瞿本、臺北纂圖本、國圖纂圖本、劉叔剛本、元十行本（明版）無"也"，S. 10 同蜀石經。

**《匏有苦葉》**[1]**，刺衛宣公也**[2]**。公與夫人並爲淫亂**[3]**。**（夫人，謂夷姜也[4]。）**匏有苦葉，濟有深涉。**（興也。匏謂之匏[5]，葉苦不可食也[6]。濟，渡也。由膝以上爲涉。箋云：匏葉苦而渡處深也[7]，謂八月之時，時陰陽交[8]，始可婚禮[9]，納采[10]、問名也[11]。）**深則厲**[12]**，淺則揭**[13]**。**（以衣涉水爲厲[14]，由帶以上爲厲[15]，由膝以下爲揭[16]。揭者[17]，揭衣也[18]。

---

① 釋文出字、靜嘉本、瞿本、臺北纂圖本、國圖纂圖本、劉叔剛本、元十行本（明版）"葉"作"■"，P. 2529、S. 789、P. 2538、S. 10同唐石經、蜀石經，以下相同處不再出校。

② S. 789無"衛"。P. 2538無"也"，P. 2529、S. 10、靜嘉本、瞿本、臺北纂圖本、國圖纂圖本、劉叔剛本、元十行本（明版）同唐石經、蜀石經。

③ P. 2538無"公"，上句"公"字旁有墨筆重文符號，該符號上又有朱筆塗抹。S. 789無"與"。P. 2529"亂"後有"焉"。S. 10、靜嘉本、瞿本、臺北纂圖本、國圖纂圖本、劉叔剛本、元十行本（明版）同唐石經、蜀石經，靜嘉本"公"前有日人小字校記"宣，扌无"。

④ 靜嘉本、瞿本、臺北纂圖本、國圖纂圖本、劉叔剛本、元十行本（明版）無"也"，P. 2538、S. 10同蜀石經。

⑤ P. 2538後"匏"字上有朱筆塗抹。S. 10、釋文出字、靜嘉本、瞿本、臺北纂圖本、國圖纂圖本、劉叔剛本、元十行本（明版）後"匏"作"瓠"。

⑥ P. 2538、S. 10"葉"前有重文符號。靜嘉本、瞿本、臺北纂圖本、國圖纂圖本、劉叔剛本、元十行本（明版）"葉"前有"瓠"。S. 10無"也"，P. 2538、靜嘉本、瞿本、臺北纂圖本、國圖纂圖本、劉叔剛本、元十行本（明版）同蜀石經。

⑦ P. 2538無"也"。S. 10、靜嘉本、瞿本、臺北纂圖本、國圖纂圖本、劉叔剛本、元十行本（明版）"匏"作"瓠"，無"也"。

⑧ P. 2538"交"作"亥"，"亥始"旁有朱筆乙改符號。S. 10、靜嘉本、瞿本、臺北纂圖本、國圖纂圖本、劉叔剛本、元十行本（明版）無"時"，"交"後有"會"。

⑨ P. 2538"可"後有"為"。S. 10"可"後有"以成"，靜嘉本、瞿本、臺北纂圖本、國圖纂圖本、劉叔剛本、元十行本（明版）"可"後有"以爲"。P. 2538"婚"作"昏"，瞿本作"昬"，S. 10同蜀石經。

⑩ P. 2538"采"作"綵"，S. 10、靜嘉本、瞿本、臺北纂圖本、國圖纂圖本、劉叔剛本、元十行本（明版）同蜀石經。

⑪ P. 2538"也"作"之"。S. 10、靜嘉本、瞿本、臺北纂圖本、國圖纂圖本、劉叔剛本、元十行本（明版）無"也"。

⑫ P. 2529無"深"，"則"字旁有朱筆補寫該字。原本玉篇（古逸本）"厲"作"砅"，P. 2538作"勵"。S. 789、S. 10、靜嘉本、瞿本、臺北纂圖本、國圖纂圖本、劉叔剛本、元十行本（明版）同唐石經、蜀石經。

⑬ P. 2529、S. 2729出字"揭"作"楬"，靜嘉本、瞿本、臺北纂圖本、國圖纂圖本、劉叔剛本、元十行本（明版）同唐石經、蜀石經。

⑭ 原本玉篇（古逸本）"厲"作"砅"。P. 2538"衣"作"水"，S. 10、靜嘉本、瞿本、臺北纂圖本、國圖纂圖本、劉叔剛本、元十行本（明版）、小字本同蜀石經。

⑮ P. 2538、S. 10、靜嘉本、瞿本、臺北纂圖本、國圖纂圖本、劉叔剛本、元十行本（明版）、小字本"由"前有"謂"。P. 2538、靜嘉本、瞿本、臺北纂圖本、國圖纂圖本、劉叔剛本、元十行本（明版）、小字本"爲厲"作"也"。S. 10"厲"作"揭"。

⑯ P. 2538、S. 10、靜嘉本、瞿本、臺北纂圖本、國圖纂圖本、劉叔剛本、元十行本（明版）無"由膝以下爲揭"。按，正義摘句作"以衣涉水爲厲，謂由帶以上。揭，褰衣"，並云"今定本如此"，可知定本無"由膝以下爲揭"六字。

⑰ P. 2538、S. 10、釋文底本、釋文或本、靜嘉本、瞿本、臺北纂圖本、國圖纂圖本、劉叔剛本、元十行本（明版）、小字本無"者"。

⑱ P. 2538、S. 10、釋文或本、靜嘉本、瞿本、臺北纂圖本、國圖纂圖本、劉叔剛本、元十行本（明版）、小字本"揭"作"褰"，P. 2538"褰"爲墨筆後添；釋文底本同蜀石經。

遭時制宜，如遇水深則厲[①]，淺則揭[②]。以男女之際[③]，安可以無禮義[④]？將無以自濟也。箋云：既以深涉記時[⑤]，曰以水深淺喻男女才性賢與不肖及長幼也[⑥]。各順其人之宜[⑦]，爲之求妃偶[⑧]。）**有瀰濟盈**[⑨]**，有鷕雉鳴。**（瀰[⑩]，深水也。盈，滿也。水[⑪]，人之所難也[⑫]。鷕，雌雉聲也[⑬]。衛夫人有淫佚之志[⑭]，授人以色，假人以辭[⑮]，不顧禮義之難[⑯]，至使宣公有淫昏之行[⑰]。箋云：有瀰濟盈[⑱]，謂過於厲[⑲]，喻犯禮深矣[⑳]。）**濟盈不濡軓**[㉑]**，雉鳴求**

---

① P. 2538"水深"作"深水"，S. 10、静嘉本、瞿本、臺北纂圖本、國圖纂圖本、劉叔剛本、元十行本（明版）同蜀石經。

② P. 2538、S. 10、静嘉本、瞿本、臺北纂圖本、國圖纂圖本、劉叔剛本、元十行本（明版）"揭"後有"矣"。

③ P. 2538、S. 10、静嘉本、瞿本、臺北纂圖本、國圖纂圖本、劉叔剛本、元十行本（明版）無"以"。

④ P. 2538、S. 10"義"作"儀"，以下相同處不再出校。静嘉本有日人小字校記"無禮義，扌无"。

⑤ P. 2538"以"後有"既"，該字上又有朱筆塗抹。S. 10、静嘉本、瞿本、臺北纂圖本、國圖纂圖本、劉叔剛本、元十行本（明版）"涉"作"淺"，静嘉本"淺"旁有日人小字校記"扌乍""涉，本乍"。

⑥ S. 10"曰"作"曰"，P. 2538、静嘉本、瞿本、臺北纂圖本、國圖纂圖本、劉叔剛本、元十行本（明版）作"因"。P. 2538、S. 10、静嘉本、瞿本、臺北纂圖本、國圖纂圖本、劉叔剛本、元十行本（明版）"女"後有"之"。静嘉本"與"旁有日人小字校記"本无"。P. 2538 無"與""也"，"長"爲墨筆後添。

⑦ P. 2538"各"作"容"，S. 10、静嘉本、瞿本、臺北纂圖本、國圖纂圖本、劉叔剛本、元十行本（明版）同蜀石經。

⑧ P. 2538、S. 10、釋文或本"妃"作"配"，釋文底本、静嘉本、瞿本、臺北纂圖本、國圖纂圖本、劉叔剛本、元十行本（明版）同蜀石經。静嘉本、瞿本、臺北纂圖本、國圖纂圖本、劉叔剛本、元十行本（明版）"偶"作"耦"，P. 2538、S. 10 同蜀石經。P. 2538"偶"後有"也"，S. 10、静嘉本、瞿本、臺北纂圖本、國圖纂圖本、劉叔剛本、元十行本（明版）同蜀石經。

⑨ P. 2529、P. 2538、S. 2729 出字"瀰"作"㳽"，S. 789、S. 10、静嘉本、瞿本、臺北纂圖本、國圖纂圖本、劉叔剛本、元十行本（明版）同唐石經、蜀石經，以下相同處不再出校。

⑩ 元十行本（明版）"瀰"作"㳽"，以下相同處不再出校。

⑪ P. 2538、S. 10、静嘉本、瞿本、臺北纂圖本、國圖纂圖本、劉叔剛本"水"前有"深"，元十行本（明版）"深"作"濟"。P. 2538"水"作"衣"。

⑫ P. 2538 無"人"。S. 10 無"之"。

⑬ 元十行本（明版）"雌"作"鳴"。P. 2538 無"雉"，瞿本"雉"作"雄"，S. 10、静嘉本、臺北纂圖本、國圖纂圖本、劉叔剛本、元十行本（明版）同蜀石經。

⑭ S. 10、釋文出字、静嘉本、瞿本、臺北纂圖本、國圖纂圖本、元十行本（明版）"佚"作"泆"，P. 2538、劉叔剛本同蜀石經。

⑮ P. 2538"辭"作"辝"，元十行本（明版）作"辤"，以下相同處不再出校。

⑯ 元十行本（明版）"不"作"丕"形。

⑰ P. 2538、S. 10 無"宣"。S. 10"昏"作"婚"，瞿本、元十行本（明版）作"昬"，以下相同處不再出校。

⑱ S. 10"瀰"作"㳽"，以下相同處不再出校。

⑲ S. 10"過"作"遇"。

⑳ 静嘉本、臺北纂圖本無"喻"，静嘉本"犯"前擠寫小字"喻"；P. 2538、S. 10、瞿本、國圖纂圖本、劉叔剛本、元十行本（明版）同蜀石經。P. 2538、S. 10、静嘉本、瞿本、臺北纂圖本、國圖纂圖本、劉叔剛本、元十行本（明版）"矣"作"也"。

㉑ P. 2538、S. 2729 出字"濡"作"濡"，以下相同處不再出校。P. 2529、S. 789、P. 2538"軓"作"軌"；S. 10 作"軛"；S. 2729 出字作"軌"，並云"范，凡之上聲"；釋文出字、臺北纂圖本、瞿本、要義作"軌"；静嘉本、國圖纂圖本、劉叔剛本、元十行本（明版）、小字本作"軌"；蜀石經同唐石經作"軓"；以下相同處不再出校。阮氏校記云"案，《說文》云：軌車轍也，從車九聲，龜美反。軓車軾前也，從車凡聲，音犯。車轛頭，所謂軹也。相亂故具論之。是《釋文》本字作'軌'，但以爲宜作音犯字。正義云：《說文》云軌車轍也，軓車軾前也。然則軾前謂之軓也，非軌也，但軌聲九，軓聲凡，於文易爲誤，寫者亂之也。是正義本字亦作軌，但以爲寫者亂之，故不從軌而從軓以爲說。由此考之，唐石經以前經字未有直作'軓'者也。戴震《毛鄭詩考正》依韻定從軌字，段玉裁同，詳見下。相臺本依《釋文》，小字本及此十行本皆然。其作者卽軌字，非軓字，乃當時俗體也"。按，此處體現了唐石經規範文本的努力，然後世刊本除蜀石經外，似未完全接受這一規範。

**其牡**[①]**。**（濡，漬也[②]。由輈已上爲軓[③]。違禮義[④]，不由於道[⑤]，由雉鳴求其牡矣[⑥]。飛曰雌雄[⑦]，走曰牝牡。箋云：渡深水者必濡軓[⑧]，言不濡者，喻夫人犯禮而不自知[⑨]，雌鳴及求其牡[⑩]，喻夫人所求非所求也[⑪]。）**雝雝鳴鴈**[⑫]**，旭日始旦**[⑬]**。**（雝雝，鴈聲和也[⑭]。納采用鴈。旭日，日始出[⑮]，大昕之時也[⑯]。箋云：鴈者隨陽而處[⑰]，似婦人之從夫[⑱]，故昏禮用

---

① P. 2529"牡"作"䶊"，該字上有朱筆塗抹，字旁又有墨筆改作"壯"。

② P. 2538"也"作"之"，S. 10、靜嘉本、瞿本、臺北纂圖本、國圖纂圖本、劉叔剛本、元十行本（明版）同蜀石經。

③ P. 2538、S. 10、靜嘉本、瞿本、臺北纂圖本、國圖纂圖本、劉叔剛本、元十行本（明版）"已"作"以"。P. 2538、臺北纂圖本、小字本作"軌"，劉叔剛本作"軌"，以下相同處不再出校。阮氏校記云"案，段玉裁云，古者輿之下兩輪之閒方空處謂之軌，高誘注《吕氏春秋》云'兩輪閒曰軌'，此以廣狹言之，凡言度餘以軌謂此。《毛傳》曰'由輈以下爲'，此以高下言之，凡言濡軌滅軌謂此。《穀梁傳》曰'車軌塵'，謂以軌之高廣節塵之高廣。《中庸》'車同軌'，亦謂車制高廣不差。軌亦云轍，轍者通也，其中通也。近人專以在地之迹謂之軌轍，古經不可解矣。不云由輿以下者，水深至於輿下，軸上之輈則必入輿矣。故以輿下之輈爲高下之節，喻禮義之不可過也。自'下'譌爲'上'，乃議改'軌'爲'軓'。《釋文》舊龜美反，則唐以前本不誤也。今考《釋文》本已誤作上，讀時掌反，見前由膝句以上字音中"。

④ P. 2538、S. 10、靜嘉本、瞿本、臺北纂圖本、國圖纂圖本、劉叔剛本、元十行本（明版）"連"作"違"。正義云"言'違禮義，不由其道，猶雌雉鳴求牡'也。'違禮義'者，即'濟盈'也。'不由其道'者，猶'雉鳴求其牡'也"。

⑤ S. 10"不"前有"如"。P. 2538、S. 10、靜嘉本、瞿本、臺北纂圖本、國圖纂圖本、劉叔剛本、元十行本（明版）"於"作"其"。

⑥ P. 2538、S. 10、靜嘉本、瞿本、臺北纂圖本、國圖纂圖本、劉叔剛本、元十行本（明版）"由"作"猶"，"鳴"後有"而"。S. 10 無"其"，P. 2538 同蜀石經。

⑦ S. 10"雌雄"作"雄雌"。

⑧ S. 10"渡"作"濟"。S. 10、靜嘉本、瞿本、臺北纂圖本、國圖纂圖本、劉叔剛本、元十行本（明版）"濡"後有"其"。瞿本"軓"作"軌"。

⑨ 元十行本（明版）"喻"字殘損。P. 2538"知"後有"也"，S. 10、靜嘉本、瞿本、臺北纂圖本、國圖纂圖本、劉叔剛本、元十行本（明版）同蜀石經。

⑩ P. 2538、S. 10、靜嘉本、瞿本、臺北纂圖本、國圖纂圖本、劉叔剛本、元十行本（明版）"雌"作"雉"。S. 10、靜嘉本、瞿本、臺北纂圖本、國圖纂圖本、劉叔剛本、元十行本（明版）"及"作"反"。

⑪ 靜嘉本、瞿本、臺北纂圖本、國圖纂圖本、劉叔剛本、元十行本（明版）無"也"，P. 2538、S. 10 同蜀石經。

⑫ P. 2529"雝"作"噰"，S. 2729 出字、劉叔剛本作"雝"，以下相同處不再出校。

⑬ P. 2529"旦"作"且"形，該字上有墨筆塗抹，字旁又有墨筆改作"旦"；S. 789、P. 2538 作"旦"；靜嘉本"旦"作"且"形；S. 10、瞿本、臺北纂圖本、國圖纂圖本、劉叔剛本、元十行本同唐石經、蜀石經。

⑭ S. 10 無"也"。

⑮ P. 2538、S. 10、靜嘉本、瞿本、臺北纂圖本、國圖纂圖本、劉叔剛本、元十行本無"日"。

⑯ P. 2538 無"時"。靜嘉本、瞿本、臺北纂圖本、國圖纂圖本、劉叔剛本、元十行本"大"前有"謂"，靜嘉本"謂"旁有日人小字校記"本无"。S. 10、靜嘉本、瞿本、臺北纂圖本、國圖纂圖本、劉叔剛本、元十行本無"也"。

⑰ S. 10"随"作"隨"，"陽"前有"陰"。正義云"定本木'鴈隨陽'，無'陰'字"。阮氏校記云"案，'木'當作'云'，形近之譌"。

⑱ 靜嘉本、瞿本、臺北纂圖本、國圖纂圖本、劉叔剛本、元十行本無"之"，P. 2538、S. 10 同蜀石經。

鴈[①]。自納采至請期用昕[②]，親迎用昏也[③]。）**士如歸妻，迨冰未泮**[④]。（迨，及也[⑤]。泮[⑥]，散也。箋云：歸妻，使之來歸於己，謂請期也[⑦]。冰未散[⑧]，謂正月中以前[⑨]，二月中可以昏[⑩]。）**招招舟子，人涉卬否**[⑪]。（招招，號召之貌[⑫]。舟子，舟人之子[⑬]，主濟渡者也[⑭]。卬，我也。箋云：舟人子號召當濟渡者[⑮]，由媒人之會男女之無失家者[⑯]，使爲配匹也[⑰]。人皆從之而渡[⑱]，而我獨否之[⑲]。）**人涉卬否，卬須我友。**（人皆涉，我友未至，我猶待之而

---

① P. 2538、S. 10、靜嘉本、瞿本、臺北纂圖本、國圖纂圖本、劉叔剛本、元十行本"鴈"作"焉"，靜嘉本"用"後有日人小字校記"鴈，扌无"。

② P. 2538"納"作"衲"。

③ P. 2538 無"親"。P. 2538、S. 10、靜嘉本、瞿本、臺北纂圖本、國圖纂圖本、劉叔剛本、元十行本（明版）無"也"。

④ S. 789"迨"作"殆"。P. 2529、S. 789、P. 2538、S. 10、瞿本、國圖纂圖本、元十行本（明版）"冰"作"氷"，靜嘉本、臺北纂圖本、劉叔剛本同唐石經、蜀石經，以下相同處不再出校。

⑤ S. 10、靜嘉本、瞿本、臺北纂圖本、國圖纂圖本、劉叔剛本、元十行本（明版）無"也"，P. 2538 同蜀石經。

⑥ P. 2538"泮"作"伴"，S. 10、靜嘉本、瞿本、臺北纂圖本、國圖纂圖本、劉叔剛本、元十行本（明版）同蜀石經。

⑦ S. 10 無"謂""也"。

⑧ 此處國圖纂圖本同蜀石經作"冰"。

⑨ P. 2538、S. 10、靜嘉本、瞿本、臺北纂圖本、國圖纂圖本、劉叔剛本、元十行本（明版）無"謂"。國圖纂圖本"中"作"半"，"以"作"巳"。P. 2538、靜嘉本、瞿本、臺北纂圖本、國圖纂圖本、劉叔剛本、元十行本（明版）"前"後有"也"，S. 10 同蜀石經。

⑩ P. 2538 無"中可"。S. 10、靜嘉本、瞿本、臺北纂圖本、國圖纂圖本、劉叔剛本、元十行本（明版）無"中"，靜嘉本"月"後有日人小字校記"中，扌无"。靜嘉本、瞿本、臺北纂圖本、國圖纂圖本、劉叔剛本、元十行本（明版）"昏"後有"矣"。S. 10"昏"作"為婚也"。

⑪ P. 2529、釋文或本、S. 2729 出字"卬"作"仰"，P. 2538 作"昂"，S. 789、S. 10、釋文底本、靜嘉本、瞿本、臺北纂圖本、國圖纂圖本、劉叔剛本、元十行本（明版）同唐石經、蜀石經，以下相同處不再出校。S. 789"否"作"不"。

⑫ P. 2538、S. 10"貌"後有"也"。

⑬ 原本玉篇、P. 2538、S. 10、靜嘉本、瞿本、臺北纂圖本、國圖纂圖本、劉叔剛本、元十行本（明版）無"之子"。正義云"言招招然號召當渡者，是舟人之子"。

⑭ 元十行本（明版）"濟"作"済"。P. 2538、S. 10、靜嘉本、瞿本、臺北纂圖本、國圖纂圖本、劉叔剛本、元十行本（明版）無"也"。

⑮ S. 10"子"作"之"；P. 2538、靜嘉本、瞿本、臺北纂圖本、國圖纂圖本、劉叔剛本、元十行本（明版）"人"後有"之"，靜嘉本"子"旁有日人小字校記"本无"。P. 2538、S. 10、靜嘉本、瞿本、臺北纂圖本、國圖纂圖本、劉叔剛本、元十行本（明版）無"濟"，靜嘉本"當"後有日人小字校記"濟，扌无"。

⑯ P. 2538、S. 10"由"作"猶"，"失"作"夫"。靜嘉本、瞿本、臺北纂圖本、國圖纂圖本、劉叔剛本、元十行本（明版）"由"作"猶"，無後"之"，"失"作"夫"。瞿本"無"作"无"。

⑰ 靜嘉本、臺北纂圖本、國圖纂圖本、劉叔剛本、元十行本（明版）"使"後有"之"，瞿本同蜀石經。P. 2538、靜嘉本、瞿本、臺北纂圖本、國圖纂圖本、劉叔剛本、元十行本（明版）"配"作"妃"。P. 2538、S. 10"匹"作"疋"。靜嘉本、瞿本、臺北纂圖本、國圖纂圖本、劉叔剛本、元十行本（明版）無"也"，P. 2538、S. 10 同蜀石經。

⑱ P. 2538 無"人"。

⑲ P. 2538"獨"作"猶"，"之"後有"也"。S. 10"之"作"也"。靜嘉本、瞿本、臺北纂圖本、國圖纂圖本、劉叔剛本、元十行本（明版）無"而""之"。

不涉[①]。以言室家之道，非得所適，貞女不行已知之[②]，非得禮義[③]，昏姻不成也[④]。）**《匏有苦葉》四章[⑤]，章四句。**

**《谷風》，刺夫婦失道也[⑥]。衛人化其上，淫於新昏而弃其舊室[⑦]，夫婦離絶，國俗傷敗焉。**（新昏[⑧]，新爲昏禮[⑨]。）**習習谷風，以陰以雨。**（興也。習習，和舒之皃也[⑩]。東風謂之谷風。陰陽和而谷風至，夫婦和則室家成[⑪]，室家成則繼嗣生[⑫]。）**黽勉同心[⑬]，不宜有怒[⑭]。**（言黽勉[⑮]，思與君子同心也[⑯]。箋云[⑰]：所以黽勉者[⑱]，以爲見譴怒者[⑲]，非夫婦之所宜也[⑳]。）**采葑采菲[㉑]，無以下體[㉒]。**（葑，須也[㉓]。菲，芴也[㉔]。下

① 靜嘉本、瞿本、臺北纂圖本、國圖纂圖本、劉叔剛本、元十行本（明版）"猶"作"獨"。S. 541、S. 10無"之"。

② 瞿本"貞"字避諱闕末筆，靜嘉本不闕筆，以下相同處不再出校。S. 541、S. 10、靜嘉本、瞿本、臺北纂圖本、國圖纂圖本、劉叔剛本、元十行本（明版）無"已知之"。

③ S. 10無"得"。S. 541"義"作"儀"，S. 10作"儀"。

④ S. 541、S. 10"昏姻"作"婚姻"。S. 10、靜嘉本、瞿本、臺北纂圖本、國圖纂圖本、劉叔剛本、元十行本（明版）無"也"，S. 541同蜀石經。

⑤ S. 10無"苦葉"。

⑥ S. 541、治要"刺"作"剌"。

⑦ P. 2529"昏"作"婚"，S. 789作"昬"，治要作"婚"，S. 541同唐石經、蜀石經，以下相同處不再出校。P. 2529、S. 789、S. 541、治要"弃"作"棄"，以下相同處不再出校。S. 541"舊"作"𦾔"。

⑧ 靜嘉本、瞿本、臺北纂圖本、國圖纂圖本、劉叔剛本、元十行本"昏"後有"者"，S. 541、S. 10同蜀石經。

⑨ S. 541、S. 10、靜嘉本、瞿本、臺北纂圖本、國圖纂圖本、劉叔剛本、元十行本"新"後有"所與"。S. 541"禮"作"者也"。S. 10"禮"後有"也"。靜嘉本"禮"後有日人小字校記"者，扌无"。

⑩ S. 541、靜嘉本、瞿本、臺北纂圖本、國圖纂圖本、劉叔剛本、元十行本無"之"，S. 10、治要同蜀石經。S. 10、治要、靜嘉本、瞿本、臺北纂圖本、國圖纂圖本、劉叔剛本、元十行本無"也"，S. 541同蜀石經。

⑪ S. 541"和"後有"而谷風至夫婦和"。靜嘉本、瞿本"則"作"而"，治要、臺北纂圖本、國圖纂圖本、劉叔剛本、元十行本同蜀石經。治要"成"後有"之也"。

⑫ S. 541"室家成則"作"而"。靜嘉本、瞿本、臺北纂圖本、國圖纂圖本、劉叔剛本、元十行本"則"作"而"，靜嘉本"而"旁有日人小字校記"扌乍""則，本乍"。S. 10"繼"作"继"，S. 541、臺北纂圖本、劉叔剛本、元十行本作"継"。S. 541"生"後有"者也"，S. 10"生"後有"也"。

⑬ P. 2529、S. 10、S. 2729出字"黽勉"作"僶俛"，以下相同處不再出校；S. 789、S. 541、釋文底本、靜嘉本、瞿本、臺北纂圖本、國圖纂圖本、劉叔剛本、元十行本同唐石經、蜀石經作"黽"。按，宋刻宋元遞修本《釋文》云"本亦作黽"，瞿本、臺北纂圖本、國圖纂圖本、劉叔剛本、元十行本所附《釋文》作"本亦作僶"，蓋宋刻本《釋文》有誤。

⑭ S. 789"不"作"否"。

⑮ S. 10、靜嘉本、瞿本、臺北纂圖本、國圖纂圖本、劉叔剛本、元十行本"勉"後有"者"，S. 541、治要同蜀石經。

⑯ S. 10無"也"，S. 541、靜嘉本、瞿本、臺北纂圖本、國圖纂圖本、劉叔剛本、元十行本同蜀石經。

⑰ 治要無"箋云"。

⑱ S. 10"黽勉"作"俛"，以下相同處不再出校。S. 541無"者"。

⑲ 治要無"者"，S. 541、S. 10、靜嘉本、瞿本、臺北纂圖本、國圖纂圖本、劉叔剛本、元十行本同蜀石經。

⑳ S. 10"所宜也"作"義"。S. 541、治要、靜嘉本、瞿本、臺北纂圖本、國圖纂圖本、劉叔剛本、元十行本無"所"。S. 541、靜嘉本、瞿本、臺北纂圖本、國圖纂圖本、劉叔剛本、元十行本無"也"，治要同蜀石經。

㉑ S. 10"葑"作"蕒"，以下相同處不再出校。

㉒ 治要"體"作"礼"。

㉓ S. 10無"也"，S. 541、靜嘉本、瞿本、臺北纂圖本、國圖纂圖本、劉叔剛本、元十行本同蜀石經。治要"須"作"蕦"。

㉔ 瞿本"芴"作"茐"。

體[1]，根莖也[2]。箋云[3]：此二菜者[4]，蔓菁與葍之類也[5]，皆上下可食。然而根莖有美時[6]，有惡時[7]，采之者不可以根莖惡之時并弃蘩也[8]，喻夫婦禮義合顏色親[9]，不可以顏色衰弃其相與室家之道也[10]。）**德音莫違，及爾同死**[11]**。**（箋云[12]：莫，無也[13]。及，與也。夫婦之言，無相違者[14]，則可與汝長相與處至死[15]。顏色斯須之耳[16]。）**行道遲遲**[17]**，中心有違。**（遲遲，舒行皃也[18]。離也[19]。箋云：違[20]，猶俳佪也[21]。行於道路之人[22]，至將離別

---

① 元十行本"體"作"体"。

② S. 10"根"前有"謂"。S. 541、S. 10"莖"作"茎"，以下相同處不再出校。

③ 治要無"箋云"。

④ 治要無"此""者"。

⑤ 治要無此句。S. 10"蔓"作"蔓"，釋文或本作"蕪"，釋文底本、静嘉本、瞿本、臺北纂圖本、國圖纂圖本、劉叔剛本、元十行本、小字本同蜀石經。S. 541"葍"作"當"，S. 10、釋文或本作"蕾"，釋文底本、静嘉本、瞿本、臺北纂圖本、國圖纂圖本、劉叔剛本、元十行本、小字本同蜀石經。

⑥ S. 541、S. 10、治要、静嘉本、瞿本、臺北纂圖本、國圖纂圖本、劉叔剛本、元十行本"而"後有"其"。S. 10、治要、静嘉本、瞿本、臺北纂圖本、國圖纂圖本、劉叔剛本、元十行本無"莖"。

⑦ S. 541、S. 10"惡"作"悪"，以下相同處不再出校。

⑧ S. 541"以"作"用"。釋文出字"弃"作"棄"。S. 541、S. 10、治要無"莖""也"，"弃"後有"其"。静嘉本、瞿本、臺北纂圖本、國圖纂圖本、劉叔剛本、元十行本無"莖""之""也"，"弃"後有"其"。

⑨ S. 541、S. 10、治要、静嘉本、瞿本、臺北纂圖本、國圖纂圖本、劉叔剛本、元十行本"婦"後有"以"。治要"合"後有"以"。S. 10、静嘉本、瞿本、臺北纂圖本、國圖纂圖本、劉叔剛本、元十行本"色"後有"相"。

⑩ S. 541、S. 10、治要、静嘉本、瞿本、臺北纂圖本、國圖纂圖本、劉叔剛本、元十行本"不"前有"亦"。S. 541"以"作"用"。治要"弃"前有"而"。S. 541、S. 10"室家之道"作"之礼"，治要、静嘉本、瞿本、臺北纂圖本、國圖纂圖本、劉叔剛本、元十行本"室家之道也"作"之禮"。

⑪ S. 541 無"同"。

⑫ 治要無"箋云"。

⑬ 治要"無"作"无"。静嘉本、瞿本、臺北纂圖本、國圖纂圖本、劉叔剛本、元十行本無"也"，S. 541、S. 10、治要同蜀石經。

⑭ 元十行本"無"作"无"。

⑮ 治要無"與汝"。S. 541"至"作"室"。

⑯ S. 541、治要"耳"作"有也"。S. 10、静嘉本、瞿本、臺北纂圖本、國圖纂圖本、劉叔剛本、元十行本"耳"作"有"，静嘉本"有"後有日人小字校記"耳，扌无"。

⑰ S. 789、S. 541、S. 10"遲"作"遅"，元十行本（明版）作"遟"，瞿本、臺北纂圖本同唐石經、蜀石經，以下相同處不再出校。

⑱ S. 541 無"行"。S. 10 無"皃也"。劉叔剛本（補抄）"舒"作"徐"。静嘉本、瞿本、臺北纂圖本、國圖纂圖本、元十行本（明版）無"也"，劉叔剛本（補抄）同蜀石經。

⑲ S. 541、S. 10、静嘉本、瞿本、臺北纂圖本、國圖纂圖本、劉叔剛本（補抄）、元十行本（明版）"離"前有"違"。按，此處蓋蜀石經脱誤。

⑳ 元十行本（明版）無"違"。瞿本、静嘉本、臺北纂圖本、國圖纂圖本、劉叔剛本（補抄）、小字本有"違"。

㉑ S. 541、S. 10、静嘉本、瞿本、臺北纂圖本、國圖纂圖本、元十行本（明版）無"猶"，静嘉本有日人小字校記"猶，扌无"；劉叔剛本（補抄）同蜀石經。S. 541、静嘉本、瞿本、臺北纂圖本、國圖纂圖本、劉叔剛本（補抄）"俳佪"作"徘徊"，元十行本（明版）作"徘"，以下相同處不再出校。

㉒ S. 541 無"於"。

尚舒[①]，其心俳佪然也[②]，喻君子於己不能如此[③]。）**不遠伊邇[④]，薄送我畿[⑤]。**（畿，門内也[⑥]。箋云：邇[⑦]，近也。言君子與己訣别[⑧]，不能遠[⑨]，唯近耳[⑩]。送我裁至於門内[⑪]，無恩之甚也[⑫]。）**誰謂荼苦？其甘如薺。**（荼，苦菜也[⑬]。箋云：荼誠苦矣[⑭]，而君子遇於己薄之苦毒又甚於荼[⑮]，以比方之[⑯]，荼則甘如薺也[⑰]。）**燕爾新昏[⑱]，如兄如弟。**（燕[⑲]，安

---

① 元十行本（明版）"離"作"於"。S. 541、S. 10、静嘉本、瞿本、臺北纂圖本、國圖纂圖本、元十行本（明版）"舒"後有"行"，劉叔剛本（補抄）"舒"作"徐行"。正義云"言相與行於道路之人，至將離别，尚遲遲舒行，心中猶有乖離之志，不忍即别"。

② S. 541、S. 10、劉叔剛本（補抄）無"其"，静嘉本、瞿本、臺北纂圖本、國圖纂圖本、元十行本（明版）同蜀石經。元十行本（明版）"心"作"步"。S. 541、S. 10、静嘉本、瞿本、臺北纂圖本、國圖纂圖本、元十行本（明版）無"也"，劉叔剛本（補抄）同蜀石經。

③ S. 10"子"後有"之"，無"此"。静嘉本、瞿本、臺北纂圖本、國圖纂圖本、元十行本（明版）"此"作"也"，劉叔剛本（補抄）作"之也"。S. 541"如此"作"用"。

④ P. 2529"邇"作"尔"，S. 789、S. 541 作"尒"，S. 10 作"迩"，劉叔剛本（補抄）作"迩"，静嘉本、瞿本、臺北纂圖本、國圖纂圖本、元十行本（明版）同唐石經、蜀石經，以下相同處不再出校。

⑤ S. 789"送"作"言"。S. 10"畿"作"幾"，S. 541、静嘉本、瞿本、臺北纂圖本、國圖纂圖本、元十行本（明版）同唐石經、蜀石經。劉叔剛本（補抄）"送我畿"作"我畿送"。

⑥ S. 541 無"内"。

⑦ 元十行本（明版）"邇"作"迩"。

⑧ 劉叔剛本（補抄）"與"作"与"。釋文或本、静嘉本、國圖纂圖本"訣"作"決"，S. 10、瞿本、臺北纂圖本作"决"，S. 541、釋文底本、劉叔剛本（補抄）、元十行本（明版）、小字本同蜀石經。

⑨ S. 10"遠"後有"也"，S. 541、静嘉本、瞿本、臺北纂圖本、國圖纂圖本、劉叔剛本（補抄）、元十行本（明版）同蜀石經。

⑩ 静嘉本、瞿本、臺北纂圖本、國圖纂圖本、元十行本（明版）"唯"作"維"，S. 541、S. 10、劉叔剛本（補抄）作"惟"。瞿本"耳"作"尒"，元十行本（明版）作"袒"。

⑪ S. 10 無"裁""於"。S. 541 無"於"。釋文底本、静嘉本、瞿本、臺北纂圖本、國圖纂圖本、元十行本（明版）、小字本無"至"；釋文或本作"裁至於門"，又作"裁至於門内"；劉叔剛本（補抄）同蜀石經。S. 2729 此處出字作"我財"，蓋 S. 2729 所見本"裁"作"財"。

⑫ 劉叔剛本（補抄）"恩"後有"情"，静嘉本"恩"後有日人小字校記"情，扌无"。S. 10、静嘉本、瞿本、臺北纂圖本、國圖纂圖本、元十行本（明版）無"也"，S. 541、劉叔剛本（補抄）同蜀石經。

⑬ S. 541 無"菜"。S. 10 無"也"。

⑭ S. 541 無"荼"。S. 10"矣"作"也"。

⑮ S. 10 無"而"。S. 541、S. 10、静嘉本、瞿本、臺北纂圖本、國圖纂圖本、劉叔剛本（補抄）、元十行本（明版）無"遇""薄"。S. 10"荼"後有"也"。

⑯ S. 541、S. 10、静嘉本、瞿本、臺北纂圖本、國圖纂圖本、劉叔剛本（補抄）、元十行本（明版）無"以"。瞿本"比"作"此"。S. 10"之"後有"扵"，劉叔剛本（補抄）"之"作"扵荼"。

⑰ S. 541 無"則"，"薺"後有"之者"。瞿本"則"作"其"。元十行本（明版）"薺"作"荠"。S. 10、静嘉本、瞿本、臺北纂圖本、國圖纂圖本、元十行本（明版）無"也"，S. 541、劉叔剛本（補抄）同蜀石經。

⑱ 釋文底本、S. 2729 出字、唐石經、静嘉本、瞿本、臺北纂圖本、國圖纂圖本、元十行本（明版）、小字本"燕"作"宴"，P. 2529、S. 789、S. 541、S. 10、釋文或本、劉叔剛本（補抄）同蜀石經作"燕"。S. 541、S. 10、S. 2729 出字、劉叔剛本（補抄）"爾"作"尒"，以下相同處不再出校。S. 789"昏"作"婚"，劉叔剛本（補抄）作"婚"，蜀石經同唐石經，以下相同處不再出校。

⑲ 静嘉本、瞿本、臺北纂圖本、國圖纂圖本、元十行本（明版）"燕"作"宴"，劉叔剛本（補抄）同蜀石經。

也①。)**涇以渭濁,湜湜其沚②。**(涇渭相入而清濁異。箋云③:小渚曰沚④。涇水有渭⑤,故見渭濁⑥。湜湜,特正皃也⑦。喻君子得新昏⑧,故謂己惡也⑨。己之持心守初如沚然⑩,不動摇也⑪。此絶去所經見⑫,因取以自喻也⑬。)**燕爾新昏⑭,不我屑以⑮。**(屑,潔也⑯。箋云:以,用也⑰。言君子不復潔用我當家之室也⑱。)**無逝我梁⑲,無發我笱⑳。**

---

① S. 541、S. 10 無"也"。

② 阮氏校記云"《説文》水部湜下引詩曰'湜湜其止'。段玉裁云:毛作'止',鄭作'沚'。今考鄭箋但義從沚耳,其經字不作沚也"。

③ S. 541"箋"作"毛"。

④ 阮氏校記云"案,此鄭以經'止'字爲'沚'字之假借,不云讀爲,而於訓釋中直改其字,以顯之也。例見《關雎》怨耦曰仇下。此實漢代注經之常例,而後來往往有依注改經者"。

⑤ S. 541、S. 10、静嘉本、瞿本、臺北纂圖本、國圖纂圖本、劉叔剛本、元十行本"水"後有"以"。

⑥ S. 10 無"渭"。S. 541、釋文底本、静嘉本、瞿本、臺北纂圖本、國圖纂圖本、元十行本、小字本作"故見渭濁";釋文並云"舊本如此",或本"渭"作"謂",並云"後人政耳";劉叔剛本"渭"字處有修改痕跡,似改作"其"。正義云"定本'涇水以有渭,故見其濁'"。阮氏校記云"考此箋云'故見謂濁'下云'故謂已惡也',二'謂'字義同。正義云涇水言以有渭,故人見謂已濁。猶婦人言以有新昏,故君子見謂已惡也。見謂濁,言人見謂已涇之濁"。按,瞿本、臺北纂圖本、國圖纂圖本、劉叔剛本、元十行本所附釋文作"後人改耳",宋刻本《釋文》"政"或"改"字之誤。

⑦ 静嘉本"特"作"提","提"旁有日人小字校記"扌乍""持,本乍正作";S. 541、S. 10、瞿本、國圖纂圖本、劉叔剛本、元十行本作"持";臺北纂圖本無"特"。S. 10"正"作"心"。S. 10、静嘉本、瞿本、臺北纂圖本、國圖纂圖本、劉叔剛本、元十行本無"也",S. 541 同蜀石經。

⑧ S. 541"喻"作"諭",重"君"字。

⑨ S. 541 無"也"。

⑩ 静嘉本、瞿本、臺北纂圖本、國圖纂圖本、劉叔剛本、元十行本"心"作"正",S. 541、S. 10 同蜀石經。正義云"尚湜湜然持正守初"。S. 10"初"作"物"。按,行、草書體"心""正"形近易淆。

⑪ 静嘉本、瞿本、臺北纂圖本、國圖纂圖本、劉叔剛本、元十行本無"也",S. 541、S. 10 同蜀石經。

⑫ S. 10"見"後有"也",S. 541、静嘉本、瞿本、臺北纂圖本、國圖纂圖本、劉叔剛本、元十行本同蜀石經。

⑬ S. 10"因"作"回",以下相同處不再出校。瞿本無"因"。S. 10"自"作"為",S. 541 無"自",静嘉本"自"旁有日人小字校記"本无"。S. 541"喻"後有"己"。S. 10 無"也",静嘉本、瞿本、臺北纂圖本、國圖纂圖本、劉叔剛本、元十行本"也"作"焉"。

⑭ 唐石經、静嘉本、瞿本、臺北纂圖本、國圖纂圖本、劉叔剛本、元十行本"燕"作"宴",S. 789、S. 541、S. 10 同蜀石經。S. 541"昏"作"婚"。

⑮ S. 541"我屑以"作"以我屑"。

⑯ 静嘉本、瞿本、臺北纂圖本、國圖纂圖本、劉叔剛本、元十行本"潔"作"絜",以下相同處不再出校。

⑰ S. 541 重"以"字。

⑱ S. 10 無"言"。S. 10、静嘉本、瞿本、臺北纂圖本、國圖纂圖本、劉叔剛本、元十行本"家之室也"作"室家",S. 541"家之室"作"室家"。

⑲ S. 541、唐石經、静嘉本、瞿本、臺北纂圖本、國圖纂圖本、劉叔剛本、元十行本"無"作"毋",S. 789、S. 10 同蜀石經。

⑳ S. 541、唐石經、静嘉本、瞿本、臺北纂圖本、國圖纂圖本、劉叔剛本、元十行本、小字本"無"作"毋",S. 789、S. 10 同蜀石經。P. 2529、S. 789"笱"作"苟",S. 10 同唐石經、蜀石經。

(逝①,之也。梁,魚梁也②。笱③,所以捕魚也④。箋云⑤:無者⑥,喻禁新昏⑦。汝無之我家⑧,取我爲室家之道⑨。)**我躬不閱,遑恤我後⑩。**(閱,容也。箋云:躬,身也⑪。皇,暇也⑫。恤,憂也。我身尚不能自容⑬,何暇憂我後廿所生子孫⑭。)**就其深矣,方之舟之⑮。就其淺矣,泳之游之⑯。**(舟,船也⑰。箋云:方⑱,柎也⑲。潛行爲泳。言深淺者⑳,喻君子之家事無難易㉑,吾皆爲之㉒。)**何有何亡㉓,黽勉求之。**(有謂富也㉔,亡謂貧也㉕。箋

---

① 元十行本"逝"作"浙"。

② S. 541、S. 10 無"魚梁也"。静嘉本、瞿本、臺北纂圖本、國圖纂圖本、劉叔剛本、元十行本無"也"。

③ S. 541"笱"作"苟"。

④ S. 541 無"所"。S. 10 無"也"。

⑤ S. 541"箋"作"笺",以下相同處不再出校。

⑥ S. 10 無"無者"二字。S. 541、静嘉本、瞿本、臺北纂圖本、劉叔剛本、元十行本"無"作"毋",國圖纂圖本作"母"形。

⑦ 劉叔剛本、元十行本、小字本"喻"作"諭"。S. 541、静嘉本、臺北纂圖本、國圖纂圖本、劉叔剛本、元十行本"昏"後有"也",S. 10、瞿本同蜀石經。

⑧ S. 541"汝"作"女",以下相同處不再出校。S. 541、静嘉本、瞿本、臺北纂圖本、劉叔剛本、元十行本"無"作"毋",國圖纂圖本作"母",S. 10 同蜀石經。S. 541"之我"作"我之"。

⑨ S. 10 無"爲"。

⑩ S. 541"遑恤"作"皇邮"。S. 789"遑"作"皇"。静嘉本、瞿本、臺北纂圖本、國圖纂圖本、劉叔剛本、元十行本同唐石經、蜀石經。

⑪ 静嘉本、瞿本、臺北纂圖本、國圖纂圖本、劉叔剛本、元十行本無"也",S. 541、S. 10 同蜀石經。

⑫ S. 10、静嘉本、瞿本、臺北纂圖本、國圖纂圖本、劉叔剛本、元十行本"皇"作"遑",S. 541 同蜀石經。静嘉本、瞿本、臺北纂圖本、國圖纂圖本、劉叔剛本、元十行本無"也",S. 541、S. 10 同蜀石經。

⑬ S. 10"身"作"躬"。

⑭ S. 541 無"我"。S. 10 無"後"。S. 541、静嘉本、瞿本、臺北纂圖本、國圖纂圖本、劉叔剛本、元十行本無"廿"。静嘉本、瞿本、臺北纂圖本、國圖纂圖本、劉叔剛本、元十行本"孫"後有"也"。

⑮ S. 10"方"作"舫"。S. 10、要義後"之"作"矣"。

⑯ P. 2529、S. 10"游"作"遊",S. 789、S. 541、静嘉本、瞿本、臺北纂圖本、國圖纂圖本、劉叔剛本、元十行本、要義同唐石經、蜀石經。

⑰ 静嘉本、臺北纂圖本、國圖纂圖本、要義"舩"作"船",原本玉篇、S. 541、S. 10、瞿本、劉叔剛本、元十行本同蜀石經。

⑱ S. 10"方"作"舩",元十行本作"万"形。

⑲ S. 10"柎"作"附",S. 541、釋文出字、静嘉本、瞿本、臺北纂圖本、國圖纂圖本、劉叔剛本、元十行本、要義作"泭"。

⑳ S. 541 無"深淺者"。

㉑ S. 541 無"之"。瞿本"易"作"湯"。

㉒ S. 541"之"後有"者也",S. 10"之"後有"也"。

㉓ S. 541"亡"作"何",該字上又有塗改痕跡,改作"亡"。

㉔ S. 10 無"也",S. 541、静嘉本、瞿本、臺北纂圖本、國圖纂圖本、劉叔剛本、元十行本、要義同蜀石經。

㉕ S. 10 無"也",S. 541、静嘉本、瞿本、臺北纂圖本、國圖纂圖本、劉叔剛本、元十行本、要義同蜀石經。

云:君子何所有乎?何所亡乎[①]?吾其黽勉勤力爲求之[②],有求多,亡求有之[③]。)**凡巳有喪[④],匍匐救之。**(箋云[⑤]:匍匐,言盡力也[⑥]。凡巳有凶禍之事[⑦],鄰里尚盡力往救之[⑧],況我於君子之家事難易[⑨],固當黽勉[⑩],以疏喻親也[⑪]。)**不以我能慉[⑫],反以我爲讎。**(慉,養也[⑬]。箋云:慉,驕也。君子不能以見驕樂我[⑭],反憎惡我也[⑮]。)**既阻我德,賈用不售[⑯]。**(阻,難也[⑰]。箋云:既難却我[⑱],隱蔽我之善[⑲],我脩婦道以事之[⑳],覬其察己,猶

---

① S. 541 無"所"。

② S. 10"其黽勉"作"皆俛","之"後有"也"。

③ S. 541、S. 10"之"作"也"。静嘉本、瞿本、臺北纂圖本、國圖纂圖本、劉叔剛本、元十行本、要義無"之"。

④ P. 2529、S. 541"巳"作"人",蜀石經同唐石經作"巳",S. 789 不闕筆,以下相同處不再出校。

⑤ S. 541"箋"作"笺"。

⑥ 臺北纂圖本"盡"作"尽",以下相同處不再出校。S. 10 無"也",S. 541、静嘉本、瞿本、臺北纂圖本、國圖纂圖本、劉叔剛本、元十行本同蜀石經。

⑦ S. 541、静嘉本、瞿本、臺北纂圖本、國圖纂圖本、劉叔剛本、元十行本"凡"後有"於",S. 10 同蜀石經。

⑧ S. 10"鄰"作"隣"。

⑨ 臺北纂圖本"況"作"况","子"作"了"形。S. 10 無"於","之"作"受我","事"後有"無","易"後有"乎"。S. 541 無"事","易"後有"乎"。静嘉本、瞿本、臺北纂圖本、國圖纂圖本、劉叔剛本、元十行本、小字本"之家"作"家之","易"後有"乎"。

⑩ S. 10"固"作"故"。S. 541 無"當","黽勉"作"勉勉"。

⑪ S. 541"親"後有"之"。S. 10 無"也"。

⑫ 原本玉篇、P. 2529、S. 789、Дx. 12697、S. 541、S. 10、唐石經、静嘉本、瞿本、臺北纂圖本、國圖纂圖本、劉叔剛本、元十行本無"以"。原本玉篇、Дx. 12697、S. 541、S. 10"慉"作"畜",以下相同處不再出校。按,蜀石經"以"字或以下文"反以我爲讎"及鄭箋"君子不能以見驕樂我"爲依據。另,《後漢書·竇融傳》注引詩作"不以我爲德,反以我爲讎",然"不以我爲德""反以我爲讎"結構相同,而"不我能慉""反以我爲讎"結構不同。"不我能慉"或即"不能慉我",若添"以"字則改變了原有結構。

⑬ 阮氏校記云"案,正義云徧檢諸本皆云'慉養',孫毓引傳云'慉興',非也。釋文云毛興也,鄭驕也,王肅養也,《說文》起也。據此則'養也'是王肅本也。段玉裁云《說文》起卽興,正義從養非"。

⑭ S. 541"不"作"木"。S. 541、S. 10、静嘉本、瞿本、臺北纂圖本、國圖纂圖本、劉叔剛本、元十行本"見"作"恩"。

⑮ S. 541"憎"作"曾"。S. 10、静嘉本、瞿本、臺北纂圖本、國圖纂圖本、劉叔剛本、元十行本無"也",S. 541 同蜀石經。

⑯ 阮氏校記云"唐石經'售'字磨改。案,錢大昕《唐石經考異》云蓋本作'讎'。段玉裁云'讎'正字,'售'俗字。《史記》《漢書》尚多用'讎'"。按,今檢唐石經原石,該字確經磨改,據"售"字下層殘筆推測原刻蓋作"讐"。

⑰ 臺北纂圖本"難"作"舉"。元十行本、小字本"也"作"云";劉叔剛本原刻似作"云",又於該字上改作"也";静嘉本、瞿本、臺北纂圖本、國圖纂圖本同蜀石經。

⑱ 静嘉本"我"後擠寫小字"德"。

⑲ S. 541"蔽"作"弊"。

⑳ S. 10 無"我"。瞿本、臺北纂圖本、國圖纂圖本"脩"作"修",以下相同處不再出校。S. 541、S. 10、静嘉本、瞿本、臺北纂圖本、國圖纂圖本、劉叔剛本、元十行本"以"作"而"。

見疏外[①]，如賣物不售者也[②]。）**昔育恐鞠**[③]**，及爾顛覆**[④]**。**（育，長也[⑤]。鞠[⑥]，窮也。箋云：昔育[⑦]，育穉也[⑧]。及，與也[⑨]。昔我幼穉時[⑩]，恐至老窮匱[⑪]，故與汝顛覆盡力於衆事[⑫]，難易無所避也[⑬]。）**既生既育，比予于毒。**（箋云：生，謂財業也[⑭]。育，謂長老也[⑮]。于，於也。既有其財業[⑯]，又既長老[⑰]，其視我如毒螫[⑱]，言惡之甚也[⑲]。）**我有㫖蓄**[⑳]**，亦以**

---

① S.10“疏”作“路”。

② S.541、S.10、静嘉本、瞿本、臺北纂圖本、國圖纂圖本、劉叔剛本、元十行本“物”後有“之”。S.10、静嘉本、瞿本、臺北纂圖本、國圖纂圖本、劉叔剛本、元十行本無“者也”，S.541無“者”。

③ S.541“恐”作“怨”，該字後有“育”。P.2529、S.789、S.10、唐石經、静嘉本、瞿本、臺北纂圖本、國圖纂圖本、劉叔剛本、元十行本、小字本“恐”後有“育”。唐石經、静嘉本、瞿本、臺北纂圖本、國圖纂圖本、劉叔剛本、元十行本、小字本“鞠”作“鞫”；釋文底本作“鞫”，或本作“鞠”；P.2529、S.789、S.541、S.10同蜀石經。釋文出字作“育鞫”，當與唐石經同。按，無下“育”字爲蜀石經獨特性異文，蓋爲湊成四字句而删，是否有文本依據已難獲知。

④ S.789、S.541、S.10“顛”作“顚”，静嘉本、瞿本、臺北纂圖本、國圖纂圖本、劉叔剛本、元十行本同唐石經、蜀石經，以下相同處不再出校。

⑤ 静嘉本、瞿本、臺北纂圖本、國圖纂圖本、劉叔剛本、元十行本無“也”，S.541、S.10同蜀石經。

⑥ 静嘉本、瞿本、臺北纂圖本、國圖纂圖本、劉叔剛本、元十行本“鞠”作“鞫”，S.10同蜀石經。

⑦ S.541無“昔”，“育”後有“者”。元十行本“昔”作“晉”形。

⑧ S.10、釋文底本、静嘉本、瞿本、臺北纂圖本、國圖纂圖本、劉叔剛本、元十行本“穉”作“稚”，S.541作“穉”，釋文或本作“穉”，以下相同處不再出校。S.10無“也”，S.541、静嘉本、瞿本、臺北纂圖本、國圖纂圖本、劉叔剛本、元十行本同蜀石經。

⑨ S.541無“也”。

⑩ S.541“昔我”作“者”。S.10、静嘉本、瞿本、臺北纂圖本、國圖纂圖本、劉叔剛本、元十行本無“我”，“時”前有“之”。

⑪ S.541、S.10、静嘉本、瞿本、臺北纂圖本、國圖纂圖本、劉叔剛本、元十行本“老”前有“長”。S.541、S.10“匱”作“遺”。

⑫ S.10“故”後有“顛”。

⑬ 臺北纂圖本“難”作“辨”；“無”作“无”，以下相同處不再出校。釋文底本“無所避”作“無辟”，或本“辟”作“避”。静嘉本、瞿本、劉叔剛本、元十行本“避”作“辟”，臺北纂圖本、國圖纂圖本、小字本“避”作“易”。S.10、静嘉本、瞿本、臺北纂圖本、國圖纂圖本、劉叔剛本、元十行本無“也”。S.541“也”作“之者”。

⑭ S.541“財”後有“時”。S.10無“也”，S.541、静嘉本、瞿本、臺北纂圖本、國圖纂圖本、劉叔剛本、元十行本同蜀石經。

⑮ S.10無“老”。

⑯ S.541、S.10、静嘉本、瞿本、臺北纂圖本、國圖纂圖本、劉叔剛本、元十行本無“其”，“業”後有“矣”。

⑰ S.541、S.10、静嘉本、瞿本、臺北纂圖本、國圖纂圖本、劉叔剛本、元十行本“老”後有“矣”。

⑱ S.10“如”後有“視”，静嘉本“如”後有日人小字校記“視，扌无”；S.541、静嘉本、瞿本、臺北纂圖本、國圖纂圖本、劉叔剛本、元十行本同蜀石經。

⑲ S.541“惡”作“思”，該字後有“已”，無“也”。S.10“惡”後有“已”。静嘉本、臺北纂圖本、國圖纂圖本、劉叔剛本、元十行本“之”作“已”，瞿本“之”後有“已”。

⑳ 静嘉本、臺北纂圖本“㫖”作“旨”，P.2529、S.789、S.541、S.10、瞿本、國圖纂圖本、劉叔剛本、元十行本、要義作“旨”，Дx.12697同唐石經、蜀石經，以下相同處不再出校。S.541、釋文或本“蓄”作“畜”，P.2529、S.789、釋文底本、静嘉本、瞿本、臺北纂圖本、國圖纂圖本、劉叔剛本、元十行本、要義同唐石經、蜀石經。

**御冬**①。(貌美也②。御,禦也。箋云:蓄聚美菜者③,以禦冬月之無時也④。)**燕爾新昏**⑤,**以我御窮**。(箋云⑥:言君子亦但以我禦窮苦之時⑦,至於富貴⑧,則弃我如言蓄也⑨。)**有洸有潰**⑩,**既詒我肄**⑪。(洸洸,武也。潰潰,怒也。肄,勞也。箋云:詒,遺也。君子洸洸然⑫,潰潰然,而無温潤之色⑬,而盡遺我以勞苦之事⑭,欲用窮我也⑮。)**不念昔者,伊余來塈**⑯。(塈,息也。箋云:君子忘舊,不念往者年穉我始來之時安息我也⑰。)**《谷風》六章,章八句**⑱。

**《式微》,黎侯寓于衛**⑲,**其臣勸以歸也**⑳。(寓,寄也。黎侯爲狄人所逐㉑,弃其

① 釋文云"一本下句即作禦字"。

② 静嘉本、臺北纂圖本"貌"作"旨",S. 541、S. 10、瞿本、國圖纂圖本、劉叔剛本、元十行本、要義作"旨"。静嘉本、瞿本、臺北纂圖本、國圖纂圖本、劉叔剛本、元十行本、要義無"也",S. 541、S. 10 同蜀石經。

③ 静嘉本"美"前有日人小字校記"聚,扌无"。

④ 静嘉本、瞿本、臺北纂圖本、國圖纂圖本、劉叔剛本、元十行本、要義"之"作"乏",國圖纂圖本"乏"字撇畫似有殘損;S. 541、S. 10 同蜀石經。S. 541"禦"作"御","無"後有"之"。S. 10"無"後有"之",無"也"。

⑤ 唐石經、静嘉本、瞿本、臺北纂圖本、國圖纂圖本、劉叔剛本、元十行本"燕"作"宴",S. 789、S. 541、S. 10 同蜀石經。

⑥ S. 541"箋"作"毛",以下相同處不再出校。

⑦ S. 541、S. 10、静嘉本、瞿本、臺北纂圖本、國圖纂圖本、劉叔剛本、元十行本無"言"。S. 541、S. 10 無"亦"。静嘉本"但"作"伹"。S. 10、静嘉本、臺北纂圖本、國圖纂圖本、劉叔剛本、元十行本"禦"作"御",瞿本同蜀石經。S. 541 無"禦窮苦之時"。

⑧ S. 541 無"至"。

⑨ 臺北纂圖本"弃"作"畜"。S. 10、静嘉本、瞿本、臺北纂圖本、國圖纂圖本、劉叔剛本、元十行本無"也",S. 541 同蜀石經。

⑩ S. 789、S. 10"潰"作"憒",S. 541、S. 2729 出字、静嘉本、瞿本、臺北纂圖本、國圖纂圖本、劉叔剛本、元十行本、要義同唐石經、蜀石經。

⑪ P. 2529、S. 2729 出字"詒"作"貽",S. 789、S. 541、S. 10 同唐石經、蜀石經。S. 789"肄"作"肆"。静嘉本、瞿本、臺北纂圖本、國圖纂圖本、劉叔剛本、元十行本、要義同唐石經、蜀石經。

⑫ 臺北纂圖本"洸洸"作"洗洗"。S. 541、S. 10 無"然"。

⑬ S. 541、S. 10、静嘉本、瞿本、臺北纂圖本、國圖纂圖本、劉叔剛本、元十行本、要義無"而"。S. 541"潤"作"閏"。

⑭ 臺北纂圖本"遺"作"遣"。

⑮ S. 10"用窮"作"困",S. 541、静嘉本、瞿本、臺北纂圖本、國圖纂圖本、劉叔剛本、元十行本、要義作"窮困"。S. 541、静嘉本、瞿本、臺北纂圖本、國圖纂圖本、劉叔剛本、元十行本、要義無"也",S. 10 同蜀石經。

⑯ S. 789"塈"作"暨"。

⑰ 静嘉本、瞿本、臺北纂圖本、國圖纂圖本、劉叔剛本、元十行本"者"作"昔",S. 541、S. 10 同蜀石經。S. 10、静嘉本、瞿本、臺北纂圖本、國圖纂圖本、劉叔剛本、元十行本無"也",S. 541 同蜀石經。

⑱ Дx. 12697"句"作"勾",以下相同處不再出校。

⑲ P. 2529、釋文或本"于"作"乎";S. 789、S. 541、S. 10、釋文底本、静嘉本、瞿本、臺北纂圖本、國圖纂圖本、劉叔剛本、元十行本、要義同蜀石經;唐石經原石此處殘損,然據殘形可知亦作"于"。按,"于""乎"音近可通,皆可表示至于某地,然用"于"的情況較多。S. 10"衛"後有"也"。

⑳ P. 2529 無"臣"。S. 10 無"也"。S. 789、静嘉本、瞿本、臺北纂圖本、國圖纂圖本、劉叔剛本、元十行本、要義同蜀石經。

㉑ S. 541"狄"作"秋";S. 10 作"狄",以下相同處不再出校。

國而寄於衛①。衛處之以二邑②,因安之③,可以歸而不歸④,故其臣勸之⑤。)**式微式微,胡不歸?**(式,用也。箋云:式微式微者⑥,微乎微者也⑦。君何不歸乎⑧?禁君留止於此之辭也⑨。式⑩,發聲也⑪。)**微君之故,胡爲乎中露⑫?**(微,無也。中露,衛邑也⑬。箋云:我若無君,何爲處此乎⑭?臣又極諫之辭⑮。)**式微式微,胡不歸?微君之躬,胡爲乎泥中⑯?**(泥中,衛下邑也⑰。)**《式微》二章,章四句。**

**《旄丘》⑱,責衛伯也⑲。狄人迫逐黎侯⑳,黎侯寓于衛㉑。衛不能脩方伯連率之職㉒,黎之臣子以責於衛也㉓。**(衛康叔之封爵稱侯㉔,今稱伯者㉕,時爲州伯

---

① 要義"弃"作"棄"。臺北纂圖本"國"作"国"。静嘉本、臺北纂圖本"於"作"于",S. 541、S. 10、瞿本、國圖纂圖本、劉叔剛本、元十行本、要義同蜀石經。

② 臺北纂圖本"處"作"処",以下相同處不再出校。S. 541 重"之"字。

③ S. 541"因"作"囙"。

④ 臺北纂圖本"歸"作"帰",以下相同處不再出校。S. 541 無"而不歸"。

⑤ S. 541"之"後有"也"。

⑥ S. 541 不重"式微"二字。

⑦ S. 10"乎"作"于",無"者"。S. 541 無"微者也"。

⑧ S. 10"何"作"胡",S. 541、静嘉本、瞿本、臺北纂圖本、國圖纂圖本、劉叔剛本、元十行本、要義同蜀石經。

⑨ S. 541 無"止"。S. 10"於"作"于"。瞿本、臺北纂圖本"辭"作"辞",以下相同處不再出校。S. 10、静嘉本、瞿本、臺北纂圖本、國圖纂圖本、劉叔剛本、元十行本、要義無"也"。

⑩ S. 541 無"式"。

⑪ S. 10"發"作"微",無"也"。臺北纂圖本"聲"作"声",以下相同處不再出校。

⑫ S. 10"露"作"路",S. 789、Дx. 12697、S. 541、静嘉本、瞿本、臺北纂圖本、國圖纂圖本、劉叔剛本、元十行本同唐石經、蜀石經,以下相同處不再出校。

⑬ S. 10"邑也"作"下邑",S. 541、静嘉本、瞿本、臺北纂圖本、國圖纂圖本、劉叔剛本、元十行本同蜀石經。

⑭ S. 10 無"爲"。S. 541 無"乎"。

⑮ S. 10"臣又"作"有",S. 541、静嘉本、瞿本、臺北纂圖本、國圖纂圖本、劉叔剛本、元十行本同蜀石經。

⑯ S. 10、静嘉本、瞿本、臺北纂圖本、國圖纂圖本"泥"作"泥",P. 2529、S. 789、S. 541、劉叔剛本、元十行本同唐石經、蜀石經,以下相同處不再出校。

⑰ S. 541、静嘉本、瞿本、臺北纂圖本、國圖纂圖本、劉叔剛本、元十行本無"下"。S. 541、S. 10 無"也"。

⑱ S. 10"旄"作"堥",以下相同處不再出校。釋文或本"丘"作古"北"字。阮氏校記云"案,《六經正誤》云:'丠'或作古'北'字,作'北'誤。是也"。陳本闕避清諱作"丘",以下相同處不再贅言。

⑲ S. 541 無"衛"。

⑳ S. 789"狄"作"翟"。

㉑ P. 2529、S. 789"于"作"乎",S. 541、S. 10、静嘉本、瞿本、臺北纂圖本、國圖纂圖本、劉叔剛本、元十行本同唐石經、蜀石經。

㉒ S. 541 無"衛"。S. 541、S. 10"職"作"軄",以下相同處不再出校。S. 10"軄"後有"也"。P. 2529 無"脩";"方"作"兮",該字上有朱筆塗抹;"率"作"師"。静嘉本、瞿本、國圖纂圖本、劉叔剛本、元十行本、要義同唐石經、蜀石經。

㉓ S. 10 無"也",S. 789、S. 541、静嘉本、瞿本、臺北纂圖本、國圖纂圖本、劉叔剛本、元十行本、要義同唐石經、蜀石經。

㉔ S. 541、S. 10"叔"作"尗",以下相同處不再出校。S. 10"稱"作"称",元十行本作"稱",以下相同處不再出校。

㉕ S. 10"今稱"作"侯命曰"。S. 541、静嘉本、瞿本、臺北纂圖本、國圖纂圖本、劉叔剛本、元十行本、要義"稱"作"曰"。

也[①]。周之制，使伯佐牧[②]。《春秋傳》曰"五侯九伯"，侯爲牧也[③]。）**旄丘之葛兮，何誕之節兮**[④]？（興也。前高後下曰旄丘。諸侯以國相連屬[⑤]，憂患相及，如葛延蔓相連也[⑥]。誕，闊也[⑦]。箋云：土氣暖則葛生闊節也[⑧]。興者[⑨]，喻此時衛伯不恤其職，故其臣於君事亦蹠廢[⑩]。）**叔兮伯兮**[⑪]**，何多日也？**（日月巳逝而不我憂也[⑫]。箋云：叔、伯，字也[⑬]。呼衛之諸臣，叔與伯與汝期迎我君而復之[⑭]。可以來而不來[⑮]，汝日數何一多[⑯]？先叔後伯，臣之命不以歯也[⑰]。）**何其處也，必有與也。**（言與仁義也[⑱]。箋云：我君何以處此乎[⑲]？必以衛有仁義之道故[⑳]。責衛今不行仁義也[㉑]。）**何其久也，必有以也。**（必以功德也[㉒]。

---

① S. 541 無"州"。S. 10 無"也"。

② S. 10"佐"作"從"。

③ S. 10 無"也"，S. 541、靜嘉本、瞿本、臺北纂圖本、國圖纂圖本、劉叔剛本、元十行本、要義同蜀石經。靜嘉本"侯"前有日人小字校記"謂，扌无"，"牧"後有日人小字校記"者，扌无"。

④ 原本玉篇、S. 541"節"作"莭"，以下相同處不再出校。S. 789 無"之"。

⑤ S. 541、S. 10、臺北纂圖本、元十行本"屬"作"属"，靜嘉本、瞿本、國圖纂圖本、劉叔剛本同蜀石經。

⑥ S. 541、S. 10、靜嘉本、瞿本、臺北纂圖本、國圖纂圖本、劉叔剛本、元十行本、要義"葛"後有"之"，"連"後有"及"。S. 10 無"也"。S. 541、S. 10"延蔓"作"蔓延"，釋文出字、靜嘉本、瞿本、臺北纂圖本作"蔓莚"，國圖纂圖本作"蔓筵"，劉叔剛本、元十行本、要義作"蔓延"。阮氏校記云"小字本'延'作'莚'"。

⑦ 原本玉篇、S. 10"闊"後有"莭"。

⑧ S. 541、S. 10、靜嘉本、瞿本、臺北纂圖本、國圖纂圖本、劉叔剛本、元十行本、要義"暖"作"緩"，無"也"。元十行本"節"作"莭"，以下相同處不再出校。

⑨ 臺北纂圖本"興"作"典"。

⑩ S. 541、靜嘉本、瞿本、臺北纂圖本、國圖纂圖本、劉叔剛本、元十行本、要義"廢"後有"也"，S. 10 同蜀石經。

⑪ P. 2529、S. 789 兩"兮"字皆作"也"，Дx. 12697、S. 10、靜嘉本、瞿本、臺北纂圖本、國圖纂圖本、劉叔剛本、元十行本同唐石經、蜀石經。

⑫ 静嘉本、瞿本、臺北纂圖本、國圖纂圖本、劉叔剛本、元十行本"巳"作"以"，靜嘉本"以"旁有日人小字校記"扌乍""已，本"；S. 10 同蜀石經。S. 10、靜嘉本、瞿本、臺北纂圖本、國圖纂圖本、劉叔剛本、元十行本無"也"。

⑬ S. 10 無"也"。

⑭ S. 10 無"汝"，"期"後有"来"。靜嘉本後"與"旁有日人小字校記"本无"。

⑮ S. 10、靜嘉本、瞿本、臺北纂圖本、國圖纂圖本、劉叔剛本、元十行本無"以"。

⑯ 靜嘉本、瞿本、臺北纂圖本、國圖纂圖本、劉叔剛本、元十行本"一"作"其"，"多"後有"也"；靜嘉本"其"旁有日人小字校記"扌乍""一，本乍"；S. 10 同蜀石經。

⑰ 靜嘉本、瞿本、臺北纂圖本、國圖纂圖本、劉叔剛本、元十行本"歯"作"齒"。靜嘉本、瞿本、臺北纂圖本、國圖纂圖本、劉叔剛本、元十行本無"也"，S. 10 同蜀石經。按，顏元孫《干禄字書》云"齒，上俗下正"，敦煌寫本中多有"歯"字及"歯"旁無末筆之形，蜀石經此處或爲當時常見俗寫之遺留。

⑱ 劉叔剛本、元十行本"與"作"与"。S. 10 無"也"。

⑲ S. 10"我"前有"此"，"以"後有"久"。靜嘉本"以"旁有日人小字校記"本无"，"以"後有日人小字校記"久，扌无"。S. 10、靜嘉本、瞿本、臺北纂圖本、國圖纂圖本、劉叔剛本、元十行本"處"後有"於"。

⑳ S. 10、靜嘉本、瞿本、臺北纂圖本、國圖纂圖本、劉叔剛本、元十行本"故"後有"也"。

㉑ S. 10"責"前有"又"。S. 10、靜嘉本、瞿本、臺北纂圖本、國圖纂圖本、劉叔剛本、元十行本無"也"。

㉒ S. 10"必"後有"有"字，"德也"作"意"。靜嘉本、瞿本、臺北纂圖本、國圖纂圖本、劉叔剛本、元十行本"以"後有"有"字，無"也"。靜嘉本"有"旁有日人小字校記"本无"。

箋云:我君何以久留於此乎?必以衛有功德也①。又責衛今不務功德②。)**狐裘蒙戎,匪車不東。**(大夫狐蒼裘③,蒙戎以言亂也④。不東,言不來東也⑤。箋云:剌衛諸臣形皃蒙戎然⑥,但爲昏亂之行⑦。汝非無戎車乎⑧,何不來東迎我君而復之?黎國在衛西⑨,今所寓在衛東⑩。)**叔兮伯兮⑪,靡所與同⑫。**(無救患恤同也⑬。箋云:衛之諸臣行如是,不與諸伯之臣同⑭,言其非之特甚也⑮。)**瑣兮尾兮⑯,流離之子⑰。**(瑣尾,少好之皃也⑱。流離⑲,鳥名也⑳,少好長醜,始於愉樂㉑,終以微弱。箋云:衛之諸臣,初有小善,終無成功,似流離也㉒。)**叔兮伯兮㉓,褎如充耳㉔。**(褎,盛服也㉕。充耳,盛飾也㉖。大夫褎然有尊盛

---

① S. 10、静嘉本、瞿本、臺北纂圖本、國圖纂圖本、劉叔剛本、元十行本"也"前有"故"。

② S. 10 無"衛"。静嘉本、瞿本、臺北纂圖本、國圖纂圖本、劉叔剛本、元十行本"德"後有"也",S. 10 同蜀石經。

③ S. 10"蒼"作"倉"。

④ 元十行本"亂"作"乱",以下相同處不再出校。

⑤ 劉叔剛本、元十行本"來"作"来",以下相同處不再出校。S. 10 無"也"。

⑥ S. 10"剌"作"此"。

⑦ 瞿本"但"作"伹";S. 10、静嘉本、臺北纂圖本、國圖纂圖本、劉叔剛本、元十行本同蜀石經,静嘉本"但"旁有日人小字校記"扌乍""俱,本乍"。

⑧ S. 10、静嘉本、瞿本、臺北纂圖本、國圖纂圖本、劉叔剛本、元十行本"無"作"有"。

⑨ 瞿本"國"作"国",以下相同處不再出校。

⑩ S. 10"寓"作"寄","東"後有"故言不東也"。

⑪ S. 789 兩"兮"字皆作"也"。

⑫ Дx. 12697 此處殘損,"兮"字後爲"無"字。

⑬ S. 10 無"也"。

⑭ 元十行本"同"作"司"。

⑮ 元十行本"特"作"時"。S. 10、静嘉本、瞿本、臺北纂圖本、國圖纂圖本、劉叔剛本、元十行本無"也"。

⑯ P. 2529、S. 789、S. 10、釋文出字、S. 2729 出字"瑣"作"璅",釋文並云"依字作'瑣'";静嘉本、瞿本、臺北纂圖本、國圖纂圖本、劉叔剛本、元十行本作"瑣";蜀石經同唐石經作"瑣";以下相同處不再出校。

⑰ S. 10、釋文或本"流"作"鶹",P. 2529、S. 789、釋文底本、静嘉本、瞿本、臺北纂圖本、國圖纂圖本、劉叔剛本、元十行本同唐石經、蜀石經,以下相同處不再出校。

⑱ S. 10、静嘉本、瞿本、臺北纂圖本、國圖纂圖本、劉叔剛本、元十行本無"也"。

⑲ S. 10"離"後有"之鳥"。

⑳ S. 10 無"鳥名也"。静嘉本、瞿本、臺北纂圖本、國圖纂圖本、劉叔剛本、元十行本無"名",静嘉本"鳥"後有日人小字校記"名,扌无"。

㉑ S. 10、静嘉本、瞿本、臺北纂圖本、國圖纂圖本、劉叔剛本、元十行本、小字本"於"作"而",静嘉本"而"旁有日人小字校記"扌""如,本乍"。按,正義云"定本'偷樂'作'愉樂'",本次校理所及版本無作"偷樂"者。然 S. 2729 出字作"而偷",蓋 S. 2729 所見本"於"作"而"、"愉"作"偷"。

㉒ 瞿本"似"作"以"。

㉓ S. 789 此處同蜀石經作"兮"。

㉔ S. 10"褎"作"褏",P. 2529、S. 789、釋文或本作"裒",釋文底本、静嘉本、瞿本、臺北纂圖本、國圖纂圖本、劉叔剛本、元十行本、要義同唐石經、蜀石經,以下相同處不再出校。S. 10"充"作"琉",以下相同處不再出校。

㉕ S. 10 無"也"。

㉖ S. 10"飾"作"餝",無"也"。

之服而不能稱也[①]。箋云：充耳者[②]，塞耳也[③]。言衛之諸臣顔色褎然，如見塞耳無所聞知[④]。如人之耳聾[⑤]，恒多笑而已[⑥]。）**《旄丘》四章[⑦]，章四句[⑧]。**

**《简兮》[⑨]，剌不用賢也[⑩]。衛之賢者仕於泠官[⑪]，皆可以承事王者也[⑫]。**（泠官[⑬]，樂官也。泠氏廿掌樂官而善焉，故後丗多號樂官爲泠官。）**简兮简兮[⑭]，方將萬舞。**（簡，大也。方，四方也[⑮]。將，行也。以干羽爲萬舞[⑯]，用之於宗廟山川[⑰]，故言於四方也[⑱]。箋云：簡，擇也[⑲]。將，且也[⑳]。擇兮擇兮者[㉑]，爲且祭祀當萬舞也[㉒]。萬舞，干舞[㉓]。）**日之方中，在前上處。**（教國子弟，以日中爲期也[㉔]。箋云：在前上處者，在前列上頭也[㉕]。

---

① 静嘉本"稱"後有日人小字校記"德，扌无"。S. 10"也"作"服"。

② S. 10、静嘉本、瞿本、臺北纂圖本、國圖纂圖本、劉叔剛本、元十行本、要義無"者"。

③ S. 10 無"塞耳也"。

④ S. 10"如見"處殘損，此處僅一字之容；無"知"。静嘉本、瞿本、臺北纂圖本、國圖纂圖本、劉叔剛本、元十行本、要義無"所"，"知"後有"也"。

⑤ 静嘉本、瞿本、臺北纂圖本、國圖纂圖本、劉叔剛本、元十行本、要義無"如"。S. 10 無"之"。

⑥ 瞿本、臺北纂圖本、國圖纂圖本、劉叔剛本、元十行本、要義"恒"字避諱闕末筆，静嘉本不闕筆。S. 10"已"後有"也"。

⑦ S. 789"丘"爲後添，"四"作"五"。

⑧ 劉叔剛本、元十行本爲注疏合刻本，"四句"後另行卷題作"附釋音毛詩注疏卷第二 二之二"。

⑨ 劉叔剛本、元十行本爲注疏合刻本，"簡兮"前另行卷題作"附釋音毛詩注疏卷第二 二之三"，另行又題"毛詩國風 鄭氏 孔穎達疏"。P. 2529"簡"作"蕳"；S. 789、S. 10、釋文或本作"蕳"，釋文並云"是草名，非也"；吐魯番本、静嘉本、瞿本、臺北纂圖本、國圖纂圖本、劉叔剛本、元十行本作"簡"；釋文底本同唐石經、蜀石經；以下相同處不再出校。

⑩ 吐魯番本"剌"作"刾"。

⑪ P. 2529、S. 789、S. 10、釋文或本、S. 2729 出字、静嘉本、臺北纂圖本、國圖纂圖本、劉叔剛本、元十行本、小字本"泠"作"伶"，瞿本作"衿"，釋文底本同唐石經、蜀石經，以下相同處不再出校。《五經文字》云"泠，歷丁反，樂官。或作伶，訛。伶音來定反"。

⑫ S. 10 無"也"。

⑬ S. 10 無"官"。

⑭ Дx. 12697"簡"作"簡"，以下相同處不再出校。

⑮ S. 10 無"方四方也"。

⑯ 臺北纂圖本"萬"作"万"，以下相同處不再出校。

⑰ S. 10、静嘉本、瞿本、臺北纂圖本、國圖纂圖本、劉叔剛本、元十行本無"於"。

⑱ S. 10 無"言"，静嘉本"言"旁有日人小字校記"本无"。S. 10、静嘉本、瞿本、臺北纂圖本、國圖纂圖本、劉叔剛本、元十行本無"也"，吐魯番本同蜀石經有"也"。

⑲ 静嘉本、瞿本、臺北纂圖本、國圖纂圖本、劉叔剛本、元十行本無"也"，S. 10、吐魯番本同蜀石經。

⑳ S. 10 無"也"。吐魯番本"將且也"作"且將也且"。

㉑ S. 10、吐魯番本"兮擇兮"作"人"。

㉒ S. 10"當"後有"用"，無"也"。

㉓ 静嘉本、臺北纂圖本"舞"後有"也"，瞿本、國圖纂圖本有"者也"，劉叔剛本、元十行本"舞"作"羽也"，S. 10 同蜀石經。阮氏校記"萬舞干羽也"條下云"閩本、明監本、毛本同。小字本、相臺本'羽'作'舞'，《考文》古本同。案，'羽'字誤也。以干羽爲萬舞是毛義，萬舞爲干舞、籥舞爲羽舞，鄭所易也。正義有明文，又標起止云'箋簡擇至干舞'亦可證。不知者乃順上傳改此箋耳"。

㉔ S. 10、静嘉本、瞿本、臺北纂圖本、國圖纂圖本、劉叔剛本、元十行本無"也"。

㉕ S. 10 無"也"。

《周禮》：太胥掌學士之版[1]，以待教諸子[2]。春入學，舍菜合舞也[3]。）**碩人俁俁，公庭萬舞。**（碩[4]，大德也。俁俁，容貌大也。萬舞，非但在四方[5]，親在宗廟[6]、公庭。）**有力如虎[7]，執轡如組。**（組，織組也[8]。武力比於虎，可以御亂[9]。御衆有文章也[10]，言能治衆，動於近[11]，成於遠[12]。箋云：碩人有御亂、御衆之德[13]，可任爲王臣[14]。）**左手執籥[15]，右手秉翟[16]。**（籥，六孔。翟，翟羽也。箋云：碩人多才多藝[17]，又能籥舞[18]。言文武道備。）**赫如渥赭，公言錫爵。**（赫，赤貌。渥，厚漬也[19]。祭有甲煇[20]、胞、翟、閽[21]、寺者[22]，惠下之

---

① 釋文出字、靜嘉本、瞿本、臺北纂圖本、國圖纂圖本、劉叔剛本、元十行本“太”作“大”，S. 10 同蜀石經。S. 10“胥”作“胥”，“版”作“板”。臺北纂圖本“學”作“斈”，以下相同處不再出校。

② 吐魯番本“待”作“彼”。S. 10、吐魯番本“教”前有“致”。靜嘉本、瞿本、臺北纂圖本、國圖纂圖本、劉叔剛本、元十行本“教”作“致”。靜嘉本“致”後有日人小字校記“教，扌无”。

③ 吐魯番本“舍”作“釋”。釋文出字、靜嘉本、瞿本、臺北纂圖本、國圖纂圖本、劉叔剛本、元十行本“菜”作“采”，S. 10、吐魯番本同蜀石經。S. 10、吐魯番本、靜嘉本、瞿本、臺北纂圖本、國圖纂圖本、劉叔剛本、元十行本無“也”。

④ S. 10、吐魯番本、靜嘉本、瞿本、臺北纂圖本、國圖纂圖本、劉叔剛本、元十行本“碩”後有“人”。

⑤ S. 10“但”作“俱”，瞿本“但”作“俎”形。國圖纂圖本“在”作“於”。

⑥ S. 10“廟”作“庿”。

⑦ P. 2529、S. 789、S. 10“虎”作“彪”，以下相同處不再出校。唐石經“虎”字避諱闕末筆，蜀石經不闕筆。

⑧ S. 10 無“也”。

⑨ S. 10 無“以”。

⑩ S. 10“衆”後有“组”。靜嘉本“有”旁有日人小字校記“且，扌无”。S. 10、靜嘉本、瞿本、臺北纂圖本、國圖纂圖本、劉叔剛本、元十行本無“也”。

⑪ S. 10“動”前有“組”。

⑫ S. 10、吐魯番本、靜嘉本、瞿本、臺北纂圖本、國圖纂圖本、劉叔剛本、元十行本“箋”前有“也”。

⑬ S. 10、吐魯番本兩“御”字均作“禦”。吐魯番本“亂”作“乱”。

⑭ 吐魯番本無“可”。S. 10“臣”後有“也”。

⑮ 原本玉篇“籥”引作“龠”，又引作“籥”；P. 2529 作“蒿”；S. 2729 出字作“蒿”；S. 789、S. 10、吐魯番本、靜嘉本、瞿本、臺北纂圖本、國圖纂圖本、劉叔剛本、元十行本同唐石經、蜀石經。

⑯ 吐魯番本“秉”字避諱闕末筆，以下相同處不再贅言。

⑰ S. 10“藝”前無“多”。劉叔剛本、元十行本“藝”作“蓺”。

⑱ S. 10“籥”作“蘥”。吐魯番本“籥舞”作“秉籥”，“籥”下殘損，非“言”字。

⑲ 原本玉篇、S. 10 無“漬”。瞿本“漬”作“潰”；靜嘉本、臺北纂圖本、國圖纂圖本、劉叔剛本、元十行本、小字本同蜀石經，靜嘉本“漬”旁有日人小字校記“本无”。正義云“定本‘渥厚也’，無‘漬’字”。S. 2729 此處出字“淳”，並云“殊脣。《周礼》染羽，以朱湛丹秫，淳而漬之”。按，S. 10“赫如渥赭”上有眉批“□厚，殊脣反”，“厚”上一字已殘損，似“淳”字下半。原本玉篇“渥”字下又引“顏如渥丹，戔云‘渥，淳漬也’”。蓋古人所見有作“淳”者，這一異文或與《終南》篇鄭箋有關。

⑳ 釋文出字、靜嘉本、瞿本、臺北纂圖本、國圖纂圖本、劉叔剛本、元十行本“甲”作“畀”，S. 10 同蜀石經。S. 10、釋文或本“煇”作“韗”，釋文底本、靜嘉本、瞿本、臺北纂圖本、國圖纂圖本、劉叔剛本、元十行本同蜀石經。正義云“彼(《祭統》)又云‘煇者，甲吏之賤者’，注云‘煇，《周禮》作韗，蓋謂磔皮革之官’”。

㉑ 瞿本、臺北纂圖本“閽”中之“氏”作“民”，S. 10、靜嘉本、國圖纂圖本、劉叔剛本、元十行本同蜀石經。

㉒ 靜嘉本“寺”旁有日人小字校記“本无”。S. 10 無“者”。

道，見惠不過一散。箋云：碩人容色赫然[①]，如厚傅丹[②]，君徒賜其一爵而已[③]。不知其賢而進用之[④]。散受五升[⑤]。）**山有榛**[⑥]**，隰有苓。**（榛，木名也[⑦]。下濕曰隰[⑧]。苓，大苦[⑨]。箋云：榛也，苓也，生各得其所。以言碩人處非其位[⑩]。）**云誰之思**[⑪]**？西方美人**[⑫]**。**（箋云：我誰思乎[⑬]？思周室之賢者[⑭]，以其宜薦碩人，與在王位[⑮]。）**彼美人兮，西方之人兮**[⑯]**。**（乃宜在王室。箋云：彼美人，謂碩人也[⑰]。）**《簡兮》三章**[⑱]**，章六句。**

**《泉水》，衛女思歸也。嫁於諸侯，父母終**[⑲]**，思歸寧而不得，故作是詩以自見也**[⑳]**。**（以自見者，見己志也[㉑]。國君夫人，父母在則歸寧[㉒]，沒則使大夫寧於兄弟。衛女之思歸[㉓]，雖非禮，思之至也[㉔]。）**毖彼泉水**[㉕]**，亦流于淇。**（興也。泉水始出[㉖]，毖然流也[㉗]。淇，水名也[㉘]。箋云：泉水流而入淇，猶婦人出嫁於異國[㉙]。）**有懷于衛，靡日不思。**

---

① 吐魯番本“色”作“皃”。

② S.10、吐魯番本“傅”作“漬之”。

③ 吐魯番本“賜”作“鋤”。S.10無“一”。

④ S.10無“用”。

⑤ 靜嘉本“受”旁有日人小字校記“扌”“容，本”。S.10“升”後有“也”。

⑥ S.789“榛”作“莘”，S.10、釋文或本作“蓁”，P.2529、吐魯番本、釋文底本、靜嘉本、瞿本、臺北纂圖本、國圖纂圖本、劉叔剛本、元十行本、要義同唐石經、蜀石經，以下相同處不再出校。

⑦ S.10、靜嘉本、瞿本、臺北纂圖本、國圖纂圖本、劉叔剛本、元十行本、要義無“也”。

⑧ 元十行本“濕”作“湿”。

⑨ S.10“苦”後有“也”。

⑩ S.10、要義“位”後有“也”。

⑪ P.2529“之思”作“思之”，S.789、S.10、靜嘉本、瞿本、臺北纂圖本、國圖纂圖本、劉叔剛本、元十行本、要義同唐石經、蜀石經。

⑫ S.789“方”後有“之”。

⑬ S.10“誰”作“求”。

⑭ S.10無“者”。

⑮ 吐魯番本無“與”。S.10“位”後有“也”。

⑯ 吐魯番本無“兮”。

⑰ S.10、吐魯番本無“也”。

⑱ P.2529“兮”作“子”，該字上有朱筆改作“兮”。

⑲ P.2529、S.10“母”後有“以”，吐魯番本“母”後有“已”，S.789、靜嘉本、瞿本、臺北纂圖本、國圖纂圖本、劉叔剛本、元十行本、要義同唐石經、蜀石經。

⑳ S.789無“故”，“是”作“此”。Дx.12697無“也”。S.10無“故”“是”。P.2529、吐魯番本、靜嘉本、瞿本、臺北纂圖本、國圖纂圖本、劉叔剛本、元十行本、要義同唐石經、蜀石經。

㉑ S.10“見己”作“己見”。

㉒ S.10“則”後有“得”，“寧”後有“尒”。

㉓ S.10無“之”。

㉔ S.10、釋文或本“思”作“恩”，釋文底本、靜嘉本、瞿本、臺北纂圖本、國圖纂圖本、劉叔剛本、元十行本、要義、小字本同蜀石經。

㉕ P.2529“毖”作“比必”，無“水”字；有朱筆改作“毖”，添“水”字。S.789、Дx.12697、S.10、靜嘉本、瞿本、臺北纂圖本、國圖纂圖本、劉叔剛本、元十行本同唐石經、蜀石經。

㉖ S.10“出”作“發”。

㉗ S.10“也”作“入”。

㉘ S.10無“名也”，吐魯番本無“名”。

㉙ 靜嘉本“出”後有日人小字校記“此，扌无”。

（箋云：懷，至也①。靡，無也。以言我有所至念於衛②，無一日不思也③。所至念者④，謂諸姬⑤，諸姑伯姊也⑥。）**孌彼諸姬，聊與之謀。**（孌，好貌也⑦。諸姬⑧，同姓之女也⑨。聊，願也。箋云：聊，且，嫡之辭也⑩。諸姬者⑪，未嫁之女也⑫。我且欲嫡與之謀婦人之禮，觀其志意，親親之恩也⑬。）**出宿于泲⑭，飲餞于禰⑮。**（泲地名也⑯。祖而舍軷⑰，飲酒於其側曰餞⑱，重始有事於道也。禰⑲，地名也⑳。箋云㉑：泲、禰者，所嫁國適衛之道所經㉒，故思宿餞㉓。）**女子有行，遠父母兄弟。**（箋云：行，道也。婦人有出嫁之道㉔，遠於親親㉕，故禮緣人情，使得歸寧㉖。）**問我諸姑，遂及伯姊㉗。**（父之姊妹稱姑。先生曰姊㉘。箋

---

① S. 10、靜嘉本、瞿本、臺北纂圖本、國圖纂圖本、劉叔剛本、元十行本無"也"。

② 靜嘉本"以"旁有日人小字校記"本无"。

③ 劉叔剛本、元十行本"無"前有"我"，此處有擠刻痕跡。靜嘉本、臺北纂圖本、劉叔剛本、元十行本、小字本無"一"，靜嘉本"無"後擠寫"一"；S. 10、瞿本、國圖纂圖本同蜀石經。S. 10"日"後有"而"，無"也"。

④ 吐魯番本"至念"作"思"。

⑤ S. 10 無"謂"，靜嘉本"謂"旁有日人小字校記"本无"。吐魯番本"謂"作"思"。

⑥ S. 10"姑"後有"及"。S. 10"姊"作"姉"，國圖纂圖本作"姉"，以下相同處不再出校。靜嘉本、瞿本、臺北纂圖本、國圖纂圖本、劉叔剛本、元十行本無"也"，S. 10 同蜀石經。

⑦ 靜嘉本、瞿本、臺北纂圖本、國圖纂圖本、劉叔剛本、元十行本無"也"，S. 10 同蜀石經。

⑧ S. 10"姬"作"姖"，以下相同處不再出校。

⑨ S. 10、靜嘉本、瞿本、臺北纂圖本、國圖纂圖本、劉叔剛本、元十行本無"也"。

⑩ S. 10、靜嘉本、臺北纂圖本、劉叔剛本、元十行本"畧"作"略"，瞿本、國圖纂圖本作"畧"，以下相同處不再出校。S. 10、靜嘉本、瞿本、臺北纂圖本、國圖纂圖本、劉叔剛本、元十行本無"也"。

⑪ S. 10 無"者"。

⑫ S. 10、吐魯番本、靜嘉本、瞿本、臺北纂圖本、國圖纂圖本、劉叔剛本、元十行本無"也"。

⑬ 靜嘉本"恩"後有日人小字校記"至，扌无"。

⑭ P. 2529、S. 10、吐魯番本"泲"作"濟"，S. 789 作"沛"，靜嘉本、瞿本、臺北纂圖本、國圖纂圖本、劉叔剛本、元十行本同唐石經、蜀石經，以下相同處不再出校。

⑮ S. 10"禰"作"祢"，原本玉篇、P. 2529、吐魯番本作"祢"，S. 789、靜嘉本、瞿本、臺北纂圖本、國圖纂圖本、劉叔剛本、元十行本同唐石經、蜀石經，以下相同處不再出校。

⑯ S. 10"地"前有"祢"，吐魯番本"地"前有"祢"。靜嘉本、瞿本、臺北纂圖本、國圖纂圖本、劉叔剛本、元十行本無"也"，S. 10、吐魯番本同蜀石經。

⑰ 原本玉篇"舍"作"合"。原本玉篇、釋文出字、靜嘉本、瞿本、臺北纂圖本、國圖纂圖本、劉叔剛本、元十行本"軷"作"軷"，S. 10 同蜀石經。

⑱ S. 10 無"其"。

⑲ 元十行本"禰"作"祢"，以下相同處不再出校。

⑳ S. 10、靜嘉本、瞿本、臺北纂圖本、國圖纂圖本、劉叔剛本、元十行本無"也"。

㉑ 吐魯番本"箋"前爲"道"字。

㉒ S. 10"經"後有"見"，靜嘉本"經"後有日人小字校記"見，扌无"。

㉓ S. 10"餞"後有"焉也"。

㉔ S. 10 無"有"。

㉕ S. 10"於"作"于"。靜嘉本後"親"字旁有日人小字校記"本无"。

㉖ S. 10"寧"後有"尔也"。

㉗ P. 2529、S. 789"姊"作"姉"，靜嘉本、瞿本、臺北纂圖本、劉叔剛本、元十行本同唐石經、蜀石經。

㉘ 靜嘉本"先"前有日人小字校記"女，扌无"。劉叔剛本、元十行本"姊"作"娣"。

云：寧則又問姑及姊[①]，親其類也。先姑後姊，尊姑也。）**出宿于干[②]，飲餞于言。**（干[③]、言[④]，所適國郊也[⑤]。箋云：干、言，猶泲[⑥]、禰，未聞遠近同異[⑦]。）**載脂載舝[⑧]，還車言邁。**（脂舝其車[⑨]，以還我行也[⑩]。箋云：言還車者，嫁時乘來，今思乘以歸。）**遄臻于衛，不瑕有害[⑪]？**（遄，疾也[⑫]。臻，至也[⑬]。瑕，遠也。箋云：瑕猶過也。害，何也。我還車疾至於衛而反[⑭]，於行無過差，有何不可而止我？）**我思肥泉[⑮]，茲之永歎[⑯]。**（所出同、所歸異於肥泉[⑰]。箋云：茲，此也。自衛而來所渡水[⑱]，故思此而長歎也[⑲]。）**思須與漕[⑳]，我心悠悠。**（須、漕，衛邑也[㉑]。箋云：自衛而來所經邑，故又思也[㉒]。）**駕言出遊[㉓]，以寫我憂。**（寫，除也。箋云：既不得歸寧[㉔]，且欲乘車出遊，以除我憂[㉕]。）**《泉水》四章，章六句。**

---

① 國圖纂圖本"寧"作"寕"，以下相同處不再出校。瞿本"姊"作"姉"，以下相同處不再出校。

② P. 2529"干"作"于"。

③ 元十行本(明版)"干"作"于"。

④ S. 10"言"後有"也"。

⑤ S. 10無"也"。正義云"下傳或兼云'干、言，所適國郊'者，一郊不得二地，宿餞不得同處，'言'衍字耳。定本、集注皆云'干，所適國郊'"。

⑥ S. 10"猶"後有"言"。劉叔剛本""作"泲"，元十行本(明版)此處殘損。

⑦ S. 10"同異"作"異同"。

⑧ P. 2529"舝"作"鎋"。

⑨ 元十行本(明版)"舝"字處爲空格。

⑩ S. 10"我"後有"則"，靜嘉本"我"後有日人小字校記"則，扌无"。S. 10無"也"。

⑪ P. 2529"瑕"作"遐"，S. 789、S. 10、靜嘉本、瞿本、臺北纂圖本、國圖纂圖本、劉叔剛本、元十行本(明版)同唐石經、蜀石經。

⑫ 靜嘉本、瞿本、臺北纂圖本、國圖纂圖本、劉叔剛本無"也"，元十行本(明版)此處殘損，S. 10同蜀石經。

⑬ 靜嘉本"臻"作"致"。靜嘉本、瞿本、臺北纂圖本、國圖纂圖本、劉叔剛本、元十行本(明版)無"也"，S. 10同蜀石經。

⑭ 靜嘉本、臺北纂圖本、小字本無"至"，靜嘉本"疾"後擠寫小字"至"；S. 10、瞿本、國圖纂圖本、劉叔剛本、元十行本(明版)同蜀石經。靜嘉本、臺北纂圖本、劉叔剛本、元十行本(明版)"反"作"返"，S. 10同蜀石經。

⑮ 釋文云"肥泉，字或作淝"。

⑯ P. 2529、S. 789"歎"作"嘆"，S. 10、靜嘉本、瞿本、臺北纂圖本、國圖纂圖本、劉叔剛本、要義同唐石經、蜀石經，元十行本(明版)此處殘損。

⑰ S. 10、靜嘉本、瞿本、臺北纂圖本、國圖纂圖本、劉叔剛本、元十行本(明版)、要義"於"作"爲"。

⑱ 元十行本(明版)"自"作"目"形。

⑲ S. 10、靜嘉本、瞿本、臺北纂圖本、國圖纂圖本、劉叔剛本、元十行本(明版)無"也"。

⑳ S. 789、S. 10"漕"作"曹"，靜嘉本、瞿本、臺北纂圖本、國圖纂圖本、劉叔剛本、元十行本(明版)同唐石經、蜀石經，以下相同處不再出校。

㉑ S. 10無"也"。

㉒ S. 10"思"後有"之"。靜嘉本、瞿本、臺北纂圖本、國圖纂圖本、劉叔剛本、元十行本(明版)"也"作"之"。

㉓ S. 789"遊"作"游"，靜嘉本、瞿本、臺北纂圖本、國圖纂圖本、劉叔剛本、元十行本(明版)同唐石經、蜀石經。

㉔ S. 10無"寧"。

㉕ S. 10"憂"後有"也"。

**《北門》，刺仕不得志也**[①]**。言衛之忠臣不得其志爾。**（不得其志者，君不知己志而遇困苦[②]。）**出自北門，憂心殷殷**[③]**。**（興也。北門背明向陰也[④]。箋云：自，從也。興者，喻己仕於闇君[⑤]，猶行而出北門[⑥]，心爲之憂殷殷然[⑦]。）**終窶且貧，莫知我艱。**（窶者[⑧]，無禮也[⑨]。貧者，困於財也[⑩]。箋云：艱難也。君於己禄薄[⑪]，終不足以爲禮。又近困於財[⑫]，無知己以此爲難者[⑬]。言君既然矣[⑭]，諸臣亦如之。）**已焉哉，天實爲之，謂之何哉！**（箋云：謂勤也[⑮]。謂人事君無二志[⑯]，故自決歸之於天也[⑰]。我勤身以事君[⑱]，何哉？忠之至也[⑲]。）**王事適我，政事一埤益我**[⑳]**。**（適，之也[㉑]。埤，厚也。箋云：國有王命役使之事，則不以之彼[㉒]，必來之我；有賦税之事[㉓]，則減彼而一以益我[㉔]。言君政偏己[㉕]，兼

① S. 10“得”後有“其”。

② S. 10“苦”作“厄”。

③ P. 2529、釋文或本“殷”作“慇”，S. 789、S. 10、釋文底本、静嘉本、瞿本、臺北纂圖本、國圖纂圖本、劉叔剛本、元十行本同唐石經、蜀石經。

④ 釋文底本、静嘉本、瞿本、臺北纂圖本、國圖纂圖本、劉叔剛本、元十行本“向”作“鄉”，釋文或本作“嚮”，S. 10 同蜀石經。S. 10“陰”作“暗”。S. 10、静嘉本、瞿本、臺北纂圖本、國圖纂圖本、劉叔剛本、元十行本無“也”。

⑤ 劉叔剛本、元十行本“仕”作“在”。S. 10“闇”作“暗”。

⑥ S. 10 無“而”。瞿本“北”作“此”。

⑦ 劉叔剛本、元十行本“殷殷”避諱闕末筆，静嘉本、瞿本、臺北纂圖本、國圖纂圖本不闕筆。S. 10“然”後有“也”。

⑧ 元十行本“窶”作“窭”。

⑨ 瞿本“無”作“无”。S. 10 無“也”。

⑩ S. 10、静嘉本、瞿本、臺北纂圖本、國圖纂圖本、劉叔剛本、元十行本無“也”。

⑪ 瞿本“薄”作“蓴”。

⑫ S. 10 無“近”。

⑬ S. 10 無“此”。静嘉本、瞿本“已”作“己”。

⑭ S. 10“君”作“器”。

⑮ S. 10 無“也”。

⑯ S. 10“謂”作“施”，静嘉本、瞿本、臺北纂圖本、國圖纂圖本、劉叔剛本、元十行本、要義作“詩”。S. 10“無二”作“不知”。

⑰ S. 10、國圖纂圖本“決”作“决”。S. 10、静嘉本、瞿本、臺北纂圖本、國圖纂圖本、劉叔剛本、元十行本、要義無“也”。

⑱ 静嘉本“我”前有日人小字校記“言，扌无”。

⑲ S. 10“之”後有“不”。S. 10、静嘉本、瞿本、臺北纂圖本、國圖纂圖本、劉叔剛本、元十行本、要義無“也”。

⑳ S. 10“政”作“正”。

㉑ 静嘉本、瞿本、臺北纂圖本、國圖纂圖本、劉叔剛本、元十行本無“也”，S. 10 同蜀石經。

㉒ 瞿本、國圖纂圖本無“則”，S. 10、静嘉本、臺北纂圖本、劉叔剛本、元十行本同蜀石經。

㉓ S. 10“有”前有重文符號，即有“我”字。

㉔ S. 10“一”後有“二”。静嘉本、瞿本、臺北纂圖本、國圖纂圖本、劉叔剛本、元十行本“而一”作“一而”，静嘉本有日人小字校記“而一，本乍”。

㉕ S. 10“言”前有“以”，“政”後有“教”。静嘉本“偏”作“徧”，S. 10、釋文出字、瞿本、臺北纂圖本、國圖纂圖本、劉叔剛本、元十行本同蜀石經。静嘉本、瞿本、臺北纂圖本、國圖纂圖本、劉叔剛本、元十行本“己”作“已”。

其苦也[①]。)**我入自外,室人交徧讁我**[②]。(讁,責也。箋云:我從外入[③],在室之人更迭徧來責我,使己去也[④]。言室人亦不知己志[⑤]。)**已焉哉,天實爲之,謂之何哉!王事敦我**[⑥]**,政事一埤遺我**[⑦]。(敦,厚也[⑧]。遺,加也。箋云:敦,猶投擲[⑨]。)**我入自外,室人交徧摧我**[⑩]。(摧,沮也。箋云:摧者[⑪],刺譏之言[⑫]。)**已焉哉,天實爲之,謂之何哉!《北門》三章**[⑬]**,章七句。**

**《北風》,刺虐也。衛國並爲威虐,百姓不親,莫不相攜持而去焉**[⑭]。**北風其涼,雨雪其雱**[⑮]。(興也。北風,寒涼之風也[⑯]。雱,盛皃也[⑰]。箋云:寒涼之風,病害萬物[⑱]。興者,喻君政教酷暴,使巳散亂去也[⑲]。)**惠而好我,攜手同行**[⑳]。(惠,愛也[㉑]。行,

---

① 國圖纂圖本"苦"作"𦬸"形。静嘉本、瞿本、臺北纂圖本、國圖纂圖本、劉叔剛本、元十行本無"也",S. 10 同蜀石經。

② 原本玉篇"徧"作"遍",P. 2529 作"偏",S. 789、S. 10、釋文出字、静嘉本、瞿本、臺北纂圖本、國圖纂圖本、劉叔剛本、元十行本同唐石經、蜀石經。原本玉篇"讁"作"謫"形。

③ S. 10"從"後有"自",無"入"。静嘉本、瞿本、臺北纂圖本、國圖纂圖本、劉叔剛本、元十行本"外"後有"而"。

④ S. 10 無"也"。

⑤ S. 10 無"亦"。S. 10"志"前有"之"。S. 10、瞿本"志"後有"也",静嘉本、臺北纂圖本、國圖纂圖本、劉叔剛本、元十行本同蜀石經。

⑥ 原本玉篇"敦"作"𡎺"。臺北纂圖本、劉叔剛本、元十行本"敦"字避諱闕末筆,静嘉本、瞿本、國圖纂圖本不闕筆,以下相同處不再贅言。

⑦ P. 2529 無"事","政"後有朱筆後添"事"字;S. 789、S. 10、静嘉本、瞿本、臺北纂圖本、國圖纂圖本、劉叔剛本、元十行本同唐石經、蜀石經。

⑧ 静嘉本、瞿本、臺北纂圖本、國圖纂圖本、劉叔剛本、元十行本無"也",S. 10 同蜀石經。

⑨ 原本玉篇作"𡎺,擿,猶投也",並云"今並為敦字"。釋文底本、瞿本"擲"作"擿";釋文或本作"摘",並云"非";S. 10、静嘉本、臺北纂圖本、國圖纂圖本、劉叔剛本、元十行本同蜀石經。静嘉本、臺北纂圖本、國圖纂圖本、劉叔剛本、元十行本"擲"後有"也",S. 10 此處殘損,是否有"也"已難獲知,瞿本同蜀石經。

⑩ P. 2529"外室人交"爲朱筆添寫。P. 2529"徧"作"遍",S. 2729 出字作"偏"。P. 2529"摧"作"榷",S. 10、釋文或本、S. 2729 出字作"催",S. 789、釋文底本、静嘉本、瞿本、臺北纂圖本、國圖纂圖本、劉叔剛本、元十行本同唐石經、蜀石經,以下相同處不再出校。

⑪ S. 10 無"者"。瞿本"者"作"音"。

⑫ S. 10"刺譏"作"譏刺"。

⑬ 元十行本"北"作"此"。

⑭ S. 789、S. 10、S. 2729 出字"攜"作"携",以下相同處不再出校。S. 10"焉"作"之",P. 2529、S. 789"去"後有"之",静嘉本、瞿本、臺北纂圖本、國圖纂圖本、劉叔剛本、元十行本同唐石經、蜀石經。

⑮ S. 10"雱"作"霶",以下相同處不再出校。

⑯ S. 10、静嘉本、瞿本、臺北纂圖本、國圖纂圖本、劉叔剛本、元十行本無"也"。

⑰ 静嘉本、瞿本、臺北纂圖本、國圖纂圖本、劉叔剛本、元十行本無"也",S. 10 同蜀石經。

⑱ S. 10、瞿本"萬"作"万"。

⑲ S. 10 無"使"。S. 10、静嘉本、瞿本、臺北纂圖本、國圖纂圖本、劉叔剛本、元十行本無"去也"。

⑳ S. 10"攜"作"擕",以下相同處不再出校。

㉑ 静嘉本、瞿本、臺北纂圖本、國圖纂圖本、劉叔剛本、元十行本無"也",S. 10 同蜀石經。

道也。箋云:性仁愛人而又好我者①,與我相攜持同道而去。疾時政也。)**其虛其邪②?既亟只且!**(虗,虛也③。亟,急也④。箋云:邪讀如徐⑤。言今在位之人,其政威儀虛徐寬仁者⑥,今皆以爲急刻之行也⑦。所以當去,以此故也⑧。)**北風其喈,雨雪其霏。**(喈,疾貌也⑨。霏,甚貌也⑩。)**惠而好我,攜手同歸⑪。**(歸有德也⑫。)**其虛其邪?既亟只且!莫赤匪狐⑬,莫黑匪烏。**(狐赤烏黑,莫能別也。箋云:赤則狐也⑭,黑則烏也⑮,猶今之君臣相承⑯,爲惡則如一⑰。)**惠而好我,攜手同車。**(攜手就車。)**其虛其邪?既亟只且!《北風》三章⑱,章六句。**

**《靜女》⑲,刺時也。衛君無道,夫人無德。**(以君及夫人無道德⑳,故陳靜女遺我以彤管之法德也㉑,如是可以易之爲人君之配也㉒。)**靜女其姝,俟我於城隅㉓。**(靜,

① S.10"性"前有"彼"。S.10、靜嘉本、瞿本、臺北纂圖本、國圖纂圖本、劉叔剛本、元十行本無"人"。

② P.2529、S.789、S.10"邪"作"耶",靜嘉本、瞿本、臺北纂圖本、國圖纂圖本、劉叔剛本、元十行本同蜀石經,以下相同處不再出校。

③ 釋文底本、靜嘉本、瞿本、臺北纂圖本、國圖纂圖本、劉叔剛本、元十行本、小字本"虗虛也"作"虛虛也",S.10、釋文或本作"虛徐也"。

④ S.10無"也"。

⑤ S.10"邪"作"耶"。

⑥ S.10、靜嘉本、瞿本、臺北纂圖本、國圖纂圖本、劉叔剛本、元十行本"政"作"故"。國圖纂圖本、元十行本"寬"作"寛"。馮氏校記云"案,李富孫曰:正義云雖先日其寬虛其舒徐威儀謙退者,是以'先日'釋'故'字。箋又云今皆以爲急刻之行矣,則'故'字對'今'而言。石經作'政'誤,且與下'威儀'二字義不順"。

⑦ S.10無"以","刻"作"剋"。靜嘉本"以"旁有日人小字校記"扌""已,本"。靜嘉本、瞿本、臺北纂圖本、國圖纂圖本、劉叔剛本、元十行本"也"作"矣",S.10同蜀石經。

⑧ S.10無"故也",靜嘉本、瞿本、臺北纂圖本、國圖纂圖本、劉叔剛本、元十行本無"故"。

⑨ 靜嘉本、瞿本、臺北纂圖本、國圖纂圖本、劉叔剛本、元十行本無"也",S.10同蜀石經。

⑩ 靜嘉本、瞿本、臺北纂圖本、國圖纂圖本、劉叔剛本、元十行本無"也",S.10同蜀石經。

⑪ S.789"歸"作"車"。

⑫ S.10重"歸"字,無"也"。靜嘉本"歸"後有日人小字校記"歸,扌无"。

⑬ S.789無"莫赤"至"只且"六句。

⑭ S.10無"也"。

⑮ S.10無"也"。

⑯ S.10、靜嘉本、瞿本、臺北纂圖本、國圖纂圖本、劉叔剛本、元十行本無"之"。臺北纂圖本、劉叔剛本、元十行本"承"作"承"。

⑰ S.10、靜嘉本、瞿本、臺北纂圖本、國圖纂圖本、劉叔剛本、元十行本無"則"。

⑱ S.789"三"作"二"。

⑲ 靜嘉本、劉叔剛本、元十行本"靜"作"静",瞿本、臺北纂圖本、國圖纂圖本同唐石經、蜀石經,以下相同處不再出校。

⑳ S.10"以"作"德","道"字爲後添。

㉑ 國圖纂圖本"靜"作"静",以下相同處不再出校。S.10無"以"。S.10、靜嘉本、瞿本、臺北纂圖本、國圖纂圖本、劉叔剛本、元十行本無"也"。

㉒ S.10"配"作"妃"。S.10、靜嘉本、瞿本、臺北纂圖本、國圖纂圖本、劉叔剛本、元十行本無"也"。

㉓ S.10"於"作"于",P.2529、S.789作"乎",靜嘉本、瞿本、臺北纂圖本、國圖纂圖本、劉叔剛本、元十行本同唐石經、蜀石經。

貞靜也[①]。女德貞靜而有法度[②],乃可說也。姝,美色也[③]。俟,待也。城隅,以言高而不可踰也[④]。箋云:女德貞靜,然後可畜;美色,然後可安。又能服從,待禮而動,自防如城隅,故可愛也[⑤]。)**愛而不見,搔首踟蹰。**(言志往而行止[⑥]。箋云:志往謂踟蹰,行止謂愛之而不往見也[⑦]。)**靜女其孌[⑧],貽我彤管[⑨]。**(既有靜德,又有美色,又能遺我以古人法[⑩],可以配人君也[⑪]。古者后夫人必有女史彤管之法[⑫],史不記過[⑬],其罪殺之[⑭]。后妃羣妾以禮御於君所[⑮],女史書日月[⑯],授之以環,以進退之。生子月辰[⑰],則以之金環退之[⑱]。當御者,以銀環進之,著于左手;既御,著于右手[⑲]。事無大小[⑳],記以成法。箋云:彤管,筆赤管也[㉑]。)**彤管有煒[㉒],悅懌女美[㉓]。**(煒,赤貌也[㉔]。彤管以赤心正人也[㉕]。箋云:"悅懌"當作"說釋"[㉖]。赤管煒煒然[㉗],女史以之說懌妃妾之德美之[㉘]。)**自牧歸荑,洵美且異[㉙]。**

---

① S. 10 無"也"。元十行本"貞"字避諱闕末筆,以下相同處不再出校。

② S. 10 無"德"。

③ S. 10 無"也"。

④ S. 10、靜嘉本、瞿本、臺北纂圖本、國圖纂圖本、劉叔剛本、元十行本無"也"。

⑤ 元十行本"也"作"之"。

⑥ 靜嘉本、臺北纂圖本、劉叔剛本、元十行本、小字本"止"作"正",靜嘉本"正"旁有日人小字校記"止,本";S. 10、瞿本、國圖纂圖本同蜀石經。

⑦ S. 10 無"謂"。靜嘉本、臺北纂圖本、國圖纂圖本、劉叔剛本、元十行本"止"作"正",瞿本字損作"上"形,S. 10 同蜀石經。S. 10、靜嘉本、瞿本、臺北纂圖本、國圖纂圖本、劉叔剛本、元十行本無"也"。

⑧ S. 789"孌"作"巒"。

⑨ P. 2529"我"作"乎",該字旁有朱筆"我"字。S. 789、釋文或本"貽"作"詒",釋文底本、靜嘉本、瞿本、臺北纂圖本、國圖纂圖本、劉叔剛本、元十行本、要義同唐石經、蜀石經。

⑩ S. 10、靜嘉本、瞿本、臺北纂圖本、國圖纂圖本、劉叔剛本、元十行本、要義"人"後有"之"。

⑪ S. 10 無"也"。

⑫ S. 10 無"后"。

⑬ 靜嘉本"史"前有日人小字校記"女,扌无"。

⑭ S. 10"殺"作"煞",無"之"。

⑮ 靜嘉本"羣"作"群",臺北纂圖本、國圖纂圖本、劉叔剛本、元十行本、要義同蜀石經。

⑯ S. 10、靜嘉本、瞿本、臺北纂圖本、國圖纂圖本、劉叔剛本、元十行本、要義"書"後有"其"。

⑰ S. 10"辰"作"娠"。

⑱ S. 10、靜嘉本、瞿本、臺北纂圖本、國圖纂圖本、劉叔剛本、元十行本、要義無前"之"。要義無"環"。

⑲ 元十行本"于"作"子"。

⑳ 臺北纂圖本"大小"作"小大"。

㉑ S. 10 無"也"。

㉒ S. 789 無"彤管"。

㉓ 釋文底本、唐石經、靜嘉本、瞿本、臺北纂圖本、國圖纂圖本、劉叔剛本、元十行本"悅"作"說",P. 2529、S. 789、S. 10、釋文或本同蜀石經。

㉔ S. 10、靜嘉本、瞿本、臺北纂圖本、國圖纂圖本、劉叔剛本、元十行本無"也"。

㉕ S. 10"也"作"者"。靜嘉本"人"後有日人小字校記"者,扌无"。

㉖ S. 10"當作"作"作當懌"。靜嘉本、瞿本、臺北纂圖本、國圖纂圖本、劉叔剛本、元十行本"悅"作"說"。臺北纂圖本"懌"作"擇"。

㉗ S. 10 此處殘損,"釋"後爲"管"字。

㉘ S. 10 無兩"之"字。S. 10、靜嘉本、瞿本、臺北纂圖本、國圖纂圖本、劉叔剛本、元十行本"懌"作"釋"。

㉙ P. 2529、S. 789、釋文或本"洵"作"詢",釋文底本、靜嘉本、瞿本、臺北纂圖本、國圖纂圖本、劉叔剛本、元十行本同唐石經、蜀石經。

(牧,田官也。荑,茅之所生也[①]。本之於荑,取其有始有終也[②]。箋云:洵,信也。茅,潔白之物也[③]。自牧田歸荑[④],其信美而異者,可以共祭祀也[⑤],猶貞女在窈窕之處[⑥],媒氏達之,可以配人君。)**匪女之爲美[⑦],美人之貽[⑧]。**(非爲其徒說美色而已[⑨],美其人能遺我法則也[⑩]。箋云:遺我者,遺我以賢妃也。)**《靜女》三章,章四句。**

**《新臺》,刺衛宣公也。納伋之妻,作新臺于河上而要之[⑪]。國人惡之,而作是詩也。**(伋,宣公之世子。)**新臺有泚,河水瀰瀰[⑫]。**(泚,鮮明貌也[⑬]。瀰瀰[⑭],盛貌也[⑮]。水所以潔汙穢,反於河上而爲淫昏之行[⑯]。)**燕婉之求,籧篨不鮮[⑰]。**(燕,安也[⑱]。婉,順也。籧篨[⑲],不能俯者也[⑳]。箋云:鮮,善也。伋之妻,齊女也[㉑],來嫁於衛。其心本求燕婉之人,謂伋也,反得籧篨不善,謂宣公也。籧篨[㉒],口柔,常觀人顔色而爲之辭,故不能俯仰也[㉓]。)**新臺有洒,河水浼浼。**(洒,高峻也。浼浼[㉔],平地也。)**燕婉之求[㉕],**

---

① 靜嘉本、瞿本、臺北纂圖本、國圖纂圖本、劉叔剛本、元十行本"所"作"始"。

② 靜嘉本、瞿本、臺北纂圖本、國圖纂圖本、劉叔剛本、元十行本無"也"。

③ 瞿本"潔"作"絜",以下相同處不再出校。

④ 瞿本"田"作"曰"。靜嘉本"荑"旁有日人小字校記"本无"。

⑤ 靜嘉本、臺北纂圖本、劉叔剛本、元十行本"共"作"供",瞿本、國圖纂圖本同蜀石經。靜嘉本、瞿本、臺北纂圖本、國圖纂圖本、劉叔剛本、元十行本無"也"。

⑥ 瞿本"窕"作"窕"。

⑦ P. 2529"匪"作"非"。

⑧ S. 789、S. 10與上句合觀僅一"美"字,"貽"作"詒";靜嘉本、瞿本、臺北纂圖本、國圖纂圖本、劉叔剛本、元十行本同唐石經、蜀石經。

⑨ 元十行本"其"作"荑"。靜嘉本"而"旁有日人小字校記"扌乍""也,本乍","已"旁有日人小字校記"本无"。

⑩ 靜嘉本"我"後有日人小字校記"以,扌无"。靜嘉本、瞿本、臺北纂圖本、國圖纂圖本、劉叔剛本、元十行本無"也"。

⑪ 國圖纂圖本"于"作"於"。S. 789"河"字後有"之"字。P. 2529"上"後有"久"。靜嘉本、瞿本、臺北纂圖本、劉叔剛本、元十行本同唐石經、蜀石經。

⑫ P. 2529"瀰瀰"作"泲泲",S. 789、靜嘉本、瞿本、臺北纂圖本、國圖纂圖本、劉叔剛本、元十行本同唐石經、蜀石經。

⑬ 靜嘉本、瞿本、臺北纂圖本、國圖纂圖本、劉叔剛本、元十行本無"也"。

⑭ 元十行本"瀰瀰"作"泲泲"。

⑮ 靜嘉本、瞿本、臺北纂圖本、國圖纂圖本、劉叔剛本、元十行本無"也"。

⑯ 靜嘉本、瞿本、臺北纂圖本、國圖纂圖本、劉叔剛本、元十行本"於"作"于"。靜嘉本"于"旁有日人小字校記"扌乍""於,本乍"。

⑰ P. 2529、S. 789"籧"作"蘧",S. 2729出字作"蘧",劉叔剛本、元十行本作"遾",以下相同處不再出校。P. 2529、S. 789、S. 2729出字"篨"作"蒢",靜嘉本、瞿本、臺北纂圖本、國圖纂圖本同唐石經、蜀石經,以下相同處不再出校。《五經文字》云"籧,作蘧訛"。

⑱ 靜嘉本、瞿本、臺北纂圖本、國圖纂圖本、劉叔剛本、元十行本無"也"。

⑲ 元十行本"籧篨"作"遾蒢",以下相同處不再出校。

⑳ 靜嘉本、瞿本、臺北纂圖本、國圖纂圖本、劉叔剛本、元十行本無"也"。

㉑ 靜嘉本、瞿本、臺北纂圖本、國圖纂圖本、劉叔剛本、元十行本無"也"。

㉒ 元十行本"籧"作"蘧"。

㉓ 靜嘉本、瞿本、臺北纂圖本、國圖纂圖本、劉叔剛本、元十行本、小字本無"仰"。

㉔ 臺北纂圖本前"浼"作"免"。

㉕ P. 2529"燕婉"作"婉燕",字旁有乙改符號。

**籧篨不殄**[①]**。**（殄，絶也。箋云：殄當作腆。腆，善也。）**魚網之設**[②]**，鴻則離之**[③]**。**（言所得非所求也。箋云：設魚網者宜得魚，鴻乃鳥而反離焉[④]。猶齊女以禮來求世子，而得宣公也[⑤]。）**燕婉之求，得此戚施。**（戚施，不能仰者。箋云：戚施面柔也[⑥]，下人以色，故不能仰也。）**《新臺》三章，章四句。**

**《二子乘舟》，思伋、壽也。衛宣公之二子爭相爲死，國人傷而思之，作是詩也**[⑦]**。二子乘舟，汎汎其景**[⑧]**。**（二子，伋也[⑨]、壽也。宣公爲伋取於齊齊女而美[⑩]，公奪之，生壽及朔。朔與其母愬伋於公，公令伋之齊，使賊先待於隘而殺之。壽知之，以告伋，使去之。伋曰："君命也，不可以逃。"壽竊其節而先往[⑪]，賊殺之。伋至[⑫]，曰："君命殺我，壽有何罪[⑬]？"賊又殺之。國人傷其涉危遂往，如乘舟而無所薄也[⑭]，汎汎然迅疾而不礙危也[⑮]。）**願言思子，中心養養**[⑯]**。**（願，每也。養養愁憂不知所定也[⑰]。箋云：願，念也。念我思此二子，心爲之憂養養然[⑱]。）**二子乘舟，汎汎其逝。**（逝，往也。）**願言思子，不**

---

① P. 2529"殄"作"弥"，S. 789 作"殄"，静嘉本、瞿本、臺北纂圖本、國圖纂圖本、劉叔剛本、元十行本同唐石經、蜀石經。《五經文字》云"殄，作殄訛"。

② P. 2529 無"網"，"魚"下有朱筆後添"纲"字。S. 789"網"作"罔"。静嘉本、瞿本、臺北纂圖本、國圖纂圖本、劉叔剛本、元十行本同唐石經、蜀石經。

③ P. 2529"之"作"矣"，又有朱筆改作"之"。S. 789"之"爲墨筆後添。静嘉本、瞿本、臺北纂圖本、國圖纂圖本、劉叔剛本、元十行本同唐石經、蜀石經。

④ 静嘉本"乃"作"則"。静嘉本、瞿本、臺北纂圖本、國圖纂圖本、劉叔剛本、元十行本"而"作"也"。

⑤ 静嘉本"而"後有日人小字校記"反，扌无"。静嘉本、瞿本、臺北纂圖本、國圖纂圖本、劉叔剛本、元十行本無"也"。

⑥ 瞿本、臺北纂圖本"面"作"靣"。静嘉本、瞿本、臺北纂圖本、國圖纂圖本、劉叔剛本、元十行本無"也"。

⑦ P. 2529"作"作"而"，"而是"旁又以朱筆添寫"作"字；S. 789、静嘉本、瞿本、臺北纂圖本、國圖纂圖本、劉叔剛本、元十行本同唐石經、蜀石經，静嘉本"作"前有日人小字校記"而，扌无"。

⑧ P. 2529"景"作"影"，原本玉篇（古逸本）、S. 789、静嘉本、瞿本、臺北纂圖本、國圖纂圖本、劉叔剛本、元十行本同唐石經、蜀石經。

⑨ 静嘉本、瞿本、臺北纂圖本、國圖纂圖本、劉叔剛本、元十行本無"也"。

⑩ 臺北纂圖本"公"作"子"。静嘉本、瞿本、臺北纂圖本、國圖纂圖本、劉叔剛本、元十行本僅有一"齊"字。

⑪ 瞿本"竊"作"切"。

⑫ 静嘉本"伋"前有日人小字校記"後，扌无"。

⑬ 静嘉本"有"旁有日人小字校記"本无""彼，本有"。

⑭ 静嘉本、瞿本、臺北纂圖本、國圖纂圖本、劉叔剛本、元十行本無"也"。

⑮ 原本玉篇（古逸本）"迅"作"駛"；釋文底本作"駛"，或本無"駛"字，又作"迅"。原本玉篇（古逸本）無"然"，"礙"作"疑"；静嘉本"然"旁有日人小字校記"本无"，"礙"旁有日人小字校記"扌乍""疑，本乍"。原本玉篇（古逸本）、静嘉本、瞿本、臺北纂圖本、國圖纂圖本、劉叔剛本、元十行本、小字本無"危"。

⑯ P. 2529、S. 789"養"作"羪"。

⑰ 静嘉本、瞿本、臺北纂圖本、國圖纂圖本、劉叔剛本、元十行本"愁"作"然"。静嘉本"憂"旁有日人小字校記"本无"。静嘉本、瞿本、臺北纂圖本、國圖纂圖本、劉叔剛本、元十行本無"也"。

⑱ 劉叔剛本、元十行本後"養"作"羪"。

**瑕不害**[①]。(言二子之不遠害也[②]。箋云:瑕猶過也。我念思此二子之事[③],於行無過差,有何不可而不去乎[④]?)**《二子乘舟》二章**[⑤],**章四句**[⑥]。(邶國十有九篇[⑦],七十一章[⑧],·[⑨]。)

**毛詩卷第二**[⑩] 經二千二百·,注五千九百九十三字[⑪]。

2016 年 1 月 13 日初稿
2020 年 6 月 28 日二稿
2020 年 8 月 16 日改定

附記:本文寫作過程中,先後承瞿艷丹、董婧宸、董岑仕、陸蓓容等友人惠贈資料,謹此致以衷心感謝。

**【作者簡介】**王天然,中國社會科學院古代史研究所、中國社會科學院簡帛研究中心副研究員,目前主要從事經部文獻、出土文獻與版本目録學研究。

---

① P. 2529"瑕"作"遐";唐石經原刻似作"遐",又於該字上改刻作"瑕";S. 789、靜嘉本、瞿本、臺北纂圖本、國圖纂圖本、劉叔剛本、元十行本同蜀石經。P. 2529、S. 789、釋文出字、S. 2729 出字、唐石經、靜嘉本、瞿本、臺北纂圖本、國圖纂圖本、劉叔剛本、元十行本、小字本"不害"作"有害"。按,蜀石經作"不害"蓋涉鄰近文字而誤。

② 靜嘉本、瞿本、臺北纂圖本、國圖纂圖本、劉叔剛本、元十行本無"也"。

③ 劉叔剛本、元十行本"念思"作"思念"。

④ 靜嘉本、瞿本、臺北纂圖本、國圖纂圖本、劉叔剛本、元十行本"乎"作"也"。

⑤ P. 2529"二章"之"二"字爲後添。

⑥ S. 789 不重"章"字。

⑦ P. 2529"邶"作"鄁",S. 789 作"背"。S. 789、唐石經、靜嘉本、瞿本、臺北纂圖本、國圖纂圖本、劉叔剛本、元十行本無"有",P. 2529 同蜀石經。

⑧ S. 789 無"一"。

⑨ 原拓"·"目前僅能辨出"二"形痕跡,吳本、陳本、P. 2529、唐石經、靜嘉本、瞿本、臺北纂圖本、國圖纂圖本、劉叔剛本、元十行本"·"作"三百六十三句",S. 789 作"三百六十句"。P. 2529、S. 789、唐石經、靜嘉本、瞿本、臺北纂圖本、國圖纂圖本、劉叔剛本、元十行本"邶國"至"三句"爲大字。

⑩ P. 2529、S. 789 無卷題。臺北纂圖本題作"纂圖互注毛詩卷第二",國圖纂圖本題作"監本纂圖重言重意互注點校毛詩卷第二",靜嘉本、瞿本同唐石經、蜀石經。劉叔剛本、元十行本爲注疏合刻本,題作"附釋音毛詩注疏卷第二 二之三"。

⑪ P. 2529 作"九八千四百七十三言第二",S. 789 作"凡七千九百六十八字",蓋皆因襲所據經注本記載之字數。靜嘉本、瞿本、臺北纂圖本、國圖纂圖本、劉叔剛本、元十行本無經注字數。

# 方玉潤《詩經原始》與《欽定詩經傳説彙纂》關係考*

于　浩

【提　要】　方玉潤《詩經原始》與清康熙末年官修《欽定詩經傳説彙纂》關係密切,《詩經原始》所附圖、綱領、集釋幾乎全部引自《詩經彙纂》,在詩旨解讀方面,不少引文也多襲自《詩經彙纂》。經考證可知,《詩經彙纂》很可能是方玉潤撰寫《詩經原始》的工作本,且《詩經原始》有五十多處抄襲《詩經彙纂》中的按語與所録前人之説,方玉潤多割裂、改寫他人之説以爲己説,又自視超過前代諸儒遠甚,肆意批駁前人,這種做法非篤實嚴謹之學者所爲。

【關鍵词】　方玉潤　詩經原始　欽定詩經傳説彙纂　清代　詩經學

## 一、前　言

方玉潤(1811—1883),字友石,一字黝石,號鴻蒙子,清末雲南寶寧人。道光十二年(1832)補廪膳生員,後屢試不第,遂絶意進取,以讀書自任,留心經世致用之學。咸豐五年(1855)出滇從軍,曾入曾國藩幕,但主張頗與曾不合,未得其用。晚年任隴州州同,講學於隴州五峰書院,居隴東十有九年。光緒九年(1883)升補碍坪廳通判,未抵而卒,終年七十三歲①。

方氏著述宏富,頗以學問自許,是清末頗具影響力之學者,其《詩經原始》尤爲著稱。向達先生提及民國八九年間王伯沆在南京講《詩經》,即對《詩經原始》稱道不置②。1934年沈達材先生在《海濱月刊》發表《方玉潤詩經原始述評》一文,全面介紹《詩經原始》的觀點與優劣,稱讚方氏“不欲盲從古人,唯其是者從,而非者正。以此治詩,則詩中之困難問題,如所謂漢宋之争,序傳之争

---

* 【基金項目】國家社科基金青年項目“明末清初《詩經》注本與學術史研究”,項目編號:17CZW032。

① 方玉潤生平,見[民國]《新纂雲南通志》卷二百《列傳十二》,第八册,雲南人民出版社,2007年,頁334—335;[民國]《續修陝西通志稿》卷七一《名宦八》,第二册,《地方志書目文獻叢刊》(6),北京圖書館出版社,2004年,頁579。另參向達《方玉潤著述考》,載《唐代長安與西域文明》,河北教育出版社,2007年,頁578—579;謝國楨《江浙訪書記》,三聯書店,2007年,頁210;馮莉《方玉潤年譜》,《雲南民族大學學報(哲學社會科學版)》,2007年第7期,頁113—120。

② 向達《方玉潤著述考》,頁577。

者,皆可以息喙矣。"[①]20世紀80年代之後,因爲《詩經原始》的點校出版,《詩經原始》越加受到研究者重視,論者多認爲《詩經原始》是對傳統解釋模式的挑戰,常將此書與清初姚際恒《詩經通論》並提,尤贊其能够以"文學解《詩》"和"推翻舊説",是近代疑古之風的先行者[②]。同時,也有學者意識到《詩經原始》的不足,他的文學解經只是手段,大體仍不脱傳統經學範疇[③]。這種分歧其實正顯示出當今《詩經原始》研究中的"以今律古"之弊,往往用今天文學的觀念去《詩經原始》中尋找能够契合的材料,未能正視方氏此書的實際學術水準與價值。

尤其重要的是,《詩經原始》與康熙末年官修《欽定詩經傳説彙纂》有莫大關係,至今尚未有人注意。詳細對比二書即可發現,《詩經原始》的附圖、綱領、集釋等内容,直接抄録自《詩經彙纂》。《詩經原始》闡釋詩旨的部分也有大量直接摘録、引用《詩經彙纂》之處。更有甚者,有五十餘處是抄襲、割裂、剽竊《詩經彙纂》之内容而以爲己説。因此,通過考察《詩經原始》與《詩經彙纂》之關係,我們不僅能發現《詩經原始》是以《詩經彙纂》爲工作本,更能進一步探討《詩經原始》的成書過程,以及方氏著述的初始動機與後來變化,對於《詩經原始》一書能有更爲公允的認識和評價。

## 二、《詩經彙纂》是方玉潤撰寫《詩經原始》的工作本

《詩經原始》明確注明引用《詩經彙纂》有五處,分别是:《十五國風輿地圖》之"附録"引《詩經彙纂》按語、《作詩時世圖》篇末引《詩經彙纂》按語、《周頌·天作》之"集釋"引《詩經彙纂》所録沈括之説、《豐年》引《詩經彙纂》按語、《載見》引《詩經彙纂》按語[④]。但《詩經原始》與《詩經彙纂》之關係絶不止於此五處。詳細比對二書可知,《詩經原始》大量摘録了《詩經彙纂》的内容,表現在四個地方:第一,《詩經原始》卷首上《大東總星之圖》至《作詩時世圖》均摘録於《詩經彙纂》,包括圖後之説明,亦來自《彙纂》;第二,卷首下論詩旨,亦多抄自《詩經彙纂》;第三,《詩經原始》正文有關詮釋字義、名物等内容的"集釋",全部節抄自《詩經彙纂》,只略增姚際恒、姚炳叔侄等意見;第四,《詩經原始》最具獨創的解釋詩義的部分,也有不少抄自《詩經彙纂》,有時舉引用學者之姓名,亦有多處不加注明以爲己説。

首先,《詩經原始》卷首上有九圖,除第一圖《詩無邪太極圖(説)》及第二圖

---

① 沈達材《方玉潤詩經原始述評》,《海濱月刊》,1934年第3期,頁2。

② 李家樹《清代傳統詩經學的反動》,《詩經的歷史公案》,大安出版社,1990年,頁149;洪湛侯《詩經學史》,中華書局,2000年,頁572—573;另可參見李晋娜《現代〈詩〉學的曙光——方玉潤及其〈詩經原始〉》,山西大學碩士學位論文,2005年;李曉丹《方玉潤〈詩經原始〉綜論》,遼寧師範大學碩士學位論文,2010年;蘇元溼《孔門〈詩〉教與方玉潤〈詩經原始〉研究》,山東大學碩士學位論文,2013年;韓立群《方玉潤〈詩經原始〉研究》,河北大學博士學位論文,2013年。

③ 韓立群《方玉潤〈詩經原始〉研究》,頁176—179;李春雲《方玉潤〈詩經原始〉研究》,福建師範大學碩士論文,2004年,頁29—33。

④ [清]方玉潤《詩經原始》,中華書局,2006年,頁12、40、585、604、609。

《十五國風輿地圖》外，其餘七圖:《大東總星之圖》《七月流火之圖》《楚丘定之方中圖》《公劉相陰陽圖》《豳公七月風化之圖》《諸國世次圖》《作詩時世圖》均直接抄自《詩經彙纂》，包括圖後所引各家之説，亦來自《詩經彙纂》。第二圖《十五國風輿地圖》，據方氏自陳爲其本人所作，但圖後所附前人之説，亦抄自《詩經彙纂》①。

第二，《詩經原始》卷首下引録先儒衆説總論詩旨，大部分摘録自《詩經彙纂》卷首下之"綱領"部分，其引文之順序，大多與《詩經彙纂》相同。如引鄭樵論"風有正變"一段、葉適"諸詩各有一體"一段、嚴粲"純乎雅之體爲雅之大"一段、王柏"風雅之别"一段，均見於《詩經彙纂》"綱領二"之論四始部分②。引鄭樵"善觀《詩》者"一段、范浚"高山仰止"一段來自《詩經彙纂》綱領三論讀詩之法部分③。如此之類甚多，概不具舉。而未完全按照《詩經彙纂》順序之引文，絶大部分也能在《詩經彙纂》"綱領"中找到原文，僅有章潢、顧炎武、姚際恒三處引文不見於《詩經彙纂》中。方氏在每條引文下都加有自己的按語，這些都是方氏自己的意見。

第三，《詩經原始》於每詩之解釋後，列有"集釋"，專門解釋字義名物等，而這部分，均節録自《詩經彙纂》所存録的各家解釋。《詩經彙纂》之體例爲分章訓釋，於每詩每章之後，先列朱子《集傳》，於《集傳》若有補充，則引歷代衆説列於朱子解釋之下；每章後或有"集説"，或有"附録"；每詩後亦或有"附録""總論"之類，旁徵博引，融彙漢、唐、宋、元、明諸儒《詩》説。《詩經原始》的"集釋"部分，全部節抄自《詩經彙纂》中所録朱子《集傳》之解釋與所存録之歷代學者注釋，不過是將《詩經彙纂》散列的内容彙聚到一起。只在少數地方，加入了姚際恒《詩經通論》、姚炳《詩識名解》等書之内容。

第四，在解釋詩義時，常常引用前人之説，除姚際恒、姚炳等人外，這些内容多來自於《詩經彙纂》。如《召南・江有汜》，《詩經原始》引南宋黄震之説云：

> 《列女傳》云"倚柱而嘯"，《王風》"條其嘯矣"，皆借悲歌以發鬱積氣，又安見其爲融融意哉？唯黄氏震曰："岷隱云：不我以，正是置之於無所與事之地，非遇勤勞也。己乃寬釋曰：久當自悔，且有以處我，嘯歌以俟時，不必過爲戚戚也。"以前二章作或然之想，以末一章寓無聊之心，庶幾乎得之矣。④

此處引黄震之説，即來自《詩經彙纂》釋《江有汜》詩之"附録"⑤。又如《豳風・東山》，《詩經原始》引朱善論聖人所以能感人者一段，全見於《詩經彙纂》。《原始》解《十月之交》爲幽王時詩，舉歐陽修、蘇轍、陳鵬飛、李樗等人意見，均抄自

① ［清］王鴻緒等《欽定詩經傳説彙纂》，《景印文淵閣四庫全書》第 83 册，臺灣商務印書館，1983 年，頁 20。

② ［清］方玉潤《詩經原始》，頁 47—49；［清］王鴻緒等《欽定詩經傳説彙纂》，頁 50—51。

③ ［清］方玉潤《詩經原始》，頁 50—51；［清］王鴻緒等《欽定詩經傳説彙纂》，頁 56—57。

④ ［清］方玉潤《詩經原始》，頁 112。

⑤ ［清］王鴻緒等《欽定詩經傳説彙纂》，頁 122。

《詩經彙纂》此詩之"集說"[①]。這樣的情況很多,不一一具舉。

從《詩經原始》與《詩經彙纂》如此密切的關係及方氏襲用《彙纂》之痕跡可見,《詩經彙纂》應該是方玉潤撰寫《詩經原始》過程中的工作本。同治四年(1865)方玉潤在日記末尾擬定了一個鴻蒙室擬著叢書目録,與經學有關的幾部書應值得注意,即:《易經通致評解》《書經通致評解》《詩經通致評解》《禮經通致評解》《春秋通致評解》《四書通致評解》,這幾部書恰與清康熙、乾隆間編訂的官修經書注本:《周易折中》《欽定書經傳説彙纂》《欽定詩經傳説彙纂》《欽定儀禮義疏》《欽定春秋傳説彙纂》《日講四書解義》能够一一對應。方氏這幾部書大概都未完成,《詩經通致評解》則很可能是《詩經原始》的前身。據方玉潤《星烈日記彙要》,《詩經原始》的撰寫草創於同治八年(1869)七月[②],方氏自述"愚擬廣集衆説,折衷一是,留爲家塾課本",可見方氏撰寫《詩經原始》的最初用途是家塾課本,而家塾課本用《詩經彙纂》進行改編、撰述則很正常,比如明清時期科舉類詩經注本就多直接採録《詩傳大全》或《詩經彙纂》中的附圖,《詩經原始》的做法正與這些科舉注本一致。《詩經原始》於同治十年春開雕於隴州,如果按方玉潤日記的記載來看,從計劃撰寫到開雕,前後不過一年半,這麼短的時間裏要完成這部皇皇巨著幾乎是不可能的[③],因此向達先生認爲《詩經原始》的雛型早在同治八年已經完成。這個"雛型"很可能即是《詩經通致評解》,《評解》未必完全成書,在撰寫過程中方氏逐漸形成自己的思路與觀念,遂拋棄舊的計劃,而意欲撰成一部成一家之説的著作。

對比方玉潤《星烈日記彙要》中所述《原始》宗旨與《詩經原始自序》,可見其變化之痕跡。《星烈日記彙要》卷三方氏自述《原始》梗概云:

> 愚擬廣集衆説,折衷一是,留爲家塾課本,名之曰《原始》,蓋欲探求古人作詩本旨而原其始意也。……詩後乃總論作詩大旨,大約論斷於小序、集傳之間,其餘諸家亦順及之。末乃集釋名物,標明音韻。本詩之上眉有評旁有批,詩之佳處亦點亦圈,以清眉目。然後全詩可無遁義,足以沁人心脾矣![④]

《詩經原始自序》則説:

> 乃不揣固陋,反覆涵泳,參論其間,務求得古人作詩本意而止。不顧《序》,不顧《傳》,亦不顧《論》,唯其是者從而非者正,名之曰《原始》,蓋欲

① [清]方玉潤《詩經原始》,頁 320、395;[清]王鴻緒等《欽定詩經傳説彙纂》,頁 366、464。

② 向達《方玉潤著述考》,頁 584;黄美椿《〈鴻蒙家書〉與方玉潤著作》,《文史》第 9 輯,中華書局,1980 年,頁 238。

③ 據方玉潤《詩經原始自序》可知,《原始》同治十年辛未小陽春時已成書,並開始刊雕。《凡例》又云:"於是羣相慫恿,勸付剞劂,亦不能自主焉。其役經始於辛未仲冬,告竣於癸酉孟夏,凡閲月一十有八。……"可知刊刻的時間從同治十年冬一直持續到同治十二年夏,耗費十八個月,賴諸多友人助資方成。馮莉《方玉潤年譜》誤將刊刻時間作爲撰寫時間,以爲同治十年始撰此書,同治十二年夏書成,是錯誤的。

④ 轉引自向達《方玉潤著述考》,頁 584。

原詩人始意也。雖不知其於詩人本意何如，而循文按義，則古人作詩大旨要不外乎是。……（李勤伯）以爲二千餘年説《詩》疑案，至是乃可以息喙而無争耳。①

在最初的計劃中，方氏還"大約論斷於小序、集傳之間"，但書撰成後已是"不顧《序》，不顧《傳》，亦不顧《論》"；最初方氏對此書的期許是"全詩可無遁義，足以沁人心脾矣"，書成則自信"古人作詩大旨要不外乎是"，並借他人之口説兩千年説《詩》疑案到此書就可以全部息喙了，雖然他表示不敢承，但既然寫在序中，自然顯示了方氏内心的實際想法。

通過考察方玉潤的日記，對比《詩經原始》和《詩經彙纂》的關係，我們大致可以瞭解到，方玉潤原先有撰寫諸多經書通致評解的計劃，用於家塾授課，所根據的都是清代康熙、乾隆編定的官修諸經注本。除《詩經》外，其餘很可能都未能完成。方玉潤以《欽定詩經傳説彙纂》爲工作本撰寫《詩經通致評解》，後來欲進一步探求古人作詩本旨，在此基礎上更名《原始》，增添了不少自己思考得來的結論，豐富了《原始》的内容。但仍保留了摘録自《詩經彙纂》的不少文字，對有意無意抄襲自《詩經彙纂》的部分，也未改盡。

## 三、《詩經原始》抄襲《詩經彙纂》舉例

《詩經原始》中對詩義之詮解，是方氏所自信最具獨創性的一部分。然而考察此部分之内容發現，方氏常常用《詩經彙纂》按語或他人之説以爲己説，後人不别，往往誤認爲是方氏的獨見。這樣的情況在《詩經原始》中多達五十餘處。如果説圖説、綱領、集釋中的訓詁等還帶有資料性質，那麽詩義詮解及《詩經》相關内容之考證襲用他人之説而不加注明，則有抄襲之嫌。下文舉最具代表之例證以見一斑。

（1）《邶風・柏舟》，《詩經原始》"集釋"部分解釋柏舟以喻國，抄自《詩經彙纂》所録嚴粲之説而未注明出處。《詩經原始》云：

> [柏舟]以喻國也。舊説以爲自喻，下即繼以"耿耿不寐"，未免傷於迫切，非仁人心也。惟舟喻國，汎汎然於水中流，其勢靡所底止，爲此而有隱憂，乃見仁人用心所在。（P122）

《詩經彙纂・柏舟》第一章下之"附録"：

> 嚴氏粲曰：……舊説以柏舟自喻其材美，以汎汎喻己之不見用。下即繼之以"耿耿不寐，如有隱憂"，則傷於迫切而非仁人之氣象矣。故以舟喻國，流於水中，以喻國之靡所底止，爲此而有隱憂，然後見仁人之心也。

① [清]方玉潤《詩經原始自序》，《詩經原始》，頁3—4。

(P134)[①]

按,嚴粲"柏舟以喻國"之精妙,《四庫全書總目》早已表彰之[②]。

(2)《邶風·式微》,《詩經原始》考證"泥中"非毛傳所謂衛邑,來自《詩經彙纂》按語:

泥中,猶言泥塗也。毛氏萇曰:中露、泥中,衛邑也。此或後人因經而附會其説耳,不可從。(P139)

《詩經彙纂》按語云:

案毛萇以中露、泥中爲二邑,當非無本,但周時地理已屬荒邈難稽,而後代都邑志所載,或因經而附會其説。(P159)

(3)《鄘風·桑中》,《詩經原始》云:

夫詩之所詠曰"唐"、曰"麥"、曰"葑",匪一其采矣。曰"沬鄉"、曰"沬北"、曰"沬東",又匪一其地也。曰"孟姜"、曰"孟弋"、曰"孟庸",更匪一其人。而期、而要、而送之者,則必於"桑中"之"上宫"與"淇上",豈一人一時所期,而三地三人同會於此乎?(P160)

此説實來自《詩經彙纂》所録鄧元錫之説而略加改動:

鄧氏元錫曰:"唐""麥""葑",匪一其采;"沬鄉""沬北""沬東",匪一其地;"孟姜""孟弋""孟庸",匪一其姓。而期、而要、而送,如出一軌焉。(P181)

(4)《鄘風·定之方中》,《詩經原始》云:

觀其卜築楚丘也,始則驗中星而重天時,繼則升墟隴而察地利,終則教樹畜而盡人力,規模宏遠,經營具備。而尤不敢自暇自逸,躬親課農,星言税駕,率以爲常。故不數年而戎馬寖强,蠶桑尤盛,爲河北巨邦。其後孔子適衛猶有庶哉之歎,則再造之功不可泯也。(P163—164)

此説來自《詩經彙纂》按語而略加改動,《彙纂》按語云:

今觀《定之方中》一詩,占天時,審土宜,盡人力,規模宏遠,經營具備。而尤以農桑爲立國之本,戎馬爲富强之資,巡行不怠,蕃育有方,使康叔開國之模復見於播遷之後。而詩人推本自塞淵中來,可見一心爲萬事根本,衛業所由興也。及春秋之季,孔子適衛殷,然思所以富之教之,夫孰非文公生聚之所貽歟?(P187)[③]

---

① 本節所引頁碼,方玉潤《詩經原始》據中華書局點校本,《欽定詩經傳説彙纂》據臺灣商務印書館影印文淵閣四庫本。

② [清]永瑢《四庫全書總目》,中華書局,1965年,頁125。

③ 按《詩經彙纂》此條按語其實亦襲自方苞《朱子詩義補正》,見[清]方苞《朱子詩義補正》,《續修四庫全書》第62册,上海古籍出版社影印本,1995年,頁406—407。

(5)《王風·君子陽陽》,《詩經原始》論詩義襲自鄧元錫。《詩經原始》云:

> 蓋三代賢人君子,多隱仕於伶官,以其得節禮樂,可以陶情淑性而收和樂之功。故或處一房之中,或侍遨遊之際,無不揚揚自得,陶陶斯詠,有以自樂。其樂而何害其爲賢也耶?(P194)

《詩經彙纂》引鄧元錫云:

> 鄧氏元錫曰:古賢多隱伶官。夫伶賤工也,然司樂節得節禮樂,而樂有平心反性之益焉。君子之陽陽,樂獨得其道也云爾,故仕爲貧而道存焉。(P223—224)

(6)《鄭風·有女同車》,《詩經原始》云:

> 《小序》謂"刺忽也"。……《辨説》以爲"忽之辭昏,未爲不正。至其失國,以勢孤援弱,亦未有可刺之罪也。"故《集傳》又"疑爲淫奔之詩"。夫曰"同車",則有禦輪之禮;曰"佩玉",則有矩步之節;曰"孟姜",則本齊族之貴。淫奔而越國,有若是之威儀盛飾昭彰耳目乎?前人駁之,固已甚詳。(P213)

此説亦襲自《詩經彙纂》之按語,《彙纂》按語引"後儒"云:

> 後儒謂:詩曰"同車",則有禦輪之禮;曰"佩玉",則有矩步之節;曰"孟姜",則本齊族之貴;淫奔而越國,有若是之威儀盛飾昭彰耳目乎?不知朱子特辨序説,因孟姜二字爲齊女,遂指刺忽之爲傅會,其曰淫奔,蓋疑詞也。詩人固在人之善觀矣。(P247)

《詩經彙纂》按語所謂"後儒",即胡紹曾,此説見其《詩經胡傳》[①]。而方玉潤則對《詩經彙纂》所録胡氏之語略加改動,顛倒次序,以"前人駁之,固已甚詳"掩其抄襲之跡。

(7)《詩經原始》釋《鄭風·野有蔓草》爲"朋友相會之詩",實來自《詩經彙纂》所録吴肅公之説。《詩經原始》云:

> 況其詩……一見於《韓詩外傳》,孔子遭程木子於郯,傾蓋而語,顧子路束帛以贈,子路對曰:"士不中道相見。"孔子乃詠此詩以曉之。是皆取士君子邂逅相遇爲義。"有美"云者,猶《簡兮》之稱"彼美",《干旄》之詠"彼姝"云爾。若如晦翁所言,縱不爲鄭卿地,獨不爲孔子地乎?是知此詩必爲朋友期會之詩無疑。士固有一見傾心,終身莫解,片言相投,生死不渝者,此類是也。又何必男女相逢始適願哉?(P225)

《詩經彙纂·野有蔓草》詩後"附録"引吴肅公云:

> 吴氏肅公曰:蔓草爲朋友期會之詩。《韓詩外傳》孔子遭齊程木子於

① [明]胡紹曾《詩經胡傳》卷三,《四庫未收書輯刊》第1輯第4册,北京出版社影印本,1997年,頁405。

> 鄭，傾蓋而語終日，顧子路束帛以贈先生。子路對曰："士不中道相見，女無媒而嫁者。"孔子曰："夫詩不云乎：'野有蔓草，零露漙兮。有美一人，清揚婉兮。邂逅相遇，適我願兮。'齊程木子，天下之賢士也。吾於是而不贈，終身不之見也。"(P258)

方玉潤釋《野有蔓草》爲朋友相會，看似極有獨創，其實清初吴肅公早已有此論，而《詩經彙纂》按語亦加以申説云："《韓詩外傳》孔子遭齊程木子於郯，傾蓋而語，顧子路束帛以贈，子路對曰：士不中道相見，孔子乃詠此詩以曉之。是皆取士君子邂逅相遇爲義。'有美'云者，猶《簡兮》之稱'彼美'爾。"(頁258)由此可見，《詩經原始》乃抄吴肅公説與《彙纂》按語爲己説。

(8)《詩經原始》論《齊風·還》之詩不過爲獵者互相稱譽，此説來自《詩經彙纂》所録姚舜牧語。《詩經原始》云：

> 此不過獵者互相稱譽，詩人從旁微哂，因直述其詞，不加一語，自成篇章。而齊俗急功利、喜誇詐之風，自在言外，亦不刺之刺也。(P230)

《彙纂》此詩第三章"總論"引姚舜牧云：

> 姚氏舜牧曰：所尚者弋獵便捷，便見齊俗之急功利處；所遇者相稱譽，便見齊俗之喜誇詐處。(P264)

(9)《秦風·晨風》，《詩經原始》以爲男女情與君臣義原本相通，此説來自《詩經彙纂》按語。《詩經原始》云：

> 惟《集傳》則以爲婦人念其君子之詞，又引《扊扅歌》以證秦俗，與古《序》大相反。今觀詩詞，以爲"刺康公"者固無據，以爲婦人思夫者亦未足憑。總之男女情與君臣義原本相通，詩既不露其旨，人固難以意測。(P276)

《詩經彙纂·晨風》詩後按語云：

> 朱子則改爲婦人念其君子之詞，又引《扊扅歌》以證西秦風俗。蓋康公棄賢，固無從考其實事。而思婦獨居與賢士失所，亦情之相似而理之可通者也。(P315)

《詩經原始》不過是將《彙纂》按語"思婦獨居與賢士失所"改爲"男女情與君臣義"而已。

(10)《詩經原始》論《渭陽》詩義，其實抄自《詩經彙纂》所録朱道行之説。《詩經原始》云：

> 雖曰甥情，實奉父命。穆公之爲重耳也，且與以紀綱僕三千，然後晋可定而霸業以成。故《春秋》於秦晋交戰，每主晋而客秦，多抑揚焉。此詩之存，其亦《春秋》意也夫？(P279)

《詩經彙纂》引朱道行云：

朱氏道行曰：……雖曰甥情，實奉父命。傳記穆公爲重耳慮，與以紀綱之僕三千，皆所以鄭重其行，藉以定晋也。《春秋》於秦晋交戰，每主晋客秦，多抑揚焉，即録詩《渭陽》之意。(P318)

(11)《陳風》篇首，《詩經原始》之按語實來自《詩經彙纂》所録朱公遷語而略加改動。《詩經原始》云：

案陳、檜、曹皆小國，故居諸國之末。而陳爲伏羲舊治，又帝舜後裔，故在二國前。説者謂檜、曹《匪風》《下泉》二詩有思治心，未便居於陳國先，蓋亂極則思治，理或然也。(P281)

《彙纂》引朱公遷云：

朱氏公遷曰：陳、檜、曹皆小國，故居變風之終。……但檜、曹比陳爲尤小，且有思治之詩，故二國不可先陳，而以陳列於其前也。(P322)

《詩經原始》此段稱"説者謂"，但未舉朱公遷名。

(12)《詩經原始》解《陳風・宛丘》詩義，抄自《詩經彙纂》按語。《詩經原始》云：

故《集傳》泛指"遊蕩人"，固是慎重解經之意。但樂舞非細民所宜，威望亦於庸衆無關，使閭巷鄙夫終歲執羽舞翿於宛丘之上，亦屬常然，何煩詩人諷詠，重勞大聖人録而冠夫《陳風》之首，以爲遊蕩者戒耶？此必陳君與其臣下不務政治，相與遊樂，君擊鼓而臣舞翿，無冬無夏，威儀盡失。(P281)

《詩經彙纂》按語曰：

朱子曰：子指遊蕩之人也。辨《小序》曰：陳國小無事，實幽公但以惡謚，故得遊蕩無度之詩，未敢信也。解經可謂慎矣。然曰望人所瞻望也，則仍似屬有位者言也。若閭巷細民鼓舞於宛丘，何系輕重，而國人作詩以刺之？又致夫子録是詩以冠陳風之首，重爲後世戒耶？蓋上行下效，序與傳箋推其原，則有所指。(P323)

(13)《陳風・防有鵲巢》，《詩經原始》云：

程子曰："予美，心所賢者。一言下之，誑君以讒人；一言奸之，誣善以害人，皆作詩者憂患之意。"可謂深得風人義旨矣。而朱子乃謂"予美"指所私者，定此詩爲"男女有私，而憂其或間之之詞"，豈不異哉？夫《風》詩托興甚遠，凡屬君親朋友，意有難宣之處，莫不假託男女夫婦詞婉轉以達之。(P288)

此段抄自《詩經彙纂》按語而略加改動：

程子曰："予美，心所賢者。一言下之，誑君以讒人；一言奸之，誣善以害人，皆作詩者憂患之意。"朱子曰：予美指所與私者，而定此詩爲男女有私憂或間之之詞。然不指其所謂予美者爲男乎？爲女乎？夫風詩之托興甚遠，……予美爲君子詞，可作男女夫婦讀意，可作君親朋友觀。即不泥爲宣公，而程子之説爲可思矣。（P330）

（14）《豳風·伐柯》，《詩經原始》云：

朱子初説，亦用《序》義，後以此詩難曉，而"我覯之子"一句又與下章同，故推求其意，以爲東人欲見周公，始難而終易，而爲是深喜之詞。然總作比看，則與《九罭》之"我覯之子"一賦一比又相戾，且皆非詩詞中所有意也。（P323）

此説抄自《詩經彙纂》按語而略爲改動，《彙纂》按語云：

朱子初説……蓋用序義也。後以此詩難曉，而"我覯之子"一句，與《九罭》之詩同，二篇又相屬。故推求其意，以爲東人欲見周公，始難而終易，而爲是深喜之詞。然總作比看，則與序所言刺朝廷之不知，皆非詩詞中所有者一也。（P370）

（15）《小雅·祈父》，《詩經原始》云：

案成周兵制，籍鄉遂之衆以作六軍，而邱甸之民亦出車乘、甲士、步卒，然其爲數少，故統言之則六軍之士出自六鄉也。至虎賁、司右，簡勇士屬焉，以左右王，鄭康成所謂征行之士，例不取王之爪牙之士也。（P377）

此説則是照抄《詩經彙纂》之按語：

案成周兵制，籍鄉遂之衆以作六軍，而邱甸之民亦出車乘、甲士、步卒，然其爲數少，故統言之則六軍之士出自六鄉也。至虎賁、司右，簡勇士屬焉，以左右王，鄭康成所謂征行之事，例不取王之爪牙之士也。（P438）

（16）《大雅·皇矣》，方玉潤論之曰：

愚謂畔者，離而去之也。援者，攀而附之也。無然者，謂無間離人以攀附之心也。至歆者，欲之動乎中；羡者，心之慕乎外，蓋利人土地而生羡慕之念耳。（P493）

此是改自《詩經彙纂》所録朱善之説，《詩經彙纂》云：

朱氏善曰：畔者，疎而離之，援者，親而附之也；歆者，欲之動乎中，羡者，心之慕乎外也。（P583）

（17）《大雅·既醉》，《詩經原始》云：

"籩豆静嘉"，誠之寓於物也，何其潔！"朋友攸攝"，誠之萃於人也，何其敬！"孝子不匱""室家之壼"，誠之者傳於後嗣與内助也，又何其賢且孝！於是錫爾以祚，所以厚其身；錫爾以胤，所以昌厥後。（P511）

此説亦抄自《詩經彙纂》所録朱善語，《詩經彙纂》云：

朱氏善曰："籩豆静嘉"，孝誠之著於物也；"朋友攸攝"，孝誠之寓於人也；孝子不匱，孝誠之傳於後嗣也；"室家之壺"，孝誠之形於内助也；"錫爾以祚"，所以厚其身也；"錫爾以胤"，所以昌厥後也。(P612)

案，方氏《原始》全書明抄、暗襲朱善之語甚多，不僅此兩處。

(18)《大雅・鳧鷖》，《詩經原始》批評鄭玄之説云：

而鄭氏又以首章之"在涇"，喻燕祭宗廟之尸；二章之"在沙"，喻燕祭四方萬物之尸；三章之"在渚"，喻燕祭天地之尸；四章之"在潀"，喻燕祭社稷山川之尸；五章之"在亹"，喻燕祭七祀之尸。一"在涇"也，而曲爲分别，以譬在宗廟等處，豈尚知詩人用字義哉？(P513)

此實際是抄自《詩經彙纂》之按語：

案《鳧鷖》之詩，漢、唐、宋諸儒皆定爲祭之明日繹而賓尸之樂，固已。但毛萇以爲燕宗廟之尸，鄭則以首章之"在涇"，喻燕祭宗廟之尸；二章之"在沙"，喻燕祭四方萬物之尸；三章之"在渚"，喻燕祭天地之尸；四章之"在潀"，喻燕祭社稷山川之尸；五章之"在亹"，喻燕祭七祀之尸。歐陽修破之曰："鳧鷖在涇、在沙，謂公尸和樂，如水鳥在水中及水旁，得其所爾。在渚、在潀、在亹，皆水旁爾。鄭氏曲爲分别，以譬在宗廟等處者，皆臆説也。"斯論甚當。(P614)

方玉潤此説，全襲《詩經彙纂》按語之意見，駁斥鄭玄，亦全用《彙纂》按語所引歐陽修之説，然而方氏在文後云："諸儒説《詩》大都如此，可嘅也夫！"鄙視前代諸儒之意，溢於言表。如此討巧，非學者所當爲。

由上舉諸例可見，方玉潤多用《詩經彙纂》按語與所録他人之説略加改動，或直接用他人之意以爲己意，或在前人意見上申以己意；部分段落和句子，與《詩經彙纂》中之文字雷同。在大多數情況下，方玉潤都没有注明出處，也未説明一些對詩旨的解釋來自於前人啓發，剿襲的痕跡較爲明顯。方氏一方面襲用前人之説不加注明以爲己説，一方面又常以自己的意見遠勝前代諸儒，肆意批評前人。這種做法實在不能令人信服。他曾在《詩經原始》裏説："夫人心之患，莫患於非聖而自是。"[①]而他自己卻往往陷入"非聖而自是"之中，可以説這句話正是他本人的寫照。

## 四、結　語

綜上所述，《欽定詩經傳説彙纂》是方玉潤撰寫《詩經原始》時的工作本，《詩經原始》中的附圖、綱領、集釋幾乎全部摘録自《詩經彙纂》，在具體的解説詩義部分，凡引前人之説處，除了姚際恒、姚炳等之外，也全部來自《詩經彙

① [清]方玉潤《詩經原始》，頁528。

纂》,因此《詩經彙纂》若是節引前人之説,《詩經原始》中會出現完全一致的現象[①]。《詩經原始》中還有五十多處抄襲《詩經彙纂》的情況,多抄自《詩經彙纂》的按語和《彙纂》所録前人之説。方氏在書中對所抄《彙纂》材料作了改寫,不少觀點或直接襲用《彙纂》,或在《彙纂》材料基礎上再作自己的解讀,但不論是直接襲用還是在前人基礎上加以引申,都未注明出處。清代學術經過一段時間的發展,至乾嘉時已確立一定的學術規範,注明出處即是其中之一[②]。方氏襲用《彙纂》按語或前人意見,未加注明,已屬剽竊、抄襲。且從文字改動痕跡來看,很可能屬於有意識的行爲。

《詩經原始》與《詩經彙纂》的密切關係也可見方玉潤對《詩經彙纂》下了一定的功夫,他長期在隴州書院講學,很可能即以《詩經彙纂》爲藍本教授弟子。方氏剛開始撰寫《原始》時,只是準備將此書作爲私塾課本,但撰寫過程中思路發生變化,意欲成一家之言,遂有"二千餘年説《詩》疑案至是乃可以息喙無爭"之志,然而《詩經彙纂》作爲工作本的痕跡依然大量存在。從中可以看到《詩經彙纂》在清末仍具有一定影響力。《詩經彙纂》的内容極爲豐富,融匯了漢唐宋元至明代各家《詩》説,雖以尊朱爲主,但不廢舊説。持此一書,即可知漢唐以來《詩》説之大概,尤其於元、明諸家詩説所引甚多。《詩經原始》的七幅圖及集釋部分,均直接襲自《彙纂》,所用諸家之説,也以元、明《詩》家爲最多。更重要的是,在古代書不易得的情況下,擁有此書,可以不必再去購買《彙纂》中所録各家之單行本。何況此書通過乾隆大力推行,地方學官均至少藏有兩部,並且允許私家翻刻[③]。對於藏書不多、家境不豐的學者來説,提供了研究上的便利。

因此,今人若討論《詩經原始》之成就得失,理應注意方氏與《詩經彙纂》之密切關係。除抄襲以外,方氏不少意見常受到《詩經彙纂》的啓發,需細加辨别。如《詩經原始》解釋《小雅·菁菁者莪》,認爲"既見君子"之"君子"非人君而是"賢者",以此詩爲"君臨辟廱,見學校人才之盛,喜而作此"[④]。此説顯然是受到《詩經彙纂》所引范處義和《彙纂》按語的啓發[⑤]。在討論方氏之成就與貢獻時,也需排除其抄襲的部分。方氏獨抒己見的地方,其實亦有佳處。如解釋《采薇》之詩,駁斥《詩序》與《集傳》"代作"之説云:"使當前好景亦可代言,則景必不真;景不真,詩亦何能動人乎? 此詩之佳,全在末章:真情實景,感時傷事,别有深情,非可言喻。"[⑥]又解《出車》《六月》均似此,惜這類解讀在全書中並不多見。

前人多已論及,方氏雖抱負不凡,但識見不高,好談空論,他之不能爲曾國

---

① 如《小雅·鼓鐘》,《詩經原始》引及歐陽修論無周幽王東巡事,非歐陽修《詩本義》原文而有删節,正來自《詩經彙纂》所録胡一桂引歐陽修語。見《詩經原始》頁429,《欽定詩經傳説彙纂》頁505。

② [美]艾爾曼著、趙剛譯《從理學到樸學》,江蘇人民出版社,1995年,頁130。

③ [清]素爾納《欽定學政全書》,臺北文海出版社,1968年,頁115。

④ [清]方玉潤《詩經原始》,頁359。

⑤ [清]王鴻緒等《欽定詩經傳説彙纂》,頁417—418。

⑥ [清]方玉潤《詩經原始》,頁341。

藩、左宗棠所用，即在於此[①]。方氏汲汲於功名，有强烈的用世之心，而始終不遇，這種功名用世之心在《詩經原始》中也有所體現，然因識見不高，往往所論迂腐固陋，因此就其書之學術水準而言，與同類型的姚際恒《詩經通論》以及同時期的魏源《詩古微》等相比均有差距。曹道衡先生早已指出方玉潤在學術上没有下切實功夫，是所謂“不知三通、四史是何等文字”的八股家，“今人對方玉潤似乎評價過高，對他的話，有時缺乏必要的思考”[②]。從方氏引用、抄襲《詩經彙纂》的情況來看，曹道衡先生的話是正確的。

當然，識見之高下，除天資稟賦外，還與環境際遇有關，方氏長期困居隴東一隅，交通不便、資訊不暢，又數奇不遇，是其書中之缺失自有其客觀緣由。方氏於《詩》學用功甚勤，雖有諸多不足，然亦有可取之處。本文揭示《原始》引用、抄襲之跡，並非意在貶低此書一無是處，而是希望研究者探討此書時，一方面需注意《詩經彙纂》對它的影響，一方面需更公允地看待其成就與價值。

《詩經原始》是清季學術轉變過程中的産物，方玉潤限於學識眼界，未能跳出舊有的解釋傳統。他力求摒棄《毛詩序》、朱熹《詩集傳》的影響，重建“詩義”，不過依舊帶著經學的眼光和視角，所謂“如誦《二南》，則識其爲風化所由始，而得起倫行之正焉；誦列國，則知其爲風俗所由變，而察其治亂之機焉；誦《二雅》《三頌》，則知其爲宗廟朝廷之樂，而深體其政治得失，與夫人物賢否及功德隆替焉”[③]，仍是要從《詩經》中查風俗之變、治亂之機與政治得失、功德隆替等等，以至於認爲文詞工拙、訓詁詳略，都可以不必討論，重點在於“涵濡乎六義之旨”，然後證以身心性命之微。在這樣的觀念下，方玉潤解釋《詩經》，往往忽略文字訓詁、歷史考證，而重在申説詩篇所透露的“微言大義”。因此乍觀其書，確有不少驚人之新見，但細細體察，會發現反倒不如前人篤實和可靠。他所謂“文學解詩”，其實多受時文評點之影響，在明清《詩經》科舉注本中也能看到大量類似的解讀。站在學術史的角度來看，如果説新文化運動時期學者重新評定《詩經》、推翻舊説，曾受到方玉潤之影響，這是符合歷史事實的，但如果視方氏爲經學解釋傳統的反動，並因此而對其評價過高，則非平實之論。

**【作者簡介】**于浩，南昌大學國學研究院講師，研究方向爲古文獻學、詩經學、明清學術。

① 向達《方玉潤著述考》，頁 580；馮莉《方玉潤年譜》，頁 120。

② 曹道衡《試論〈毛詩序〉》，載《漢魏六朝文學論文集》，《曹道衡文集》卷三，中州古籍出版社，2018 年，頁 528。

③ [清]方玉潤《詩經原始・序》，頁 2。

# 《四庫全書總目》"周禮注疏"提要辯證

王　鍔

【提　要】《周禮注疏》提要有書前提要和《四庫全書總目》兩類，今可見《四庫全書薈要》、文淵閣、文溯閣、文津閣《四庫全書》書前提要和《總目》計有五篇，《薈要》提要與文溯閣、文津閣《四庫全書》書前提要基本一致，文淵閣《四庫全書》書前提要與《總目》文字相同。《總目》謂《周禮·掌客》《射人》司射之文、《典瑞》《司几筵》與《儀禮·聘禮》《大射》《禮記·雜記下》《禮器》所載名物禮制有矛盾，《掌客》所載是諸侯禮，《聘禮》是卿大夫禮，《司几筵》記天子諸侯不同場合用席制度，《禮器》言天子諸侯席數，本應不同。射人是司射之官，《射人》謂天子諸侯侯制侯數，與《大射》有别；《典瑞》記子男諸侯所執瑞玉，與《雜記下》有異，二者抵牾，可作爲《周禮》非劉歆僞造之旁證。《周禮注疏》四十二卷，《總目》謂"不知何人所併"，考察宋代諸經注疏匯編刊刻之實際，四十二卷本《周禮注疏》是南宋人劉叔剛所爲，較之《周禮疏》五十卷，分卷更加合理，也便於閲讀。

【關鍵詞】　四庫全書總目　周禮　周禮注疏　四庫學　禮學

清代編纂《四庫全書》時，對收録的每種文獻都撰寫提要一篇。根據撰寫提要的流程，提要一般可分爲分纂稿、書前提要和《四庫全書總目》（下簡稱"《總目》"）三種類型，每種提要類型又有不同文本，分纂稿是不同學者分别撰寫者，書前提要有《四庫全書薈要》提要和《四庫全書》提要兩大類，《四庫全書》書前提要有文淵閣、文溯閣、文津閣、文瀾閣等之别，《總目》有稿本、殿本、浙本之異①。

《總目》經部禮類《周禮注疏》提要，與《四庫全書薈要》、文淵閣《四庫全書》等書前提要有無差别？《總目》謂《周禮》"與二《禮》多相矛盾"，矛盾何在？説《周禮注疏》"今本四十二卷，不知何人所併"，事實如此嗎？以上疑問，前人關注不够。我們比較現存五篇《周禮注疏》提要，結合《周禮》《儀禮》《禮記》的内容和南宋時期《周禮注疏》的匯編刊刻情況，試圖從《總目》與書前提要之異同、《總目》謂"與二《禮》多相矛盾"探析、《周禮注疏》卷數之分合演變三個方面，考

---

① 江慶柏《〈四庫全書薈要總目提要〉概述》，江慶柏等整理《四庫全書薈要總目提要》，人民文學出版社，2009年，頁52。

察異同,釋疑辯證,以就教於方家。

## 一、《總目》與書前提要之異同

《周禮注疏》提要,現存有《總目》和《四庫全書薈要》、文淵閣、文溯閣、文津閣、文瀾閣《四庫全書》書前提要等五篇。

《總目》經部禮類一曰:

《周禮注疏》42卷(内府藏本)漢鄭玄注,唐賈公彦疏。玄有《易注》,已著録。公彦,洺州永年人。永徽中,官至太學博士。事迹具《舊唐書·儒學傳》。《周禮》一書,上自河間獻王,於諸經之中,其出最晚。其真僞亦紛如聚訟,不可縷舉。惟《横渠語録》曰:"《周禮》是的當之書,然其間必有末世增入者。"鄭樵《通志》引孫處之言曰"周公居攝六年之後,書成歸豐,而實未嘗行。蓋周公之爲《周禮》,亦猶唐之顯慶、開元《禮》,預爲之以待他日之用,其實未嘗行也。惟其未經行,故僅述大略,俟其臨事而損益之。故建都之制不與《召誥》《洛誥》合,封國之制不與《武成》《孟子》合,設官之制不與《周官》合,九畿之制不與《禹貢》合"云云(案此條所云,惟《召誥》《洛誥》《武成》《孟子》,顯相舛異,至《禹貢》乃唐虞之制,《周官》乃梅賾古文《尚書》,《王制》乃漢文帝博士所追述,皆不足以爲難,其説蓋離合參半),其説差爲近之,然亦未盡也。夫《周禮》作於周初,而周事之可考者,不過春秋以後。其東遷以前三百餘年,官制之沿革,政典之損益,除舊布新,不知凡幾。其初去成、康未遠,不過因其舊章,稍爲改易。而改易之人,不皆周公也。於是以後世之法竄入之,其書遂雜。其後去之愈遠,時移勢變,不可行者漸多,其書遂廢。此亦如後世律令條格,率數十年而一修,修則必有所附益。特世近者可考,年遠者無徵,其增删之迹,遂靡所稽,統以爲周公之舊耳。迨乎法制既更,簡編猶在,好古者留爲文獻,故其書閲久而仍存。此又如《開元六典》《政和五禮》,在當代已不行用,而今日尚有傳本,不足異也。使其作僞,何不全僞六官,而必闕其一,至以千金購之不得哉?且作僞者必剽取舊文,借真者以實其贋,古文《尚書》是也。劉歆宗《左傳》,而《左傳》所云"禮經",皆不見於《周禮》。《儀禮》十七篇,皆在《七略》所載《古經》七十篇中;《禮記》四十九篇,亦在劉向所録二百十四篇中。而《儀禮·聘禮》賓行饔餼之物、禾米芻薪之數、籩豆簠簋之實、鉶壺鼎甕之列,與《掌客》之文不同。又《大射禮》天子、諸侯侯數侯制,與司射之文不同。《禮記·雜記》載子、男執圭,與《典瑞》之文不同。《禮器》天子、諸侯席數與《司几筵》之文不同。如斯之類,與二《禮》多相矛盾。歆果贋託周公爲此書,又何難牽就其文,使與經傳相合,以相證驗,而必留此異同,以啓後人之攻擊?然則《周禮》一書不盡原文,而非出依託,可概睹矣。《考工記》稱"鄭之刀",又稱"秦無廬",鄭封於宣王時,秦封於孝王時,其非周公之舊典,已無疑義。《南齊書》稱:"文惠太子鎮雍州,有盜發楚王冢,

> 獲竹簡書，青絲編，簡廣數分，長二尺有奇，得十餘簡，以示王僧虔。僧虔曰：是科斗書《考工記》。”則其爲秦以前書，亦灼然可知。雖不足以當《冬官》，然百工爲九經之一，其工爲九官之一，先王原以制器爲大事，存之尚稍見古制。俞庭椿以下，紛紛割裂五官，均無知妄作耳。鄭《注》，《隋志》作十二卷，賈《疏》文繁，乃析爲五十卷，新、舊《唐志》並同。今本四十二卷，不知何人所併。玄於三《禮》之學，本爲專門，故所釋特精。惟好引緯書，是其一短。《歐陽修集》有《請校正五經劄子》，欲删削其書。然緯書不盡可據，亦非盡不可據，在審別其是非而已，不必竄易古書也。又好改經字，亦其一失。然所注但曰“當作某”耳，尚不似北宋以後連篇累牘，動稱錯簡，則亦不必苛責於玄矣。公彦之《疏》，亦極博核，足以發揮鄭學。《朱子語録》稱“《五經》疏中，《周禮疏》最好”。蓋宋儒惟朱子深於《禮》，故能知鄭、賈之善云。①

《周禮注疏》提要，一著書名、卷數和作者，二叙鄭玄、賈公彦生平，三述《周禮》傳授，四考周公與《周禮》之關係，五辨《周禮》真僞，六論《考工記》性質，七證宋俞庭椿割裂五官之非，八言《周禮注疏》卷數差異，九評《周禮注》之優劣，十説《周禮疏》之價值。《總目》“凡例”曰：“每書先列作者之爵里，以論世知人；次考本書之得失，權衆説之異同，以及文字增删、篇帙分合，皆詳爲訂辨，巨細不遺。”②就《周禮注疏》提要而言，於鄭玄、賈公彦爵里、《周禮注疏》得失、衆説異同、卷次分合，皆詳爲考辨，是一篇學術水平很高的提要。

《四庫全書薈要》提要曰：

> 《周禮注疏》四十二卷，漢鄭康成注，唐賈公彦疏。《周官》在漢，於諸經最爲晚出，傳之者惟劉歆、杜子春、鄭興、鄭衆、馬融數家。康成兼採衆説爲注，多古文奇字，訓釋爲難，公彦博考而詳疏之。晁公武稱其“發揮鄭學，最爲詳明”。朱子亦謂在諸經注疏中爲最佳。後來雖有諸家，要不過敷暢義理，而制度必於是乎。稽之新、舊《唐志》，皆作五十卷，自宋即併爲四十二卷，今仍之。乾隆四十年五月恭校上。③

《薈要》提要一著書名、卷數和作者，二叙漢代《周禮》傳授，三述《周禮注疏》成就，四明《周禮注疏》卷數差異，五説校上時間。與《總目》相比，没有考辨《周禮》作者、真僞、流傳和《考工記》等文字，簡明很多。但明確提出《周禮注疏》併爲四十二卷，始於宋代。

文淵閣《四庫全書》書前提要④，與《總目》相比，提要主體文字完全一致，惟多“乾隆四十二年三月恭校上”十一字。文瀾閣《四庫全書》書前提要是丁丙

① ［清］永瑢等纂，四庫全書研究所整理《欽定四庫全書總目》，中華書局，1997 年，頁 235—236。

② ［清］永瑢等纂，四庫全書研究所整理，《欽定四庫全書總目》，頁 32。

③ 江慶柏等整理《四庫全書薈要總目提要》，頁 176；摛藻堂《四庫全書薈要》，第 46 册，臺灣世界書局影印本，1988 年，頁 5。

④ 文淵閣《四庫全書》，第 90 册，臺灣商務印書館影印本，1986 年，頁 5—7。

據文淵閣本補抄,二者文字相同。

文溯閣《四庫全書》書前提要與《薈要》提要基本一致,惟多"公彦洺州永年人永徽中官至太學博士"十六字,少"鄭興"二字,校上時間是"乾隆四十七年四月"①。文津閣《四庫全書》書前提要與《薈要》提要文字全同,惟校上時間是"乾隆四十九年閏三月"②。

《翁方綱纂四庫提要稿》③《紀曉嵐删定四庫全書總目稿本》④未見《周禮注疏》提要。

由以上比勘可知,《周禮注疏》提要有二個文本,一是《薈要》提要類,寫成於乾隆四十年(1775),比較簡明,文溯閣、文津閣《四庫全書》抄寫時,依據《薈要》提要抄於《周禮注疏》四十二卷之前,抄寫時間分别是乾隆四十七年(1782)四月和乾隆四十九年(1784)閏三月;一是文淵閣《四庫全書》提要類,寫成於乾隆四十二年(1777)三月,後收入《四庫全書總目》,於乾隆五十四年(1789)由武英殿首次刊印,即殿本《總目》。

江慶柏先生將《薈要》提要與《總目》的關係分爲全同、基本相同、差異較大和不同四類⑤,《周禮注疏》提要屬於差别較大者。就内容而言,《總目》增補文字幾乎是《薈要》提要的八倍,補充了作者爵里、《周禮》作者、真僞和《考工記》成書年代等考辨内容。

## 二、《總目》謂"與二《禮》多相矛盾"探析

就《周禮注疏》一書而言,《總目》較之《薈要》等書前提要增加了考辨《周禮》作者、成書年代和真僞的文字。四庫館臣對《周禮》作者與真僞的結論是"《周禮》作於周初",《周禮》"改易之人,不皆周公","統以爲周公之舊耳",承認《周禮》與周公是有關係的。針對宋胡安國、胡宏父子認爲《周禮》是"王莽令劉歆撰"⑥的觀點,館臣羅列《周禮》與《儀禮》《禮記》有關記載之差異,與《南齊書》記載出土楚竹簡《考工記》史實,認爲"《周禮》一書,不盡原文,而非出依託,可概睹矣",《考工記》是"秦以前書,灼然可知"。這些結論,是很有説服力的。

《總目》云"《儀禮》十七篇,皆在《七略》所載《古經》七十篇中",不確。《漢書·藝文志》曰:"《禮古經》五十六卷,《經》(七十)〔十七〕篇。""漢興,魯高堂生傳《士禮》十七篇。訖孝宣世,后倉最名,戴德、戴聖、慶普皆其弟子,三家立於學官。《禮古經》者,出於魯淹中及孔氏,(學七十)〔與十七〕篇文相似,多三十

① 金毓黻手定本文溯閣《四庫全書》提要,中華全國圖書館文獻縮微複製中心,2000年,頁94。

② 《文津閣〈四庫全書〉提要匯編》,商務印書館,2006年,頁251。

③ [清]翁方綱纂《翁方綱纂四庫提要稿》,上海科學技術文獻出版社,2005年。

④ [清]永瑢等纂《紀曉嵐删定四庫全書總目稿本》,國家圖書館出版社,2011年。

⑤ 江慶柏《〈四庫全書薈要總目提要〉概述》,《四庫全書薈要總目提要》,頁52—53。

⑥ [宋]黎靖德編,王星賢點校《朱子語類》,第6册,中華書局,1994年,頁2204。

九篇。”[①]《禮記正義序》引鄭玄《六藝論》云：“後得孔子壁中古文《禮》，凡五十六篇。其十七篇與高堂生所傳同，而字多異。其十七篇外，則《逸禮》是也。”[②]

《儀禮》，又名《禮》《士禮》《禮記》《禮經》《小戴禮》，至晋代始稱《儀禮》。《儀禮》有今、古文之分。高堂生所傳《士禮》十七篇是今文經，漢武帝時，出現了《禮古經》五十六篇，是先秦古文，屬於古文經。《禮古經》出處有三，即魯國淹中、孔壁、河間獻王。《隋書・經籍志》認爲，河間本就是從魯淹中所出之書。王國維先生《漢時古文本諸經傳考》《漢時古文諸經有轉寫本説》考證，《儀禮》古文經有三種，即淹中本、孔壁本、河間本，河間本可能是從淹中本或孔壁本中抄寫出來，系轉寫本[③]。《禮古經》其中有十七篇，與今文經相同。故《總目》“《古經》七十篇”當是“《古經》五十六篇”，“七十”是“十七”之倒文。

《總目》謂“《儀禮・聘禮》賓行饔餼之物、禾米芻薪之數、籩豆簠簋之實、鉶壺鼎甕之列，與《掌客》之文不同。又《大射禮》天子、諸侯侯數侯制，與司射之文不同。《禮記・雜記》載子、男執圭，與《典瑞》之文不同。《禮器》天子、諸侯席數與《司几筵》之文不同。如斯之類，與二《禮》多相矛盾”。《儀禮・聘禮》《大射禮》記載名物度數，與《周禮・掌客》、司射之文究竟有何差異？《禮記・雜記》《禮器》記載“子男執圭”“天子諸侯席數”與《周禮・典瑞》《司几筵》有何不同？可否作爲判斷《周禮》非劉歆僞造之證據？《總目》限於體例，没有展開。

掌客是《周禮・秋官》大司寇的屬官，由上士二人擔任，掌管接待四方賓客的牢禮、飧獻、飲食等禮儀。兩種以上牲肉謂牢，牢禮又稱牲牢，即接待賓客時動物牲肉品種的數量。飧獻是指饔餼和禽獻，饔是已經宰殺的牲口，也名死牢，饔又包括飪和腥，飪是熟肉，腥是生肉；餼是未宰殺的牲口，也名生牢。接待賓客，饋贈饔餼是最高禮數。禽是鳥肉美食，獻是當令食物。飲食禮有饗禮、食禮、燕禮之别，饗禮級别最高，致肅静，有大牢、酒，行九獻、七獻、五獻之禮；食禮主於吃飯，無牢無酒；燕禮以飲酒爲主。饗禮、食禮行於廟，燕禮行於寢。饗以訓恭儉，燕以示慈惠。

《周禮・秋官・掌客》記載，周代諸侯國君互相聘問，主國接待上公的禮數是，聘問往返路上，主國要爲聘君安排五次牲牢糧草補給，補給的牲牢數量等同於到達後接風便宴牢數，同時要派遣卿慰問三次，慰問禮品是乾肉。主國接待侯伯的禮數是，往返路上，主國要爲聘君安排四次牲牢糧草補給，派遣卿慰問二次；主國接待子男的禮數是，往返路上，主國要爲聘君安排三次牲牢糧草補給，派遣卿慰問一次。《掌客》所載主國接待五等諸侯國君的禮數，可列表如下：

① ［漢］班固《漢書》，第6册，中華書局，1983年，頁1709—1710。
② ［唐］孔穎達《禮記正義序》，［清］阮元校刻《十三經注疏》，上册，中華書局，1980年，頁1225。
③ 王國維著，彭林整理《觀堂集林》，上册，河北教育出版社，2001年，頁197—198。

**《掌客》記載主國接待五等諸侯禮數表①**

| 諸侯／禮數 | 公 | 侯伯 | 子男 | 備注 |
| --- | --- | --- | --- | --- |
| 饗 | 5 牢 | 4 牢 | 3 牢 | 饗是便宴，牢是牲肉。 |
| 食 | 40 | 32 | 24 | 食是庶羞，即各種美味。 |
| 簠 | 10 | 8 | 6 | 簠盛稻粱飯。 |
| 豆 | 40 | 32 | 24 | 豆盛苴醢等濕物。 |
| 鉶 | 42 | 28 | 18 | 鉶盛羹湯，指腳、臐、膮。 |
| 壺 | 40 | 32 | 24 | 壺盛酒。 |
| 鼎 | 12 | 12 | 12 | 鼎盛熟肉。 |
| 簋 | 12 | 12 | 12 | 簋盛黍稷飯。 |
| 牲 | 36 | 27 | 18 | 鄭玄謂牲是腥之誤，腥指盛生肉之鼎。 |
| 以上是主君接待聘問國君便宴的禮數。 | | | | |
| 饔餼 | 9 牢 | 7 牢 | 5 牢 | 饔餼是活牲和死牲。 |
| 牽 | 4 牢 | 3 牢 | 2 牢 | 牽是活牲。 |
| 米 | 120 筥 | 100 筥 | 80 筥 | 筥是圓竹器，容五斗。 |
| 醯醢 | 120 甕 | 100 甕 | 80 甕 | 醯是醋，醢是肉醬。 |
| 車米 | 40 車 | 30 車 | 20 車 | 車米是載米之車。 |
| 車禾 | 50 車 | 40 車 | 30 車 | 車禾是載禾之車。禾是連莖帶穗的穀物。 |
| 芻薪 | 100 車 | 80 車 | 60 車② | 芻是飼料，薪是柴火。 |
| 以上是聘禮結束以後，主君派卿到賓館饋贈的禮數。 | | | | |
| 乘禽 | 90 雙 | 70 雙 | 50 雙 | 乘禽指雉、雁之屬，此禮爲雙數。 |
| 殷膳 | 大牢 | 大牢 | | 殷膳指聘問期間非正式招待的禮數。 |
| 以上是聘問期間，除正式接待之外，主君送給聘君的禮物和招待禮數。 | | | | |
| 饗 | 3 | 3 | 1 | 主君用三次饗禮接待公爵聘君。 |
| 食 | 3 | 2 | 1 | 主君用二次食禮接待侯伯聘君。 |
| 燕 | 3 | 2 | 1 | 主君用一次燕禮接待子男聘君③。 |
| 以上是聘問期間主君招待聘君之饗禮、燕禮和食禮禮數④。 | | | | |

---

① ［漢］鄭玄注，［唐］賈公彦疏《周禮注疏》，［清］阮元校刻《十三經注疏》本，上册，頁 900 中欄、下欄。

② 據鄭玄説，送給上公之米是二十車，禾是三十車，芻薪各六十車；侯伯之米禾各二十車，芻薪各四十車，子男之米十車，禾二十車，芻薪各四十車。

③ 如果主君因故没有親自舉行饗禮、食禮和燕禮，就要派遣卿送去束帛乘馬之類禮品致歉。

④ 對於聘君隨行人員介、行人、宰夫、大史等，主國都要接待，接待禮數據爵位而定，只有上介有資格接受禽獻。

續表

| 禮數＼諸侯 | 公 | 侯伯 | 子男 | 備注 |
|---|---|---|---|---|
| 壺 | 8 | 8 | 6 | |
| 豆 | 8 | 8 | 6 | |
| 籩 | 8 | 8 | 6 | |
| 膳 | 大牢 | 大牢 | 大牢 | 贈送一大牢用於膳食，牛羊豬俱全。 |
| 饗 | 大牢 | 大牢 | | 贈送一大牢用於饗禮。子男不送。 |
| 食 | 大牢 | | | 贈送一大牢用於食禮，惟送公爵。 |
| 以上是主君夫人派遣下大夫向聘君贈送的禮品禮數① | | | | |

就上表所列，主國接待聘問諸侯時，因公侯伯子男五等爵位不同，接待禮數有差異。具體來講，從聘君進入主國邊境，就需要派卿大夫帶禮品慰問。尤其是在聘問期間，主君分別用饗禮、食禮和燕禮招待聘君，聘君因級别不同，主國招待次數、規格有異，菜單品種、數量均有别。

《聘禮》是《儀禮》第八篇，主要記載周代諸侯國之間的聘問禮。諸侯國之間如果長時間没有盟會，就要派遣使者帶上禮品互相訪問，以結友好。聘禮有大聘和小聘之分，大聘曰聘，派卿爲使者，規格較高；小聘曰問，派大夫爲使者，規格較低。《聘禮》記載大聘禮儀，兼及小聘禮。據《聘禮》記載，聘國使者稱賓，由卿擔任，賓到達主國近郊時，主國國君要派遣下大夫去慰問。賓到達主國時，主國宰夫代表國君在館舍設便宴招待賓一行。菜單有熟食鼎九、羞鼎三、生肉食鼎七，陳放在院子里；堂上設置八豆、八簋、六鉶、兩簠、八壺，堂上西夾陳設六豆、六簋、四鉶、兩簠、六壺；門外有米、禾各二十車，飼料和柴火各四十車。招待上介食物有熟食鼎七、羞鼎三，堂上有六豆等，米、禾各十車，飼料和柴火各二十車。

主國國君還要派遣卿至館舍饋送饔餼等禮品於賓，這些禮品分别擺放在館舍堂上、院子和門外。饋贈賓五牢，包括有熟肉一牢，連同其他熟食共九鼎、陪鼎三放在院子西邊；生肉鼎二牢，連同其他生肉十四鼎放在院子東邊；堂上陳設八豆、八簋、六鉶、兩簠、八壺，堂上西夾陳設六豆、六簋、四鉶、兩簠、六壺；庭院中碑東西兩側分别陳放醯五十甕、醢五十甕，館舍門内西邊陳放餼二牢，院子中間陳放米一百筥；館舍門外東邊有米三十車，西邊有禾三十車，飼料和柴火各六十車；另贈送束帛和四匹馬。饋贈上介三牢，包括熟肉一牢共七鼎，堂上六豆，西夾六豆，米一百筥，醯五十甕，醢五十甕，餼一牢，米、禾各十車，飼料和柴火各二十車。

賓在拜訪完主國之卿當天傍晚，主國夫人派遣下大夫去慰問賓，饋送禮品

① 主國卿也要去賓館拜訪聘君，用羊羔作爲禮物，饋贈大牢於公爵，饋贈一頭牛於侯伯用於膳食。主國卿至賓館拜訪子男聘君，饋贈一頭牛用於膳食。

包括六豆、六籩、六壺、饔一牢、米八筐，賓回贈下大夫四匹馬和一束錦；下大夫代表國君夫人饋贈賓上介四豆、四籩、四壺、饔少牢、米六筐，上介回贈兩匹馬和一束錦。

賓在訪問期間，主國國君要用一次食禮、兩次饗禮招待賓，用燕禮款待没有限制，饋贈禽獻等鳥肉和時新之物，也没有定數。主國國君用食禮、饗禮各一次招待賓上介；主國大夫也要用食禮、饗禮招待賓。用饗禮、食禮和燕禮接待賓客的禮儀，與《掌客》也不同。

就《聘禮》記載，除主國國君夫人派遣下大夫慰問賓禮品六豆、六籩、六壺、饔一牢等，與《掌客》所言主國國君夫人饋送子男諸侯禮品一致外，《聘禮》所言"饔餼之物、禾米芻薪之數、籩豆簠簋之實、鉶壺鼎甕之列"，無一與《掌客》相同。《聘禮》所記是諸侯國之間的聘問禮，但使者賓不是諸侯，是卿大夫，聘禮實際是諸侯接待卿大夫之禮。《掌客》所載是諸侯之禮，是主國國君接待公侯伯子男五等諸侯親自聘問之禮，故二者所云饔餼之物、簠簋之實、鉶壺之列、禾米之數，不可能相同。

《大射》是《儀禮》第七篇，記録諸侯與其臣下舉行射箭比賽的禮儀。大射禮有三個箭靶，即大侯、參侯、干侯三侯，侯道分别是九十步、七十步、五十步；三侯皆有乏，又名容，是報靶員的擋箭牌，用皮革製作。大侯即熊侯，用布爲侯以熊皮爲鵠（靶心），熊侯是諸侯所射；參侯用豹皮爲鵠以麋鹿皮裝飾，參侯是大夫所射；干侯用豻（àn）皮爲鵠，豻是胡地野狗，干侯是士所射。

《周禮》司射之官有射人。射人是《周禮・夏官・大司馬》的屬官，由下大夫二人擔任，主要負責周天子、諸侯和孤卿大夫以及士之大射禮儀。天子射箭設置虎侯、熊侯和豹侯三侯，有三乏和三個報靶員，用《騶虞》作爲伴奏樂曲，奏樂九節，參賽諸侯分成六組。諸侯射箭設置熊侯、豹侯二侯，有二乏和兩個報靶員，用《貍首》作爲伴奏樂曲，奏樂七節，參賽卿大夫分成四組。孤卿大夫射箭設置麋侯一侯，有一乏和一個報靶員，用《采蘋》作爲伴奏樂曲，奏樂五節，參賽下屬分成三組。士射箭設置豻侯一侯，有一乏和一個報靶員，用《采蘩》作爲伴奏樂曲，奏樂五節，參賽下屬分成三組。

《大射》記載諸侯舉行大射禮時設置大侯、參侯、干侯三侯，有三乏；《射人》謂諸侯舉行大射禮時設置熊侯、豹侯二侯，有二乏。諸侯與臣下舉行大射禮，《大射》《射人》記載不同。《總目》所言，符合實際。

《禮記・雜記下》徵引《贊大行》曰："圭，公九寸，侯伯七寸，子男五寸。"鄭玄《注》曰："《贊大行》者，書説大行人之禮者名。"孔穎達《正義》曰："贊，明也。大行，謂《周禮》有《大行人》篇，掌諸侯五等之禮。"①《周禮・秋官・大行人》謂"諸子執穀璧五寸""諸男執蒲璧，其他皆如諸子之禮"②，《周禮・春官・典瑞》

① ［漢］鄭玄注，［唐］孔穎達正義，吕友仁整理《禮記正義》，下册，上海古籍出版社，2008 年，頁 1682。

② ［漢］鄭玄注，［唐］賈公彦疏，《周禮注疏》，［清］阮元校刻《十三經注疏》本，上册，頁 891 上欄。

謂“子執穀璧，男執蒲璧”[①]。子男諸侯所執瑞玉，《典瑞》《大行人》皆謂“子執穀璧，男執蒲璧”，而《雜記下》載爲“執圭五寸”，明顯不同。《總目》所言不錯。

《禮記·禮器》曰：“天子之席五重，諸侯之席三重，大夫再重。”[②]此謂天子、諸侯、大夫坐席分别是五層、三層和兩層。司几筵是《周禮·春官·大宗伯》的屬官，由下士二人擔任，掌管几、席種類和用途。據《周禮·春官·司几筵》記載，周天子在舉行大朝覲、饗禮、射禮、封國、册命、祭祀先王時，使用莞席、繅（藻）席、次席三重席；天子打獵使用熊席一重；喪禮中，天子使用萑席一重。諸侯祭祀時，使用蒲席、莞席二重席；諸侯酢席使用莞席、繅（藻）席二重席；喪禮中，諸侯使用萑席一重。《禮器》《司几筵》記載天子、諸侯侯數有差異，《禮器》概説天子、諸侯席數，《司几筵》記載天子、諸侯在不同禮儀場合所用席數。司几筵掌“五席之名物”，天子使用之席有莞席、繅（藻）席、次席、熊席、萑席五種，諸侯所用之席有蒲席、莞席、萑席三種。天子、諸侯所能使用席數，與不同禮儀場合使用席數，當有區别。《總目》可能有誤解。

就《周禮·掌客》《射人》《典瑞》《司几筵》記載籩豆、侯制、圭璧、席數等名物制度，與《儀禮·聘禮》《大射》《禮記·雜記下》《禮器》記載進行比較，確有差異。但《掌客》與《聘禮》名物禮數差别，《司几筵》與《禮器》記録天子、諸侯席數不同，因禮制有别，不應當相同，作爲《周禮》非“劉歆僞造”的旁證，没有説服力。

《射人》記載司射之文與《大射》所記侯制侯數、《典瑞》與《雜記下》所載子男諸侯所執瑞玉圭璧，確有不同，作爲《周禮》非“劉歆僞造”的證據，是有道理的。

## 三、《周禮注疏》卷數之分合演變

《總目》曰：“鄭《注》，《隋志》作十二卷，賈《疏》文繁，乃析爲五十卷，新、舊《唐志》並同。今本四十二卷，不知何人所併。”《薈要》提要曰：“稽之新、舊《唐志》，皆作五十卷，自宋即併爲四十二卷，今仍之。”四庫館臣在修改《周禮注疏》提要時，將“自宋即併爲四十二卷”改爲“今本四十二卷，不知何人所併”，令人不解。《周禮》經注疏文合刻始於南宋，無論是《周禮疏》五十卷，還是《周禮注疏》四十二卷，都是南宋人所爲。《薈要》提要謂“自宋即併爲四十二卷”，毫無疑問是正確的。《總目》改爲“今本四十二卷，不知何人所併”，顯然是倒退。

就《十三經注疏》而言，無論是《周禮注疏》，還是其他各經經注疏文的匯刻，均始於南宋，但有一個演變過程，清錢大昕、顧廣圻等人早有定論。《十駕齋養新録》卷十三《儀禮單疏本》曰：

> 唐人撰《九經正義》，宋初邢昺撰《論語》《爾雅》《孝經疏》，皆自爲一書，不與經、注合併。南宋初乃有併經、注、正義合刻者。士子喜其便於誦習，争相放效。其後又有併陸氏《釋文》附入經、注之下者。陸氏所定經

① ［漢］鄭玄注，［唐］賈公彦疏，《周禮注疏》，［清］阮元校刻《十三經注疏》本，上册，頁777上欄。

② ［漢］鄭玄注，［唐］孔穎達正義，吕友仁整理《禮記正義》，中册，頁963。

文，與正義本偶異，則改竄釋文以合之，而《釋文》亦失陸氏之舊耳。予三十年來所見疏與注别行者，唯《儀禮》《爾雅》兩經，皆人世稀有之物也。[①]

《百宋一廛賦注》曰：

居士（顧廣圻）前在阮中丞元《十三經》局立議，言北宋本必經注自經注，疏自疏，南宋初始有注疏，又其後始有附釋音注疏，晁公武、趙希弁、陳振孫、岳珂、王應麟、馬端臨諸君，以宋人言宋事，條理脈絡，粲然可尋，而日本山井鼎《左傳考文》所載紹興[紹熙]辛亥三山黄唐跋《禮記》語，尤爲確證，安得有北宋初刻《禮記注疏》及淳化刻《春秋左傳注疏》事乎？[②]

錢大昕、顧廣圻認爲，在北宋時期，《十三經》"經注自經注，疏自疏"；南宋初期，始將經文、注文、疏文匯刻，《禮記正義》黄唐跋文有明確記載。今已知最早的經注疏文合刻本是兩浙東路茶鹽司刻《周易注疏》《尚書正義》《周禮疏》等，其後又有《毛詩正義》《禮記正義》《春秋左傳正義》等，這些經注疏合刻本皆是半頁八行，後世稱之爲"八行本"或"八行注疏本"。爲了研讀理解的便利，八行本之後，在福建建陽地區興起了一種新的注疏合刻本形式，即將陸德明《經典釋文》與有關經注疏合刻，出現經文、注文、疏文與釋文相互配合的經注疏匯刻文本，即錢大昕謂"陸氏《釋文》附入經、注之下者"，顧廣圻言"附釋音注疏"本，這種注疏合刻本半頁十行，故後世稱之爲"十行本"。元代泰定（1324—1328）前後，曾翻刻十行本，翻刻書板在明代正德年間（1506—1521）有修補，故有"正德本"之名。各經八行本與十行本之間，最大區别是八行本無釋文[③]，十行本附釋文，部分經書的分卷卷數，也有變化。

汪紹楹先生謂宋人匯刻十行本有分卷之不合、行款標目之失當、釋文注疏回互改易、刊刻遺漏四種缺點，關於分卷之不合，他説：

宋人之初萃刻注疏也，蓋以單行正義之卷數爲主，而以"經注本"經注分置之，故《春秋正義》三十六卷、《周禮疏》五十卷、《禮記正義》七十卷，皆與《唐志》正義卷數合。其後爲注疏者，或以"經注本"分卷爲主，以義疏分置其下，如《周易兼義》九卷、《毛詩正義》二十卷是。最後，則既不用"經注本"之卷數，又不用正義之卷數，《毛詩》爲七十卷，《周禮》爲四十二卷，《禮記》爲六十三卷，《左氏傳》爲六十卷，《公羊》爲二十八卷，《穀梁》爲二十卷，《論語》爲二十卷，遂使唐宋義疏原卷不可知。[④]

汪氏所説，早已注意到八行本與十行本在分卷上之差異。八行本《周禮疏》（實爲《周禮注疏》）五十卷，十行本《附釋音周禮注疏》（簡稱"《周禮注疏》"）

---

① [清]錢大昕撰《十駕齋養新録》，陳文和主編《嘉定錢大昕全集》，第7册，江蘇古籍出版社，1997年，頁340。

② [清]黄丕烈《百宋一廛賦注》，[清]顧廣圻撰，王欣夫輯《顧千里集》，中華書局，2007年，頁4。

③ 明永樂年間刊刻《毛詩注疏》二十卷，半頁八行，附有陸德明釋文，乃據元十行本翻刻者，與此有别。

④ 汪紹楹《阮氏重刻宋本〈十三經注疏〉考》，《文史》第三輯，中華書局，1963年，頁36。

四十二卷。《總目》謂“不知何人所併”者，指十行本《周禮注疏》四十二卷。

十行本《三禮》經注疏合刻本中，不僅《周禮注疏》四十二卷，分卷既不合經注本《周禮注》十二卷，與單疏本《周禮疏》五十卷也不同；八行本《周禮疏》五十卷與單疏本卷數一致。十行本《附釋音禮記注疏》六十三卷，與《禮記注》二十卷、單疏本《禮記正義》七十卷分卷不合，八行本《禮記正義》七十卷與單疏本卷數相同。惟閩本、監本、毛本等《儀禮注疏》十七卷，與《儀禮注》十七卷合；清張敦仁刻《儀禮注疏》五十卷、阮元校刻《十三經注疏》本《儀禮注疏》五十卷，亦與單疏本《儀禮疏》五十卷相合。《總目》謂“不知何人所併”者，涉及三個問題，第一《周禮注疏》四十二卷刊刻於何時？第二《周禮注疏》四十二卷改變經注本或單疏本分卷是個案嗎？第三《周禮注疏》四十二卷改變單疏本或八行本分卷有無道理？

關於《周禮注疏》四十二卷是“何人所併”的問題，《薈要》提要已經作了回答，“自宋即併爲四十二卷”，意思是《周禮注疏》四十二卷是宋代刊刻，當然卷數合併也是宋人，但未明言是北宋還是南宋。宋十行注疏本今存者有《附釋音毛詩注疏》二十卷、《附釋音左傳注疏》六十卷、《監本附釋音春秋穀梁注疏》二十卷，《附釋音禮記注疏》六十三卷有清和珅翻刻本，這四部附釋音注疏本都是南宋福建建陽劉叔剛刊刻者。

十行注疏本有宋十行本和元十行本之別，元十行本是根據宋十行本翻刻。就《中華再造善本》影印北京市文物局元刻明修《十三經注疏》來看，十行本系列注疏本改變經注本或單疏本卷數，不是個案，似乎是一種趨勢。除《周禮注疏》《禮記正義》之外，《附釋音春秋左傳正義》六十卷，與經注本《春秋經傳集解》三十卷、單疏本《春秋正義》三十六卷不合；《監本附音春秋公羊注疏》二十八卷，與經注本《春秋公羊經傳解詁》十二卷、單疏本《春秋公羊疏》三十卷不同；《監本附音春秋穀梁注疏》二十卷，與經注本《春秋穀梁傳》十二卷、單疏本《春秋穀梁疏》十二卷有別；《爾雅注疏》十一卷，與經注本《爾雅》三卷、單疏本《爾雅疏》十卷有異。宋代刊刻諸經注疏合刻本没有《儀禮注疏》，與經注本、單疏本卷數不合者就有《周禮》《禮記》《左傳》《公羊》《穀梁》《爾雅》六經，占了一半。《周易注疏》十卷、《毛詩注疏》二十卷、《孟子注疏解經》十四卷與經注本同，《尚書注疏》二十卷與單疏本同，《孝經注疏》九卷、《論語注疏解經》二十卷存疑。故《周禮注疏》四十二卷，很可能也是南宋福建建陽劉叔剛合併者[①]。

宋劉叔剛刊刻十行本注疏，爲什麼要改變經注本和單疏本卷數？這種改變有無道理？弟子李學辰以“和珅本《禮記注疏》研究”爲題撰寫博士學位論文，曾撰寫《八行本〈禮記正義〉與和珅刻本〈禮記注疏〉體例比較研究》[②]一文，

---

① 崔富章先生説：《周禮注疏》四十二卷，“當始於元大德間刊刻《十三經注疏》之時，傳世有元刻明修《附釋音周禮注疏》四十二卷（北京市文物局藏）”。《四庫提要補正》，杭州大學出版社，1990 年，頁 105。

② 李學辰《八行本〈禮記正義〉與和珅刻本〈禮記注疏〉體例比較研究》，《歷史文獻研究》第 42 輯，廣陵書社，2019 年。李學辰《和珅本〈禮記注疏〉研究》，南京師範大學博士學位論文，2019 年，指導教師：王鍔教授。

經過對八行本《禮記正義》與和珅本《禮記注疏》分卷方式的比較，發現和珅覆刻十行本分卷方式，較之八行本，留意《禮記》單篇分卷的完整性，關注經文、注文和疏文之間的互相對應，比八行本更加方便閱讀，故自元代以來，多次翻刻，廣受歡迎。

十行本《周禮注疏》四十二卷與八行本《周禮疏》五十卷分卷是否也是如此？需要比較。十行本《周禮注疏》四十二卷今存最早者是元刻明修《十三經注疏》本，現以《中華再造善本》影印本《周禮疏》五十卷與《周禮注疏》四十二卷爲據，將二書分卷列表如下：

**八行本《周禮疏》五十卷與元十行本《周禮注疏》四十二卷分卷對應表**

| 《周禮疏》50卷 | | | | 《周禮注疏》42卷 | | | |
|---|---|---|---|---|---|---|---|
| 篇名 | 卷數 | 職官 | 頁數 | 卷數 | 職官 | 頁數 | 備注 |
| 天官 | | 序 | 8 | | 序 | 12 | 八行本、十行本都分8卷。 |
| | 1 | 敘官 | 22 | 1 | 敘官 | 18 | |
| | 2 | 太宰 | 29 | 2 | 太宰 | 24 | |
| | 3 | 小宰—宮伯 | 28 | 3 | 小宰—宮伯 | 22 | |
| | 4 | 膳夫—腊人 | 25 | 4 | 膳夫—腊人 | 21 | |
| | 5 | 醫師—籩人 | 29 | 5 | 醫師—籩人 | 25 | |
| | 6 | 醢人—司會 | 27 | 6 | 醢人—司會 | 23 | |
| | 7 | 司書—内豎 | 29 | 7 | 司書—九嬪 | 25 | |
| | 8 | 九嬪—夏采 | 31 | 8 | 世婦—夏采 | 24 | |
| 地官 | 9 | 敘官—大司徒（以均齊天下之政）① | 31 | 9 | 敘官 | 18 | 八行本分9卷，十行本分8卷。 |
| | 10 | 大司徒（以土圭之） | 26 | 10 | 大司徒 | 20 | |
| | 11 | 小司徒 | 17 | 11 | 小司徒—鄉師 | 20 | |
| | 12 | 鄉師—黨正 | 21 | 12 | 鄉大夫—舞師 | 23 | |
| | 13 | 族師—充人 | 22 | 13 | 牧人—遺人 | 22 | |
| | 14 | 載師—均人 | 22 | 14 | 均人—司市 | 25 | |
| | 15 | 師氏—司市 | 28 | 15 | 質人—鄰長 | 26 | |
| | 16 | 質人—鄙師 | 28 | 16 | 旅師—稾人 | 23 | |
| | 17 | 酇長—饎人（缺稾人） | 30 | | | | |

① 此謂該卷至《大司徒》之經文"以均齊天下之政"及其疏文，下同。

續表

| 《周禮疏》50 卷 | | | | 《周禮注疏》42 卷 | | | |
|---|---|---|---|---|---|---|---|
| 篇名 | 卷數 | 職官 | 頁數 | 卷數 | 職官 | 頁數 | 備注 |
| 春官 | 18 | 敘官—大宗伯（至風師雨師） | 26 | 17 | 敘官 | 17 | 八行本分15卷，十行本分11卷。 |
| | 19 | 大宗伯（以血祭祀至執雞） | 24 | 18 | 大宗伯 | 32 | |
| | 20 | 大宗伯—小宗伯（以玉至而佐） | 20 | 19 | 小宗伯—鬯人 | 24 | |
| | 21 | 小宗伯—雞人 | 20 | 20 | 雞人—典瑞 | 25 | |
| | 22 | 司尊彝—典瑞（至土地） | 25 | 21 | 典命—外宗 | 22 | |
| | 23 | 典瑞—司服（珍圭至素服） | 20 | 22 | 冢人—大司樂 | 25 | |
| | 24 | 司服—職喪 | 18 | 23 | 樂師—典同 | 22 | |
| | 25 | 大司樂 | 23 | 24 | 磬師—籥人 | 24 | |
| | 26 | 樂師—大師 | 20 | 25 | 占夢—小祝 | 22 | |
| | 27 | 小師—司干 | 19 | 26 | 喪祝—外史 | 26 | |
| | 28 | 大卜—視祲 | 23 | 27 | 御史—神仕 | 24 | |
| | 29 | 大祝—小祝 | 22 | | | | |
| | 30 | 喪祝—馮相氏 | 24 | | | | |
| | 31 | 保章氏—巾車（至羽蓋） | 17 | | | | |
| | 32 | 巾車—神仕 | 20 | | | | |
| 夏官 | 33 | 敘官—大司馬（至祭社） | 28 | 28 | 敘官 | 15 | 八行本分7卷，十行本分6卷。 |
| | 34 | 大司馬—行司馬 | 18 | 29 | 大司馬 | 13 | |
| | 35 | 司勳—挈壺氏 | 18 | 30 | 小司馬—掌畜 | 14 | |
| | 36 | 射人—司右 | 20 | 31 | 司士—隸僕 | 19 | |
| | 37 | 虎賁氏—司戈盾 | 19 | 32 | 弁師—馭夫 | 18 | |
| | 38 | 司弓矢—圉人 | 24 | 33 | 校人—家司馬 | 24 | |
| | 39 | 職方氏—家司馬 | 19 | | | | |

續表

| 《周禮疏》50卷 | | | | 《周禮注疏》42卷 | | | |
| --- | --- | --- | --- | --- | --- | --- | --- |
| 篇名 | 卷數 | 職官 | 頁數 | 卷數 | 職官 | 頁數 | 備注 |
| 秋官 | 40 | 敘官—大司寇 | 22 | 34 | 敘官—大司寇 | 19 | 八行本分6卷，十行本分5卷。 |
| | 41 | 小司寇—訝士 | 23 | 35 | 小司寇—司民 | 25 | |
| | 42 | 朝士—貉隸 | 26 | 36 | 司刑—司烜氏 | 24 | |
| | 43 | 布憲—伊耆氏 | 20 | 37 | 條狼氏—小行人 | 28 | |
| | 44 | 大行人—小行人 | 24 | 38 | 司儀—家士 | 29 | |
| | 45 | 司儀—家士 | 36 | | | | |
| 考工記 | 46 | 敘官—輿人 | 30 | 39 | 敘官—輿人 | 26 | 八行本分5卷，十行本分4卷。 |
| | 47 | 輈人—㡛人 | 33 | 40 | 輈人—㡛人 | 28 | |
| | 48 | 玉人—廬人 | 26 | 41 | 玉人—匠人(至經涂) | 30 | |
| | 49 | 匠人 | 20 | 42 | 匠人—弓人 | 26 | |
| | 50 | 車人—弓人 | 20 | | | | |

就上表比較可知，《周禮疏》五十卷和《周禮注疏》四十二卷分卷差異有三：

第一，全書分卷不同。《周禮疏》五十卷，包括《天官》八卷、《地官》九卷、《春官》十五卷、《夏官》七卷、《秋官》六卷、《考工記》五卷；《周禮注疏》四十二卷，包括《天官》八卷、《地官》八卷、《春官》十一卷、《夏官》六卷、《秋官》五卷、《考工記》四卷。

第二，分卷標準有異。《周禮疏》五十卷，與《周禮》單疏本卷數相同，也沿襲了單疏本之題名，雖然是注疏本，故仍題名"周禮疏"。可見《周禮疏》在刊刻之時，以單疏本爲基礎，爲了照顧單疏本五十卷的分卷，將《周禮》經文、注文拆開，分散於單疏本各卷，如此綴合的方式，保留了單疏本五十卷的完整性，但破壞《周禮》各職官經文的連貫。

第三，一篇經文分處兩卷。《周禮疏》爲了遷就單疏本分卷，將《大司徒》經注文分置於卷九、十，《大宗伯》經注文分在卷十八、十九、二十，《小宗伯》經注文分在卷二十、二十一，《典瑞》經注文分在卷二十二、二十三，《司服》經注文分在卷二十三、二十四，《巾車》經注文分在卷三十一、三十二，《大司馬》經注文分在卷三十三、三十四，分處兩卷或三卷者多達七篇。《周禮注疏》只有《匠人》經注文分在卷四十一、四十二。

就閱讀而言，《周禮注疏》四十二卷的分卷，顯然要比《周禮疏》五十卷方便。

《周禮疏》五十卷經注疏的綴合體例既與八行本《周易注疏》《尚書正義》不同，也與十行本《周禮注疏》四十二卷經注疏體例有差異。八行本《周易注疏》《尚書正義》經注疏都是按照經文、注文和疏文的先後順序排列，即注文接經文，疏文接注文。《周禮疏》經注疏文的次序是經文、經文疏文、注文、注文疏文，具體是先列經文，然後以“釋曰”二字起，用雙行小字排解經之疏文，後間隔一大字“注”，下接雙行小字注文，再空一格，以“釋曰”起排解注之疏文①。這種釋經之疏徑接經文的獨特體例，將經注出文起訖語全部删除②，代之以經注全文。

《周禮注疏》四十二卷較之《周禮疏》五十卷，就内容而言，增加了陸德明《釋文》。其編排應該是以余仁仲本《周禮注》爲主③，分散疏文與之配合而成。其經注疏文編排體例是經文、注文、釋文、疏文，即大字經文下，接雙行小字注文，用一“○”間隔，接釋文；間隔一大“疏”字，先標經文起訖語，隔一“○”，以“釋曰”起排解經疏文；再隔一“○”，標注文起訖語，又隔一“○”，接解注之疏文。《周禮注疏》四十二卷如此編連經注疏文的方式，與《周禮疏》五十卷相比，不僅醒目，尤其是增加了釋文，更加利於研讀。

《周禮注疏》對經注疏文的連綴體例，與十行本系統其它各經注疏本一致，可能是南宋劉叔剛等人在編纂刊刻諸經注疏本時，爲了吸引讀者和商業運營的目的，特意與官刻八行注疏本區别，在經注疏文編排上，有意創新，故一經推出，備受讀者喜愛，多次翻印。所以，《周禮注疏》由《周禮疏》五十卷，合併爲四十二卷，絶非偶然，而是精心策劃之舉。《總目》“今本四十二卷，不知何人所併”之説，應該是不明《周禮》經注疏文編排體例演變的存疑之言。

結語：在《四庫全書》編纂過程中，給每部收録書籍撰寫一篇提要，是四庫館臣的重要工作之一。根據提要的撰寫流程，提要分爲分纂稿、書前提要和《總目》等不同類型的文本，各類提要文本之間，文字有異同。《周禮注疏》提要，今存有書前提要和《總目》五篇，《薈要》提要與文溯閣、文津閣《四庫全書》書前提要基本一致，文淵閣《四庫全書》書前提要與《總目》内容相同。在《總目》中，四庫館臣爲了證明《周禮》非劉歆僞造，特舉出《周禮・掌客》與《儀禮・聘禮》，《周禮・射人》司射之文與《儀禮・大射》，《周禮・典瑞》與《禮記・雜記下》，《周禮・司几筵》與《禮記・禮器》所載名物制度之差異爲證，説明《周禮》是先秦舊書。經過比較，《周禮・射人》記載天子諸侯侯制侯數，與《儀禮・大射》不同；《周禮・典瑞》記載子男諸侯瑞玉，與《禮記・雜記下》有異，可爲旁證。《周禮・掌客》記載諸侯國之間聘問禮時，接待公侯伯子男爵位不同的諸侯，招待禮數有别；《儀禮・聘禮》所載是諸侯國之間卿大夫聘問禮，接待卿大夫禮儀，與接待諸侯禮，理應不同。《周禮・司几筵》記載天子諸侯席數，與《禮

① 日本早稻田大學圖書館藏《禮記子本疏義》殘卷，解釋《禮記・喪服小紀》經注體例，是先列經文，空一格接解經疏義，後列注文，再空一格接釋注之疏義，即經文＋疏義＋注文＋疏義。《周禮疏》編排經注疏文之體例，與此殘卷相同。上海古籍出版社出版《周禮注疏》整理本以八行本《周禮疏》爲底本，但經注疏文編排體例，且與十行本一致，令人費解。

② 張麗娟《宋代經書注疏刊刻研究》，北京大學出版社，2017 年，頁 344—347。李霖《宋本群經義疏的編校與刊印》，中華書局，2019 年，頁 248—253。

③ 《周禮注》有宋余仁仲本。張麗娟《南宋建安余仁仲刻本〈周禮〉考索》，《中國經學》第 17 輯，廣西師範大學出版社，2015 年。

記·禮器》所載席數有别,與使用場合有關,非制度有異。故《周禮·掌客》與《儀禮·聘禮》,《周禮·司几筵》與《禮記·禮器》所載禮儀禮制差别,不能作爲證據。《薈要》提要謂《周禮注疏》四十二卷是宋人所併,《總目》改爲"不知何人所併",是倒退。經考辨,所併之人很可能是南宋人劉叔剛。《周禮注疏》四十二卷與《周禮疏》五十卷,在分卷卷數、分卷方式、分卷標準等方面皆有差異,且《周禮注疏》四十二卷的分卷方式、經注疏文編排的體例,尤其是附加了陸德明釋文,對於讀者來説,都優於《周禮疏》五十卷。

2019 年 5 月 4 日初稿
2019 年 5 月 8 日二稿
2020 年 5 月 18 日三稿

**【作者簡介】**王鍔,南京師範大學文學院教授,研究方向爲中國經學、禮學和文獻學。

# “經學”與“非經學”的交會:從《四庫全書》看陳澔《禮記集説》對清前期“非經部類”著作的滲透*

楊晉龍

**【提　要】** 本文旨在探究陳澔《禮記集説》經過明朝官方教育系統二百七十年的傳播引導之後,進入清朝前期受到關注而影響學界的實情。以具有代表性的《四庫全書・經部》外其他三部著録的清人著作爲對象,透過電腦搜尋技術的協助,了解著録的三部清人書籍共 361 部,官書 117 部、私著 244 部,關注陳澔《集説》者 75 部,官書 38 部、私著 37 部;“正引”陳澔《集説》者 59 部,官書 35 部,私著 24 部;批評者 5 部,均爲私著;正引與批評均有者 11 部,官書 3 部,私著 8 部,整體而言,正面徵引或討論者超過批評者,其中又以官書的肯定最多。研究所得成果,有助於了解陳澔《集説》在清朝前期滲透影響“非經部”類專著的實情,提供了研究陳澔、《禮記》學、經學史及學術史等部分可信的實證性答案,對於這些學術範圍的研究者,當有部分的助益功能焉。

**【關鍵詞】** 陳澔　禮記集説　四庫全書　經學　學術交會　關注

## 一、前　言

傳統中國自隋唐創立對多數群衆開放的“科舉考試”以來,由於考試作答内容需要統一標準的緣故,官方於是編輯相關科目的標準課本,提供就學或參與考試學子的必讀書籍,現存最早的當是成於唐朝孔穎達(574—648)等之手的《五經正義》。《五經正義》選擇的《禮》學標準本,選中的是鄭玄(127—200)的《禮記注》。以鄭玄《禮記注》爲底本編輯而成的《禮記正義》,明朝之前一直是朝廷認同承認的《禮記》學標準解説本,進入明朝之後的洪武年間(1368—

* 本文爲“科技部”專題研究計畫“清代《禮記》學視域下的陳澔《禮記集説》研究”(MOST 107 - 2410 - H - 001 - 087 -)的研究成果,渥蒙“科技部”提供經費與人力的協助,謹誌謝忱。

1398)，纔被陳澔(1260—1341)《禮記集説》(以下簡稱《集説》)取代①。由於陳澔學術地位不高，部分學者甚至還認爲陳澔的識見鄙陋不足、解説不够完滿等等，導致出現許多正反面的批評意見。清朝的學術官僚鄂爾泰(1677—1745)、張廷玉(1672—1755)、朱軾(1665—1736)等奉乾隆帝(1711—1799，1735—1796 在位)之命編輯《三禮義疏》之際，就曾在《凡例》内特别提到“陳澔《禮記集説》雖列於學官，而自始出即不饜衆心”②。這固然只是學術官僚們的泛論性“作文”而已，基本上當不得真，但從而也就可以瞭解陳澔《集説》即使成爲朝廷規定的學宫標準閱讀課本，實際上卻是連官方對此書都不甚滿意。但無論批評的意見如何强烈，都無法摇撼陳澔《集説》作爲學宫學習《禮記》必讀標準本的地位，從西元 14 世紀的洪武年代開始，直到清朝廢除科舉的 20 世紀初，五百多年來陳澔《集説》都是學宫學子們的《禮記》必讀課本，以及科舉考試時作答解説的標準本。

經學史的研究，由於受到歷史文獻存留上所謂“書闕有間”的限制，使得許多歷史的實況，後人無法確實的瞭解，但學術研究追求精確的基本原則，應該不至於因此而被遺忘。然而考察當今市面上經學史相關論著，大致可以發現經學研究者們的考察評論，幾乎都僅根據少數文獻，進行“以少見多”的詮釋擴充性發言。這類詮釋性、擴充性的研究探討，當然也能够見到部分的歷史現象，但由於使用文獻的數量有限，選取使用資料對象身份的限制，使得代表性不够全面，僅能照顧到特定範圍的現象。同時更由於閱讀者缺乏對此類型經學史論著限制性的實際認知，導致在這些既有經學史特定範圍之外的學術現象，因此被學者與研究者排除在外，無法進入研究者或學者的認知範圍之内。這類被研究者或學者無意間隱藏或遺忘而排除的歷史現象，就經學史研究的學術基本要求來説，當然也是屬於有必要且應該關注探討，並且盡可能給予有效解決的學術問題。筆者因此設計了一種不同於詮釋性研究的“外部研究”方法，就是盡可能的“回到歷史現場”，透過當代著作徵引或論及的實際表現，確實了解研究對象在當代學界受到關注的情況後，再進一步分析確認該研究對象在當代歷史中的地位。經由這種比較歷史性與全面性的探討，應該可以更真實地判定研究對象在當代學界的實際影響與實際的學術地位，於是對那些被既有經學史研究者無意間遺忘排除，未能被學界關注或認知的經學現象，因而也就可以提供比較有效的答案，達成彌補現行經學史研究上長期存在的闕漏。

陳澔《集説》高居明清學宫數百年，期間固然有不少學者提出批評，納喇性德(1655—1685)甚至還因此寫成《陳氏禮記集説補正》一書，專門針對陳澔《集

① 陳澔《禮記集説》並非等到永樂朝編輯《五經大全》時方進入官學系統的討論，可以參考劉柏宏《永樂朝之前陳澔〈禮記集説〉的傳播及其相關問題探論》一文的討論，《中國文哲研究集刊》第 53 期(2018 年 9 月，頁 73—111)。

② [清]鄂爾泰等《欽定周官義疏·凡例》(文淵閣《四庫全書》本)，頁 2。本文使用的《四庫全書》文獻，借用香港迪志文化出版公司製作的《文淵閣四庫全書電子版》進行搜尋而得，不敢掠美，謹先申明。

説》不當或不足之内容加以“補正”①。但比較實際的回到歷史現場，若是將相關學者的這些批判性作爲，放在當時傳媒不發達，資訊非常閉鎖的社會觀察下，那麽就可以了解在那個時代能够接觸到這些資訊者，很可能比現代人更少，實際能産生的作用，自然非常有限。不過這些學者們的批判性發言是否有效，影響力道到底有多大，並非本文關注的重點，提及這些批評性發言的目的，實際上是要用來説明，即使非常不滿意陳澔《集説》而發言批判的學者們，當其發言批判之際，就已經實質呈現出這些學者們高度熟悉陳澔《集説》的實況，從而也就可以了解，無論是發言讚美或出口批判，都在表現陳澔《集説》在學者們認知上高度熟悉的實況，雖然無法確知那些“沉默不語”大衆的態度，但若將之歸入“不反對”陳澔《集説》的行列，應該不能算是“過度詮釋”。如果可以同意前述討論分析的結果，那應該就不反對陳澔《集説》在明清兩朝受到的關注層面確實相當深廣的事實。作爲《禮記》學的專著、學宫的必讀書，以及科舉考試標準答案提供者等多重身份的陳澔《集説》，在明清兩朝受到關注的實際情況，自然就具有經學史、官學史和科舉史等方面學術研究的意義與價值，本文就是在此種基本認知下，因而設計探討研究的議題。

“外部研究”方法由於設定的探討對象，乃是現存所有當代的相關文獻，研究的時間跨度，因此無法太長，自然也就不可能以一篇小論文探討明清五百多年陳澔《集説》被關注的實情。同時“外部研究”更需要能有效地掌握相關研究資料，以及較方便篩選出可用資料的方法。斟酌前述的這些條件，以及筆者已經有較爲全面性探討清朝前期“經部”書籍徵引論及陳澔《集説》，因而確認清初經學界對陳澔《集説》接受與批評實況的《清朝前期經解中的陳澔〈禮記集説〉——以〈四庫全書總目〉著録書籍爲範圍的探究》一文②，於是爲了更全面性瞭解陳澔《集説》經過明朝二百多年官方的支持提倡，以及學宫的學習、學者的探討而發展之後，進入清初學界後受到的關注，或滲透到學界的情況，遂選擇《四庫全書》“經部”之外，其他“三部”著録的清朝學人著作爲對象，用以探討清人這些“非經部”著作徵引論及陳澔《集説》的表現，以便可以比較實際地了解陳澔《集説》在清朝前期“非經部”著作内滲透擴散的實情。《四庫全書》是集合乾隆朝學術官僚，以及全國各地知名或不知名學者共同編輯完成的文化盛事，在這個集合全國學術菁英圈的篩選下，能够被接受而録進《四庫全書》的書籍，具有符合當代最高學術水準的代表性，應該不會是個問題。這就是本文以《四庫全書》著録書籍爲探討對象的理由：最能符合當時學術較高水準，具有當代學術代表性故也。研究獲得的成果，不僅可以有效彌補以往經學史研究的闕漏，同時對於《禮記》學的研究，以及官學影響的了解，都具有實質的助益功

① 針對陳澔《禮記集説》的負面批評，可參考楊晋龍《陳澔〈禮記集説〉的負評及其與〈欽定禮記義疏〉關係述論》（《中國典籍與文化論叢》第22輯，鳳凰出版社，2020年，頁60—85）一文提供的相關歷史資訊。

② 楊晋龍《清朝前期經解中的陳澔〈禮記集説〉：以〈四庫全書總目〉著録書籍爲範圍的探究》，《第十、十一届中國經學國際學術研討會論文選集》，萬卷樓圖書公司，2020年，頁643—679。

能,這也就是寫作本文預設的學術意義及價值所在。

本文探討陳澔《集説》在清朝前期"非經部類"著作中受到關注的實際表現,進而分析了解陳澔《集説》在清初學界的地位。研究的進行,將以具備當代學術代表性的《四庫全書》著録書籍爲研究使用的文獻,並運用"外部研究"的方法,選定"關鍵詞",透過電腦搜尋技術的協助篩選,確實考定選擇的所有書籍徵引或論及陳澔《集説》的實際表現,用以確認陳澔《集説》經過明朝二百多年閱讀傳播之後,"外溢"到"非經部類"書籍的實際情況,提供經學、官學、科舉學等相關研究的參考。研究進行的程序:首先是説明研究緣起的"前言";其次是"非經部類"書籍實際徵引論及表現的考察認定;接著觀察分析"非經部類"徵引論及陳澔《集説》展示或隱藏的學術意義;最終統合本文研究的結果,分析研究結果的學術意義與價值後,結束本文的研究。

## 二、《四庫全書》"非經部類"著作徵引考徵

陳澔《集説》經過明朝二百多年學宫與科舉的實際傳播,因而滲透落實到學界的實況如何? 應該是一個值得探究的經學史議題。清朝乾隆帝有意識地進行全國現存書籍的普查,同時聚集全國學術菁英,組成編輯團隊,因著"教化"的要求標準,分辨篩選普查徵集到的著作,依據著作内涵的良窳,將之區分爲"刊刻""著録""修訂""存目""無視"與"禁燬"等六類,並將確定"著録"和"修訂"後著録等二類書籍,依據修定革新的經、史、子、集等四部分類,依序編録成爲《四庫全書》。這些經過"四庫館"學術官僚和菁英學者等篩選,帝王下令修訂,以及官方修撰編輯的著作,就編輯時代當時的標準而論,自然就具有實質的學術代表性。本文基於此種基本認知,於是透過這些具備當代學術代表性著作徵引陳澔《集説》的實際表現,考察説明陳澔《集説》對清朝前期"非經部"著作滲透的實情。《四庫全書》收録的書籍,既然是經過"四庫館"臣僚及入館學者等,依據帝王的指示篩選著録編輯,本文因此認定《四庫全書》收録的清人諸書,具備有學術與文化代表性的地位無庸置疑,研究獲得的結果,自然可以信任。由於《經部》已經另文寫成,下文因此即繼續探索陳澔《集説》在《四庫全書》史、子、集等三部著録的清人"非經部"著作受到關注或徵引的實際表現。徵引的實際表現,本文承襲《清朝前期經解中的陳澔〈禮記集説〉——以〈四庫全書總目〉著録書籍爲範圍的探究》分成兩大類:一是"正引類",收録三種徵引情況:(1) 不發言的"純粹"徵引者,指的是僅引録而没有任何發言的情況。(2) 針對徵引發言純粹"討論"者,雖然出言討論,但僅是説明異同或選擇,既没有讚美也没有批評。(3) 對徵引資料發言正面"稱美"者。這 3 種徵引都歸入"正引"類。二是"批評類",收録針對徵引的陳澔《集説》内容直接給予"負面"評論者。

### (一)"史部"著作徵引考實

透過電腦搜尋技術的協助,考察《四庫全書・史部》類清人書籍徵引或提

及陳澔《集説》的實際表現，因而獲得的結果則如下表所述：

**表一 《四庫全書·史部》收録清人書籍引述陳澔《禮記集説》實況表**

| 作　者 | 生存年代 | 著作名稱 | 徵引表現 |
|---|---|---|---|
| 官　書 | 康熙46年(1707) | 御批資治通鑑綱目前編 | 正引：東匯澤陳：卷首/37a。<br>批評：0 |
| 官　書 | 雍正9年(1731) | 廣東通志 | 正引：陳澔：7/52b、8/17a。<br>批評：0 |
| 官　書 | 雍正9年(1731) | 河南通志 | 正引：陳澔：10/14b、42/4a。<br>批評：0 |
| 官　書 | 雍正10年(1732) | 江西通志 | 正引：陳澔：13筆。經歸先生：12/5a、91/17a、110/64a。經歸陳先生：110/64a。陳氏可大：100/35a。可大陳氏：100/35a。(總19筆)<br>批評：0 |
| 官　書 | 雍正10年(1732) | 湖廣通志 | 正引：陳澔：25/10b。<br>批評：0 |
| 官　書 | 雍正12年(1734) | 山西通志 | 正引：陳澔：26/51b、28/37b、35/3a。<br>批評：0 |
| 官　書 | 雍正13年(1735) | 畿輔通志 | 正引：陳澔：28/10a。<br>批評：0 |
| 官　書 | 雍正13年(1735) | 四川通志 | 正引：陳澔：5下/4b。<br>批評：0 |
| 官　書 | 雍正13年(1735) | 山東通志 | 正引：陳澔：11—2/45b—1、11—2/45b—2、11—4/83a、11—5/6a、35—6/90a。(總5筆)<br>批評：0 |
| 官　書 | 雍正13年(1735) | 浙江通志 | 正引：陳澔：279/60b。<br>批評：0 |
| 官　書 | 乾隆元年(1736) | 雲南通志 | 正引：陳澔：29—12/12a。<br>批評：0 |
| 官　書 | 乾隆元年(1736) | 江南通志 | 正引：陳澔：87/11b。<br>批評：0 |
| 官　書 | 乾隆4年(1739) | 明史 | 正引：陳澔：50/25b、70/2b、332/32。<br>批評：0 |
| 官　書 | 乾隆5年(1740) | 世宗憲皇帝聖訓 | 正引：陳澔：32/6a。<br>批評：0 |
| 官　書 | 乾隆22年(1757) | 欽定大清通禮 | 正引：陳澔：11/2b。<br>批評：0 |
| 官　書 | 乾隆29年(1764) | 欽定大清會典 | 正引：陳澔：45/16b。<br>批評：0 |

續表

| 作　者 | 生存年代 | 著作名稱 | 徵引表現 |
|---|---|---|---|
| 官　書 | 乾隆 29 年(1764) | 欽定大清會典則例 | 正引：陳澔：82/42a、82/51b。<br>批評：0 |
| 官　書 | 乾隆 31 年(1766) | 皇朝禮器圖式 | 正引：陳澔：11/38b。<br>批評：0 |
| 官　書 | 乾隆 40 年(1775) | 欽定天禄琳瑯書目 | 正引：陳澔：7/26b、7/28b。<br>批評：0 |
| 官　書 | 乾隆 44 年(1779) | 欽定盛京通志 | 正引：陳澔：43/4b。<br>批評：0 |
| 官　書 | 乾隆 46 年(1781) | 欽定國子監志 | 正引：陳澔：12/15b、12/20b、59/33a。<br>批評：0 |
| 官　書 | 乾隆 46 年(1781) | 欽定熱河志 | 正引：陳澔：73/21b。<br>批評：0 |
| 官　書 | 乾隆 48 年(1783) | 欽定續通典 | 正引：陳澔：19/3b。<br>批評：陳氏集説：84/4a。 |
| 官　書 | 乾隆 49 年(1784) | 大清一統志 | 正引：陳澔：238/37a、243/ 23a、243/23b—1、243/23b—2、243/30b。(總 5 筆)<br>批評：0 |
| 官　書 | 乾隆 49 年(1784) | 欽定續文獻通考 | 正引：陳澔：35/5b、48/42a、85/39a。陳氏集説：152/28a。(總 4 筆)<br>批評：0 |
| 官　書 | 乾隆 52 年(1787) | 皇朝文獻通考 | 正引：陳澔：47/11a、74/11b、214/20a、214/21b。陳氏集説：214/24a。(總 5 筆)<br>批評：214/23a。 |
| 官　書 | 乾隆 52 年(1787) | 皇朝通志 | 正引：陳澔：41/3b、41/7a、106/23b。<br>批評：0 |
| 官　書 | 乾隆 52 年(1787) | 皇朝通典 | 正引：陳澔：48/14a。陳氏集説：18/6a。<br>批評：0 |
| 官　書 | 乾隆 54 年(1789) | 欽定續通志 | 正引：陳澔：157/3b、553/10b。雲莊禮記集説：157/3b。<br>批評：0 |
| 官　書 | 乾隆 61 年(1796) | 欽定八旗通志 | 正引：0<br>批評：陳澔：120/7b。 |
| 毛奇齡 | 1623—1716 | 北郊配位尊西向議 | 正引：陳灝：3a。<br>批評：0 |
| 黄虞稷 | 1629—1691 | 千頃堂書目 | 正引：陳澔：2/10b、2/26a。<br>批評：0 |

續表

| 作　者 | 生存年代 | 著作名稱 | 徵引表現 |
|---|---|---|---|
| 朱彝尊 | 1629—1709 | 經義考 | 正引：陳澔：83/12a、140/16b、142/7b、142/16a、144/7a、145/8b、245/4b、297/46a。陳氏注：132/1a。陳氏集説：49/19b、143/5a、144/2a、144/9b、146/3b、146/16a、146/16b、164/5a、165/14a。（總18筆）<br>批評：陳可大：145/8a、145/12a。陳氏澔：145/10a 番陽陳氏：145/10a。雲莊集説：143/12。 |
| 陳　鼎 | 1650—? | 東林列傳 | 正引：陳氏集説：3/21b。<br>批評：0 |
| 徐文靖 | 1667—? | 竹書統箋 | 正引：陳澔：3/18a、11/11b。<br>批評：0 |
| 陳景雲 | 1670—1747 | 通鑑胡注舉正 | 正引：陳氏集説：2a。<br>批評：0 |
| 邵泰衢 | 1681 前後 | 史記疑問 | 正引：陳澔：卷中/25b。<br>批評：0 |
| 沈　佳 | 1688 進士 | 明儒言行録 | 正引：陳澔：6/17a、續編 2/9a。<br>批評：0 |
| 李清馥 | 1703—? | 閩中理學淵源考 | 正引：陳澔：44/11b。<br>批評：0 |

《四庫全書·史部》著録的清人書籍徵引或提及陳澔《集説》的專著總共有39部，其中官修之書有30部，私著有9部。官修書方面，30部書均有"正引類"的徵引，其中除《欽定續通典》有"鄭氏注《禮》，每解誄爲謚，而陳氏《集説》仍之，誤矣"（84/4）、《皇朝文獻通考》引李光坡懷疑陳澔《集説》解説"未盡""未誠"及"多約注疏而成鮮有新意"（214/23）、《欽定八旗通志》徵引納喇性德《陳氏禮記集説補正》的批評等3部3筆"批評類"徵引外，其他27書都是"正引類"的徵引。私著書籍9部也都有"正引類"的徵引，除朱彝尊《經義考》轉引徐師曾（1517—1580）"取舍失衷，章句錯雜"（145/8）、黄居中（1562—1644）"語多牽合，踳駁不倫"（145/12）、姚舜牧（1543—1627）"中有大謬不然者，亦混存而不削"（145/10），以及朱彝尊批評該書"度數品節，擇焉不精，語焉不詳"，因而有"直兔園册子"（143/12）等等，1部總共4筆總體性貶抑評價的"批評類"徵引之外，其他8部則都是"正引類"的徵引。這是陳澔《集説》在《四庫全書·史部》著録的清人書籍内受到關注的實情。

### （二）"子部"著作徵引考實

陳澔《集説》在《四庫全書·子部》著録清人書籍内受到關注的情形，經由實際的搜尋檢證，獲得的結果如下表：

**表二 《四庫全書・子部》收録清人書籍引述陳澔《禮記集説》實況表**

| 作　者 | 生存年代 | 著作名稱 | 徵引表現 |
|---|---|---|---|
| 官　書 | 康熙 29 年(1690) | 御定孝經衍義 | 正引:陳澔:42 筆。<br>批評:0 |
| 官　書 | 康熙 49 年(1710) | 御定淵鑑類函 | 正引:陳澔:163/8a、184/43a、193/39b、195/33a。<br>批評:0 |
| 官　書 | 康熙 54 年(1715) | 御纂性理精義 | 正引:可大陳氏:7/21a。<br>批評:0。 |
| 官　書 | 雍正 4 年(1726) | 御定駢字類編 | 正引:陳澔:91/106b。<br>批評:0 |
| 官　書 | 乾隆 6 年(1741) | 欽定授時通考 | 正引:陳澔:18 筆。<br>批評:0 |
| 官　書 | 乾隆 14 年 | 御覽經史講義 | 正引:陳澔:14 筆。<br>批評:0 |
| 孫承澤 | 1592—1676 | 春明夢餘録 | 正引:陳澔:40/24a。<br>批評:0 |
| 馮　班 | 1602—1671 | 鈍吟雜録 | 正引:陳澔:6/12a。<br>批評:0 |
| 顧炎武 | 1613—1682 | 日知録 | 正引:陳澔:14/29b。陳可大:15/23b。<br>批評:陳可大:6/20a。 |
| 姜宸英 | 1628—1699 | 湛園札記 | 正引:陳澔:2/29b。陳集注:頁 2/30a。<br>批評:陳澔:2/25a。 |
| 王士禛 | 1634—1711 | 池北偶談 | 正引:陳澔:2/12a—1、2/12a—2、2/12a—3。<br>批評:0 |
| 閻若璩 | 1636—1704 | 潛邱劄記 | 正引:陳澔:5/3a。<br>批評:陳澔:4/3b。 |
| 陳元龍 | 1652—1736 | 格致鏡原 | 正引:陳澔:14/11a、43/21b。<br>批評:0 |
| 沈自南 | 1652 進士 | 藝林彙考—飲食篇 | 正引:陳澔:4/10b。<br>批評:0 |
| 沈自南 | 1652 進士 | 藝林彙考—服飾篇 | 正引:陳澔:2/16b。<br>批評:0 |
| 李光地 | 1642—1718 | 榕村語録 | 正引:0<br>批評:陳澔:14/29a。 |
| 徐文靖 | 1667—? | 管城碩記 | 正引:0<br>批評:陳澔:22/7b。 |
| 王懋竑 | 1668—1741 | 白田雜著 | 正引:0<br>批評:陳氏集説:2/27a。 |

續表

| 作　者 | 生存年代 | 著作名稱 | 徵引表現 |
|---|---|---|---|
| 倪　濤 | 1669—約 1752 | 六藝之一録 | 正引:陳澔:263/27a。<br>批評:0 |
| 茅星來 | 1678—1748 | 近思録集注 | 正引:陳可大:11/7a。<br>批評:0 |
| 姚之駰 | 1721 進士 | 元明事類鈔 | 正引:陳澔:21/5b<br>批評:0。 |
| 何　琇 | 1733 進士 | 樵香小記 | 正引:0<br>批評:陳氏集説:下/15b。 |
| 葛萬里 | ? —? | 别號録 | 正引:陳澔:1/6a。陳雲莊:1/35a。<br>批評:0 |
| 胡鳴玉 | ? —? | 訂譌襍録 | 正引:陳氏集説:2/16a。<br>批評:0 |

《四庫全書・子部》著録的清人書籍内,徵引或論及陳澔《集説》者共有 24 部,官修之書 6 部,私著 18 部。官書都是"正引類"的徵引,未發現有"批評類"徵引。私著方面純粹"正引類"徵引者 9 部、純粹"批評類"徵引者 4 部、"正引類"徵引與"批評類"徵引同現者 5 部。"批評類"徵引如:顧炎武《日知録》(6/20a)、何琇《樵香小記》(下/15)都認爲"術有序"一句,陳澔《集説》"改術爲州"爲"非"。姜宸英《湛園札記》稱陳澔以隨武子有"不遺友之實"的注解"疏謬"(2/25a)。閻若璩《潛邱劄記》謂陳澔"非宗子而母在者不禫"之解爲"非"(4/3b)。李光地《榕村語録》認爲"《禮記》陳澔《注》不如鄭康成遠甚,鄭是將全部書讀熟,前後有照應;陳《注》後忘前、前忘後都相碍"。(14/29a)王懋竑《白田雜著》説"别子爲祖,繼别爲宗"一段,陳澔"别子有三"之解説"非是"(2/27a)。徐文靖《管城碩記》以爲陳澔《集説》解"楸"之"一名斯禁"之論爲"誤"(22/7b)等等,這是《四庫全書・子部》清人涉及徵引或提及陳澔《集説》及其正反面意見的情況。

### (三)"集部"著作徵引考實

相對於"史部"和"子部"等議題專業性質的限制,"集部"在討論議題時,具有相對性擺脱限制的束縛,獲得發言自由解放之方便,因此陳澔《集説》在"集部"書内擴散的表現,較之其他三部,或者更具有觀察確定陳澔《集説》對學界滲透的深度和廣度的功能。《四庫全書・集部》著録的清人著作徵引或論及陳澔《集説》的實情如下表:

表三　《四庫全書・集部》收録清人書籍引述陳澔《禮記集説》實況表

| 作　者 | 生存年代 | 著作名稱 | 徵引表現 |
|---|---|---|---|
| 官　書 | 乾隆 12 年(1747) | 皇清文穎 | 正引:陳澔:5/20a,13/12a。<br>批評:0 |

續表

| 作　者 | 生存年代 | 著作名稱 | 徵引表現 |
|---|---|---|---|
| 官　書 | 乾隆 44 年 | 御製詩集 | 正引:陳澔:四集 65/24a—1、四集 65/24a—2、四集 95/17a、五集 1/29b。<br>批評:0 |
| 黄宗羲 | 1610—1695 | 明文海 | 正引:陳澔:114/1b。<br>批評:陳澔:56/6b。 |
| 魏裔介 | 1616—1686 | 兼濟堂文集 | 正引:陳澔:3/5b。<br>批評:0 |
| 湯　斌 | 1627—1687 | 湯子遺書 | 正引:陳澔:6/20b。<br>批評:0 |
| 朱彝尊 | 1629—1709 | 曝書亭集 | 正引:陳澔:60/8a。<br>批評:0 |
| 宋　犖 | 1634—1714 | 西陂類稿 | 正引:陳雲柱:39/21b。<br>批評:0 |
| 陳廷敬 | 1638—1712 | 午亭文編 | 正引:0。<br>批評:陳澔:32/16a。 |
| 仇兆鰲 | 1638—1717 | 杜詩詳注 | 正引:陳澔:22/33。<br>批評:0 |
| 方　苞 | 1668—1749 | 望溪集 | 正引:陳氏集説:3/10a—1、6/1a。<br>批評:陳氏集説:3/10a—2。 |
| 藍鼎元 | 1680—1733 | 鹿洲初集 | 正引:陳澔:14/6b。<br>批評:0 |
| 王　琦 | 1696—1774 | 李太白集注 | 正引:陳澔:23/17a。<br>批評:0 |

考察《四庫全書・集部》著録的清人著作徵引或論及陳澔《集説》者,總共有 12 部,其中官修之書 2 部,都是屬於"正引類"的徵引。私著 10 部,純粹徵引的"正引類"7 部,純粹"批評類"的徵引者 1 部,"正引類"與"批評類"均有者 2 部。"批評類"徵引著作之論,如黄宗羲《明文海》收有華鑰(1494—1539)《進禮記集注奏藁》,文中批評陳澔《集説》之論,以爲"《禮記》既非純爲先王之典,初學但音義章句一明足矣,澔乃逐段敷演成説,合之無慮數萬言,較諸古文,或正文訛謬而亂真,或簡段破碎而無緒,或訓解猥陋而失旨。習者既困於篇帙之多,又倍其精力於《集説》之繁,而卒茫無歸宿之地"。(56/6)陳廷敬《經學家法論》主張解經應當"以《注疏》爲主",因此批評明朝的《大全》,是"甚不全之書",《禮記》竟然僅用陳澔《集説》,當時士子因此只知"《本義》、《集傳》、蔡沈、胡安國、陳澔之所謂《五經》而已"。(33/16)可見陳澔《集説》也是陳廷敬批駁的對象。方苞《書陳氏集説補正後》批評説:"陳氏《集説》於《記》之本指,時有未達而反以蔽晦之者。"(3/10)這是陳澔《集説》在《四庫全書・集部》著録的清人著作内受到關注的實況。

統觀《四庫全書》史部、子部、集部等三部著録的清人著作内，曾經徵引或論及陳澔《集説》者，總共有 75 部，官修之書 38 部，私著 37 部。這些徵引論及陳澔《集説》全屬"正引類"徵引者 59 部，純屬"批評類"徵引之著作有 8 部，"正引"與"批評"都出現者 8 部。這是《四庫全書》"經部"外，其他 3 部著録的清人著作，曾有徵引或論及陳澔《集説》者的實際情況。

## 三、"非經部類"書籍徵引意義的分析

陳澔《集説》經過明朝官學系統近三百年(1368—1644)的傳播，進入清朝前期以後，該書在整個學界受到關注的情形，以及在"經部"之外其他學術分部範圍内不同關注的情形，還有官書與私著的不同關注表現等等，經由前述借助於電腦搜尋技術，以及大型資料庫的協助的實際考察，大致可以獲得下述可以檢證的有效基本結果。首先，《四庫全書》著録的史、子、集等三部的清人著作，總數爲 361 部。其次，再分别考察三部著録的清人書籍，確定史部有 143 部；子部有 115 部；集部有 103 部。其三，這三部著録的清人書籍確有關注陳澔《集説》者有 75 部：史部有 39 部；子部有 24 部；集部有 12 部。其四，著録的史、子、集三部清人著作，官書總數爲 133 部，私著總數爲 228 部。其五，著録的史、子、集三部清人著作，史部的官書有 80 部，私著 63 部；子部的官書有 30 部，私著 85 部；集部的官書有 23 部，私著 80 部。其六，著録的史、子、集三部清人著作關注陳澔《集説》者，官書有 38 部，私著有 37 部。《四庫全書》在史、子、集三部著録清人著作總數及各項佔比的總體情況，編成下表以方便觀察：

**表四　《四庫全書》著録史、子、集等三部清人著作徵引陳澔《集説》整體表現**

| 四部分類 | 著録總數 | 官書總數 | 私著總數 | 官書佔比 | 私著佔比 | 徵引總數 | 官書徵引 | 私著徵引 | 徵引總比 | 官書佔比 | 私著佔比 |
|---|---|---|---|---|---|---|---|---|---|---|---|
| 史部 | 143 | 80 | 63 | 55.94% | 44.06% | 39 | 30 | 9 | 27.27% | 37.5% | 14.29% |
| 子部 | 115 | 30 | 85 | 26.09% | 73.91% | 24 | 6 | 18 | 20.87% | 20% | 21.18% |
| 集部 | 103 | 23 | 80 | 22.33% | 77.67% | 12 | 2 | 10 | 11.65% | 8.70% | 12.5% |
| 總計 | 361 | 133 | 228 | 32.41% | 67.59% | 75 | 38 | 37 | 20.78% | 32.48 | 15.16% |

觀察《四庫全書》史、子、集等三部著録的清人著作，就數量與佔比的表現而論。首先，"史部"著録 143 部，官書 80 部佔五成六左右；私著 63 部，佔四成四左右；其中關注陳澔《集説》者 39 部，佔"史部"著作的二成七而已，官書 30 部，佔全部官書近四成；私著 9 部，僅佔全部私著近一成五而已，可見"史部"類書籍關注陳澔《集説》的主要是官書。其次，"子部"著録 115 部，官書 30 部佔二成六左右；私著 85 部，佔七成四左右；關注陳澔《集説》者 24 部，佔"子部"著作的二成左右，官書 6 部，佔全部官書二成；私著 18 部，僅佔全部私著的二成一左右，可見"子部"類書籍關注陳澔《集説》的官書與私著的比例相當。其三，

"集部"著録103部，官書23部佔二成二左右；私著80部，佔七成七以上；關注陳澔《集説》者12部，佔"集部"著作的一成左右；官書2部，佔全部官書不到一成；私著10部，僅佔全部私著的一成二左右，可見"集部"類書籍關注陳澔《集説》的私著比例高於官書。整體來看，著録官書的數量與關注陳澔《集説》的實況變化較大，私著的著録數量相當接近，關注陳澔《集説》者以"子部"書籍較多，"史部"和"集部"的差異不大。統合三部的表現來看，著録的私著爲官書的二倍多，但關注陳澔《集説》的書籍數量卻相當，可見整體來説還是官書較多關注陳澔《集説》。再觀察清人私著"非經學類"著作，關注陳澔《集説》者僅有一成五左右，這也就是陳澔《集説》在"《三禮》類"及"經部"之外，"外溢"到其他部類書籍的實際情況，關注度顯然並不高。如果再將"經部"的表現納入觀察，結果又如何呢？這可以先將《四庫全書》著録的所有清人的著作納入而製成下表，以方便觀察，"經部"表現則可參閲"附録"的《〈四庫全書·經部〉著録清人書籍引述陳澔〈禮記集説〉實況表》。

**表五　《四庫全書》著録清人著作關注陳澔《集説》整體表現**

| 四部分類 | 著録總數 | 官書總數 | 私著總數 | 官書佔比 | 私著佔比 | 徵引總數 | 官書徵引 | 私著徵引 | 徵引總比 | 官書佔比 | 私著佔比 |
|---|---|---|---|---|---|---|---|---|---|---|---|
| 經部 | 216 | 30 | 186 | 13.89% | 86.11% | 38 | 9 | 29 | 17.59% | 30% | 15.59% |
| 史部 | 143 | 80 | 63 | 55.94% | 44.06% | 39 | 30 | 9 | 27.27% | 37.5% | 14.29% |
| 子部 | 115 | 30 | 85 | 26.09% | 73.91% | 24 | 6 | 18 | 20.87% | 20% | 21.18% |
| 集部 | 103 | 23 | 80 | 22.33% | 77.67% | 12 | 2 | 10 | 11.65% | 8.70% | 12.5% |
| 總計 | 577 | 163 | 414 | 28.25% | 71.75% | 113 | 47 | 66 | 19.58 | 28.83% | 15.94% |

考《四庫全書》著録清人著作總數爲577部，其中官書163部，佔二成八左右；私著414部，佔七成二左右，私著大約是官書的2.5倍。關注陳澔《集説》的有113部，大約二成左右，官書有47部徵引，佔官書總數近三成；私著有66部徵引，僅佔私著總數的一成六左右，這和"非經部類"著録書籍關注的表現相當。統合《四庫全書》著録的清人著作，觀察這些著作關注陳澔《集説》的實際表現，經由前述的歸納與分析，最終的答案是清朝前期具代表性著作，關注陳澔《集説》者約佔二成，官書的關注度高於私著，關注的比例約爲私著的2倍。這是根據《四庫全書》著録清人著作的總數及關注徵引表現，經由詳細歸納比較後的結果。

再者需要説明的是探討陳澔《集説》在清朝前期受到關注的實情，之所以將其分成"經部類"與"非經部類"等兩類分别處理，主要就在於與陳澔《集説》同爲"經部"類書籍，尤其同爲《禮記》類書籍，很容易因爲學術内容的相關度與親合性較爲接近，因而較之其他三部關注而徵引提及的可能性必然跟著較高。在正常情況下由於關注而徵引或論及陳澔《集説》的"可能性"，依照由高至低的次序予以分級，則按照合理的推測，那麽第1級自是"《禮記》類"書籍；第2級會是《禮記》之外的其他"《禮》類"書籍；第3級則是"《五經》總義類"書籍；第

4 級是"《禮》類"及"《五經》總義類"外的其他"經部"論著；第 5 級爲"目録類"書籍；最後的第 6 級爲前述類别之外的書籍。這個推測當然與徵引的"必要性"相關，例如"《禮記》類"的專門著作，在正常情況下即使不喜歡甚至排斥陳澔《集説》，除非作者的預設讀者，並不包括一般想參加科舉的士子，否則"必然"會徵引到陳澔《集説》，因爲著作與科舉相關的書籍，自然就要和科舉的標準讀本對話，因此這類徵引乃是屬於不得不徵引者。至於像"《禮》類""《五經》總義類"及"目録類"等書籍，這類書籍的内容頗多和《禮記》相關，當討論議題涉及《禮記》之際，作者很容易就會聯想到陳澔的《集説》，因爲陳澔《集説》在明朝是官方規定閲讀的標準本，討論相關的議題之際，自有"必須"徵引之。至於其他史部、子部和集部等的書籍，原本就没有非徵引討論不可的必要，這類書籍的徵引，實際上完全可以"不必"徵引，因此這類書籍的徵引實屬"意外"之徵引。這類"必然"的徵引，即是《清朝前期經解中的陳澔〈禮記集説〉——以〈四庫全書總目〉著録書籍爲範圍的探究》所稱的"刻意型徵引"，至於"不必"而徵引的"意外"徵引，即屬該文所稱"順及型徵引"。

就關注或徵引表現的意義而論，"刻意型徵引"的案例，表現陳澔《集説》對同類型書籍的滲透影響；"非經部類"的徵引，自然屬於"順及型徵引"，這類"順及型徵引"的案例，呈現陳澔《集説》的影響功能"外溢"到"不必"徵引卻依然選擇徵引討論的關注實情。一般來説"正引類"的徵引，可以用來觀察陳澔《集説》被接受的情況，"批評類"的徵引，可以用來觀察學者對陳澔《集説》内容的不滿，以"非經部類"關注陳澔《集説》的 75 部著作而論，純粹"正引類"徵引者 59 部；純粹"批評類"徵引者 5 部；"正引"與"批評"同現者 11 部。純粹"正引類"徵引的官書有 35 部，私著 24 部；"正引"與"批評"同現者，官書 3 部、私著 8 部；純粹"批評類"徵引的 5 部都是私著。若將"經部"關注陳澔《集説》的 38 部也加入，則總共爲 113 部，純粹"正引類"徵引 78 部，官書和私著都是 38 部；純粹"批評類"徵引的 10 部，官書 2 部、私著 8 部；"正引"與"批評"同現者 25 部，官書 6 部、私著 19 部。從純粹"批評類"徵引私著佔八成而官書僅二成的表現，從而可見官書對陳澔《集説》的充分肯定。同時那類僅徵引 1 筆，甚至僅是爲了辯駁陳澔《集説》之非而"批評"性的徵引 1 筆，背後呈顯的其實就是作者對陳澔《集説》的熟悉與重視，否則自説自話即可，並没有非要徵引陳澔《集説》不可的必要性。若再就關注或徵引的表現來説，事實上無論是"正引類"或"批評類"的徵引，全都可歸入關注與影響的範圍，因此這也就表示陳澔《集説》進入清朝初期的學界後，在學界的影響不僅在同類的"經部"著作範圍而已，同時也明顯擴及到"非經部類"的著作區域。這個研究的結果除有助於對陳澔《集説》擴散、滲透而影響學界情況的了解，同時也當有助於對官方經學影響學界的情況，提供部分可信且可驗證的有用答案。

## 四、結　論

經學史的研究，屬於歷史研究領域的範圍，歷史的研究可以像法國學者傅柯(Michel Foucault,1926—1984)研究"監獄史"時所説"我爲什麽願意寫這樣一部歷史呢? 只是因爲我對過去感興趣嗎? 如果這意味著從現在的角度來撰寫一部關於過去的歷史,那不是我的興趣所在。如果這意味著撰寫一部關於現在的歷史,那才是我的興趣所在"那樣[①],純粹是爲了"撰寫一部關於現在的歷史"而寫作,但也可以是"撰寫一部關於過去的歷史",這部歷史當然不是"從現在的角度來撰寫",而是盡可能"回到歷史現場"去撰寫,這是研究探討陳澔《集説》在清朝前期與其他"非經部類"著作"交會"的基本立場。之所以抱持此立場,或者可以借用王汎森(1958— )的話來説明,王汎森説:"'事件發展的邏輯'和'史家的邏輯'有時並非完全一致,人們根據'後見之明'來斷定事件的發展過程及對人物進行評價,有可能冒著很大的風險。"[②]經學史的研究者若是缺乏此種必要的警覺,很可能就會根據自己"後見之明"建構的"史家的邏輯",當成歷史"事件發展的邏輯"。因此排除自身"後見之明"的"逆向推理"詮釋發揮,經由"回到歷史現場"的"順向了解"解析説明,應該也就可以較爲貼近歷史的將時代的實情較真實的揭露。

經過明朝官方的教育和利禄等的推廣引誘,二百多年後當陳澔《集説》進入清朝前期,其在學術界影響與接受的情況如何? 自然是值得注意的學術史議題,然而由於面對的文獻數量頗多,於是乃分成"經部"與"非經部"兩部分進行探討了解,本文探討陳澔《集説》與清朝前期"非經部"類著作"交會",受到關注而產生接受或駁斥等實際影響的問題,經由前述實證性的探討研究,目前獲得的可信研究成果如下:

首先,陳澔《集説》自從明朝洪武年間被官方接受,因而成爲學宫的必讀課本,以及科舉考試《禮記》學作答的標準答案之後,經過整個明朝二百七十多年的教育推廣,進入清朝前期的時段,則該書在學界形成的影響實況如何? 對於官學教育推廣成效的了解,經學專著因著政治力作用而產生學術影響實情的了解,應該都具有實質性的幫助,同時經學教育的成效,以及經學專著的影響,這些也都是經學史必須關注的議題,是以本文預備探討研究的議題,因此也就必然具有學術實質性的意義與價值了。

其次,《四庫全書》是乾隆朝匯聚當時學術表現最佳的學術官僚與學者等,秉承乾隆帝"教化"與"實用"的原則性諭旨,共同從全國蒐集到的諸多書籍中,篩選其中符合編纂原則的著作,編輯抄寫而成的大型"叢書"。這一部經由皇帝下令,學術官僚與學者等共同編輯而成,經由當時最頂尖的學者與官僚篩選而接受的書籍,除非有特定的因素,因此將這些書籍當作具備有當代學術代表性的身份,應該是可以接受正常作爲,是以本文遂以《四庫全書》著録的清人著作爲對象,觀察這些書籍接受或駁斥陳澔《集説》的表現,用以了解陳澔《集説》與清朝前期學界的"交會"情形,然由於《四庫全書》著録的清朝前期

---

① [法]傅柯著,劉北成、楊遠嬰譯《規訓與懲罰:監獄的誕生》,三聯書店,1999年,頁33。

② 王汎森《序》,林志宏《民國乃敵國也:政治文化轉型下的清遺民》,聯經出版事業公司,2016年,頁ii。

的專著數量較爲龐大,因此本文僅探討陳澔《集説》和“非經部”的“史部”“子部”和“集部”等清人著作“交會”的實情。

其三,考察《四庫全書》著録的“史部”清人著作 143 部,關注陳澔《集説》者 39 部,官修之書 30 部,有“批評”者 3 部,其他 27 部没有負面評論;私著 9 部内有 1 部出現批評,其他 8 部均無負面批評。“子部”著録 115 部,關注陳澔《集説》者 24 部,官修之書 6 部,都没有負面評論;私著 18 部,純負面批評者 4 部,無批評者 9 部,有讚美有批評者 5 部。“集部”著録 103 部,關注陳澔《集説》的 12 部,官修之書 2 部,均無負面詞彙;私著 10 部,無負面批評者 7 部,僅有負面批評者 1 部,有稱美有批評者 2 部。綜合此三部著録的清人著作 361 部,關注陳澔《集説》者 75 部,官修之書 38 部,私著 37 部,没有負面評價的“正引類”59 部,屬於負面批評評價“批評類”8 部,“正引”與“批評”均有者 8 部。

其四,《四庫全書》著録的清人“史部”“子部”和“集部”等的專書,就其關注陳澔《集説》的百分比來看,“史部”27.27%、“子部”20.87%、“集部”11.65%;“史部”顯然最高、“集部”最低。從官書關注的情況來看,“史部”37.5%、“子部”20%、“集部”8.70%;“史部”依然最高、“集部”最低。從私著關注的表現來看,“史部”14.29%、“子部”21.18%、“集部”12.5%;“子部”依然最高、“集部”最低。總體來看,私著在關注度的表現上,顯然不如官修之書。若將“經部”研究成果納入,清人著作總數爲 577 部,“經部”關注的百分比爲 17.59%,僅稍勝“集部”;官書關注的百分比爲 30%,僅次於“史部”居二;私著關注的百分比爲 15.59%,僅次於“子部”居二。總體來看,關注陳澔《集説》113/577 部約二成左右,其中官書的關注度 47/163 部約二成八,私著 66/414 部一成六左右,官書的關注度高於私著。關注陳澔《集説》者總共爲 113 部,純粹“正引”的 78 部,官書和私著都是 38 部;純粹“批評”的 10 部,官書 2 部、私著 8 部;“正引”與“批評”都有者 25 部,官書 6 部、私著 19 部。“正引”爲“批評”的 3 倍以上,其中官書的“正引”高於私著,私著的“批評”高於官書。但無論是“正引”或“批評”,都同樣顯示陳澔《集説》經過明朝二百七十年的教育傳播之後,滲透進入並影響清朝前期著作的實情。

其五,本文以《四庫全書》“非經部”著録的清人專著,實際關注陳澔《集説》的表現,用以了解陳澔《集説》對清代前期學界滲透影響的實情。研究獲得的結果,不僅可以確實認知陳澔《集説》與清朝前期代表性著作學術“交會”的情況,並且對於官學、經學透過政治及教育力量,擴散而“外溢”到其他“非經部類”著作的了解,同樣提供可以檢證的具體答案,獲得的答案不僅具有實證性的證實意義,同時對於清朝前期經學史、《禮記》學等的研究,更具有治學方法上的意義與價值,此即本文研究價值之所在。

**附録 《四庫全書·經部》著録清人書籍引述陳澔《禮記集説》實況表**

| 作 者 | 生存年代 | 著作名稱 | 徵引表現 |
|---|---|---|---|
| 官 書 | 康熙55年(1716) | 御定康熙字典 | 正引:21/21、21/42、21/47、21/54、28/98、28/124。(6筆)<br>批評:6/22、30/101。 |
| 官 書 | 雍正5年(1727) | 欽定詩經傳説彙纂 | 正引:卷首上/14、5/75、10/5、19/41、21/38、21/38。(6筆)<br>批評:0 |
| 官 書 | 雍正8年(1730) | 欽定書經傳説彙纂 | 正引:13/2。(1筆)<br>批評:0 |
| 官 書 | 乾隆元年(1736) | 日講禮記解義 | 正引:1/8、5/12、6/10、16/11、16/12、16/17、19/10、20/2、24/13、24/18—19、26/2、28/21、30/5、40/3、41/17、42/3、42/21、44/16、46/1、46/2、48/25、50/1、56/6、57/15、59/15、61/23。(總26筆)<br>批評:8/10、15/2、17/27、20/8、33/26、34/21、36/7、49/13。(8筆) |
| 官 書 | 乾隆11年(1746) | 御製律吕正義後編 | 正引:62/57、65/41、67/9。<br>批評:0 |
| 官 書 | 乾隆15年(1750) | 欽定叶韻彙輯 | 正引:19/12。<br>批評:0 |
| 官 書 | 乾隆15年(1750) | 欽定禮記義疏 | 正引:陳氏澔:500筆。陳澔:11筆。陳氏集説:5筆。東匯陳氏:1筆。雲莊陳氏:1筆。陳氏説2筆。陳説:8筆。(總528筆)<br>批評:5/6、10/55、13/22、13/22、22/36、23/32、25/19、33/32、41/42、42/32、44/40、50/35、67/73、70/43。(14筆) |
| 官 書 | 乾隆15年(1750) | 欽定周官義疏 | 正引:0<br>批評:凡例/2、32/46。 |
| 官 書 | 乾隆15年(1750) | 欽定儀禮義疏 | 正引:0<br>批評:30/47。 |
| 朱鶴齡 | 1606—1683 | 讀左日鈔 | 正引:1/28。<br>批評:0 |
| 張爾岐 | 1612—1678 | 儀禮鄭注句讀 | 正引:8/13、8/45、8/45、11/10。<br>批評:0 |
| 顧炎武 | 1613—1682 | 左傳杜解補正 | 正引:卷下/5。<br>批評:0 |
| 應撝謙 | 1615—1683 | 古樂書 | 正引:卷下/89。<br>批評:0 |

續表

| 作 者 | 生存年代 | 著作名稱 | 徵引表現 |
|---|---|---|---|
| 毛奇齡 | 1623—1716 | 經問經問補 | 正引:陳灝:1/13、2/12。<br>批評:0 |
| 陸隴其 | 1630—1692 | 讀禮志疑 | 正引:集説:134 筆。<br>批評:集説:68 筆。 |
| 陸隴其 | 1630—1692 | 松陽講義 | 正引:0<br>批評:5/37。 |
| 徐乾學 | 1631—1694 | 讀禮通考 | 正引:陳澔:94 筆。陳注:12/41。陳氏集説:14/21。陳氏可大:5/4。陳可大:5/4、33/23。(總 99 筆)<br>批評:9/9、13/13、13/13、29/15、54/19、103/2、104/22。(7 筆) |
| 萬斯大 | 1633—1683 | 學禮質疑 | 正引:2/19、2/20。<br>批評:0 |
| 閻若璩 | 1636—1704 | 尚書古文疏證 | 正引:4/45、8/58。<br>批評:0 |
| 閻若璩 | 1636—1704 | 四書釋地 | 正引:又續卷上/50。<br>批評:0 |
| 嚴虞惇 | 1650—1713 | 讀詩質疑 | 正引:24 下/34。<br>批評:0 |
| 李光坡 | 1651—1723 | 禮記述注 | 正引:集説:1675 筆。集説:序/1、序/2。陳氏:9/40、12/26、13/3、13/23、15/22、15/25、15/59、19/8、21/7。(總 1686 筆)<br>批評:2/19、5/29、9/28、22/13。(4 筆) |
| 納喇性德 | 1655—1685 | 陳氏禮記集説補正 | 正引:0<br>批評:竊案:655 筆。又案:51 筆。愚案:28 筆。 |
| 陳大章 | 1659—1727 | 詩傳名物集覽 | 正引:1/32。<br>批評:0 |
| 方　苞 | 1668—1749 | 禮記析疑 | 正引:陳氏:3/6、4/11、6/1、14/8、34/1。陳氏澔:10/9、10/9。陳氏集説:原序/1、原序/2、2/1、4/1、4/11、4/15、5/12、5/25、6/2、6/13、6/21、7/7、7/23、12/5、13/14、14/17、14/18、14/19、19/2、21/7、26/9、34/1、35/3。(總 30 筆)<br>批評:3/13、6/7、16/6、20/15、23/10、25/2。(6 筆) |
| 顧棟高 | 1679—1759 | 春秋大事表 | 正引:19 下/8。<br>批評:0 |

續表

| 作者 | 生存年代 | 著作名稱 | 徵引表現 |
|---|---|---|---|
| 江永 | 1681—1762 | 禮記訓義擇言 | 正引:陳氏集説:1/13、2/30、3/10。陳注:1/8。陳氏:49 筆。東滙陳氏:22 筆。(總 75 筆)<br>批評:1/2、1/2、1/6、1/8、1/11、1/17、1/18、1/21、2/11、2/14、2/17、2/23、3/10、4/8、4/13、4/18、4/19、4/24、4/25、5/2、6/12、7/1、7/2、7/11、7/11、7/12、7/13。(27 筆) |
| 沈彤 | 1688—1752 | 儀禮小疏 | 正引:5/25。<br>批評:0 |
| 汪紱 | 1692—1759 | 参讀禮志疑 | 正引:陳氏禮記集説:卷上/36。雲莊集説:卷上/1、卷下/2。雲莊:卷上/11、卷上/23、卷上/48、卷下/34。陳氏集説:5 筆。集説:57 筆。(總 69 筆)<br>批評:卷上/10、卷上/11、卷上/18、卷上/21、卷上/31、卷上/37、卷上/39、卷上/41、卷上/41、卷上/57。卷下/3、卷下/4、卷下/10、卷下/11、卷下/17、卷下/18、卷下/24、卷下/26、卷下/32、卷下/40、卷下/41、卷下/42、卷下/45、卷下/45、卷下/46、卷下/48、卷下/48、卷下/53、卷下/53。(29 筆) |
| 鄭方坤 | 1693—? | 經稗 | 正引:9/37。<br>批評:0 |
| 蔡德晋 | 1726 舉人 | 禮經本義 | 正引:陳可大:12/25、17/24。<br>批評:0 |
| 秦蕙田 | 1702—1764 | 五禮通考 | 正引:陳氏澔:77 筆。陳澔:3 筆。陳氏澔集説:2 筆。陳澔集説:5 筆。陳澔集注:2 筆。陳氏澔集注:2 筆。禮記集説:2 筆。(總 93 筆)<br>批評:89/45、169/25、220/42、220/46。(4 筆) |
| 胡彦昇 | 1730 進士 | 樂律表微 | 正引:0<br>批評:7/28。 |
| 盛世佐 | 1748 進士 | 儀禮集編 | 正引:卷首上/15、卷首下/23、16/17、18/63、18/63、18/63、21/20、22/100、27/6、31/36。(總 10 筆)<br>批評:凡例/3。 |
| 顧鎮 | 1720—1792 | 虞東學詩 | 正引:12/33。<br>批評:0 |

續表

| 作 者 | 生存年代 | 著作名稱 | 徵引表現 |
| --- | --- | --- | --- |
| 山井鼎<br>物觀 | 1690—1728<br>1673—1754 | 七經孟子考文補遺 | 正引：凡例/6、114/13、116/4、119/4、122/17、125/10、126/6、129/9、130/6、131/2、135/4、145/11、149/2、157/9、159/4、166/3、174/6。(總 17 筆)<br>批評:128/17。 |
| 吴 浩 | ？—？ | 十三經義疑 | 正引:5/5、5/7、5/8、5/10、5/10、5/13、5/14、5/19、5/21、5/23、5/26、5/26、5/26、5/31、5/32、5/33、5/36、5/38、5/38、5/39、5/41、5/44、5/44、5/45、5/49、6/18、7/3、9/2。(總 28 筆)<br>批評:5/6、5/15、5/46。 |

**【作者簡介】**楊晋龍,“中研院”中國文哲研究所兼任研究員、台北大學、東吴大學、成功大學兼任教授,研究方向爲詩經學、禮記學、四庫學、錢謙益研究等。

# 《墨子》新證

連劭名

**【提　要】**《墨子》書多古字古語。清末孫詒讓著《墨子間詁》，序云："間者，發其疑忤；詁者，正其訓釋。"但書中誤解誤釋及以意妄改者亦多，如《墨子·修身》云："偏物不博，辨是非不察者，不足與游。"孫云："俞云：偏，亦辨也。"不確。偏、備同義，《孟子·盡心上》云："萬物皆備於我矣，反身而誠，樂莫大焉。"《墨子·七患》云："游者憂反。"孫改爲"游者愛佼"，非是。"游者"指游士，最擔憂失去官職，遣返故國。《墨子·明鬼下》云："先王之書慎無。"孫云："慎無二字，義不可通。"一爲無，獨爲一，故"慎無"即慎獨。《墨子·非儒》云："夫舜見瞽叟然就。"孫改"然就"爲"孰然"。然、而義同，就讀爲蹙。

**【關鍵詞】** 戰國　諸子　墨子

## 一、兼王之道

《墨子·親士》云：

> 良弓難張，然可以及高入深。良馬難乘，然可以任重致遠。良才難令，然可以致君見尊。是故江河不惡小谷之滿己也，故能大。聖人者，事無辭也，物無違也，故能爲天下器。是故江河之水，非一源之水也。千鎰之裘，非一狐之白也。夫惡有同方取不取同而已者乎？蓋非兼王之道也。是故天地不昭昭，大水不潦潦，大火不燎燎，王德不堯堯者，乃千人之長也。

"是故江河不惡小谷之滿己也，故能大。"今按：《老子》第六十六章云："江海所以能爲百谷王者，以其善下之也，故能爲百谷王。是以聖人欲上民，必以其言下之，欲先民，必以其身後之，是以聖人處之上而民弗重，處之前而民不害也。是以天下樂推而不厭，以其不争，故天下莫能與之争。"李斯《諫逐客疏》云："是以泰山不讓土壤，故能成其大，河海不擇細流，故能就其深，王者不却衆庶，故能明其德。"《説苑·建本》云："水積成川，則蛟龍生焉。土積成山，則豫梓生焉。學積成聖，則富貴尊顯至焉。千金之裘，非一狐之皮，臺廟之榱，非一木之枝,先王之法,非一士之智也。"

"夫恶有同方取不取同而已者乎?"孫詒讓《閒詁》云:"畢云:恶讀如烏,言聖人之與士同方相合,猶江河同源相得,烏有不取諸此而自止者。俞云:取不二字,傳寫誤倒,而字當在取同二字之上,已當爲人己之己。此文本云:夫恶有同方不取,而取同己者乎。同方,謂同道也。同己,謂與己意同也。聖人但取其與道同,而不必其與己意同。故曰:夫恶有同方不取,而取同己者乎。傳寫錯誤,遂不可讀,畢曲爲之説,非是。案:俞説近是。"

今按:原文無誤。《墨子·經上》云:"同,异而俱於之一也。"[①]殊途同歸,一致百慮。兼王之道,求同存異。同方猶同道。郭店楚簡《性自命出》云:"同方而交,以道者也。"即使道術相同,也不可能在任何事物上都完全一致,故曰"恶有同方取不取同而已者乎?""取"字之義,同於"大取""小取"之取。郭店楚簡《尊德義》云:"善取,人能從之,上也。"[②]

## 二、徧物不博

《墨子·修身》云:

> 志不强者智不達,言不信者行不果。據財不能以分人者,不足與友,守道不篤,徧物不博,辯是非不察者,不足與游。

"徧物不博,辯是非不察者。"孫詒讓《閒詁》云:"俞云:徧,亦辯也。"[③]今按:徧當讀如字。《禮記·玉藻》鄭玄注:"必先徧嘗之。"《釋文》云:"徧,本作備。"《孟子·盡心上》云:"孟子曰:萬物皆備於我矣,反身而誠,樂莫大焉,强恕而行,求仁莫近焉。"《周易·益》上九《象》云:"莫益之,徧辭也。"虞翻注:"徧,周匝也。"《楚辭·大招》云:"曲屋布閻。"王逸注:"曲屋,周閣也。"故徧義同曲。《禮記·中庸》云:"其次致曲,曲能有誠,誠則形,形則著,著則明,明則動,動則變,變則化,唯天下至誠爲能化。"《周易·繫辭上》云:"曲成萬物而不遺。"馬王堆帛書《經法·六分》云:"唯王者能兼覆載天下,物曲成焉。"[④]《墨子·親士》云:"其直如矢,其平如砥,不足以覆萬物。"至德覆萬物,《周禮·師氏》云:"一曰至德,以爲道本。"鄭玄注:"至德,中和之德,覆燾持載,含容者也。"博、廣同義,《吕氏春秋·報更》云:"士其難知,唯博之爲可,博則無所遁矣。"高誘注:"博,廣也。"《逸周書·命訓》曰:"天生民而成大命,命司德正之以禍福,立明王以順之。曰大命有常,小命日成。成則敬,有常則廣,廣以敬命,則度至于極。"

---

① 孫詒讓《墨子閒詁》,中華書局,1982年,頁6。

② 李零《郭店楚簡校讀記》,《道家文化研究》第7輯,三聯書店,1999年,頁505。

③ 孫詒讓《墨子閒詁》,頁9。

④ 馬王堆帛書整理小組《經法》,文物出版社,1976年,頁19。

## 三、反其路

《墨子・修身》云：

> 本不固者末必幾，雄而不修者，其後必惰，原濁者流不清，行不信者名必耗。名不徒生，而譽不自長，功成名遂，名譽不可虛假，反之身者也。務言而緩行，雖辯必不聽，多力而伐功，雖勞必不圖，慧者心辯而不繁説，多力而不伐功，此以名譽揚天下。言無務爲多而務爲智，無務爲文而務爲察。故彼智無察，在身而情，反其路者也。善無主於心者不留，行莫辯於身者不立，名不可簡而成也，譽不可巧而立也，君子以身戴行者也。忘名忽焉，可以爲士於天下者，未嘗有也。

"反之身者也。"《孟子・盡心上》云："孟子曰：萬物皆備於我矣，反身而誠，樂莫大焉。"《周易・乾・文言》云："修辭立其誠，所以居業也。"《孟子・盡心上》又云："孟子曰：求則得之，舍則失之，是求有益於得也，求在我者也。求之有道，得之有命，是求無益於得也，求在外者也。"《春秋繁露・仁義法》云："求諸己謂之厚。"《周易・坤・象》云："君子以厚德載物。"

"多力而不伐功。"《周易・繫辭上》云："勞謙，君子有終吉。子曰：勞而不伐，有功而不德，厚之至也。語以其功下人者也。德言盛，禮言恭，謙也者，致功以存其位者也。"

"故彼智無察，在身而情。"孫詒讓《閒詁》云："畢云：彼當爲非。"[①]今按：畢説不確。"彼智"與自知相對，《吕氏春秋・本味》云："道者，止彼在己。"高誘注："彼謂他人。"自知則察，《周易・晋・象》云："君子以自昭明德。"不自知、不自明，則爲情欲所困擾，故曰"在身而情"。《説文》云："情，人之陰氣有欲者也。"《禮記・樂記》云："人生而静，天之性也，感於物而動，性之欲也。物至知知，然後好惡形焉，好惡無節於内，知誘於外，不能反躬，天理滅矣。"反躬即求己。

"反其路者也。"孫詒讓《閒詁》云："路，當爲務。"[②]今按：孫説非。《墨子・經上》云："知而不以五路，説在久。"《墨子・經説下》云："智以目見，而目以火見，而火不見。惟以五路智，久不當。"所謂"久不當"者，不合于"久"。久則恒，不久則不恒。郭店楚簡《君子》云："聞之曰：古之用民者，求之於己爲恒，行不信則命不從，信不著則言不樂，民不從上之命，不信其言，而能念德者，未之有也。故君子之莅民也，身服善以先之，敬慎以守之，其所在者入矣。"[③]

"五路"指人之感官。《荀子・正名》云："然則何緣而以同异？曰：緣天官。"楊倞注："天官，耳目鼻口心體也。"《莊子・養生主》云："臣以神遇而不以

① 孫詒讓《墨子閒詁》頁 10。
② 孫詒讓《墨子閒詁》頁 10。
③ 李零《郭店楚簡校讀記》，頁 512。

目視,官知至而神欲行,依乎天理,批大郤,導大窾,因其固然。"《釋文》引向秀注:"專有所司察而後動,謂之官知。"

"善無主於心者不留。"《爾雅・釋詁》云:"留,久也。"《説文》云:"留,止也。"《禮記・大學》云:"大學之道,在明明德,在親民,在止於至善。知止而後有定,定而後能静,静而後能安,安而後能慮,慮而後能得。"

"名不可簡而成也",今按:"名"指人之成名。《論語・里仁》云:"君子去仁,惡乎成名。"馬王堆帛書《黄帝・立命》云:"吾受命於天,定立於地,成名於人。"①《吕氏春秋・處方》云:"而長不簡慢矣。"高誘注:"簡,惰也。"

## 四、游者憂反

《墨子・七患》云:

> 子墨子曰:國有七患。…… 仕者待禄,游者憂反,君修法討臣,攝而不敢拂,四患也。

"仕者待禄,游者憂反。"孫詒讓《閒詁》改爲:"仕者持禄,游者愛佼。"云:"舊本持譌待,愛佼譌憂反。《群書治要》引待作持,反作佼。王云:待當爲持,憂反當爲愛佼。《吕氏春秋・慎大篇》注:持猶守也。言仕者守其禄,游者愛其交,皆爲己而不爲國家也。"②今按:待、持古同。《儀禮・公食大夫禮》云:"左人待載。"鄭玄注:"古文待爲持。"《周禮・服不氏》云:"以旌居乏而待獲。"鄭玄注:"杜子春云:待當爲持,書亦或爲待。"

"游者"指游士。"憂反",擔憂失去職位,遣返故國,正符合游士的身份。李斯《諫逐客疏》云:"秦宗室大臣皆言於秦王曰:諸侯人來事秦者,大抵爲其主游間於秦耳,請一切逐客。"又云:"夫物不産於秦,可寶者多,士不産於秦,而願忠者衆,今逐客以資敵國,損民以益仇,内自虚而外樹怨於諸侯,求國之無危,不可得也。"《群書治要》引作"游者愛佼",是异文。《管子・明法》云:"小人持禄養交,不以官爲事。"《晏子春秋・問》云:"士者持禄,游者養交。"愛佼、養交,易于結黨營私,不利國君的統治。《韓非子・八奸》云:"爲人臣者,聚帶劍之客,養必死之士以彰其威,明爲己者必利,不爲己者必死,以恐其群臣百姓而行其私,此之謂威强。"

## 五、常此

《墨子・七患》云:

> 今有負其子而汲者,隊其子於井中,其母必從而道之。今歲凶、民饑、

① 馬王堆帛書整理小組《經法》,頁45。

② 孫詒讓《墨子閒詁》,頁21。

道餓，重其子，此疚於隊，其可無察邪？故時年歲善，則民仁且良，時年歲凶，則民吝且惡。夫民何常此之有？爲者疾，食者衆，則歲無豐。故曰：財不足則反之時。食不足則反之用。

"重其子。"孫詒讓《閒詁》云："畢云：言重于其子。王引之云：重其子此疚於隊，當作此疚重於隊其子。疚，病也。言此病較之隊其子者尤重也。今本顛倒，不成文義。"[1]今按："重其子"當斷句。《史記·刺客列傳》云："重自刑以絶從。"《正義》云："重，猶愛惜也。"國君以民爲子。《禮記·大學》云："民之所好好之，民之所惡惡之，此之謂民之父母。"《爾雅·釋詁》云："疚，病也。"

"夫民何常此之有？"《説文》云："此，止也。"《禮記·大學》云："《詩》云：邦畿千里，惟民所止。子曰：於止，知其所止，可以人而不如鳥乎！《詩》云：穆穆文王，於緝熙敬止！爲人君，止於仁，爲人臣，止於敬，爲人子，止於孝，爲人父，止於慈，與國人交，止於信。"禮不下庶人，故民無常止。

"爲者疾，食者衆。"孫詒讓《閒詁》云："此疑當作爲者疾，食者寡，則歲無凶，爲者緩，食者衆，則歲無豐。此上文咸以歲善與歲凶對舉，是其證。今本脱食者寡至爲者緩十字，文義遂舛牾不合矣。"[2]今按：今本無誤。《禮記·郊特牲》云："帝牛不吉以爲稷牛。"疏云："爲，猶用也。"故"爲者疾"言用者疾。《禮記·月令》云："征鳥厲疾。"疏云："疾，捷速也。"

## 六、第期

《墨子·三辯》云：

子墨子曰：昔者堯舜有第期者，且以爲禮，且以爲樂。

孫詒讓《閒詁》改"第期"爲"茅茨"，云："畢云：茅茨，舊作第期。今據《太平御覽》改。俞云：茅茨土階，是言古明堂之儉，不得云且以爲禮，且以爲樂也。下文云：周成王之治天下也，不若武王，武王之治天下也，不若成湯，成湯之治天下也，不若堯舜。故其樂逾繁者，其治逾寡。然則其説堯舜，亦當以樂言，不當以宫室言也。疑後人不達第期之義，而臆改之，未可爲據，仍當從原文，而闕其疑。案：俞説非也。若第期專以樂言，則下文不當云且以爲禮。畢校不誤。《詩·小雅·甫田》鄭箋云：茨，屋蓋也。孔疏云：墨子稱茅茨不剪，謂以茅覆屋。"[3]今按：俞説是，畢、孫説非。第讀爲弟，《吕氏春秋·原亂》云："亂心有弟。"高誘注："弟，次也。"《周禮·掌次》云："諸侯朝覲會同，則張大次小次。"鄭玄注："大次，亦初往所止居。小次，即宫待事之處。"《周禮·掌次》又云："祀五帝則張大次小次。"鄭玄注："次，謂幄也。大幄，初往所止居也。小幄，謂接祭退俟之處。"《説文》云："期，會也。"朝會，故有禮樂。

① 孫詒讓《墨子閒詁》，頁25。
② 孫詒讓《墨子閒詁》，頁25。
③ 孫詒讓《墨子閒詁》，頁36。

## 七、尚意

《墨子・尚賢上》云：

> 故當是時，雖在於厚禄尊位之臣，莫不敬懼而施，雖在農與工肆之人，莫不競勸而尚意，故士者所以爲輔相承嗣也。故得士則謀不困，體不勞，名立而功，業彰而惡不生，則由得士也。

"雖在農與工肆之人，莫不競勸而尚意。"孫詒讓《閒詁》疑意乃德字之誤[①]。今按：孫説可商。《春秋繁露・循天之道》云："心之所之謂意。"《説文》云："意，志也。"《韓詩外傳》卷五云："存其精神以補其中謂之志。"《禮記・王制》云："意論輕重之序。"鄭玄注："意，思念也。"《左傳・襄公二十五年》云："子大叔問政於子産。子産曰：政如農功，日夜思之，思其始而成其終，朝夕而行之，行無越思。如農之有畔，其過鮮矣。"《孟子・告子上》云："心之官則思，思則得之，不思則不得。"《荀子・禮論》云："禮之中焉，能思索謂之能慮。《易》曰：一致而百慮。慮及衆物，以一定之。"《禮記・大學》云："知止而後有定，定而後能静，静而後能安，安而後能慮，慮而後能得。"

"名立而功，業彰而惡不生。"孫詒讓《閒詁》改爲："名立而功成，美章而惡不生。"[②]今按：原文義通，不煩改。"功"有成功之義，《爾雅・釋詁》云："功，成也。"《國語・齊語》云："相成以功。"韋昭注："功，成功也。"《釋名・釋言語》云："功，攻也，攻治之乃成也。"美即事業，《釋名・釋言語》云："業，捷也，事捷乃有功業也。"《周易・繫辭上》云："舉而措之天下之民謂之事業。"《周易・坤・文言》云："君子黄中通理，正位居體，美在其中，而暢於四支，發於事業，美之至也。"《論語・學而》云："禮之用，和爲貴，先王之道，斯爲美，小大由之。"

## 八、大用之天下則不究

《墨子・尚賢中》云：

> 故先王之言曰：此道也，大用之天下則不究，小用之則不困，修用之則萬民被其利，終身無已。《周頌》道之曰：聖人之德，若天之高，若地之普，其有昭於天下也。若地之固，若山之承，不坼不崩。若日之光，若月之明，與天地同常。則此言聖人之德，章明博大，埴固，以修久也。故聖人之德蓋總乎天地者也。

"大用之天下則不究。"孫詒讓《閒詁》改"究"爲"窕"，云："舊本誤究。畢云：一本作窕，非。王云：作窕者是也。詒讓案：《尚同中篇》亦云：大用之治天

---

① 孫詒讓《墨子閒詁》，頁 43。

② 孫詒讓《墨子閒詁》，頁 43。

下不窕，今據正。《管子・宙合篇》：其處大也不窕。今本亦誤究，與此正同，説詳《尚同中篇》。"[①]今按："大用之治天下不窕"，見《尚同下》。《管子・宙合》云："夫成軸之多也，其處大也不究，其入小也不塞，猶迹求履之憲也，夫焉有不適善。"尹知章注："究，窮也。"故"不究"如言無窮。《楚辭・遠游》云："曰：道可受兮不可傳，其小無内兮，其大無垠。無滑爾魂兮，彼將自然。壹氣孔神兮，於中夜存，虚以待之兮，無爲之先，庶類以成兮，此德之門。"

## 九、厚行

《墨子・尚賢中》云：

> 今王公大人欲王天下，正諸侯，夫無德義將何以哉？其説將必挾震威强。今王公大人將焉取挾震威强哉？傾者，民之死也。民生爲甚欲，死爲甚憎，所欲不得而所憎屢至，自古及今未有嘗能有以此王天下，正諸侯者也。今大人欲王天下，正諸侯，將欲使意得乎天下，名成乎後世，故不察。尚賢，政之本也，此聖人之厚行也。

"傾者，民之死也。"今按：傾則不正。《國語・晋語》云："大命乃傾。"韋昭注："傾，危也。"《淮南子・原道》云："持盈而不傾。"高誘注："傾，覆也。"

孫詒讓《閒詁》作："故不察尚賢爲政之本也。"云："政上舊本脱爲字，王據上文補，故亦與胡同。畢云：當云不可不察，非。"[②]今按：諸説非。今大人欲逞一己之意，得天下，名後世。《老子》第三十八章云："上德不德，是以有德，下德不失德，是以無德。"《老子》第四十九章云："聖人無常心，以百姓心爲心。"河上公注："聖人重改更，貴因循，若自無心。"又云："百姓心之所便，因而從之。"

"不察"如言不明。《爾雅・釋訓》云："明明，察也。"《禮記・中庸》云："君子之道，造端乎夫婦，及其至也，察乎天地。"

《墨子・經上》云："厚，有所大也。"《周易・繫辭上》云："勞謙，君子有終吉。子曰：勞而不伐，有功而不德，厚之至也。語以其功下人者也。德言盛，禮言恭，謙也者，致功以存其位者也。"《老子》第六十七章云："古之善爲士者不武也，善戰者不怒，善勝敵者不争，善用人者爲之下，是謂不争之德，是謂用人之力，是謂配天，古之極。"

## 十、灰

《墨子・尚賢下》云：

> 是故古之聖王之治天下也，其所富，其所貴，未必王公大人骨肉之親，

---

① 孫詒讓《墨子閒詁》，頁 58。

② 孫詒讓《墨子閒詁》，頁 59。

無故富貴，面目美好者也。是故昔者舜耕於歷山，陶於河瀕，漁於雷澤，灰於常陽。堯得之服澤之陽，立爲天子，使接天下之政，而治天下之民。

“灰於常陽。”孫詒讓《閒詁》云：“畢云：疑即恒山之陽。洪云：灰，當是販字之譌。”①不確。此處“灰”作動詞用，《禮記・月令》仲夏之月，“毋燒灰，毋暴布”。《吕氏春秋》作“毋燒炭”。

## 十一、時復

《墨子・尚同中》云：

子墨子曰：方今之時復。古之民始生，未有正長之時，蓋其語曰：天下之人异義。

“方今之時復。”孫詒讓《閒詁》以“復”字屬下讀，云：“《易・雜卦傳》云：復，反也。謂反而考之古之民始生之時。”②今按：“復”當屬上讀。《國語・越語下》云：“上帝不考，時反是守。”馬王堆帛書《黄帝・觀》云：“聖人不巧，時反是守。”③反、復同義。今不同于古，時反又作時變，《史記・太史公自序》云：“聖人不朽，時變是守。”

## 十二、靡分天下

《墨子・尚同中》云：

天子三公既已立矣，以爲天下博大，山林遠土之民，不可得而一也。是故靡分天下，設以爲萬諸侯國君，使從事乎一同其國之義。

“是故靡分天下。”孫詒讓《閒詁》云：“俞云：靡，當爲歷，字之誤也。”④今按：“靡”字義通，不煩改。《周易・中孚》九二云：“鳴鶴在陰，其子和之，我有好爵，吾與爾靡之。”虞翻注：“靡，共也。”《釋文》引《韓詩》云：“靡，共也。”

## 十三、運役

《墨子・尚同中》云：

故古者之置正長也，將以治民也，譬之若絲縷之有紀，而罔罟之有綱也，將以運役天下淫暴，而一同其義也，是以先王之書《相年》之道曰：夫建國設都，乃作后王君公，否用泰也。輕大夫師長，否用佚也，維辯使治

---

① 孫詒讓《墨子閒詁》，頁 61。
② 孫詒讓《墨子閒詁》，頁 71。
③ 馬王堆帛書整理小組《經法》，頁 50。
④ 孫詒讓《墨子閒詁》，頁 72。

天均。

“將以運役天下淫暴。”孫詒讓《閒詁》云:“王云:運役二字,義不可通,當依上篇作連收,字之誤也。連收二字,正成絲縷罔罟而言。”①今按:王説可商。《孟子·梁惠王上》云:“老吾老以及人之老,幼吾幼以及人之幼,天下可運於掌。”《孟子·公孫丑上》云:“武丁朝諸侯,有天下,猶運之掌。”《淮南子·本經》云:“乘時應勢以服役人心。”高誘注:“役,使也。”

“輕大夫師長。”孫詒讓《閒詁》云:“畢云:輕當爲卿。盧云:下篇作奉以卿,字誤也。”②今按:輕讀爲經。《白虎通·五經》云:“經,常也。”《尚書·盤庚上》云:“盤庚教于民,由乃在位,以常舊服,正法度。”《尚書·立政》云:“用咸戒于王,曰王左右常伯常任准人綴衣虎賁。”

## 十四、情請

《墨子·尚同中》:

故古者聖王唯而審以尚同,以爲正長,是上下情請爲通。

孫詒讓《閒詁》云:“畢云:《文選注》引作是故上下通情,舊脱故字,今據增。王云:此本作是故上下請通,請即情字也。《墨子》書多以請爲情,今作情請爲通者,後人旁記情字,而寫者遂誤入正文,又涉上文以爲正長而衍爲字耳。”③今按:“情請”猶言情實。《禮記·大學》云:“無情者不得盡其辭。”鄭玄注:“情,猶實也。”《論語·子路》云:“上好信,則民莫敢不用情。”《集解》引孔注云:“情,情實也。”《周禮·少宰》鄭玄注:“情猶實也。”

## 十五、助明

《墨子·尚同下》云:

故古者建國設都,乃立后王君公,奉以卿士師長,此非欲用説也,唯辯而使助治天、助明也。

“此非欲用説也。”孫詒讓《閒詁》云:“王云:説字義不可通。説當爲逸,字之誤也。中篇云:夫建國設都,乃作後王君公,否用泰也。卿大夫師長,否用佚也。否用佚,即非用逸,是其證。否猶非也,説見《尚賢下》。僞古文《説命》:建邦設都,樹后王君公,承以大夫師長,不惟逸豫。即用《墨子》而小變其文。案:王説是也。”④今按:“説”字不誤。説、悦古同,《爾雅·釋詁》云:“悦,樂也。”

---

① 孫詒讓《墨子閒詁》,頁78。
② 孫詒讓《墨子閒詁》,頁78。
③ 孫詒讓《墨子閒詁》,頁79。
④ 孫詒讓《墨子閒詁》,頁84。

佚、逸古同。《廣雅·釋詁一》云:“佚,樂也。”

“唯辯而使助治天、助明也。”孫詒讓《閒詁》云:“王云:下助字衍。唯辯而使助治天明者。辯,讀爲徧。故徧字多作辯。天明,天之明道也。哀二年《左傳》曰:二三子順天明。言所以設此卿士師長者,唯徧使助治天道也。中篇作維辯使治天均。案:王謂下助字衍,是也。今據删。辯當訓爲分,王讀爲徧,尚未得其義。”①今按:天、明爲二事,故下助字不衍。《莊子·天道》云:“先明天而道德次之。”郭象注:“天,自然也。”明指道德,《禮記·大學》云:“《康誥》曰:克明德。《大甲》曰:顧諟天之明命。《帝典》曰:克明峻德。皆自明也。”

## 十六、愛民不疾

《墨子·尚同下》云:

> 是故子墨子曰:凡使民尚同者,愛民不疾,民無可使。曰:必疾愛而使之,畋信而持之,富貴以道其前,明罰以率其後,爲政若此,唯欲毋與我同,將不可得也。

“愛民不疾。”孫詒讓《閒詁》云:“以下文校之,不疾疑當作必疾,或當作:不可不疾。《吕氏春秋·尊師篇》高注云:疾,力也。”②今按:孫説非。郭店楚簡《君子》云:“是故欲人之愛己也,則必先愛人。欲人之敬己也,則必先敬人。是以知而求之不疾,其去人弗遠矣,勇而行之不果,其疑也弗往矣。是故凡物在疾之。《君奭》曰:唯冒丕單稱德何? 言疾也。君子曰:疾之,行之不疾,未有能深之者也。”③

“畋信而持之。”孫詒讓《閒詁》改“畋”爲致,云:“致,舊本譌畋。今據《道藏》本正。蘇云:畋當作敬,非。《國·越》韋注云:持,守也。”④今按:孫説非。“畋”讀爲陳。《國語·齊語》云:“相陳以功。”韋昭注:“陳,亦示也。”郭店楚簡《君子》云:“形於中,發於色,其誠也固矣,民孰弗信? 是以上之恒務,在信於衆。《吕命》曰:允師濟德何? 此言也,言信於衆可以濟德也。”⑤

## 十七、不孝亡

《墨子·兼愛上》云:

> 若使天下兼相愛人若愛其身,惡施不孝? 猶有不慈者乎? 視弟子與臣若其身,惡施不慈? 不孝亡,猶有盜賊乎? 故視人之室若其室,誰竊?

---

① 孫詒讓《墨子閒詁》,頁84。
② 孫詒讓《墨子閒詁》,頁89。
③ 李零《郭店楚簡校讀記》,頁513。
④ 孫詒讓《墨子閒詁》,頁89。
⑤ 李零《郭店楚簡校讀記》,頁513。

視人之身若其身,誰賊? 故盜賊有亡,猶有大夫之相亂家,諸侯之相攻國者乎?

"不孝亡,猶有盜賊乎?"孫詒讓《間詁》改爲:"故不孝不慈亡有,猶有盜賊乎?"云:"王云:舊本脱故、不慈、有四字。畢據下文補有字。"[①]今按:原文義通,不煩增改。《論語·學而》云:"有子曰:其爲人也孝弟,而好犯上者,鮮矣。不好犯上而好作亂者,未之有也。君子務本,本立而道生,孝弟也者,其爲仁之本與?"《周禮·師氏》云:"三曰孝德,以知逆惡。"鄭玄注:"孝德,尊祖愛親,守其所以生者也。孔子曰:武王、周公其達孝乎。夫孝者,善繼人之志,善述人之事者也。孝在三德之下,三行之上,德有廣於孝而行莫尊嚴。"

## 十八、物於故

《墨子·兼愛中》云:

君子曰:然,乃若兼則善矣。雖然,天下之難,物於故也。子墨子言曰:天下之士君子,特不識其利,辯其故也。今若夫攻城野戰,殺身爲名,此天下百姓之所皆難也,苟君説之,則士衆能爲之,況兼相愛,交相利,則與此异。夫愛人者,人必從而愛之,利人者,人必從而利之,惡人者,人必從而惡之,害人者,人必從而害之。此何難之有? 特上弗以爲政,士不以爲行故也。

"天下之難,物於故也。"孫詒讓《間詁》改"於"爲于,云:"于,舊本作於。今據《道藏》本正。俞云:於故二字,當爲衍文。下文云:然而今天下之士君子曰:然,乃若兼則善矣,雖然不可行之物也。正與此文一律,惟其爲難物,故爲不可行之物也。今衍於故二字,則無義矣。案:于故雖難通,然非衍文也。竊疑于即迂之借字,《文王世子》云:况于其身,以善其君乎? 鄭注:于讀爲迂。是其證。故者事也,迂故,言迂遠難行之事。"[②]今按:孫説可商。《左傳·定公十年》云:"叔孫氏之甲有物。"杜預注:"物,識也。""物於故"即下文所謂"辯其故"。《荀子·性惡》云:"凡禮義者是生于聖人之僞,非故生于人之性也。"楊倞注:"故,猶本也。"《説苑·建本》云:"孔子曰:君子務本,本立而道生。《春秋》之義,有正春者無亂秋,有正君者無危國。《易》曰:建其本而萬物理,失之毫厘,差以千里。是故君子貴建本而重立始。"

"行故"即行本。《周禮·師氏》云:"二曰敏德,以爲行本。"鄭玄注:"敏德,仁義順時者也。《説命》曰:敬孫務時,敏厥修乃來。"

① 孫詒讓《墨子間詁》,頁92。
② 孫詒讓《墨子間詁》,頁95。

## 十九、出平若方

《墨子·兼愛下》云：

> 是故子墨子曰：兼是也，且鄉吾本言曰：仁人之是者，必務求興天下之利，除天下之害。今吾本原兼之所生，天下之大利者也，吾本原别之所生，天下之大害者也。是故子墨子曰：别非而兼是者，出平若方也。

"除天下之害"下，孫詒讓《閒詁》據《道藏》本補"今吾本原兼之所生，天下之大利者也。"又改"出平若方"爲"出乎若方"，云："《樂記》鄭注云：方，猶道也。畢云：乎，舊作平。以意改。"[①]今按："平"字不誤。《周禮·大司馬》云："以佐王平邦國。"《詩經·那》云："既和且平。"毛傳："平，正平也。"《廣雅·釋詁一》云："平，正也。"《論語·子路》云："子曰：其身正，不令而行。其身不正，雖令不從。"又云："子曰：苟正其身矣，於從政乎何有？不能正其身，如正人何？"《國語·鄭語》云："平八索以成人。"韋昭注："平，正也。"《穀梁傳·隱公六年》云："平之爲言以道成也。"《左傳·文公十八年》云："地平天成。"《爾雅·釋詁》云："平，成也。"《國語·晋語》云："黄帝以姬水成，炎帝以姜水成。"《禮記·中庸》云："誠者自成也，道者自道也。誠者物之終始，不誠無物，是故君子誠之爲貴。誠者非自成己而已也，所以成物也。成己仁也，成物知也。性之德也，合外内之道，故時措之宜也。"《逸周書·謚法》云："安民立政曰成。"《淮南子·詮言》云："爲政之本務，在於安民，安民之本務，在於足用，足用之本，在於勿奪時，勿奪時之本，在於省事，省事之本，在於節欲，節欲之本，在於反性，反性之本，在於去載，去載則虚，虚則平。平者，道之素也。虚者，道之舍也。"

《墨子·經上》云："平，同高也。"平、齊義近。《説文》云："齊，禾麥吐穗上平也。"《淮南子·修務》云："且古之立帝王者，非以奉養其欲也。聖人踐立者，非以逸樂其身也。爲天下强掩弱，衆暴寡，詐欺愚，勇侵怯，懷知而不以相教，積財而不以相分，故立天子以齊一之。"

## 二十、師徒

《墨子·非攻中》云：

> 是故子墨子曰：古者有語：謀而不得，則以往知來，以見知隱。謀若此，可得而知矣。今師徒，唯毋興起，冬行恐寒，夏行恐暑，此不可以冬夏爲者也。春則廢民耕稼樹藝，秋則廢民獲斂。今唯毋廢一時，則百姓饑寒凍餒而死者，不可勝數。今嘗計軍上，竹箭羽旄幄幕甲盾撥劫，往而靡弊腑冷不反者，不可勝數。

---

① 孫詒讓《墨子閒詁》，頁106。

“今師徙。”孫詒讓《閒詁》改“徙”爲徒,云:“徒,舊本誤徙,今據《道藏》本正。”[1]今按:“師徙”指興師動衆。《左傳·哀公二十六年》云:“興空澤之士千甲。”《釋文》云:“興,發也。”“唯毋興起”,與下文“今唯毋廢一時”,用法相同。二句後面都省略了設若之辭。言“唯毋興起”,若興起,冬行寒,夏行暑,春秋則農事廢。“今唯毋廢一時”,若廢一時,百姓饑寒凍餒而死者無數。

“今嘗計軍上。”孫詒讓《閒詁》云:“上字誤,疑當作出。”[2]今按:“上”猶言往。《吕氏春秋·長見》云:“使文王爲善於上世。”高誘注:“上猶前也。”前世即往世,亦言上世。

“竹箭羽旄幄幕甲盾撥劫。”孫詒讓《閒詁》云:“《史記·孔子世家》《索隱》云:撥音伐,謂大盾也。”[3]今按:“撥”讀爲廢,《考工記·梓人》鄭玄注:“故書撥作廢。”《一切經音義》卷十四引《廣雅》云:“撥,弃也。”《荀子·修身》云:“劫之以師友。”楊倞注:“劫,奪去也。”

“住而靡弊腑冷不反者。”孫詒讓《閒詁》云:“畢云:往,舊作住,一本如此。腑即腐字异文。冷爛音相近,當爲爛。詒讓案:《戰國策·秦策》高注云:弊,壞也。此與《少儀》:國家靡弊。義微异。”[4]今按:“住”同駐。《一切經音義》卷八引《蒼頡》云:“駐,止也。”指軍事行動結束。“冷”讀爲零,《詩經·定之方中》云:“靈雨既零。”毛傳:“零,落也。”

## 二十一、不勝而人

《墨子·非攻中》云:

> 今萬乘之國,虚數於千,不勝而人,廣衍數於萬,不勝而辟。然則土地者,所有餘也,王民者,所不足也。今盡王民之死,嚴下上之患,以争虚城,則是弃所不足,而重所有餘也。

“虚數於千。”孫詒讓《閒詁》云:“畢云:虚,墟字正文,俗從土。詒讓案:虚下疑脱城字,下文云:以争虚城。”[5]今按:《楚辭·哀郢》云:“曾不知夏之爲邱也。”王逸注:“邱,墟也。”《左傳·僖公十五年》云:“敗于宗邱。”杜預注:“邱,猶邑也。”《周禮·小司徒》云:“乃經土地而井牧其野,九夫爲井,四井我邑,四邑爲丘,四丘爲甸,四甸爲縣,四縣爲都,以任地事而令貢賦。”

“不勝而人。”孫詒讓《閒詁》改“人”爲入,云:“畢云:舊作人,以意改。”[6]今按:畢説非。丘邑近千,無人以實之。“人”,名詞作動詞用,故曰“不勝而人”。

---

① 孫詒讓《墨子閒詁》,頁 120。
② 孫詒讓《墨子閒詁》,頁 120。
③ 孫詒讓《墨子閒詁》,頁 121。
④ 孫詒讓《墨子閒詁》,頁 121。
⑤ 孫詒讓《墨子閒詁》,頁 122。
⑥ 孫詒讓《墨子閒詁》,頁 122。

"廣衍數於萬,不勝而辟。"孫詒讓《閒詁》云:"畢云:王逸注《楚辭》曰:衍,廣大也。"①今按:"衍"指良田。《左傳・襄公二十五年》云:"井衍沃。"賈注:"下平曰衍。"《漢書・貨殖傳》云:"丘陵衍沃。"顔師古《集注》云:"沃謂平延者也。"

"王民者。"孫詒讓《閒詁》云:"王云:王民二字,義不可通,當是士民之誤。士民與土地對文,下文王民同。"②今按:"王民"可通。《詩經・北山》云:"普天之下,莫非王土,率土之濱,莫非王臣。"王民即王臣。

## 二十二、罪死無殺

《墨子・非攻下》云:

> 今王公大人,天下之諸侯則不然,將必皆差論其爪牙之士,皆列其舟車之卒伍,於此爲堅甲利兵,以往攻伐無罪之國,入其國家邊境,芟刈其禾稼,斬其樹木,墮其城郭,以湮其溝池,攘殺其牲牷,燔潰其祖廟,剄殺其萬民,覆其老弱,遷其重器,卒進而柱乎鬬。曰:死命爲上,多殺次之,身傷者爲下,又況先列北橈乎哉!罪死無殺,以譂其衆。夫無兼國覆軍,賊虐萬民,以亂聖人之緒。意將以爲利天乎?夫取天之人,以攻天之邑,此刺殺天民,剥振神之位,傾覆社稷,攘殺其犧牲,則此上不中天之利矣。

"卒進而柱乎鬬。"孫詒讓《閒詁》云:"戴云:柱乃極字誤,草書極與柱相似,乎字衍。極,亟字之借。"③今按:"柱"讀爲駐,《一切經音義》卷八引《蒼頡篇》云:"駐,止也。"《詩經・抑》云:"淑慎而止。"毛傳:"止,至也。"

"又況先列北橈乎哉,罪死無殺。"孫詒讓《閒詁》改"先"爲失,改"殺"爲赦。云:"舊本失作先,赦作殺。王云:先列二字義不可通,當爲失列之誤,謂失其行列也。罪死無殺,義亦不可通,當作罪死無赦,此涉上下文殺字而誤。畢本橈作撓,云:北謂奔北也,北之言背馳,撓之言曲行,謂逗撓。案:王校是也。"④今按:"先列"者,臨陣之義。"殺"義同减。《周禮・廩人》云:"詔王殺邦用。"鄭玄注:"殺,猶减也。"

"剥振神之位。"《廣雅・釋詁三》云:"剥,離也。"振同震,《周易・説卦》云:"震,動也。"《周禮・大宗伯》云:"掌建邦之神位。"《周易・繫辭下》云:"聖人之大寶曰位。"

## 二十三、周生之本

《墨子・非攻下》云:

① 孫詒讓《墨子閒詁》,頁122。
② 孫詒讓《墨子閒詁》,頁122。
③ 孫詒讓《墨子閒詁》,頁131。
④ 孫詒讓《墨子閒詁》,頁131。

意將以爲利人乎？夫殺之人，爲利人也博矣。又計其費，此爲周生之本。竭天下百姓之財用，不可勝數也，則此下不中人之利矣。

“此爲周生之本。”孫詒讓《閒詁》云：“王云：周字義不可通，周當爲害，財者生之本，用兵費財，故曰害生之本。”①今按：“周”字不誤。《詩經·云漢》云：“靡人不周。”毛傳：“周，救也。”《後漢書·王丹傳》李賢注：“周急，周濟困急也。”

## 二十四、害之不久

《墨子·非攻下》云：

今夫師者之相爲不利者也。曰：將不勇，士不分，兵不利，教不習，師不衆，率不利和，威不圉，害之不久，爭之不疾，孫之不强，植心不堅，與國諸侯疑。與國諸侯疑，則敵生慮而意羸矣。偏具此物，而致從事焉，則是國家失卒，而百姓易務也。

“將不勇。”今按：將軍之勇見《孟子·公孫醜上》云：“孟施舍之養勇也，曰：視不勝猶勝也。量敵而後進，慮勝而後會，是畏三軍者也。舍豈能爲必勝哉？能無懼而已矣。”

“士不分。”孫詒讓《閒詁》云：“畢云：同忿。詒讓案：分同奮，聲近，假借字。”②今按：古人明恥教戰。分、辨同義，《周易·未濟·象》云：“君子以辨慎物居方。”《説苑·權謀》云：“有辨，人之義也。”

“率不利和。”孫詒讓《閒詁》云：“俞云：率讀爲將率之率。利，即和字之誤而衍者。”③今按：“利”字不誤。《周易·乾·文言》云：“利者，義之和也。”

“害之不久。”孫詒讓《閒詁》云：“害，疑當作圍，形近而誤。”④今按：“害”，讀爲遏。《爾雅·釋詁》云：“遏，止也。”《墨子·經上》云：“止，以久也。”《荀子·不苟》云：“見由則恭而止。”楊倞注：“止謂不放縱也。”

“孫之不强。”孫詒讓《閒詁》云：“孫無義。疑當作系。《國語·吴語》韋注云：系，縛也。蓋謂系累民人。”⑤今按：孫説非。“孫”同遜，《尚書·舜典》云：“五品不遜。”孔傳云：“遜，順也。”《禮記·學記》云：“大學之法，不陵節而施之謂孫。”“强”指自强，《周易·乾·象》云：“君子以自强不息。”

“國家失卒。”《爾雅·釋詁》云：“卒，終也。”《廣雅·釋詁一》云：“終，極也。”《春秋繁露·循天之道》云：“中者，天下之終也。”

---

① 孫詒讓《墨子閒詁》，頁132。
② 孫詒讓《墨子閒詁》，頁132。
③ 孫詒讓《墨子閒詁》，頁132。
④ 孫詒讓《墨子閒詁》，頁132。
⑤ 孫詒讓《墨子閒詁》，頁132。

## 二十五、厠役

《墨子・非攻下》云：

> 今不嘗觀其説好攻伐之國，若使中興師，君子、庶人也，必且數千，徒倍十萬，然後足以師而動矣。久者數歲，速者數月，是上不暇聽治，士不暇治官府，農夫不暇稼穡，婦人不暇紡績織紝，則是國家失卒，而百姓易務也。然而又與其車馬之罷弊也，幔幕帷蓋，三軍之用，甲兵之備，五分而得其一，則猶爲序疏矣。然而又與其散亡道路，道路遼遠，糧食不繼傺，食飲之時，厠役以此饑寒凍餒疾病，而轉死溝壑中者，不可勝計也。

"若使中興師。"《春秋繁露・循天之道》云："中者，天之用也。"又云："中者，天地之大極也。"《詩經・賓之初筵》云："以奏爾時。"毛傳："時，中也。"《禮記・學記》云："當其可之謂時。"《論語・學而》云："子曰：道千乘之國，敬事而信，節用而愛人，使民以時。"

"則猶爲序疏矣。"孫詒讓《閒詁》云："序疏二字義不可通，疑當爲厚餘，皆形之誤。厚餘，言多餘也。"[①]今按："序"讀爲舒。《詩經・常武》云："王舒保作。"毛傳："舒，徐也。"徐、緩同義。《廣雅・釋詁四》云："疏，遲也。"

"食飲之時。"孫詒讓《閒詁》云："之時，當爲不時。"[②]今按："之"字不誤。"時"讀爲待。《周易・歸妹》九四云："歸妹愆期，遲歸有時。"《象》云："愆期之志，有待而行也。"《釋文》云："待，本作時。"

"厠役"，孫詒讓《閒詁》云："王云：厠役二字，義無所取，當爲廝役之誤。宣十二《公羊傳》：廝役扈養死者數百人。"[③]今按："厠"字不誤，讀爲側，《説文》云："側，旁也。"又云："仿，附行也。"《周禮・牛人》云："凡會同、軍旅、行役，共其兵車之牛，與其牽仿，以載公任器。"鄭玄注："居其前曰牽，居其旁曰仿。"

## 二十六、四電誘祇

《墨子・非攻下》云：

> 禹親把天之瑞令，以征有苗，四電誘祇，有神人面鳥身，若瑾以侍，搤矢有苗之祥，苗師大亂，後乃遂幾。禹既已克有三苗，焉磨爲山川，别物上下，卿制大極，而神民不違，天下乃静。

"四電誘祇。"孫詒讓《閒詁》云："雷壞字爲田，又誤爲四。"[④]今按："電"字

---

① 孫詒讓《墨子閒詁》，頁133。
② 孫詒讓《墨子閒詁》，頁133。
③ 孫詒讓《墨子閒詁》，頁133。
④ 孫詒讓《墨子閒詁》，頁135。

從雨從申，讀爲神。四神即青龍、白虎、朱雀、玄武，又稱四靈，爲天神。《禮記・樂記》云："知誘於外。"鄭玄注："誘，猶道也，引也。""衹"讀爲氏。《詩經・節南山》云："維周之氐。"毛傳："氐，本。"《孔子家語・正論》云："天誘其衷。"衷同中，《禮記・中庸》云："中也者，天下之大本也。"

"若瑾以侍。"孫詒讓《閒詁》云："若瑾以侍，義不可通。若瑾，疑奉珪之誤。"[①]今按："瑾"讀爲覲。《禮記・曲禮下》云："天之當依而立，諸侯北面而見天子曰覲。"若朝見天子，神情肅穆。

"搤矢有苗之祥。"《廣雅・釋詁三》云："搤，持也。"《釋名・釋姿容》云："矢，指也，言其所指向迅疾也。"《老子》第五十五章云："益生曰祥。"河上公注："祥，長也。"《國語・周語》云："古之長民者。"韋昭注："長，猶君也。"

"卿制大極。"孫詒讓《閒詁》云："畢云：《説文》云：卿，章也。詒讓案：疑當爲鄉制四極。"[②]今按：畢説是。《白虎通・禮樂》云："堯曰大章，大明天地人之道也。"一爲大極，《管子・兵法》云："明一者皇，察道者帝，通德者王。"尹知章注："一者，氣質未分，至一者也。"

## 二十七、侵就爰橐

《墨子・節用上》云：

> 且大人惟毋興師以攻伐鄰國，久者終年，速者數月，男女久不相見，此所以寡人之道也。與居處不安，飲食不時，作疾病死者，有與侵就爰橐，攻城野戰死者，不可勝數。此不令爲政者，所以寡人之道數術而起與？聖人爲政特無此不？聖人爲政，其所以衆人之道亦數術而起與？故子墨子曰：去無用之費，聖人之道，天下之大利也。

"有與侵就爰橐。"孫詒讓《閒詁》云："有，讀爲又，侵就未詳。橐，以舉火攻城之具，見《備穴篇》。"[③]今按："侵"讀爲寢，《説文》云："寢，卧也。""爰"，原字從人、爰聲，讀爲圜。《説文》云："爰，籀文以爲車轅字。"橐爲箭筒，圜形。馬王堆帛書《易傳・昭力》云："次正橐弓矢以伏天下。"睡卧時枕著圜形箭筒，形容軍旅生活。

"此不令爲政者。"孫詒讓《閒詁》云："畢云：令當爲今。戴云：不，猶非也。"《詩經・凱風》云："我無令人。"[④]鄭玄箋："令，善也。"

"聖人爲政特無此不"，孫詒讓《閒詁》以"不"字屬下讀，云："此字疑當重，誤脱其一。"[⑤]今按："不"當讀爲否。

---

① 孫詒讓《墨子閒詁》，頁 135。
② 孫詒讓《墨子閒詁》，頁 135。
③ 孫詒讓《墨子閒詁》，頁 148。
④ 孫詒讓《墨子閒詁》，頁 148。
⑤ 孫詒讓《墨子閒詁》，頁 148。

## 二十八、霸而使民譽之

《墨子·節葬下》云：

今逮至昔者三代聖王既没，天下失義，後世之君子，或以厚葬久喪以爲仁也，義也，孝子之事也。或以厚葬久喪以爲非仁義，非孝子之事也。曰二子者，言則相非，行即相反，皆曰：吾上祖述堯舜禹湯文武之道者也。而言即相非，行即相反，於此乎後世之君子，皆疑惑乎二子者言也。若苟疑惑乎之二子者言，然則姑嘗傳而爲政乎國家萬民而觀之，計厚葬久喪，奚當此三利者？我意若使法其言，用其謀，厚葬久喪實可以富貧衆寡，定危治亂乎？仁也，義也，孝子之事也。爲人謀者，不可不勸也。

仁者將求興天下，誰霸而使民譽之，終勿廢也。意亦使法其言，用其謀，厚葬久喪實不可以富貧衆寡，定危理亂乎？此非仁非義，非孝子之事也，爲人謀者不可不沮也。

仁者將興之天下，誰賈而使民譽之，終勿廢也。意亦使法其言，用其謀，厚葬久喪實不可以富貧衆寡，定危理亂乎？此非仁非義，非孝子之事也，爲人謀者不可不沮也。

仁者將求除天下之相廢而使人非之，終身勿爲。

“然則姑嘗傳而爲政乎國家萬民而觀之。”孫詒讓《閒詁》改“傅”爲傳，云：“傅，《道藏》本、吴鈔本并同，畢本作傳。王云：傅字義不可通，當依舊本作傳，傳與轉通。”[①]今按：“傳”讀爲敷。《詩經·長發》云：“敷奏其勇。”《大戴禮記·衛將軍文子》引作：“傅奏其勇。”《詩經·小旻》云：“敷于下土。”毛傳：“敷，布也。”

“仁者將求興天下，誰霸而使民譽之。”一段共六十四字，孫詒讓《閒詁》删[②]，可商。今按：“誰”讀爲孰，“霸”讀爲伯，《爾雅·釋詁》云：“伯，長也。”《吕氏春秋·孝行》云：“天下譽。”高誘注：“譽，樂也。”

“仁者將興之天下，誰賈而使民譽之。”《白虎通·商賈》云：“賈之爲言固也。”《荀子·禮論》云：“禮之中焉能勿易，謂之能固。”《荀子·儒效》云：“萬物莫足以傾之之謂固。”

## 二十九、聲翁

《墨子·節葬下》云：

曰天子殺殉，衆者數百，寡者數十。將軍大夫殺殉，衆者數十，寡者數

---

① 孫詒讓《墨子閒詁》，頁155。

② 孫詒讓《墨子閒詁》，頁155。

人。處喪之法將奈何哉？曰：哭泣不秩聲翁，縗絰，垂涕，處倚廬。

"哭泣不秩聲翁"，孫詒讓《閒詁》云："《爾雅·釋詁》云：秩，常也。《儀禮·士喪紀》云：哭晝夜無時。《雜記》云：中路嬰兒失其母焉，何常聲之有？畢云：言聲無次第。翁義未詳。洪云：畢讀作翁縗絰句，案翁字屬聲爲句。聲翁，當是聲嗌之訛。"[①]今按："聲翁"，猶言音容。"翁"讀爲容，《周禮·鄉大夫》云："二曰容。"鄭司農注："容，謂容貌也。"

## 三十、内續

《墨子·節葬下》云：

是以僻淫邪行之民，出則無衣也，入則無食也，内續奚吾？并爲淫暴，而不可勝禁也。

"内續奚吾。"孫詒讓《閒詁》云："俞云：四字不可解，疑當爲内積奚後，皆字之誤也。"[②]今按："續"、屬同義。《釋名·釋親屬》云："屬，續也。恩相連續也。"《儀禮·鄉飲酒禮》云："皆不屬焉。"鄭玄注："不屬者，不相續也。"屬同注，《考工記·函人》云："爲甲犀甲七屬。"鄭玄注："屬讀如灌注之注，謂上旅下旅札續之數也。"《老子》第四十九章云："百姓皆注其耳目。"馬王堆帛書《老子》甲本作："百姓皆屬耳目焉。"《廣雅·釋詁二》云："注，識也。"

"吾"讀爲悟。《素問·八正神明論》云："慧然獨悟。"王冰注："悟，猶了達也。"《文選·游西池詩》李善注引《聲類》云："悟，心解也。"《管子·牧民》云："倉廩實則知禮節，衣食足則知榮辱。"

## 三十一、幸馳

《墨子·天志上》云：

順天意者，義政也，反天意者，力政也。然義政將奈何哉？子墨子言曰：處大國不攻小國，處大家不篡小家，强者不劫弱，貴者不傲賤，多詐者不欺愚。此必上利於天，中利於鬼，下利於人，三利無所不利，故舉天下美名加之，謂之聖王。力政者則與此异，言非此，行反此，猶幸馳也。處大國攻小國，處大家篡小家，强者劫弱，貴者傲賤，多詐欺愚，此上不利於天，中不利於鬼，下不利於人，三不利無所利，故舉天下惡名加之，謂之暴王。

"猶幸馳也"，孫詒讓《閒詁》云："幸疑僢之誤。《玉篇·人部》云：《淮南子》分流僢馳。僢，相背也，與舛同。今《淮南子·説山訓》作舛。"[③]今按："幸馳"

① 孫詒讓《墨子閒詁》，頁158。
② 孫詒讓《墨子閒詁》，頁162。
③ 孫詒讓《墨子閒詁》，頁179。

讀爲幸施。《文選・神女賦序》云:“五色并馳。”李善注:“馳,施也。”《淮南子・原道》云:“執玄德於心而化馳若神。”高誘注:“馳,行也。”《禮記・中庸》云:“在上位不陵下,在下位不援上,正己而不求於人則無怨,上不怨天,下不尤人,故君子居易以俟命,小人行險以儌幸。子曰:射有似乎君子,失諸正鵠,反求諸其身。”

## 三十二、偪臣傷君

《墨子・親士》云:

> 是故君子自難而易彼,衆人自易而難彼。君子進不敗其志,内究其情,雖雜庸民,終無怨心,彼有自信者也。是故爲其所難者,必得其所欲焉,未聞爲其所欲,而免其所惡者也。是故偪臣傷君,諂下傷上。君必有弗弗之臣,上必有詻詻之下。分議者延延,而支苟者詻詻,焉可以長生保國。

“是故偪臣傷君。”孫詒讓《閒詁》云:“《國語・周語》韋昭注:偪,迫也。偪臣,謂貴臣權重迫君。然此與諂下同舉而對弗弗之臣,則不當云偪臣。偪,疑佞之訛。”[①]今按:“偪”讀爲僻。《匡謬正俗》卷六云:“副本音普力反,義訓剖劈。”或作陪臣,《論語・季氏》云:“陪臣執國命。”《孔子家語・入官》云:“邇臣便辟者,群僕之倫也。”

“分議者”與“支苟者”,皆指大臣。分、支同義。《文選・魯殿靈光賦》云:“支離分赴。”李善注:“支離,分散也。”《詩經・文王》云:“本支百世。”毛傳:“支,支子也。”王爲本,臣爲支。《廣雅・釋詁四》云:“議,謀也。”“苟”同敬,《周禮・小宰》云:“三曰廉敬。”鄭玄注:“敬,不解於位也。”

“焉可以長生保國。”《老子》第五十九章云:“治人事天莫若嗇,夫唯嗇,是以早服,早服謂之重積德,重積德則無不克,無不克則莫知其極,莫知其極,可以有國,有國之母,可以長久,是謂深根固蒂,長生久視之道。”

## 三十三、遠靈孤夷之國

《墨子・天志下》云:

> 今天下之士君子之欲爲義者,則不可不順天之意矣。曰:順天之義何若?曰:兼愛天下之人。何以知兼愛天下之人也?以兼而食之也。何以知其兼而食之也?自古及今,無有遠靈孤夷之國,皆犓豢其牛羊犬彘,絜爲粢盛酒醴,以敬祭祀上帝山川鬼神,以此知兼而食之也。

---

① 孫詒讓《墨子閒詁》,頁2。

“無有遠靈孤夷之國。”孫詒讓《閒詁》云：“靈疑虚之誤。”[①]今按：“無有”如言大有，大有即所有。“靈”讀爲零，《詩經・東山》云：“零雨其蒙。”《説文》引作“靈雨其蒙。”《詩經・定之方中》云：“靈雨既零。”毛傳：“零，落也。”“夷”同易，《左傳・襄公四年》云：“貴貨易土。”杜預注：“易，猶輕也。”

## 三十四、不盡物

《墨子・天志下》云：“且天之愛百姓，不盡物而止矣。”孫詒讓《閒詁》云：“王云：物字義不可通，物當爲此。此字指上文而言。中篇曰：不止此而已矣。又曰：不知此而已。皆其證。”[②]今按：《論語・陽貨》云：“子曰：天何言哉，四時行焉，百物生焉，天何言哉？”《周易・繫辭上》云：“日新之謂盛德，生生之謂易。”天生萬物，生生不息，故曰“不盡物”。“而止”如言而已，《文選・東京賦》云：“神既醉止。”薛注：“止，已也。”《禮記・中庸》云：“天地之道，可一言而盡也，其爲物不貳，則其生物也不測。”又云：“《詩》云：維天之命，於穆不已。蓋天之所以爲天也。”

## 三十五、失王

《墨子・天志下》云：

> 是故昔也三代暴王桀紂幽厲之兼惡天下也，從而賊之，移其百姓之意焉，率以詬侮上帝山川鬼神，以爲不從其所愛而惡之，不從其所利而賊之，於是加其罰焉，使之父子離散，國家滅亡，抎失社稷，憂以及其身。是以天下之庶民屬而毀之，業萬世子孫繼嗣毀之，賁，不之廢也，名之曰：失王。以此知其罰暴之證。

“賁”，今按：當讀爲奔。《左傳・宣公元年經》杜預注：“放者受罪黜免。”疏引《釋例》云：“奔者，窘迫而去，逃死四鄰，不以禮出也。”

“不之廢也。”今按：“廢”讀爲法。馬王堆帛書《經法・道法》云：“道生法。法者，引得失以繩，而明曲直者也。故執道者生法而弗敢犯也，法立而弗敢廢也。□能自引以繩，然後見知天下而不惑矣。”[③]

“失王”，《説文》云：“王，天下所歸往也。”“失王”則失衆。《禮記・大學》云：“《詩》云：殷之未喪師，克配上帝，儀監于殷，峻命不易。道得衆則得國，失衆則失國。”

---

① 孫詒讓《墨子閒詁》，頁 191。

② 孫詒讓《墨子閒詁》，頁 191。

③ 馬王堆帛書整理小組《經法》，頁 1。

## 三十六、知氏大國之君

《墨子·天志下》云：

今知氏大國之君，寬者，然曰：吾處大國而不攻小國，吾何以爲大國。是以差論蚤牙之士，比列其舟車之卒，以攻伐無罪之國。

"今知氏大國之君。"今按："氏"讀爲是。《周易·未濟》上九云："有孚失是"虞翻注："是，正也。"《國語·楚語上》云："武丁於是作書曰：以余正四方，餘恐德之不類，茲故不言。"故"知氏"即知正，執政之義。

"寬者。"孫詒讓《閒詁》云："俞云：寬者下，當有闕文。蓋言其土地之廣大也。故下文以然字作轉語。案：疑當作寬然曰，者乃衍文。寬當爲讙之借字。"[①]今按："寬者"，猶言仁者。《禮記·表記》云："以德報怨則寬，身之仁也。"《荀子·堯問》云："其爲人寬好自用以慎。"楊倞注："寬，寬宏也。"《詩經·淇奥》云："寬兮綽兮。"毛傳："寬能容衆。"

## 三十七、慎無

《墨子·明鬼下》云：

古者聖王必以鬼神爲，其務鬼神厚矣，又恐後世子孫不能知也，故書之竹帛，傳遺後世子孫，咸恐其腐蠹絶滅，後世子孫不得而記，故琢之盤盂，鏤之金石，以重之，有恐後世子孫不能敬著以取羊。故先王之書聖人，一尺之帛，一篇之書，語數鬼神之有也，重有重之，此其故何？則先王務之。今持無鬼者曰：鬼神者，固無有，則此反聖王之務，反聖王之務，則非所以爲君子之道也。今執無鬼者之言曰：先王之書慎無，一尺之帛，一篇之書，語數鬼神之有，重有重之，亦何書之有哉。

"故先王之書聖人。"孫詒讓《閒詁》云："王云：此下脱二字，或當云聖人之言。"[②]今按：原文無脱字。"聖人"讀爲聖仁，《論語·述而》云："子曰：若聖且仁，則吾豈敢，抑爲之不厭，誨人不倦，則可謂云爾已矣。"

"先王之書慎無。"孫詒讓《閒詁》云："王云：慎無二字義不可通，慎無當爲聖人。上文曰故先王之書，聖人一尺之帛，一篇之書。是其證。"[③]今按："慎無"即慎獨。一爲獨，《管子·内業》云："一物能化謂之神，一事能變謂之智。"尹知章注："一謂無也。"《禮記·中庸》云："是故君子戒慎乎其所不睹，恐懼乎其所不聞，莫見乎隱，莫顯乎微，故君子慎其獨也。"

① 孫詒讓《墨子閒詁》，頁194。
② 孫詒讓《墨子閒詁》，頁215。
③ 孫詒讓《墨子閒詁》，頁215。

## 三十八、元山帝

《墨子·明鬼下》云：

昔者夏王桀，貴爲天子，富有天下，上詬天侮鬼，下殃傲天下之萬民祥，上帝伐元山帝行，故於此乎，天乃使湯至明罰焉。湯以車九兩，鳥陣雁行，湯乘大贊犯遂，下衆人之高遂，王乎禽推哆大戲。

"下殃傲天下之萬民祥。"孫詒讓《閒詁》云："王云：殃傲二字，義不相屬，是殃殺之誤。下文殷王紂殃傲天下之萬民同。案：王説是也，此書殺字多訛爲傲，詳《尚賢中篇》。"[1]今按："萬民祥"當連讀。《老子》第五十五章云："益生曰祥。"河上公注："祥，長也。"《周禮·大宰》云："二曰長，以貴得民。"鄭玄注："長，諸侯也。"《禮記·祭義》云："立敬自長始，教民敬也。""殃"讀爲怏，《廣雅·釋言》云："怏，懟也。"《漢書·外戚傳下》云："懟以手自擣。"顔師古《集注》云："懟，怨怒也。"

"上帝伐元山帝行。"孫詒讓《閒詁》云："伐，吴鈔本作代。山帝疑亦當爲上帝。畢云：此句未詳。"[2]今按：古文伐、代易混。《洪範五行傳》云："時則有下人伐上之痾。"鄭玄注："伐，宜爲代。""元山"即泰山，古稱大山，《詩經·采芑》云："方叔元老。"毛傳："元，大也。"古人以泰山君爲陰間之神。《後漢書·烏桓傳》云："如中國人祀者魂神歸岱山也。"

"湯乘大贊犯遂，下衆人之高遂。"孫詒讓《閒詁》云："畢云：疑有誤字。詒讓案：疑當作犯逐夏中，入之郊遂。"《説文》云："犯，侵也。"[3]《周禮·地官·序官》云："遂人。"鄭司農注："遂謂王國百里之外。""高"原字從蟲、高聲，讀爲郊。"衆人"即遂人。《史記·項羽本紀》云："已下東陽。"《索隱》云："彼自歸服曰下。"《墨子·節用中》云："古者堯治天下，南撫交址，北降幽都，東西至日所出入，莫不賓服。"孫詒讓《閒詁》云："王云：降字義不可通，降當爲際。"[4]今按：王説非。《説文》云："降，下也。"《左傳·隱公十一年》云："其能降心以相從也。"杜預注："降，降心也。"

## 三十九、祧神

《墨子·明鬼下》云：

昔者，齊莊君之臣有所謂王里國、中里徼者。此二子者，訟三年而獄不斷。齊君由謙殺之，恐不辜，猶謙釋之，恐失有罪。乃使之人共一羊，盟

---

① 孫詒讓《墨子閒詁》，頁221。
② 孫詒讓《墨子閒詁》，頁221。
③ 孫詒讓《墨子閒詁》，頁221。
④ 孫詒讓《墨子閒詁》，頁150。

> 齊之神社,二子許諾。於是泏洫,㧌羊而漉其血。讀王里國之辭既已終矣,讀中里徼之辭未半也,羊起而觸之,折其脚,祧神之而槀之,殪之盟所。當是時,齊人從者莫不見,遠者莫不聞,著在齊之《春秋》,諸侯傳而語之曰:請品先不以其請者。

"祧神之而槀之,殪之盟所。"孫詒讓《閒詁》云:"此又脱誤。畢云:疑當云跳神之社。案:羊跳安能敲人使殪。畢説不合事情。"①今按:"祧神",遠祖之神。《左傳·昭公元年》云:"其敢愛豐氏之祧。"杜預注:"祧,遠祖廟也。""之"、至同義。《詩經·柏舟》云:"之死矢靡它。"鄭玄箋:"之,至也。"

"請品先不以其請者。"孫詒讓《閒詁》云:"畢云:品,當爲盟。下請當爲情。王引之云:畢謂品當作盟是也。上請字當爲諸。先當爲共。"②今按:原文不誤。"品"讀爲臨,《詩經·大明》云:"上帝臨女。"鄭玄箋:"臨,視也。""先"讀爲選。下"請"字讀爲情,《禮記·大學》云:"無情者不得盡其辭。"鄭玄注:"情,猶實也。"

## 四十、萬年梓

《墨子·明鬼下》云:

> 武王以擇車百兩,虎賁之卒四百人,先庶國節窺戎,與殷人戰乎牧之野,王乎禽費中、惡來,衆畔百走。武王逐奔入宫,萬年梓株,折紂而繫之赤環,載之白旗,以爲天下諸侯僇。

"先庶國節窺戎。"孫詒讓《閒詁》云:"洪云:《史記·周本紀》:乃告司馬司徒司空諸節。《集解》:馬融曰:諸受符節有司也。庶節,即諸節,窺戎即觀兵。"③今按:"先"讀爲選。

"衆畔百走。"孫詒讓《閒詁》云:"王引之曰:百字義不可通。百走,蓋皆走之誤。蘇云:百字誤,當作而。案:王説近是。"④今按:"百"當讀爲迫,《廣雅·釋詁一》云:"迫,急也。"

"萬年梓株。"孫詒讓《閒詁》云:"未詳。"《説苑·建本》云:"商子曰:二子盍相與觀乎南山之陰,有木焉名曰梓。二子者往觀乎南山之陰,見梓勃言實而俯,反以告商子。商子曰:梓者,子道也。"⑤事亦見《論衡·譴告篇》。"株"讀爲誅,《釋名·釋喪制》云:"罪及餘人曰誅。誅,株也,如株木根葉盡落也。"《荀子·仲尼》云:"文王誅四。"楊倞注:"誅者討伐殺戮之名。"

---

① 孫詒讓《墨子閒詁》,頁211。
② 孫詒讓《墨子閒詁》,頁211。
③ 孫詒讓《墨子閒詁》,頁223。
④ 孫詒讓《墨子閒詁》,頁223。
⑤ 孫詒讓《墨子閒詁》,頁224。

# 四十一、降天

《墨子·非命中》云：

先王之書《太誓》之言然曰：紂夷之居，而不肯事上帝，弃闕其先神而不祀也。曰：我民有命，毋僇其務。天不亦弃縱而不葆。此言紂之執有命也，武王以《太誓》非之。有於《三代不國》有之曰：女毋崇天之有命也。命三不國亦言命之無也。於《召公之執令》於然：且敬哉！無天命。惟予二人而無造言。不自降天，之哉得之。在於商、夏之詩書曰：命者暴王作之。且今天下之士君子，將欲辯是非利害之故，當天有命者，不可不疾非也。執有命者，此天下之厚害也。是故子墨子非之。

"有於《三代不國》有之曰。"孫詒讓《閒詁》云："蘇云：所引蓋古逸書，不字疑誤。詒讓案：不疑當作百，《三代百國》，或皆古史記之名。《隋書·李德林傳》引《墨子》云：吾見《百國春秋》。"[①]今按："不"讀爲丕，《説文》云："丕，大也。"三代大國受天命，即夏商周。《老子》第六十一章云："大國者，天下之下流。"

"命三不國亦言命之無也。"孫詒讓《閒詁》云："命三，疑當爲今三，下當脱代字。"[②]今按："三不國"即三大國，夏商周皆以德受命，順應民意，故曰"亦言命之無也"。《禮記·大學》云："《康誥》曰：惟命不于常，道善則得之，不善則失之。"

"不自降天。"孫詒讓《閒詁》云："疑當作不自天降，自我得之。"[③]西周武王時代青銅器《大禮簋》銘文云："乙亥，王有大禮，王凡三方，王祀于天室，降天無尤。"《尚書·金縢》云："無墜天之降寶命。"《詩經·玄鳥》云："天命玄鳥，降而生商。"《禮記·禮運》云："夫禮，必本於太一，分爲天地，傳而爲陰陽，變而爲四時，列而爲鬼神，其將曰命，其官曰天也。"

"之哉得之。"今按：前一"之"字義同至，《詩經·柏舟》云："之死矢靡它。"鄭玄箋："之，至也。"《莊子·齊物論》云："古之人，其知有所至矣，惡乎至？有以爲未始有物者，至矣，盡矣，不可以加矣。"郭象注："此忘天地，遺萬物，外不察乎宇宙，内不覺其一身，故能曠然無累，與物俱往，而無所不應也。"馬王堆帛書《經法·道法》云："無私者知，至知者爲天下稽。"[④]

# 四十二、傳術

《墨子·非儒下》云：

① 孫詒讓《墨子閒詁》，頁251。
② 孫詒讓《墨子閒詁》，頁251。
③ 孫詒讓《墨子閒詁》，頁215。
④ 馬王堆帛書整理小組《經法》，頁2。

人曰：君子勝不逐奔，揜函弗射，强則助之胥車。應之曰：若皆仁人也，則無説而相與，仁人以其取捨是非之理相告，無故從有故也，弗知從有知也，無辭必服，見善必遷，何故相？若兩暴交爭，其勝者欲不逐奔，揜函弗射，施則助之胥車，雖盡能猶且不得爲君子也。意暴殘之國也，聖將爲世除害，興師誅罰，勝將因用傳術令士卒曰：毋逐奔，揜函勿射，施則助之胥車，暴亂之人也得活，天下害不除，是爲群殘父母，而深賤世也，不義莫大焉。

"强則助之胥車。"孫詒讓《閒詁》改"强"爲施，云："畢云：施，舊作强，據下文改。案：畢因下文施字兩見，故據改。然施、强義并未詳。似言軍敗而走，則助之挽重車，而文字有脱誤。"[①]今按："强"讀爲彊，《廣雅・釋詁四》云："彊，窮也。"《楚辭・天問》云："阻窮西征。"王逸注："窮，窘也。"

"何故相?"孫詒讓《閒詁》云："王云：何故相下當有與字，而今本脱之，則義不可通。相與，謂相敵也，故謂相敵爲相與。"[②]《詩經・生民》云："有相之道。"毛傳："相，助也。"指上文"强則助之胥車。"

"施則助之胥車"，《文選・神女賦序》云："五色并馳。"李善注："馳，施也。"《廣雅・釋室》云："馳，奔也。"即下文所云"毋逐奔"。

"勝將因用傳術令士卒曰。"孫詒讓《閒詁》云："舊本儒作傳。王云：傳術二字，義不可通。傳術當爲儒術，毋逐奔云云，皆儒家之言，故曰：用儒術令士卒。"[③]今按："傳術"指見于經傳之道術。《孟子・梁惠王下》云："齊宣王問曰：湯放桀，武王伐紂，有諸？孟子對曰：於傳有之。"

"而深賤世也。"孫詒讓《閒詁》云："戴云：賤乃賊字之誤。"[④]《荀子・正論》云：下危則止賤上。"楊倞注："賤猶惡也。"《淮南子・説林》云："反爲惡。"高誘注："惡，猶害也。"

## 四十三、浩居

《墨子・非儒下》云：

孔某之齊見景公，景公説，欲封之以尼溪，以告晏子。晏子曰：不可。夫儒浩居而自順者也，不可以教下。

孫詒讓《閒詁》云："盧云：《晏子外篇》與此多同，浩居作浩裾。畢云：案《史記》作倨傲自順。顧云：《漢書・酷吏郅都傳》：丞相條侯至貴居也。讀作倨。詒讓案：《王制》云：喪祭，用不足曰暴，有餘曰好。鄭注云：浩猶饒也。居、裾並倨之假字。《家語・三恕篇》云：浩裾者則不親。王肅注云：浩裾，簡略不恭之

① 孫詒讓《墨子閒詁》，頁 267。
② 孫詒讓《墨子閒詁》，頁 267。
③ 孫詒讓《墨子閒詁》，頁 268。
④ 孫詒讓《墨子閒詁》，頁 268。

貌。《大戴禮記・文王官人篇》云:自順而不讓。又云:有道而自順。孔廣森云:自順,謂順非也。"[①]《楚辭・河伯》云:"心飛揚兮浩蕩。"王逸注:"浩蕩,志放貌也。"《楚辭・懷沙》云:"浩浩沅湘。"王逸注:"浩浩,廣大貌。"故"浩居"猶言廣居,《孟子・滕文公下》云:"居天下之廣居,立天下之正位,行天下之大道。得志與民由之,不得志獨行其道,富貴不能淫,貧賤不能移,威武不能屈,此之謂大丈夫。""順"讀爲慎,《禮記・中庸》云:"是故君子戒慎乎其所不睹,恐懼乎其所不聞,莫見乎隱,莫顯乎微,故君子慎其獨也。"

## 四十四、舜見瞽叟然就

《墨子・非儒下》云:

> 孔某與其門弟子閒坐,曰:夫舜見瞽叟然就,此時天下圾乎?周公旦非其人也邪,何爲舍亦家室而託寓也?孔某所行,心術所至也,其徒屬弟子皆效孔某。子貢、季路輔孔悝亂乎衛,陽貨亂乎齊,佛肸以中牟叛,漆雕刑,殘莫大焉。

"夫舜見瞽叟然就",孫詒讓《閒詁》改"然就"爲"孰然",云:"畢云:舊作然就,以意改。《孟子》云:舜見瞽叟,其容有蹙。《韓非子・忠孝》云:記曰:舜見瞽叟,其容造焉。孔子曰:當是時也,危哉,天下岌岌。"[②]今按:《禮記・祭義》云:"國人稱願然曰。"鄭玄注:"然猶而也。""就"讀爲蹙。

"此時天下坡乎。"孫詒讓《閒詁》改"坡"爲圾,云:"畢云:圾舊作坡,以意改。"[③]今按:"坡"讀爲頗。《楚辭・離騷》云:"循繩墨而不頗。"王逸注:"頗,傾也。"《左傳・昭公二年》云:"君刑已頗。"杜預注:"頗,不平。"《荀子・臣道》云:"正義之臣設,則朝廷不頗。"楊倞注:"頗,邪也。"

"何爲舍亦家室而託寓也。"孫詒讓《閒詁》云:"舍亓,舊本作舍亦。盧校改爲亦舍,辟本從之。王云:亦字義不可通,亦當爲亓。"[④]今按:"亦"讀爲夜。《左傳・昭公二十五年》云:"狐夜姑。"《釋文》云:"夜本作謝。"《説文》云:"謝,辭去也。"

"漆雕刑,殘莫大焉。"今按:"殘"讀爲賤。刑徒至賤。

## 四十五、人不見而耶

《墨子・耕柱》云:

> 巫馬子謂子墨子之爲義也,人不見而耶,鬼不見而富,而子爲之,有狂

① 孫詒讓《墨子閒詁》,頁271。
② 孫詒讓《墨子閒詁》,頁277。
③ 孫詒讓《墨子閒詁》,頁277。
④ 孫詒讓《墨子閒詁》,頁277。

疾。子墨子曰:今使子有二臣於此,其一人者見子從事,不見子則不從事;其一人者見子亦從事,不見子亦從事,子誰貴此二人?巫馬子曰:我貴其見我亦從事,不見我亦從事者。子墨子曰:然則是子亦貴有狂疾也。

"巫馬子謂子墨子之爲義也。"孫詒讓《間詁》云:"王云:舊本脱曰子二字,今以意補。"[①]今按:"之"爲代詞,指子墨子。

"人不見而耶。"孫詒讓《間詁》云:"耶字,義不可通,蓋服之壞字。"[②]今按:"耶"同邪,邪從牙聲,讀爲雅,《釋名·釋典藝》云:"雅,義也。"

"鬼不見而富。"孫詒讓《間詁》云:"富讀爲福。"[③]今按:"富"可讀如字。《莊子·天地》云:"有萬不同之謂富。"富指含容之德。《周禮·師氏》云:"一曰至德,以爲道本。"鄭玄注:"至德,中和之德,覆燾持載,含容者也。"《説文》云:"富,備也。一曰:厚也。"《孟子·盡心上》云:"孟子曰:萬物皆備於我矣,反身而誠,樂莫大焉。"《周易·坤·象》云:"君子以厚德載物。"

## 四十六、避毀譽就

《墨子·耕柱》云:

子墨子使管黔放游高石子於衛。衛君致禄甚厚,設之於卿。高石子三朝必盡言,而言無行者。去而之齊,見子墨子曰:君以夫子之故,致禄甚厚,設我於卿。石三朝必盡言,而言無行,是以去之也。衛君無乃以石爲狂乎?子墨子曰:去之苟道,受狂何傷!古者周公旦非關叔,辭三公,東處於商蓋,人皆謂之狂。後世稱其德,揚其名,至今不息。且翟聞之,爲義,非避毀譽就,去之道,苟受狂何傷?高石子曰:石去之,焉敢不道也。昔者夫子有言曰:天下無道,仁士不處厚焉,今衛君無道,而貪其禄爵,則是我爲苟,陷人長也。

"爲義,非避毀譽就。"孫詒讓《間詁》云:"畢云:舊二字倒,一本如此。案:顧校季本不倒。"[④]今按:"譽就"者,譽其就於義也。《墨子·經上》云:"譽,明美也。"

"去之道,苟受狂何傷?"孫詒讓《間詁》改"道苟"二字爲"苟道"[⑤]。今按:"去之道"者,去之以道。"苟",假如。《論語·述而》云:"丘也幸,苟有過,人必知之。"

"則是我爲苟,陷人長也。"孫詒讓《間詁》云:"畢云:陷,一本作處。詒讓

① 孫詒讓《墨子間詁》,頁 392。
② 孫詒讓《墨子間詁》,頁 392。
③ 孫詒讓《墨子間詁》,頁 392。
④ 孫詒讓《墨子間詁》,頁 396。
⑤ 孫詒讓《墨子間詁》,頁 396。

案:苟陷人長,疑當作苟陷人食。啖陷聲同,食長形近故訛。"[①]今按:《禮記·表記》云:"安肆日偷。"鄭玄注:"偷,苟且也。"《國語·魯語》云:"陷而入於恭。"韋昭注:"陷猶失過也。""人長"即人君。

## 四十七、朝物

《墨子·非儒下》云:

又曰:吾子若鐘,擊之則鳴,弗擊不鳴。應之曰:夫仁人事上竭忠,事親得孝,務善則美,有過則諫,此爲人臣之道也。今擊之則鳴,弗擊不鳴,隱知豫力,恬漠待問而後對,雖有君親之大利,弗問不言,若將有大寇亂,盜賊將作,若機辟將發也。他人不知,己獨知之,雖其君親皆在,不問不言,是夫大亂之賊也!以是爲人臣不忠,爲人子不孝,事兄不弟。交,遇人不貞良,夫執後,不言之。朝物,見利使己,雖恐後言,君若言而未有利焉,則高拱下視,會噎爲深,曰:唯其未之學也。用誰急,遺行遠矣。

"朝物",孫詒讓《閒詁》云:"疑有脱誤。"[②]今按:"朝物"猶言朝事。《禮記·哀公問》云:"則庶物從之矣。"鄭玄注:"庶物,猶衆事也。"

"見利使己,雖恐後言。"孫詒讓《閒詁》云:"蘇云:使當作便,雖當作唯。俞云:雖當作唯,古字通也。蓋言利之所在,唯恐後言也。"[③]今按:"使"同事,《荀子·正名》云:"不事而自然,謂之性。"楊倞注:"事,任使也。"《韓非子·喻老》云:"事,爲也。"

"用誰急,遺行遠矣。"孫詒讓《閒詁》云:"誰,當作雖。蓋言事急則退,避而遠行。"[④]今按:孫説非。"誰"讀爲唯。《釋名·釋言語》云:"急,及也,操切之使相逮及也。"《周易·乾·文言》云:"君子進德修業,欲及時也,故無咎。"《釋名·釋言語》云:"業,捷也,事捷乃有功業也。"《小爾雅·廣詁》云:"捷,及也。"又云:"捷,疾也。"疾同急。又按:《楚辭·宋玉對楚王問》云:"楚襄王問於宋玉曰:先生其有遺行與?何士民衆庶不譽之甚也?"《吕氏春秋·知務》云:"願君之遠易牙。"高誘注:"遠,猶疏也。"

## 四十八、舊者新之

《墨子·耕柱》云:

葉公子高問政於仲尼,曰:善爲政者若之何?仲尼對曰:善爲政者,遠者近之,而舊者新之。子墨子聞之曰:葉公子高未得其問也。仲尼亦未得

---

① 孫詒讓《墨子閒詁》,頁 396。
② 孫詒讓《墨子閒詁》,頁 269。
③ 孫詒讓《墨子閒詁》,頁 269。
④ 孫詒讓《墨子閒詁》,頁 269。

其所以對也。葉公子高豈不知善爲政者之遠者近也,而舊者新是哉?問所以爲之若之何也。不以人之所不智告人,以所智告之,故葉公子高未得其問也,仲尼亦未得其所以對也。

“遠者近之,而舊者新之。”孫詒讓《閒詁》云:“言待故舊如新,無厭怠也。畢云:《論語》作近者悦,遠者來。詒讓案:《韓非子·難三篇》亦云:葉公子高問政於仲尼,仲尼曰:政在悦近而來遠。”[①]今按:“新”讀爲親,《尚書·金滕》云:“惟朕小子新迎。”《釋文》引馬本作親。《墨子》所云“舊者”即《韓非子》中的“近者”,《廣雅·釋詁三》云:“親,近也。”《國語·周語》云:“愛親禮新”韋昭注:“親,六親也。”

## 四十九、先人有

《墨子·耕柱》云:

公孟子曰:先人有則三而已矣。子墨子曰:孰先人而曰有則三而已矣?子未智人之先有。

孫詒讓《閒詁》云:“此節文有錯誤。”[②]今按:“有”讀爲宥。《説文》云:“宥,寬也。”《周易·解·象》云:“君子以赦過宥罪。”《國語·周語》云:“一再曰宥。”《周禮·司刺》云:“掌三刺三宥三赦之法。”

## 五十、失後之人

《墨子·耕柱》云:

後生有反子墨子而反者,我豈有罪哉?吾反後。子墨子曰:是猶三軍北,失後之人求賞也。

今按:“失”讀爲佚,字與逸同。《左傳·桓公八年》云:“隨侯逸。”杜預注:“逸,逃也。”《國語·晋語》云:“馬逸而不能止。”韋昭注:“逸,奔也。”《孟子·梁惠王上》云:“填然鼓之,兵刃既接,弃甲曳兵而走,或百步而後止,或五十步而後止,以五十步笑百步,則何如?曰:不可,直不百步耳,是亦走也。”

## 五十一、古之善者不誅

《墨子·耕柱》云:

公孟子曰:君子不作,術而已。子墨子曰:不然。人之其不君子者,古

---

① 孫詒讓《墨子閒詁》,頁394。

② 孫詒讓《墨子閒詁》,頁397。

> 之善者不誅，今也善者不作。其次不君子者，古之善者不遂，己有善則作之，欲善之自己出也。今誅而不作，是無所异於不好遂而作者矣。吾以爲古之善者則誅之，今之善者則作之，欲善之益多也。

“古之善者不誅”，孫詒讓《閒詁》云：“畢云：誅疑當作述。術、誅、遂，皆聲誤。”[①]今按：“誅”字不誤。《周禮・太宰》云：“八曰誅，以馭其過。”鄭玄注：“誅，責讓也。”《太平御覽》卷七十六引《六韜》云：“昔柏皇氏、栗陸氏、驪連氏、軒轅氏、赫胥氏、尊盧氏、祝融氏，此古之王者也。未使民，民化；未賞民，民勸，此皆古之善爲政者也。至於伏羲氏、神農氏，教而不誅。黄帝、堯舜，誅而不怒。”

“今也善者不作”，《周易・繫辭下》云：“神農氏作。”《周易・乾・文言》云：“聖人作而萬物睹。”《釋文》引馬注：“作，起也。”

## 五十二、蕩口

《墨子・耕柱》云：

> 巫馬子謂子墨子曰：我與子異，我不能兼愛。我愛鄒人於越人，愛魯人於鄒人，愛我鄉人於魯人，愛我家人於鄉人，愛我親於我家人，愛我身於吾親，以爲近我也。擊我則疾，擊彼則疾不於我，我何故疾者之不拂，而不疾者之拂？故有我。有殺彼以我，無殺我以利。子墨子曰：子之義將匿邪，意將以告人乎？巫馬子曰：我何故匿我義？吾將以告人。子墨子曰：然則一人説子，一人欲殺子以利己，十人説子，十人欲殺子以利己，天下説子，天下欲殺子以利己。一人不説子，一人欲殺子，以子爲施不祥言者也，十人不説子，十人欲殺子，以子爲施不祥言者也，天下不説子，天下欲殺子，以子爲施不祥言者也。説子亦欲殺子，不説子亦欲殺子，是所謂經者。口也，殺常之身者也。子墨子曰：子之言惡利也？若無所利而不言，是蕩口也。

“故有我。有殺彼以我，無殺我以利。”《説文》云：“我，施身自謂也。”凡事皆依我而定，故曰“有我”。因我而殺彼則可，因利而殺我則不可。“以”表示原因，“以我”猶言爲我，“以利”猶言爲利。《孟子・盡心上》云：“楊子取爲我，拔一毛而利天下，不爲也。”知巫馬子者，楊朱之徒。

“經者”，《吕氏春秋・察傳》云：“是非之經。”《左傳・宣公十二年》云：“武之善經也。”杜預注：“經，法也。”

“口也，殺常之身者也。”孫詒讓《閒詁》云：“常，疑當作子，此下有脱誤。”[②]《荀子・禮論》云：“以隆殺爲要。”楊倞注：“殺，減降也。”“身”讀爲伸，《釋名・

---

① 孫詒讓《墨子閒詁》，頁 397。
② 孫詒讓《墨子閒詁》，頁 398。

釋形體》云:“身,伸也,可屈伸也。”《淮南子·泛論》云:“小節伸而大節屈。”高誘注:“伸,用。”聖人行不言之教,《老子》第一章云:“道可道,非常道。名可名,非常名。”

“若無所利而不言,是蕩口也。”孫詒讓《間詁》云:“不言,疑當作必言。”①今按:“不”讀爲丕。《説文》云:“丕,大也。”大言即“蕩口。”《説文》云:“唐,大言也”《白虎通·號》云:“唐,蕩蕩也。蕩蕩者,道德至大之貌也。”

《墨子·耕柱》云:

> 子墨子曰:言足以復行者,常之。不足以舉行者,勿常。不足以舉行而常之,是蕩口也。

“言足以復行者,常之。”《説文》云:“復,往來也。”《周易·繫辭上》云:“往來不窮謂之通。”由此知“復行”如言通行,《釋名·釋言語》云:“通,洞也,無所不貫洞也。”

“不足以舉行者,勿常。”孫詒讓《間詁》云:“畢云:舊脱不字,一本有。”②《禮記·儒行》云:“懷忠信以待舉。”鄭玄注:“舉,舉用也。”《國語·越語》云:“無忘國常。”韋昭注:“常,典法也。”

“蕩口”,《淮南子·俶真》云:“其德蕩者,其行僞。”高誘注:“蕩,逸也。”《尚書·盤庚上》云:“相時憸民,猶胥顧于箴言,其發有逸口。矧予制乃短長之命。”又云:“王播告之,修不匿厥指。王用丕欽,罔有逸言。民用丕變。”失信于民,故曰“蕩口”。《周易·乾·文言》云:“子曰:君子進德修業,忠信所以進德也,修辭立其誠,所以居業也。”

《墨子·貴義》云:

> 子墨子曰:言足以遷行者,常之,不足以遷行者,勿常。不足以遷行而常之,是蕩口也。

“不足以遷行而常之。”孫詒讓《間詁》云:“舊本脱下不足二字,王據上句補,與《耕柱篇》合,今從之。”③今按:《周易·繫辭下》云:“易之爲書也,不可遠,其爲道也屢遷,變動不居,周流六虚,上下無常,不可爲典要,唯變所適。”《禮記·曲禮上》云:“跪而遷履。”鄭玄注:“遷,或爲還。”《國語·越語》云:“天有還形。”韋昭注:“還,反也。”《周易·乾·象》云:“終日乾乾,反復道也。”故“遷行”即“複行”。

## 五十三、禁社

《墨子·耕柱》云:

---

① 孫詒讓《墨子間詁》,頁 399。
② 孫詒讓《墨子間詁》,頁 395。
③ 孫詒讓《墨子間詁》,頁 405。

子墨子曰：季孫紹與孟伯常治魯國之政，不能相信，而祝於禁社，曰：苟使我和，是猶掩其目而祝於禁社也。曰：苟使我皆視。豈不繆哉。

孫詒讓《閒詁》改"禁"爲叢，云："叢，舊本訛禁，下同。"①今按："禁"讀爲林，《説文》云："平土有叢木曰林。"故"禁社"即叢社，不煩改字。

## 五十四、度其所惡

《墨子·耕柱》云：

子墨子謂駱滑氂曰：吾聞子好勇。駱滑氂曰：然。我聞其鄉有勇士焉，吾必從而殺之。子墨子曰：天下莫不欲與其所好，度其所惡。今自聞其鄉有勇士焉，必從而殺之，是非好勇也，是惡勇也。

"度其所惡。"孫詒讓《閒詁》引王引之説云："廢、度草書相似，故廢訛作度。《史記·曆書》名察廢驗。今本廢亦訛作度。"②《左傳·昭公四年》云："度不可改。"杜預注："度，法也。"法、廢古通。

## 五十五、無排其道

《墨子·貴義》云：

子墨子謂二三子曰：爲義而不能，必無排其道，譬若匠人之斲而不能，無排其繩。

"必無排其道"，孫詒讓《閒詁》云："言於道不能無出入。《莊子·大宗師篇》郭注：排者推移之謂也。"③"無排其繩"，孫詒讓《閒詁》云："畢云：排猶背也。"④今按：二句中的"排"字同義。《釋名·釋言語》云："非，排也，人所惡，排去也。"《禮記·中庸》云："子曰：射有似乎君子，失諸正鵠，反求諸其身。"

## 五十六、默則思

《墨子·貴義》云：

子墨子曰：必去六辟，默則思，言則誨，動則事，使者三代禦，必爲聖人。

"默則思。"《論語·述而》云："子曰：默而識之，學而不厭，誨人不倦，何有

① 孫詒讓《墨子閒詁》，頁400。
② 孫詒讓《墨子閒詁》，頁401。
③ 孫詒讓《墨子閒詁》，頁405。
④ 孫詒讓《墨子閒詁》，頁405。

於我哉?"《釋名・釋形體》云:"目。默也。默而内識也。"《禮記・郊特牲》云:"目者,氣之清明者也。"目爲視,《尚書・洪范》云:"視曰明。"内識則自明,《周易・晋・象》云:"君子以自昭明德。"默、静同義。《禮記・大學》云:"知止而後有定,定而後能静,静而後能安,安而後能慮,慮而後能得。"

"言則誨。"《説文》云:"誨,曉教也。"《論語・述而》云:"子曰:若聖與仁,則吾豈敢,抑爲之不厭,誨人不倦,則可謂云爾已矣。"《論語・憲問》云:"子曰:愛之能勿勞乎? 忠焉能勿誨乎?"

"動則事。"《周易・繫辭上》云:"通變之謂事。"《荀子・正名》云:"正利而爲謂之事。"《周易・坤・文言》云:"君子黄中通理,正位居體,美在其中,而暢於四支,發於事業,美之至也。"《論語・子罕》云:"子曰:出則事公卿,入則事父兄,喪事不敢不勉。不爲酒困,何有於我哉?"

"使者三代禦。"孫詒讓《閒詁》改爲"使三者代禦"①。今按:"者"與是通。《尚書・洪范》云:"五者來備。"《後漢書・李云傳》引作"五氏來備。"氏與是通,《後漢書・荀爽傳》引作:"五韙咸備。"

## 五十七、一身

《墨子・公孟》云:

> 公孟子謂子墨子曰:君子共己以待,問焉則言,不問焉則止,譬若鐘然,扣則鳴,不扣則不鳴。子墨子曰:是言有三物焉,子乃今知其一身也,又未知其所謂也。

"子乃今知其一身也。"孫詒讓《閒詁》云:"吴鈔本其下有有字。王引之云:身字義不可通,身當爲耳。隸書身字或作耳,見《漢荆州從事苑鎮碑》,與耳相似,故耳誤爲身。所謂是言有三物者,不扣則不鳴一,雖不扣必鳴者二,而公孟子但云不扣則不鳴,是知其一而不知其二也。"②《廣雅・釋親》云:"體,身也。"

## 五十八、著税僞材

《墨子・公孟》云:

> 若大人舉不義之异行,雖得大巧之經,可行於軍旅之事,攻伐無罪之國,有之也,君得之,則必用之矣。以廣辟土地,著税僞材,出必見辱,所攻者不利,而攻者亦不利,是兩不利也。

"著税僞材。"孫詒讓《閒詁》云:"畢云:僞,疑當作嬀。《説文》云:此古貨字,讀若貴。蘇云:有之以下十一字,當在上文然而大人之利句下,誤錯於此。

① 孫詒讓《墨子閒詁》,頁 405。
② 孫詒讓《墨子閒詁》,頁 412。

此文當云欲攻伐無罪之國,以廣辟土地,著税僞材。案:畢校近是,但著税以難通,疑著當作籍。《毛詩·大雅·韓奕》箋云:籍,税也。《節用上篇》云:其籍斂厚。材財字通。籍税嫣材,猶云籍斂貨財矣。"[①]今按:"有之也",指上文所云"大巧之經"。《史記·貨殖列傳》云:"廢著鬻財。"《集解》引徐廣曰:"著,讀音如貯。"《説文》云:"貯,積也。"《文選·東京賦》云:"儆税盡。"李善注引《毛詩傳》云:"税,斂也。""僞材"讀爲貨財。

## 五十九、于此善星

《墨子·公孟》云:

> 公孟子謂子墨子曰:實爲善人,孰不知?譬若良玉,處而不出,有餘精。譬若美女,處而不出,人争求之。行而自衒,人莫之取也。今子徧從人而説之,何其勞也?子墨子曰:今夫世亂,求美女者衆,美女雖不出,人多求之,今求善者寡,不强説人,人莫之知也。且有二生,於此善星,與處而不出者,其精孰多?公孟子曰:行爲人筮者其精多。子墨子曰:仁義鈞,行説人者,其功善亦多,何故不行説人也?

"譬若良玉,處而不出,有餘精。"孫詒讓《閒詁》改"精"爲糈。云:"玉,疑當爲巫。糈,舊誤精。王校下文諸精字皆爲糈,惟此未正。"[②]今按:"精"字不誤,不當改。《周禮·玉府》云:"王齊則共食玉。"鄭玄注:"玉是陽精之純者,食之以禦水氣。"

"於此善星。"孫詒讓《閒詁》改"星"爲筮,云:"舊本,筮訛星,王據下文改。"[③]今按:"星"字不誤,讀爲生。《説文》云:"生,進也。"《周易·觀》六二《象》云:"觀我生進退,未失道也。"荀爽注:"生者,教化生也。"又按:《荀子·儒效》云:"必將誠此然後就也。"楊倞注:"此,身也。"《莊子·齊物論》云:"已乎已乎,旦暮得此,其所由以生乎!"郭象注:"言其自生。"《管子·内業》云:"凡物之精,此則爲生。"尹知章注:"精,神之至靈者也。得此則爲生。"得此如言得身,《説文》云:"德,外得於人,内得於已也。"《管子·内業》云:"德者,道之舍,物得以生。"又,《老子》第五十四章云:"故以身觀身,以家觀家,以鄉觀鄉,以天下觀天下,吾奚以知天下之然哉?以此。"《老子》第二十一章云:"自古及今,其名不去,以閲衆甫,吾奚以知衆甫之然哉?以此。"河上公注:"此,今也。以今萬物皆得道之精氣而生,動作起居,非道不然。"今即日新。《周易·繫辭上》云:"日新之謂盛德,生生之謂易。"《周易·繫辭下》云:"天地之大德曰生。"

"於此善星"者,有恒之士,亦即下文所云"行爲人筮者"。《禮記·緇衣》云:"子曰:南人有言曰:人而無恒,不可以爲卜筮。古之遺言與?""處而不出

① 孫詒讓《墨子閒詁》,頁412。
② 孫詒讓《墨子閒詁》,頁413。
③ 孫詒讓《墨子閒詁》,頁413。

者”，指處士。《孝經》云：“仲尼居。”《釋文》孔注：“居，静而思道也。”《老子》第七十二章云：“無狹其所居。”王弼注：“清静無爲之謂居。”《莊子・天地》云：“欲同乎德而心居矣。”郭象注：“居者，不逐於外也。”

“其精孰多?”孫詒讓《閒詁》改“精”爲糈，云：“糈，舊本誤精。王云：精，當爲糈字之誤也。《莊子・人間世篇》：鼓筴播精。《釋文》：精如字，一音所字。則當作糈。是糈與精，字形相似而易訛也。郭璞注《南山經》曰：糈，先吕反，今江東音所。《説文》：糈，糧也。言兩人皆善筮，而一行一處，其得米孰多也。《史記・貨殖傳》醫方諸食技術之人，焦神極能，爲重糈也。是其證。案：王校是也，今據正，下同。”[①]今按：王説可商。《周易・繫辭上》云：“精義入神，以致用也。”韓康伯注：“精義，物理之微者也。”《管子・心術上》云：“中不精者心不治。”尹知章注：“精，誠至之謂也。”所謂“行爲人筮”者，推己及人，故精多于“處而不出者”。《老子》第八十一章云：“聖人不積，既以爲人，己愈有，既以與人，己愈多。”《禮記・中庸》云：“誠者非自成己而已也，所以成物也，成己仁也，成物知也，性之德也。合外内之道也，故時措之宜也。”

## 六十、敏

《墨子・公孟》云：

> 子墨子曰：不然，夫應孰辭，稱議而爲之，敏也。厚攻則厚吾，薄攻則薄吾。應孰辭而稱議，是猶荷轅而擊蛾也。

“稱議而爲之，敏也。”孫詒讓《閒詁》云：“案：稱議上當有不字。應孰辭不稱議而爲之，謂應習孰之辭，則信口酬答，不待稱議而後對，故下云敏也。”[②]今按：孫説可商。“孰辭”即熟語，如箴言之類。《廣雅・釋詁二》云：“敏，疾也。”疾、害同義。

“厚攻則厚吾，薄攻則薄吾。”孫詒讓《閒詁》云：“王引之云：吾，讀爲列禦寇之禦。禦古通作吾。《趙策》四：王非戰國，守吾之具，其將何以當之乎？是其證。案：王校是也。吾當爲圄之省，《説文・囗部》云：圄，守也。”[③]今按：王説可商。“攻”如言問。《禮記・學記》云：“善問者如攻堅木。先其易者，後其節目，及其久也，相説以解，不善問者反此。善待問如撞鐘，叩之以小者則小鳴，叩之以大者則大鳴，待其從容，然後盡其聲，不善答問者反此，此皆進學之道也。”“吾”讀爲悟，《淮南子・主術》云：“故智者先悟而後合。”高誘注：“悟，逆也。”

---

① 孫詒讓《墨子閒詁》，頁413。

② 孫詒讓《墨子閒詁》，頁422。

③ 孫詒讓《墨子閒詁》，頁422。

## 六十一、匿徒之刑

《墨子·公孟》云：

> 子亦聞乎匿徒之刑之有刑乎？對曰：未之得聞也。子墨子曰：今有人於此，什子，子能什譽之，而一自譽乎？對曰：不能。有人於此，百子，子能終身譽其善，而子無一乎？對曰：不能。子墨子曰：匿一人者猶有罪，今子所匿者若此亓多，將有厚罪者也，何福之求？

"子亦聞乎匿徒之刑之有刑乎？"孫詒讓《閒詁》云："俞云：之刑二字衍文，子亦聞乎匿徒之有刑乎？徒，指胥徒，給徭役者。匿徒謂避役。蘇説同。案：此疑當作匿徒之有刑乎？衍一之字，刑徒又誤倒耳。蓋即《左傳·昭七年》所謂僕區之法，孔疏引服虔云：爲隱匿亡人之法。是也。"①今按：原文無誤。前一"刑"字指法，如《左傳》所記"僕區之法"，《爾雅·釋詁》云："刑，法也。"後一"刑"字指刑罰，《後漢書·杜林傳》李賢注："刑謂刑罰。"

## 六十二、有怪之鬼

《墨子·魯問》云：

> 子墨子曰：出曹公子而於宋。三年而反，睹子墨子曰：始吾游於子之門，短褐之衣，藿羹，朝得之，則夕弗得。祭祀鬼神，而以夫子之政，家厚於始也。有家厚，謹祭祀鬼神，然而人徒多死，六畜不蕃，身湛於病，吾未知夫子之道之可用也。子墨子曰：不然，夫鬼神之所欲於人者多，欲人之處高爵禄則以讓賢也，多財則以分貧也。夫鬼神豈唯擢季拑肺之爲欲哉？今子處高爵禄而不以讓賢，一不祥也，多財而不以分貧，二不祥也。今子事鬼神唯祭而已矣。而曰：病何自至哉？是猶百門而閉一門焉，曰：盜何從入？若是而求福於有怪之鬼，豈可哉？

"子墨子曰：出曹公子而於宋。"孫詒讓《閒詁》删"曰"字，云："舊本出上有曰字。王云：此本作子墨子出曹公子於宋，猶上文言子墨子游公尚過於越也，今本衍曰字而字，則義不可通，出當爲士字之誤。《史記·夏本紀》稱以出。徐廣曰：一作士。是其例也。士與仕通，子墨子士曹公子於宋，即仕曹公子於宋也。《貴義篇》曰：子墨子仕人於衛。案：王校是也。蘇説同，今據删。曹公子亦墨子弟子。"②今按：原文義通，不煩删改。《管子·大匡》云："出欲通。"尹知章注："出謂欲適他國。""而"當爲曹公子之私名。下文云："而以夫子之政"，"然而人徒多死"，二句中的"而"皆爲曹公子私名。"祭祀鬼神"，指主持家政。

---

① 孫詒讓《墨子閒詁》，頁425。
② 孫詒讓《墨子閒詁》，頁437。

曹公子作爲一家之長，主持家祭，行墨子之政，家道漸興。

“若是而求福於有怪之鬼”，孫詒讓《閒詁》云：“此義難通，據下文，疑亦當作求百福於鬼神。”[①]《説文》云：“怪，異也。”《風俗通義・怪神》云：“怪者疑也。”《論語・述而》云：“子不語怪力亂神。”何晏《集解》引王肅曰：“怪，怪異也。”又，《禮記・祭統》云：“賢者之祭也，必受其福，非世所謂福也。福者，備也。備者，百順之名也。無所不順者之謂備，言内盡於己，而外順於道也。忠臣以事其君，孝子以事其親，其本一也。上則順於鬼神，外則順於君長，内則以孝於親。如此之謂備。”鄭玄注：“世所謂福者，謂受鬼神之佑助也。賢者之所謂福者，謂受大順之顯名也。”

**【作者簡介】**連劭名，博士，北京教育學院中文系教授，研究方向爲出土文獻與傳統文化。

---

① 孫詒讓《墨子閒詁》，頁438。

# 論《王安石詩李壁注》之引後人詩作注

董岑仕

**【提　要】** 傳統的詩歌注釋以解釋詩歌的用典爲主，並常通過引用之前的作品來説明詩歌的字法、句法源流。作爲宋人注宋詩的《王安石詩李壁注》，在注釋詩歌時，却徵引了大量晚於王安石時代的詩文。本文分析了李壁注引後人詩爲王安石詩作注的不同類型，提出李壁注引後人詩是李壁"自出己意，借事以相發明"的詩學闡釋方法的體現，並指出李壁注誕生於重議論、重親證的宋詩宋注的環境之中，這樣的徵引也與宋人注宋詩和宋代詩話共同演進的歷程密不可分，而後來詩歌注本體例漸嚴，注評的分離，使得詩注中"重議論"的一面漸趨消失而不再獲得認可。

**【關鍵詞】** 宋詩宋注　李壁注　詩歌注釋　詩歌闡釋

傳統的古籍注釋，以訓詁釋義爲主，往往會注釋詞義的古今變化，梳理典章的歷史流變。詩歌注本與一般的古籍注釋不同，除了訓詁釋義以外，還會通過注出前人詩句來分析遣詞造句、明晰詩法源流。王安石詩李壁注，作爲一部宋人注宋詩，旁徵博引，保留了大量的宋代的文獻，然而，其中引用的詩句，却突破了傳統詩歌分析詩人用典與詩法源流的界限，引用了不少晚於王安石時代的詩句。錢鍾書《談藝録》中批評《李壁注》：

> 偶觀其書（指《王安石詩李壁注》），實亦未盡如人意，好引後人詩作注，尤不合義法。如羼入集中之王逢原《寄慎伯筠》詩"宜乎倜儻不低斂"句，雁湖注乃引吕居仁詩。昔李善注《文選》，於《洛神賦》"踐遠遊之文履"句下，引繁欽《定情詩》云："有此言，未詳其本"，亦不過徵及同時作者，雁湖何藉口哉。故卷三十六末劉辰翁評曰："嘗見引同時或後人詩注意，不知荆公嘗見如此等否。"深中雁湖之病。[1]

錢鍾書引宋末劉辰翁的評點來作爲佐證，譏議李壁注不符合詩歌注釋的"義法"。後來，在《談藝録》訂補中，錢鍾書以爲原先論述中過於籠統，明確説詩歌所述前載無得而徵，而若通過引用後來辭章中的史事、掌故能够達到明晰

---

① 錢鍾書《談藝録》，中華書局，1999 年，頁 79。

詩意的作用的話"引後人詩作注"是可以接受的[①]。

錢鍾書所舉的"不合義法"的《王安石詩李壁注》,爲從經過劉辰翁删削注語並加入自己評論的元刊王常本所出的毋逢辰本石印本[②]。劉辰翁之子劉將孫曾言:"李箋比注家異者,間及詩意;不能盡脱窠臼者,尚襲常眩博,每句字附會膚引,常言常語亦跋涉經史。先君子須溪先生于詩喜荆公,嘗點評李注本,删其繁,以附門生兒子。"[③]劉辰翁對於宋刊的李壁注本已"删其繁",而臺北故宫所藏宋撫州刻本殘本十七卷、拼合了宋刻本李壁注與元刻本劉辰翁評的朝鮮活字本,反映了更多的李壁注原貌。通過版本比勘可以發現,元刊本中已經删去了大量李壁注中引王安石以後詩作的注釋。經統計,在保留了更多注釋的朝鮮活字本中,引用了王安石之後的詩歌多達137條[④],另外有不少宋人文章、語録,也被徵引。涉及的作者,既有與王安石相接的晚輩,而時代下限,包括李壁的友人,甚至包含了李壁自己。李壁注中,他或介紹詩句爲"近世"某某的作品[⑤],

---

① 錢鍾書《談藝録》,頁389。《談藝録》訂補中,錢鍾書舉出李壁注引謝景初(師厚)、蘇舜欽(子美)、蘇軾(東坡)、黄庭堅(山谷)詩之例而有所辯駁,其中,蘇舜欽略早于王安石,謝景初與王安石生卒略近,錢鍾書所引,當出自劉辰翁"同時或後人詩"之"同時"人,與本文所辨範圍有所不同。

② 按,從錢鍾書引及的劉辰翁評等,結合近代出版史等可知,該本實即張元濟石印影印的毋逢辰本,關於該本底本、印行始末及刊印中的描改,參見董岑仕《張元濟刊石印時本〈王荆文公詩注〉始末考》,《中國典籍與文化論叢》第20輯,鳳凰出版社,2018年,頁365—393。此外,清代全祖望亦曾譏議過李壁注引後人詩作注,見全祖望《鮚埼亭集外編》卷三一《題雁湖注荆公詩》,清嘉慶刻本葉三。其所用李壁注,當爲依毋逢辰本翻刻而删去劉辰翁評的清綺齋本。

③ 劉將孫《王荆文公詩注》序,見王安石著,李壁注,劉辰翁評點,以元王常本爲底本影印之《北京圖書館古籍珍本叢刊87・王荆文公詩》,書目文獻出版社,頁246。

④ 本文的統計標準,參考劉辰翁"嘗見引同時或後人詩注意,不知荆公嘗見如此等否"之語,排除李壁注所引沈遘、劉攽、吴充、韓維、鄭獬、曾鞏等與王安石的酬唱、同題之作;而並非酬唱、同題之作,亦無師法痕跡的作品的徵引,則納入討論。王安石集中已有《讀眉山集次韻雪詩五首》,可見當時蘇軾的詩文集已有流傳,且王安石曾經閲讀,並有和作,在統計時亦已剔除和蘇詩的原作;然而,李壁注中所引的不少蘇軾作品,都是蘇軾晚年貶謫所作,王安石自不得目見,故注中所引蘇軾作品,大多屬於"後人詩"的範疇。依時代次第,這137條引詩包括趙師民2條、傅堯俞2條、沈括2條、程顥2條、蔡確1條、蘇軾50條、蘇轍5條、黄庭堅31條、曾肇2條、孔平仲1條、秦觀6條、米芾3條、陳師道6條、晁補之1條、張耒3條、陳瓘1條、李朴1條、惠洪3條、黎錞2條、韓駒2條、孫覿1條、陳克1條、吕本中2條、李彌遜1條、陳與義3條、朱熹1條、余易1條、譚望1條、李壁1條。這裏的統計中,包括了庚寅增注,關於庚寅增注的作者問題,參見鞏本棟《論〈王荆文公詩李壁注〉》,蓬左文庫藏朝鮮活字本的脱葉,可依高麗大學藏同版本補足,參董岑仕《李壁注〈王荆文公詩〉朝鮮本補考》(《新國學》第20卷),其中所引"後人詩"(黄庭堅1條),已納入計算。《文學遺産》,2009年第1期。李壁注中的徵引,不少存在誤題作者,或誤標宋人詩爲唐人詩的,已有學者指出,在統計時,亦更正計算,參見卞東波《李壁〈王荆文公詩注〉引詩正訛》,收入《古典文獻研究》(第十三輯),南京:鳳凰出版社,2010年;任群《增補〈王荆文公詩李壁注〉引詩正訛七十六則》,《中國韻文學刊》,2012年第2期。此外,卷二四《江上二首(其二)》王常本、毋逢辰本、清綺齋本有注:"吕居仁詩:'萬里長江一尊酒,故人何處倚扁舟。'疑倣此意。"注中引及吕本中《堤上》一詩,而撫州增注本今存卷二四,並無此注,朝鮮活字本從撫州增注本而出,亦無此注,王常本從有補注的撫州本而出,此詩爲卷二四末詩,今撫州增注本有修版剜補,從注語來看,此條當爲李壁所注,但未納入統計,特此説明。

⑤ 如卷五《次韻舍弟江上》"晴紗上屐齒"注:"近出李侍郎彌遜詩'睡起方床日未斜,旋移屐齒破晴沙。石欄獨立數歸鳥,高樹無風落柿花',亦佳句也。"卷二三《欲歸》下"绿稍還幽草,紅應動故林",注:"近世陳去非參政(陳與義)詩:'紅绿扶春上遠林',亦佳句也。"

或指出某句的遣詞"疑祖此"①,或交代"暗與公(王安石)合"②、"本公此義也"③、"疑仿公作"④,來指出部分作品晚於王安石,但也有的爲未加説明的直接引用。引用晚於王安石詩作的注釋,突破了傳統詩歌注釋"以意逆志"解詩的範式⑤。綜合看來,李壁引後人詩爲王安石詩作注,主要包括了徵引詩話筆記、注釋相似的辭章、介紹詩意的關聯、延伸相關的議論這幾種情况。在這其中,又藴含了李壁怎樣的詩學關懷,是一個值得關注的問題。

## 一、詩話筆記的徵引

李壁注旁徵博引,其中徵引了大量的宋代詩話與筆記。在李壁注之前,任淵注黄庭堅詩、胡穉注陳與義詩,已經開始汲取詩話、筆記中關於詩歌的"本事"記載,編入注釋。李壁作注之時,編纂較全的《苕溪漁隱叢話》已面世,除了卷目題爲"半山老人"的王安石詩話,其他卷帙中論及王安石詩的不少條目,也被李壁以巨細靡遺的態度,搜羅入注。另外,李壁注中也徵引了不少宋代的筆記,如《東齋記事》《夢溪筆談》《後山談叢》《東軒筆録》《能改齋漫録》《石林燕語》等。在引用詩話、筆記時,李壁間或會漏題出處,而詩話筆記中談及的後人詩,也被一併納入了注語。

李壁注在説解名物之時,間或引用宋代筆記中的説法。《車螯二首(其一)》詩下,李壁注:"紹聖三年,始詔福唐與明州歲貢車螯肉柱五十斤,俗謂之'紅蜜丁',東坡所稱'江瑶柱'是也。時曾子開感而賦詩,略云:'嚴嚴九門深,日舉費十萬。忽於泥滓中,得列方丈案。腥鹹置齒牙,光彩生顧盻。從此辱虚名,歲先包橘獻。微生知幾何?得喪孰真贋?玉食有云補,刳腸非所患。''瑶'當作'珧',郭璞《江賦》:'玉珧海月,肉吐石華。'"⑥李壁整段注語,都是從《能改齋漫録》卷十五《方物》中抄録的關於"車螯"的説解⑦,而最末的"'瑶'當作'珧'"及所引《江賦》,《能改齋漫録》中作吴曾的自注。因爲李壁未注出處,乍

---

① 如卷四四《江上》:"青山繚繞疑無路,忽見千帆隱映來"李壁注:"秦少游詩:'菰蒲深處疑無地,忽有人家笑語聲。'疑祖此。"

② 卷二三《發館陶》,王安石句"春風馬上夢",李壁注:"山谷詩:'春風馬上夢,樽酒故人詩。'暗與公合。"黄庭堅此句與王安石全同,故云"暗與公合"。

③ 卷三一《與微之同賦梅花得香字(其二)》,王安石句"從教臘雪埋藏得,却怕春風漏泄香"句注:"黎錞希聲詩云:'雪徑清寒蝶未知,暗香誰遣好風吹。野橋漏泄春光處,正爲横斜一兩枝。'本公此義也。"

④ 如卷四八《晚春》"斜倚屏風搔首坐,滿簪華髮一床書"句,李壁注:"陳去非詩:'八尺屏風遮宴坐,一簾細雨獨題詩。'疑仿公作也。"

⑤ "以意逆志"説來源於《孟子·萬章上》:"説詩者,不以文害辭,不以辭害志,以意逆志,是爲得之。"意謂著解説詩的人,不要因爲文字片段的意義而妨礙對篇章整體的意義的理解,也不要因爲篇章整體的意義而妨礙對作者創作意圖的理解,應該設身處地考察作者的創作意圖。移用于集部的注釋時,注釋者以探得作者之志爲截點,講求訓釋的準確,探明作者的詩歌意義和詩文所傳遞的旨趣,而不會延伸探討作品産生之後更晚的作品。

⑥ 王安石著,李壁注,高克勤點校《王荆文公詩箋注》,上海古籍出版社,2010年,頁350。

⑦ 吴曾《能改齋漫録》,《全宋筆記》第五編第四册,大象出版社,2012年,頁161。

讀之下，會以爲李壁引後出的曾肇（字子開）的詩作，然而，這其實只算是介紹車鰲掌故時的轉引。

詩話中，間或記載了晚輩作者效法王安石的作品，如《題舒州山谷寺石牛洞泉穴》注中，李壁注："《高齋詩話》云：舒州三祖山金牛洞山水聞于天下，荆公嘗題詩，云云。後人鑿山刊木，浸失山水之勝，非公題詩時比也。魯直效公題六言云：'司命無心播物，祖師有記傅衣。白雲橫而不度，高鳥倦而猶飛。'識者云：'語雖奇，不及荆公之自然。'"[①]李壁注所引《高齋詩話》，當從《苕溪漁隱叢話前集》卷三四中轉引而出。此條注釋，劉辰翁針對李壁注所引黄庭堅詩，作了"黄詩何用"的批評[②]，這種批評，與卷三六末劉辰翁評的"嘗見引同時人或後人詩注意，不知荆公嘗見如此等否"的論調如出一轍。然而，李壁所引詩話的補充，對於瞭解山谷寺石牛洞題詩的源流確實有所裨益，故而亦不可一概論爲"無用"，而這種引後人詩作注，應當視作援引詩話中的夾帶。錢鍾書先生指出李壁注引後人詩作注常有"牽强附會"之病的同時，唯獨首肯了兩條"使人悟脱胎换骨之法者"的引用，但錢鍾書先生也指出此二條已見於宋人筆記：

> 顧復有捉置一處，使人悟脱胎换骨之法者，如卷四十《送望之赴臨江》云："黄雀有頭顱，長行萬里餘"，雁湖注引山谷《黄雀》詩："頭顱雖復行萬里"；卷四十六《韓信》云："將軍北面師降虜，此事人間久寂寥"，雁湖注引山谷："功成千金募降虜，東面置坐師廣武。雖云晚計太疏略，此事亦足垂千古。"然此二注之意，早發于吴曾《能改齋漫録》卷十矣。[③]

從李壁注的引書狀况來看，錢鍾書先生所舉的這兩例，或許的確屬於李壁注中不曾明言而脱胎自《能改齋漫録》或《苕溪漁隱叢話》[④]。類似的還有卷三九《自金陵至丹陽道中有感》詩注中引《藝苑雌黄》的評論，誇獎王安石、陳師道二人"挾"字煉字之妙，而轉引了晚于王安石的陳師道的詩句[⑤]。這都説明，詩話的評論，是一部分李壁詩注中引用晚出詩的來源。

## 二、辭章的相似

辭章的相似，主要指其他詩人在遣詞或造句上，與王安石詩有相似之處，李壁在注釋中攀附引用後出詩作的情况。

---

① 王安石著，李壁注，高克勤點校《王荆文公詩箋注》，頁457。

② 此條評語朝鮮活字本脱，故點校本亦無，從元大德王常刊本録。元大德王常刊本影印本，見《北京圖書館古籍珍本叢刊87・王荆文公詩》，頁405。

③ 錢鍾書《談藝録》，頁390。

④ 《能改齋漫録》卷十有"荆公山谷詩意同事同"條引黄庭堅《淮陰侯》；《苕溪漁隱叢話前集》卷三二"山谷"下引《復齋漫録》，同《能改齋漫録》。據《山谷年譜》可知，此詩有改定的過程，《能改齋漫録》中所舉爲黄庭堅改詩以前的詩句，李壁注釋所引，亦爲黄庭堅未改版本，從沿襲與李壁注的引書面貌來看，這兩條應當便是自《苕溪漁隱叢話前集》或《能改齋漫録》中化出，而加上"語意亦大相類"，"兩公詠黄雀，皆使袁尚事"的評論而已。

⑤ 王安石著，李壁注，高克勤點校《王荆文公詩箋注》，頁978。

首先，遣詞相似，如在《東皋》中，王安石用“草長流翠碧，花遠没黄鸝”，描繪出漫爛的春景，李壁注：“草長，謂草色彌望而長。惟用‘長’字，故覺‘流’字工，亦猶用‘遠’字，方見‘没’字妙。翠碧黄鸝，借言顔色也。少游亦嘗用。”[①]“少游亦嘗用”，指的應當是秦觀的《春日五首（其三）》：“夾衣新著倦琴書，散策池塘返照初。翠碧黄鸝相續去，荇絲深處見游魚。”[②]但對比可知，王安石的“翠碧”“黄鸝”兼顧物象與顔色之意，而李壁引秦觀的“翠碧黄鸝相續去”，是因爲詞語的相似。《有感》詩：“世味已鮮久，但餘野心稠。”李壁注：“《左氏》：‘狼子野心。’然公所謂‘野心’，乃山野清曠之心。山谷詩：‘滄江鷗鷺野心性。’”[③]“野心”的語典，出自于《左傳・宣公四年》。在宋人詩作，詩意已經發生變化，指向山野之志，故而李壁注通過引黄庭堅《次韻子瞻寄眉山王宣義》中的詩句，指出黄詩的“野心”，亦指閒適之心。王安石《躍馬泉》“崩騰赴不測，一陷常萬匹”，李壁注：“東坡《白水巖》詩：‘雙溪匯九折，萬馬騰一鼓。’與公“萬匹”之語皆奇作。”則抓住了王安石詩與蘇軾詩均詠以“萬馬”來寫泉水，王安石取水勢湍急，激流洶湧，仿佛能使萬馬陷坑，蘇軾則以萬馬比擬狂濤怒吼之聲，兩詩均造語奇特。

辭章的關聯，成爲李壁注援引後代詩文的紐帶。但也應當指出，李壁注中，也有一些徵引，未免牽强。如錢鍾書先生所譏議的《寄慎伯筠》，王安石詩作中“宜乎倜儻不低斂，醉脚踏倒青天低”句，李壁注引吕本中的“未須極軒昂，且須就低斂”[④]，兩詩都用了“低斂”一詞，但詩意的關聯並不大；又如《欲歸》“绿稍還幽草，紅應動故林”，李壁注：“近世陳去非（陳與義）参政詩：‘紅绿扶春上遠林。’亦佳句也”[⑤]王詩由眼前所見幽草稍稍拂過的绿意展開遐思，暢想故園林木之中紅豔春花或已綻放枝頭，由此觸動“欲歸”之思，陳詩則以簡潔凝練之詩筆，勾勒出紅紅绿绿鮮豔春色彌漫眼前之景，兩詩一鋪衍，一凝練，一寫目中所見，一則由眼前實景觸發想像，雖然均是佳句，而筆法相去甚遠。又如王安石《送張仲舉》“老吏閉門無重糈”句的庚寅增注中，李壁引孫覿（字鴻慶）的詩句“蕭蕭凫鶩行，重糈不到門”[⑥]，雖有“閉門”“重糈”的詞語相似，實則不必贅引。

遣詞以外，辭章的相似還包括造句的相似，指的是李壁注引後出詩中句法相似的句子，以突出王安石的獨特句法。如王安石《江上》“青山繚繞疑無路，忽見千帆隱映來”句，李壁注：“秦少游詩：‘菰蒲深處疑無地，忽有人家笑語聲。’疑祖此。”[⑦]王安石詩立足于“江上”，目中所見，隨扁舟行駛的路綫而變，

① 王安石著，李壁注，高克勤點校《王荆文公詩箋注》，頁512。

② 秦觀《春日五首（其三）》，見秦觀著，徐培均箋注《淮海集箋注》，上海古籍出版社，2010年，頁431。

③ 王安石著，李壁注，高克勤點校《王荆文公詩箋注》，頁437。

④ 王安石著，李壁注，高克勤點校《王荆文公詩箋注》，頁493。

⑤ 王安石著，李壁注，高克勤點校《王荆文公詩箋注》，頁553。

⑥ 王安石著，李壁注，高克勤點校《王荆文公詩箋注》，頁902。

⑦ 王安石著，李壁注，高克勤點校《王荆文公詩箋注》，頁553。

而秦觀《秋日》詩中,詩人蕩舟于高郵的水田之中,而王安石以視覺效果來突出航道和視界的變遷,秦觀改以聲音作爲突破,"疑""忽"的遣詞,與詩境的轉折都有相似之處,而李壁注的"祖此"的判斷,十分精準。又如《省中》的"移床獨向秋風裏,卧看蜘蛛結網絲"句,李壁注引韓駒(子蒼)的"移床獨向西南角,卧看琅璫動晚風"[①],而《思王逢原》中,"妙質不爲平世得,微言惟有故人知",李壁注:"陳師道《懷魯直》詩亦云:'妙手不爲平世用,高懷猶有故人知。'"[②]兩詩均爲懷人之作,句法相類,故爲李壁注中所引。

另外,辭章的相似,亦間或會引發李壁對於詩歌對仗高下的評判,王安石《秋雲》"欲記荒寒無善畫,賴傳悲壯有能琴"句注:"少游詩:'荒寒問前路,空闊檻增波'。不若'悲壯'之工。"[③]李壁舉王安石詩句中以"荒寒"對"悲壯",較之秦觀詩中以"荒寒"對"空闊"爲工,然而秦觀《過六合水亭懷裴博士次韻》作"荒門寒帶路,空檻闊增波"[④],每句中二三字字序與李壁的引用不同,而"荒門寒帶路,空檻闊增波"句的詩意下筆用力處,與李壁所引有所不同,對仗亦有别,李壁改字附會,以發高見,實難免引用不精的譏議。

## 三、詩意的關聯

詩意的關聯指的是詩歌所傳遞出的思想旨趣,牽連起注者的翩翩遐思。李壁常常從王安石詩作的旨趣聯想至其他詩作中類似的情志的抒發,而不在意所引詩作是否晚於王安石的作品。

王安石《少狂喜文章》:"少狂喜文章,頗復好功名。稍知古人心,始欲老躬耕。"李壁注:"子由《和陶詩》:'少年喜文章,中年慕功名。自從樂江湖,一意事養生。'前輩晚年意,率類此,介父作此詩時,必在常州,時年三十七。"[⑤]李壁注指出王安石與蘇轍的詩中,都顯現出了心境隨年齡的變遷而變化的軌跡,從疏狂不羈,轉至平淡自守,而旨趣類似。《和惠思歲二日》,王安石詩言"懶讀書來已數年,從人嘲我腹便便。爲嫌歸舍兒童聒,故就僧房借榻眠",在庚寅增注中,李壁道:"陳去非(陳與義)參政亦有句云:'舊喜讀書今懶讀,焚香閱世了閒身。'余甚愛此句。然二公實未嘗廢書也。"[⑥]注明王安石、陳與義所塑造的閒適從容的"懶讀"形態。《與微之同賦梅花得香字(其二)》,王安石"從教臘雪埋藏得,却怕春風漏泄香",李壁注:"黎錞希聲詩云:'雪徑清寒蝶未知,暗香誰遣好風吹。野橋漏泄春光處,正爲横斜一兩枝。'本公此義也。"[⑦]黎錞詩,一題爲

① 王安石著,李壁注,高克勤點校《王荆文公詩箋注》,頁1201。
② 王安石著,李壁注,高克勤點校《王荆文公詩箋注》,頁756。
③ 王安石著,李壁注,高克勤點校《王荆文公詩箋注》,頁1047。
④ 秦觀著,徐培均箋注《淮海集箋注》,頁272。
⑤ 王安石著,李壁注,高克勤點校《王荆文公詩箋注》,頁272。
⑥ 王安石著,李壁注,高克勤點校《王荆文公詩箋注》,頁1224。
⑦ 王安石著,李壁注,高克勤點校《王荆文公詩箋注》,頁96。

李錞(亦字希聲)作①,兩詩均詠梅花淩寒綻放,潔白如雪,春風拂過,暗香浮動。從命意來看,黎錞之作,確實有從王安石詩意化出的一面。

## 四、議論的延伸

宋詩中"議論"的因素大大增加,而觀點的呈現或鞭辟入裏,或藴含情致;而李壁在詩歌的注釋中,會對王安石詩中申發的觀點加以評頭論足,間或援引他詩來作注;同時,注釋也成爲李壁發表自己對於歷史叙述正誤與否的空間,通過引用後出的作品等來對王安石詩作予以補充申述。

首先,李壁對王安石詩中詠史懷古時描摹的歷史面貌是否符合"史觀"十分在意,不時舉出宋人其他詩作來軒輊高下。王安石在《望夫石》詩中提到"還似九疑山上女,千秋長望舜裳衣",用了九疑山與舜妃的傳説,李壁在注中梳理了相關的典故,以爲舜葬於蒼梧之野,而斷定"二妃未之從也",後來秦時博士轉向附益出來的"湘水之神"被混淆爲二妃,李壁隨後表明態度:"余嘗愛張文潛《斑竹》詩云:'重瞳陟方時,二妃蓋老人。安肯泣路傍,灑淚流叢筠。'意殊雅正。今公賦《望夫石》詩,而引舜妃,其亦幾於褻矣。"②以雅正爲標準,引張耒詩作注。在《明妃曲二首(其二)》,王安石言"漢恩自淺胡自深",李壁注説,"余嘗愛李朴先之此曲云:'犬馬猶懷報主心,妾身不恨丹青誤。春風掩淚别明光,萬里煙沙從此去。胡笳一曲塞塵清,何似尊前侍歌舞。'李語忠厚,意在國家,不以遠嫁爲苦,得詩人之意"③,在南宋的歷史語境下,激賞李朴的語意忠厚,而對王詩中流露的遠嫁之苦有所不滿。《聖俞爲狄梁公孫作詩要予同作》,王安石詩有"堂堂社稷臣"之稱,而庚寅增注中,李壁指出:"狄梁公之爲人,疑無可議者。然蘇潁濱猶有'負婁公'之句,要不害爲社稷之宗臣也。"④"負婁公"指的是蘇轍《讀史六首(其六)》中的"可憐狄仁傑,猶復負婁公"之語。王安石以爲狄梁公狄仁傑爲"堂堂社稷臣",而蘇轍則以狄仁傑猶有負虧婁師德之處,在注中引入對於同一歷史人物的不同評判而予以商榷。

更爲突出的,則是李壁在注釋中引用了自己的詩作。在傳統詩歌注釋中,這是絶無僅有的。在《聞望之解舟》中,有"修門歸有期,京水非汨羅"一句,但李壁以爲屈原自投汨羅爲傳襲之誤,故在注中引出一篇長篇大論:

> 予嘗謂原自投汨羅,此乃祖來傳襲之誤。往過秭歸,謁清列廟,嘗題詩辨正一事,漫附於此:"檥舟石門步,敬款三閭祠。三閭楚同姓,竭節扶顛危。雖抱流放苦,愛君終不衰。烏乎義之盡,永世垂忠規。子胥固激

① 《永樂大典》卷二八〇八引《江湖集》,頁九 A,中華書局影印本第二册,頁 1451;此詩詠梅,在李龏編《梅花衲》集句與元郭豫亨《梅花字字香》集句中都出現過,作者署名亦有異,如首句"雪徑清寒蝶未知",李龏《梅花衲》中注"李希聲"詩,郭預亨《梅花字字香》(前集)注"黎錞"詩,作者難以遽定。

② 王安石著,李壁注,高克勤點校《王荆文公詩箋注》,頁 1241。

③ 王安石著,李壁注,高克勤點校《王荆文公詩箋注》,頁 143。

④ 王安石著,李壁注,高克勤點校《王荆文公詩箋注》,頁 390。

烈，籍館鞭王屍。于吴實貔虎，于楚乃梟鴟。大夫視國賊，剸刃理則宜。詎忍形詠歎，黼藻嚴彰施。陋儒暗倫紀，解釋紛乖離。奢尚置弗稱，翻以胥爲詞。舍順而取逆，無寧汨民彝，高賢動作則，此道渠不思。《回風》《惜往日》，音韻何淒其。追吊屬後來，文類玉與差[①]。愚竊懷此久，聊抉千載疑。玄猿爲我吟，青兕爲我悲。徘徊廟門晚，寒日下中坻[②]。"

按，子胥挾吴敗楚，幾墟其國。三閭同姓之卿，義篤君親，决不稱胥以自況也。《離騷》泛論太康《五子》，孟堅未見《尚書》，全文指爲伍胥，士固哂之。《九章·涉江》言："賢不必用兮，忠不必以。五子逢殃兮，比干葅醢。"此正引奢、尚而言。王逸陋儒，顧以爲胥，又繆矣。《悲回風》章云："吴信讒而弗味兮，子胥死而後憂。"吴之憂，楚之喜也。置先王之積怨深怒而憂仇敵之憂，原豈爲此哉？又言"遂自忍而沉流"，遂，已然之詞，原安得先沉流而後爲文？此足明後人哀原而吊之之作無疑也。[③]

李壁在這裏娓娓叙説，以爲屈原"雖抱流放苦，愛君終不衰"，自投汨羅之事爲班固、王逸等諸儒轉相附會。李壁通過辯駁，傳遞出屈原"温柔敦厚""忠君愛國"的形象，認爲王安石詩用屈原自投汨羅之典有誤。李壁此注，並不避忌所引詩歌與王安石作品的先後關係，而只在意注釋中自己觀點是否得到了充分的陳述。

## 五、"自出己意，借事以相發明"
### ——《李壁注》的詩學闡釋方法

據詩話記載，"（王安石）嘗云：詩家病使事太多，蓋皆取其與題合者類之，如此乃是編事，雖工何益。若能自出己意，借事以相發明，情態畢出，則用事雖多，亦何所妨。"[④]李壁注引後人詩作注，是將自己所得的閱讀經驗和詩評觀點融入注釋，可以説，"自出己意，借事以相發明"，不僅僅是王安石在創作詩歌時對閱讀與用典的經驗之談，同樣也可以用來概括李壁的注釋的特點，而這種在詩歌注釋的方法層面的創新之處，正是《李壁注》對宋代詩學闡釋的獨特貢獻。

傳統的詩注範式，限制著注者的任意馳騁，一般較少有議論摻雜，但在宋代詩注中，情况已經稍有改變。張三夕指出，宋詩宋注的特點有"議論多"："宋人喜歡議論詩歌，詩話是其主要的形式，宋詩宋注除大量引用詩話外，注家自己也時常在注中發表評論，對詩歌的用意、意境、技巧、修辭等内容和形式上的特徵進行細緻的分析。"[⑤]李壁"自出己意"的詩學闡釋方法，與宋人"親證其事

---

① "玉"，朝鮮活字本、點校本原均作"王"，形近而誤，"玉與差"，指宋玉與景差，據改。

② "下"，朝鮮活字本、點校本原均作"不"，形近而誤，據魏了翁《經外雜抄》引李壁詩改。

③ 王安石著，李壁注，高克勤點校《王荆文公詩箋注》，頁36。

④ 胡仔《苕溪漁隱叢話後集》卷二五引《蔡寬夫詩話》，人民文學出版社，1962年，頁179。

⑤ 張三夕《宋詩宋注管窺》，收入張三夕《詩歌與經驗——中國古典詩歌論稿》，嶽麓書社，2008年，頁165。

然後知其意”的闡釋也不無關聯[①]。南宋的集部注釋，往往在注釋中屢屢述及個人經歷，以親證的方式，來尋訪與還原詩歌，如李壁注王安石詩時，提及自己貶謫臨川、出使燕地的經歷，在施宿補充施顧注《東坡先生詩》時與謝枋得注《章泉澗泉二先生唐詩選》時，都會言及自己之事，推衍到極致的，莫過於注釋中融入評論，親證外加以説解，而在考察詩歌的用典，探討王安石詩法的傳承之外，自出己意，對不少作品作出了綜合性的、歷史化的分析。

李壁“自出己意”的詩學闡釋方法，和宋代的詩話的發展軌跡有一致性，也和宋人注詩中引用詩話的狀況密切相關。宋代的詩話中，或彙載逸聞軼事，或考故實出處，或講格律句法，在討論中往往包含著縱貫的比較，指出不同作品的承襲偶合的同時也稱賞詩藝的後出轉精。而在任淵注黄庭堅詩時，引用《王直方詩話》《西清詩話》《高齋詩話》等，大多爲了評論詩句，解釋掌故，但已初開後來宋人注宋詩中引用詩話的體例，而宋人在注杜詩、韓詩等唐詩時，往往也摘取本朝詩話中的議論。李壁注中，取資《苕溪漁隱叢話》之類的詩話叢談，引用筆記中的議論評判，也同時在注語中效法詩話的“品評”而自出己意。注釋中，亦有從詩話引申出的自得之見。《乘日》中，李壁末句後有注：“末句與煙水相連。潁濱嘗云：‘《緜》九章，事不接，文不屬，如連山斷嶺，雖相去絶遠，而氣象聯絡，觀者知其脉理之爲一[②]，此最爲文之高致耳。’”[③]在注中引用蘇轍對於《詩・大雅・緜》的評論，指王安石《乘日》詩末句“匆匆照顔色，恨不喜征衣”詩意與之前的“煙水吾鄉似”遥相呼應，這種呼應的詩法，與蘇轍對《詩經》中的章法似斷實連、氣象通貫的看法有相似之處。《初憩和州》“衣足一囊弊，粟餘三釜陳”句下，李壁注：“東坡《贈月長老》詩‘子有折足鐺，中餘五合陳’，坡詩大抵取其意足，如言‘陳’更不言‘粟’，介甫則必先有‘粟’字，方使‘陳’字。坡詩如‘已遣亂蛙成兩部’，‘兩部’，亦暗帶‘樂’字，故葉石林謂坡詩有歇後語，然不害其爲奇也。”從葉夢得《石林詩話》中對蘇軾詩中以“歇後”之法發微[④]，指出王安石作詩字字落實，緊依出處，而蘇軾則好用“歇後”之語而暗藏不露，揭示二人寫作習慣的不同，頗有見地。

李壁注釋中，關注辭章的相似、詩意的關聯，與江西詩派對於“奪胎换骨”“無一字無來處”的流風不無關聯，而由此，李壁自出己意的注釋中，其實也暗

---

① “親證其事，然後知其義”，出自《冷齋夜話》卷六，見張伯偉校注《稀見本宋人詩話四種》，鳳凰出版社，2002年。關於其詩學闡釋的意義，參見周裕鍇《宋代詩學通論》第三章“親證：實踐的印可”，上海古籍出版社，2007年，頁444；周裕鍇《中國古代闡釋學研究》，上海人民出版社，2003年，頁262。

② 朝鮮本、點校本“一”原誤作“止”，據臺北故宫藏宋撫州本改，蘇轍《欒城集・詩病五事》作“一也”。

③ 王安石著，李壁注，高克勤點校《王荆文公詩箋注》，頁557。

④ 葉夢得《石林詩話》卷中：“蘇子瞻嘗兩用孔稚圭鳴蛙事，如‘水底笙歌蛙兩部，山中奴隸橘千頭’，雖以笙歌易鼓吹，不礙其意同。至‘已遣亂蛙成兩部，更邀明月作三人’，則成兩部不知謂何物，亦是歇後，蓋用事，寧與出處語小異而意同，不可盡牽出處語而意不顯也。”（葉夢得著，逯銘昕校注《石林詩話校注》，人民文學出版社，2011年，頁80）

用了“推源溯流”法，來考察王安石詩的前後來歷並予以分析[①]。然而，作爲文學文本的注釋，依附于某一作家的作品之下，衍生而出的議論，是對詩注原本應有的功能的拓展，但却未必能爲人所接受。劉辰翁、全祖望與錢鍾書的批評，便從傳統詩歌注釋的“義法”出發，否定評論與援引的逾限。“彙注彙評本”的體式的出現，更清晰地離析注釋與評點的功能區别。宋代之後，後世再度興起注詩之風，莫過於清代，但隨著文體分類的意識漸漸釐析，議論當屬詩話，注釋當爲解詁，就更難有對於注釋的“自出己意”的認可了，而“借事以相發明”的詩學闡釋，就消失在了詩注的發展史之中。

**【作者簡介】**董岑仕，文學博士，人民文學出版社古典文學編輯室編輯，研究方向爲宋代文學與文獻。

① “推源溯流”法的歸納，來自于章學誠《文史通義》卷五《詩話》中提出的“《詩品》深從六藝溯流别也”，而對於這一批評方法的詳細分析，參見張伯偉《中國古代文學批評方法研究》，中華書局，2002年，頁104。

# 《列朝詩集》采摭明詩總集的文獻價值

顔慶餘

**【提　要】** 錢謙益《列朝詩集》的纂輯依託於以絳雲樓藏書爲主的江左藏書,具有很高的文獻價值。其中采摭數量可觀的明詩總集,如《大雅集》《草堂雅集》《湖海耆英集》等,既明確注明文獻來源,又多稀見的版本,可據以考察若干佚書,又能提供值得參校的大量異文,在輯佚和校勘方面都有值得關注的文獻價值。

**【關鍵詞】** 列朝詩集　明詩總集　文獻價值

如果綜合地考慮收詩規模、成書年代、文獻來源、選録眼光等方面的情況,錢謙益《列朝詩集》大概是最重要的一部明詩總集,不是《明詩綜》《明詩紀事》等可相比擬,也不是《明詩歸》《明詩别裁集》等可以相提並論。《列朝詩集》八十一卷,纂輯於明末清初,收録有明一代,上起洪武,下至崇禎,凡十六朝,近二百八十年的詩歌,入選一千八百餘家,分作甲、乙、丙、丁四集,又前有乾集和甲集前編,後有閏集。這樣一部規模宏大,成書年代較早,又出於藏書甲于東南的錢謙益之手的明詩總集,可資輯佚和校勘的文獻價值尤爲可觀。

《列朝詩集》的文獻價值一直受到學界的關注,一些學者在各自的研究課題中將其作爲重要的典籍,挖掘其輯佚、校勘等方面的價值。董康《書舶庸譚》著録一種明洪武刊本《光岳英華》十五卷,依據《列朝詩集》的引録,判定此本已非足本[①]。徐澄宇、沈北宗校點《高青丘集》(上海古籍出版社 1985 年),以清雍正六年金檀文瑞樓刻本爲底本,參校其他傳本,録存高啓詩 846 首的《列朝詩集》成爲其中一種校本,提供若干異文。吴文慶《藍仁及〈藍山集〉研究》(西南大學 2016 年碩士論文),依據《列朝詩集》等總集所收藍仁、藍智詩,辨正《四庫全書》本二藍詩集的誤收。這樣的例子當然還可以舉出不少,但很遺憾的是,《列朝詩集》的文獻價值仍然没有得到充分的重視。以明集整理爲例來説,目前已有的兩種李攀龍集的整理,都未能關注《列朝詩集》可能具有的校勘和輯佚價值[②]。實際上,《列朝詩集》的文獻價值雖然受到關注,却還没有得到全面深入的考察和估評,目前也尚未見到專門研究的論著。

---

① 董康著,朱慧整理《書舶庸譚》,中華書局,2013 年,頁 190。

② 兩種李攀龍集:李伯齊校點《李攀龍集》,齊魯書社,1993 年;包敬第標校《滄溟先生集》,上海古籍出版社,1992 年。

《列朝詩集》的文獻價值是需要專門研究的課題，錢謙益纂輯時采摭大量明代别集、總集、傳記以及其他類型的書籍，這些不同類型的文獻來源都值得分門别類地加以深入考察。本文考察《列朝詩集》采摭明詩總集的情況，由此估評其文獻價值，正是展開這一課題的一種嘗試。

## 一、《列朝詩集》的文獻來源

關於《列朝詩集》的纂輯過程，錢謙益自序説："山居多暇，撰次國朝詩集，幾三十家，未幾罷去。此天啟初年事也。越二十餘年而丁開、寶之難，海宇板蕩，載籍放失，瀕死訟繫，復有事於斯集，託始於丙戌(1646)，徹簡於己丑(1649)。"[①]天啓間(1621—1627)纂輯的稿本，收録詩人37家，詩篇219首，今藏北京大學圖書館[②]。這一次的草創之作，收録數量不多，可不置論。後來行世的《列朝詩集》八十一卷，則於清順治九年(1652)由毛晉汲古閣刊成。這一次的纂輯雖然歷時僅前後四年，卻能依託於江左一帶的豐富藏書，包括錢謙益自己的絳雲樓藏書、黄虞稷千頃堂藏書、丁雄飛心太平庵藏書等。這樣的文獻來源決定了《列朝詩集》無可取代的文獻價值。

絳雲樓藏書是《列朝詩集》成書最主要的基礎。錢謙益一生搜書至勤，曹溶《絳雲樓書目題詞》稱："用是所積充牣，幾埒内府，視葉文莊、吴文定及西亭王孫，或過之。"[③]與葉盛菉竹堂、吴寬叢書堂、朱睦㮮萬卷堂等明代極富盛名的藏書樓相比，錢謙益的絳雲樓藏書可能還要稍勝一籌。這就爲錢謙益的纂輯工作提供了良好的資料條件。

清順治七年(1650)十月初二夜，絳雲樓不幸毁於火災。錢謙益自稱："甲申之亂，古今書史圖籍一大劫也。庚寅之火，江左書史圖籍一小劫也。今吴中一二藏書家，零星捃拾，不足當吾家一毛片羽。"[④]絳雲樓燼餘書籍，部分售予松陵潘氏，其餘贈與族孫錢曾。清代公私書目，如《天禄琳琅書目》、黄丕烈《蕘圃藏書題識》、楊紹和《楹書隅録》等，都可見到若干種絳雲樓舊藏。無論是對於錢謙益自己，還是對於中國文化史，這都是一場不幸的書史劫難。然而，從客觀的角度説，絳雲樓藏書的毁滅，卻有助於提高《列朝詩集》的文獻價值。據王紅蕾研究，絳雲樓燼餘書籍，目前只檢索到六十餘種[⑤]。這意味著絕大部分絳雲樓藏書已經不復存在。《列朝詩集》采摭絳雲樓藏書中的明人别集、明詩總集、史傳書志等相關書籍，其中一些書籍已無傳本，一些書籍的版本與存世的傳本不同，由此《列朝詩集》保存了若干佚書的部分文本和若干傳本的獨特異文。

---

① [清]錢謙益著，錢仲聯標校《牧齋有學集》卷十四，上海古籍出版社，2010年，頁678。

② 孟飛《〈列朝詩集〉稿本考略》，《文獻》2012年第1期。

③ [清]錢謙益《絳雲樓書目》卷首，國家圖書館藏清抄本。

④ [清]錢謙益《牧齋有學集》卷四六《書舊藏宋雕兩漢書後》，頁1529。

⑤ 王紅蕾《錢謙益藏書研究》第三章第三節《絳雲樓燼餘書知見録》，南開大學出版社，2013年，頁198。

絳雲樓藏書之外，錢謙益又訪求當時以庋藏明人著述聞名的黄氏千頃堂藏書。順治五年(1648)秋，錢謙益采詩南京，借書於千頃堂，後來有《黄氏千頃齋藏書記》記述其事：

> 戊子之秋，余訟系金陵，方有采詩之役，從人借書。林古度曰："晋江黄明立先生之仲子守其父書甚富，賢而有文，盍假諸?"余於是從仲子借書，得盡閲本朝詩文之未見者。[1]

錢謙益借自千頃堂的"本朝詩文之未見者"，無法確認具體是哪些書籍，這裏且作大致的描述。《列朝詩集》采摭的明詩總集，多數見諸黄虞稷《千頃堂書目》的著録，其中那些《絳雲樓書目》未著録而又見諸《千頃堂書目》的明詩總集，有可能就是借自黄虞稷的藏書。比較重要的幾種是求漁《越山鍾秀集》、高播《明詩選粹》、楊循吉《大明文寶》、曹學佺門客編《金陵社集詩》、程慶琓《聲文會選》、徐庸《湖海耆英集》等，現在都已佚失，僅見諸《列朝詩集》的引録而幸存若干片段。

錢謙益采詩南京時，又借書于丁雄飛，後來纂成刊行後，著意稱述丁氏的襄助之功：

> 戊子歲，訟系南都，從丁菡生借書，往返促數。余采本朝詩，數從菡生借書……今《列朝詩集》已行世，鴻儒鉅公，交口傳誦，雞林使人每從燕市購取。三百年風雅未墜於地，菡生有助焉。[2]

繆荃孫稱丁雄飛"積書數萬卷，尤多秘本"[3]。可惜其《古今書目》七卷已失傳，無從推測錢謙益數從丁氏借書的具體情況。從錢謙益的稱述看，想必多有秘本可供采摭。

錢謙益采詩所及，在千頃堂和心太平庵外，又有昆山王逢年、南京余澹心、宛陵梅氏等，具見《列朝詩集》相關小傳與《有學集》相關文章的記載，此不贅述。采詩之餘，又有時人前來投贈詩集，如王惟儉，《列朝詩集》小傳稱："嘗以近詩數百篇示余，余爲繩删，存十之二三。"[4]這些都有助於拓展《列朝詩集》的文獻來源，從而提高其文獻價值。

## 二、《列朝詩集》采摭明詩總集的情況

《列朝詩集》采摭的明詩總集，可以確知録存情況的數量大約 40 種，只是提及而不能確知録存情況的數量，大概也有 30 多種，至於采摭而未提及的數

---

① [清]錢謙益《牧齋有學集》卷二六，頁 994。

② [清]錢謙益撰，潘景鄭輯校《絳雲樓題跋》"題丁菡生藏餘尺牘小册"，上海古籍出版社，2005年，頁 192。

③ [清]丁雄飛《古歡社約》卷末繆荃孫識語，《藕香零拾》本。

④ [清]錢謙益《列朝詩集》丁集第十六，中華書局，2007 年，頁 5938。案：以下所引《列朝詩集》中有關文字，都出於此點校本，不一一注出。

量應該更多。《列朝詩集》對其中很多總集的録詩數量也比較可觀。這表明錢謙益對前人所纂明詩總集的倚賴,也表明《列朝詩集》與這些總集之間的緊密聯繫。其中採録較多的總集,列表如下:

| 明詩總集 | 所收詩人 | 所收詩篇 | 《列朝詩集》卷次 |
|---|---|---|---|
| 《玉山名勝外集》 | 35人 | 70首 | 甲集前編第八之下 |
| 《玉山名勝集》 | 36人 | 104首 | 甲集前編第八之下 |
| 《玉山紀遊》 | 9人 | 42首 | 甲集前編第八之下 |
| 《荆南倡和集》 | 2人 | 64首 | 甲集前編第八之下 |
| 《雅頌正音》 | 24人 | 165首 | 甲集前編第十一、甲集第十七、甲集第十八、閏集第一 |
| 《大雅集》 | 33人 | 99首 | 甲集前編第十一 |
| 《光岳英華》 | 18人 | 111首 | 甲集前編第十一、甲集第十八 |
| 《東甌詩集》 | 6人 | 20首 | 甲集前編第十一 |
| 《滄海遺珠》 | 17人 | 82首 | 甲集前編第十、乙集第二、乙集第八 |
| 《越山鍾秀集》<br>《明詩粹選》 | 合23人 | 146首 | 乙集第八 |
| 《皇明詩抄》<br>《大明文寶》 | 合23人 | 42首 | 乙集第八 |
| 《金陵社集詩》 | 16人 | 32首 | 丁集第七 |
| 《白門新社詩》 | 21人 | 139首 | 丁集第七 |
| 《今雨瑶華》 | 14人 | 40首 | 丁集第八 |

與《列朝詩集》在規模和纂例上相近的明詩總集,如朱彝尊《明詩綜》,當然也采摭數量不少的前人所編的總集,《明詩綜采摭書目》著録明詩總集的數量近200種。不過,《明詩綜》《明詩紀事》等總集基本上並不注明出處,所録詩篇出於哪一種總集通常並不能確定。在這一點上,《列朝詩集》有一種很好的做法,有助於我們確定某些詩人詩篇的具體文獻來源,即在各卷目録和各家小傳中注明所采摭的總集。這樣的做法也是我們有可能考察《列朝詩集》采摭明詩總集的文獻價值的前提。

以下是各卷目録注明采摭總集的例子。

甲集前編第十一目録

吴待制志淳一十一首　孟待制昉一十三首　顧縣尉觀六首

以上劉仔肩《皇明雅頌》三人

錢提舉惟善九首　陸進士居仁二首　丘郎中民二首

全殿學思誠三首　魯博士淵一首　林泉民張樞二首

張典寶璧二首　王教授椵二首　余提舉詮二首

周處士之翰二首　吴戎幕哲七首　孫教授華四首

葉主簿杞五首　朱舍人芾四首　董僉事紀四首
顧侍郎彧五首
王縣丞澤一十一首　鄭洪五首　劉司令儼一首
沈鉉三首　董徵士佐才一首　劉處士睿一首
程縣丞煜二首　唐珙二首　劉塤一首
邵臺掾思文三首　徐津二首　袁舉二首
俞庸一首　俞俊三首　李鄘州垚一首
附見李至剛一首　劉原俊一首　范立一首

以上賴良《大雅集》三十有三人

吴會七首　王翊一首　游莊二首
王中一十五首　陳安三首　劉廉一首

以上許中麗《光岳英華》六人

甲集第十八目録

唐應奉肅九首　謝僉事肅五首　唐開封敏三首
藍僉事智四十首　林登州弼一十四首　張布政紳八首
練通判高三首　楊博士翮四首　吴藤州植三首
涂博士穎六首　吴副使彤四首　戈徵士鎬九首
吴司丞複二首　陶員外誼二首　蕭學録執三首
王敬中二首　吴去疾二首　周子諒二首
程洪都國儒二首

以上《皇明雅頌》一十九人

甘謹四十首　張嘉定率四首　揭清河軏一十六首
周經歷啟二首　劉崇明秩五首　元宣二首
危進三首　吴世忠三首　朱弘祖二首
涂守約二首　聶舍人同文二首　高伯恂一首

以上《光岳英華》三體詩一十二人

乙集第八目録

劉西江績三十一首　張助教經一首　劉驛丞恕一首
劉教授師邵六首　王待詔誼一十一首　王溧水懌七首
錢文昌遜七首　白黄州範二首　蔡學究庸三首
毛學録鉉一首　鄭柿莊嘉五首　李布衣勖三首
陳縣丞端二首　張處士璨一十九首　朱教授純一十七首
羅週二首　羅頎二十首　高瓛一首
高璧一首　朱顯一首　張閩縣倬二首
丁嶽二首

以上求漁《越山鍾秀集》及高播《明詩粹選》二十三人

漏瑜一首　平藤縣顯二首　施敬一十一首
楊子善二首　胡右史粹中三首　周昉一首

| | | |
|---|---|---|
| 韓副都宜可二首 | 楊彝一首 | 逯昶七首 |
| 朱絳一首 | | |

以上沐景顒《滄海遺珠》十人

| | | |
|---|---|---|
| 黎廣文擴一十一首 | 蘇布衣大二首 | 唐紀善文鳳一首 |
| 任學官道二首 | 石博士光霽一首 | 謝山人績一首 |
| 周學官啓二首 | 周台州榘二首 | 侯助教復一首 |
| 彭鏞一首 | 董儒一首 | 黄褧二首 |
| 徐璲一首 | 周鉉一首 | 陳副都泰一首 |
| 金主事誠二首 | 趙不易二首 | 任彪一首 |
| 李僉事齡一首 | 鍾沔陽順一首 | 郭文二首 |
| 謝貞一首 | 謝複二首 | |

以上《大明文寶》《詩抄》各集二十二人

這裡依據的是《列朝詩集》的順治九年汲古閣刻本。需要指出的是，許逸民、林淑敏的點校本（中華書局 2007 年），爲查檢便利，將各卷之前的目録，即凡例所説的“分卷目録”，改成卷首的總目録，在這一改動中，刪去各卷目録中原有的關於采摭總集的注語。刪去注語的後果，是學者閱讀點校本時，無從得知《列朝詩集》究竟采摭了哪些明詩總集。

以下是各家小傳注明采摭總集的例子。

甲集前編第十一唐元小傳：詩見《草堂雅集》。

甲集第十九郩經小傳：詩見《滄海遺珠》。

乙集第二張洪小傳：出沐氏《滄海遺珠集》，蓋其戍滇時所作。

丙集第十三高瀫小傳：有集在閩中，余從《晋安風雅》録得一首。

丁集第九鄭惟勉小傳：出金陵人《明詩日抄》。

閏集第二懷海小傳：見《聲文會選》。

在各卷目録和各家小傳中注明所采摭的總集，這一做法清楚地顯示出《列朝詩集》這一類型的文獻來源。需要説明的是，明人别集應該是《列朝詩集》更主要和基本的文獻來源，而這一類型的文獻來源大多並無明確的注明。那些並未注明文獻來源的詩家及其詩作，想必就以别集作爲文獻采摭的來源，這應該是比較合理的推測。

## 三、《列朝詩集》采摭明詩總集的輯佚和校勘價值

由於書史的客觀形勢，如書籍的失傳、文本的訛變，基於諸多書籍而纂輯成書的總集通常具有輯佚和校勘的價值。《列朝詩集》同樣如此，以絳雲樓藏書毁滅爲主的書籍失傳，客觀上提高了這部成書於清初的總集的文獻價值，那些依賴《列朝詩集》而保存若干片段的書籍或若干異文的傳本，無疑具有不同程度的輯佚或校勘的價值。以下舉出《列朝詩集》采摭的幾種明詩總集，略爲考察其可資輯佚或校勘的情況，藉以呈現其整體的文獻價值。

### 《光岳英華》

明初許中麗編，傳本有明洪武刊本、清王士禛删定的抄本和譚吉璁抄本，都是只收七律的十五卷本系統。《四庫全書總目》著録《殘本光岳英華十五卷》，已指出："此書傳本殘闕，僅存七言律體一門。"①而傅增湘在經眼明本後，卻認爲"卷帙完整"②。董康檢校錢謙益《列朝詩集》所引《光岳英華》，指出："牧齋所見之本乃足本也。"③傳本《光岳英華》十五卷是否殘闕，關鍵在於《列朝詩集》的采摭情況。

對比《列朝詩集》采摭的《光岳英華》與現存的傳本，可以發現：其一，《列朝詩集》所收 18 人，其中 5 人不見於傳本；其二，《列朝詩集》所收 109 首詩，其中 73 首不見於傳本；其三，這些不見於《光岳英華》傳本的詩，既包括七律（33 首），也包括五律（28 首）、七絶（2 首），還包括五古（6 首）、七古（4 首）。由此可知，現存的《光岳英華》傳本已是殘本，原本應該是分體編次的綜合選本，不僅是七律一體，也不止十五卷的規模。

《列朝詩集》的文獻價值在於證明《光岳英華》的殘闕情況，並保存《光岳英華》傳本脱佚的數十首詩。

### 《大雅集》

元明之際浙江天台人賴良纂輯時人詩篇的一部總集，當時刊行，卻不見傳世，在明清時期始終只是流傳著若干種八卷抄本。學界有關研究論著至今都是這樣的認識。然而，《大雅集》的版本實際上不僅有八卷本，還有另一種篇目互有多寡的六卷本保存在日本内閣文庫，而《列朝詩集》采摭的《大雅集》，可能又是另一種版本。

《列朝詩集》甲集前編第十一引録《大雅集》中詩篇，不見於六卷本和八卷本的數量，合計 14 位詩人的 41 首。這部分詩篇顯然指向另一種版本的《大雅集》，可補八卷本和六卷本的不足。41 首之外，《列朝詩集》所收的其餘 57 首都見於八卷本，這部分作品保存一些獨特的異文，具有校勘的價值。如果要整理這部元明之際的明詩總集，《列朝詩集》采摭的《大雅集》應該作爲六卷本和八卷本之外的一種重要的版本，既可資文字校勘，又提供數量不少的佚詩。

### 《雅頌正音》

明洪武間鄱陽劉仔肩編選，五卷。今傳明洪武刊本、日本南北朝刊本。又有一種抄本，題作《雅頌正音分體》，今藏日本前田育德會。《雅頌正音分體》的收録情況不詳，從書名看，應是五七言古近體的分體形式，與五卷本以人繫詩的編次不同。

---

① [清]永瑢等《四庫全書總目》卷一九一，中華書局，2003 年，頁 1739。

② 傅增湘《藏園群書題記》卷十八《明本光岳英華詩集跋》，上海古籍出版社，1989 年，頁 921。

③ 董康著，朱慧整理《書舶庸譚》，頁 190。

《列朝詩集》采摭《雅頌正音》凡四處：甲集前編第十一引録 3 人 30 首，甲集第十八引録 19 人 53 首，已見前文所引；甲集第十七劉仔肩詩、閏集第一釋來復詩，俱見小傳所述。合計詩人 24 位，詩篇 165 首。其中 5 位詩人、93 首詩，不見於今傳《雅頌正音》五卷，至於是否收録於《雅頌正音分體》，目前還没有機會確認。

### 玉山諸集

元末昆山顧瑛經營玉山草堂，邀集當時名士雅游唱和，留下《草堂雅集》《玉山名勝集》《玉山紀游》《玉山名勝外集》等詩集。《外集》一名《玉山草堂餞别寄贈詩》。其中《草堂雅集》傳本既有明刊本、影元刊本，又有明清抄本近 20 種；《玉山名勝集》傳本既有明刊本多種，又有明清抄本近 30 種；《玉山名勝外集》《玉山紀遊》都未見刊板，而有抄本多種。今通行中華書局 2008 年整理本①。

《列朝詩集》采摭玉山諸集的具體情況是：

甲集前編第八之下：《玉山名勝集》114 首

《玉山草堂餞别寄贈詩》70 首

《玉山紀遊》42 首

甲集前編第十一：《草堂雅集》10 首

錢謙益没有説明所引玉山諸集的版本，只是對得書來由稍作交待："《名勝》之集久已流傳人間，《草堂雅集》得之於文起閣學，蓋徵仲太史舊本也。今年新安汪權奇，用錢數十文易《玉山》諸集於賣糕家，余取閲之，則《寄贈》《紀遊》二編，時吴下所未睹者。"《玉山名勝集》應是流傳較廣的通行本，《草堂雅集》爲文徵明舊藏，是年代較早的本子，而《寄贈》《紀遊》二集應是較爲稀見的本子。雖然無從確認版本的具體情況，《列朝詩集》采摭的玉山諸集卻顯然是值得重視的版本。對勘整理本可以發現，《列朝詩集》録存的玉山諸集的 236 首詩提供了數量可觀的獨有異文。如《玉山草堂餞别寄贈詩》所收張田《分題滄浪池》，整理本"山昏空書宿"句，"空書"一作"雲書"，又作"猿盡"，而《列朝詩集》作"雲盡"，與各本皆不相同。又如《玉山紀遊》所收顧瑛《次龍門琦公見寄韻》，整理本"落日鐘魚隔墅聞"，並無異文，而《列朝詩集》作"落日鐘聲隔水聞"。《列朝詩集》提供的獨有異文，無疑具有重要的校勘價值。令人遺憾的是，整理本的校勘工作没能參校《列朝詩集》。

### 《湖海耆英集》等佚書

明徐庸編《湖海耆英集》十二卷，流傳不廣，僅見黄虞稷《千頃堂書目》著録，今未見傳本。此集是否刊行，不得而知，明清以來寓目的學者似乎並不多見。明前期李東陽、程敏政都曾提及此書②。《列朝詩集》《明詩綜》都曾采摭

---

① 楊鐮、葉愛欣整理《玉山名勝集》，中華書局，2008 年（包括《玉山名勝集》《玉山名勝外集》《玉山紀遊》《玉山倡和》《玉山遺什》五種）。楊鐮、祁學明、張頤青整理《草堂雅集》，中華書局，2008 年。

② 參李東陽《懷麓堂詩話》、程敏政《篁墩文集》卷四八《恬退老人畢君墓表》。

此集。稍後沈季友編《檇李詩系》，亦曾據以採録。此後則未見學者提及。

《湖海耆英集》的選詩情況，據《千頃堂書目》、《列朝詩集》乙集第七徐庸小傳和《明詩綜》卷十九王璲小傳，是收録永樂、洪熙、宣德、正統四朝（1403—1449）的 330 位詩人。至於具體收録詩人和詩篇的情況，由《列朝詩集》的引録，可以考知管延枝（篇目不詳）、趙迪（1 首）、陸德藴（2 首）、吴鎮（篇目不詳）、錢洪（10 首）、錢寬（1 首）、黄閏（2 首）、張彦倫（1 首）、蕭韶（篇目不詳）凡 9 位，至少 17 首詩。這只是可以確認的數量，實際採録數量應該不止這些。

依靠《列朝詩集》以及《明詩綜》《檇李詩系》等的引録和記述，約略可以考知《湖海耆英集》的基本面貌，包括卷數、選録詩人數量、部分詩人姓名和若干篇名，也可以推知選詩以吴人爲主的地域傾向。

《列朝詩集》采摭的明詩總集中，目前已無傳本的還有幾種。以下稍作考述。

黄德水編《國華集》三卷，《列朝詩集》丙集和丁集的十余位詩人小傳引其評語，據以録存的詩篇數量則不能確定。

謝雒《白門新社詩》八卷，《列朝詩集》丁集第七曰："萬曆末年，閩人謝雒輯《白門新社詩》八卷，凡一百四十人。金陵之耆宿，與四方之孝秀，皆與焉。采而録之，得二十餘人。"實際録存 21 人 139 首。

《列朝詩集》乙集第八目録，自"劉西江績三十一首"至"丁嶽二首"，注曰："以上求漁《越山鍾秀集》及高播《明詩粹選》二十三人。"實際録存 23 人 146 首。由於目録中並未區分《越山鍾秀集》與《明詩粹選》，所録詩人與詩篇也就無法確定具體的出處。

同卷目録，自"黎廣文擴一十一首"至"謝復二首"，注曰："以上《大明文寶》《詩抄》各集二十二人。"實際録存 23 人 56 首。所引楊循吉《大明文寶》八十卷，今未見傳本；而楊慎《皇明詩抄》十卷，今存兩種明嘉靖間刊本。目録同樣未能區分二集所收，不過，對照幸存的《皇明詩抄》，應該就能確定《大明文寶》的佚詩。

以上舉出《列朝詩集》采摭的比較重要的幾種明詩總集，略爲考察其可資校勘和輯佚的價值。《列朝詩集》的纂輯受益於以絳雲樓藏書爲主的江左一帶的豐富藏書，由此具有很高的文獻價值。以上考察幾種《列朝詩集》采摭的幾種明詩總集，或者原本已經佚失，或者傳本比較稀見，由此可反過來印證絳雲樓等藏書的價值。這些原本或某一稀見傳本已經佚失的明詩總集，《列朝詩集》保存了其中若干片段的文本，對於後來學者的校點和研究，顯然具有不可忽視的價值。而從明詩總集這一類型的文獻來源看，《列朝詩集》的文獻價值應該得到關注和深入開掘。

**【作者簡介】**顔慶餘，江南大學人文學院副教授，文學博士，研究領域爲中國詩學、古典文獻學。

# 黄宗羲佚札八通考釋*

金曉剛

**【提　要】** 臺灣何創時書法藝術基金會收藏的黄宗羲八通書札，未被《黄宗羲全集》收入，係黄宗羲晚年寫給馮愷愈、鄭梁、鄭性的佚札，内容涉及著述編纂、黄尊素祠重建、代老友求姻、爲子孫舉薦等諸多事宜，既可補文獻之闕，豐富黄宗羲晚年的生活細節，亦能糾正兩種《黄宗羲年譜》的一些訛誤，尤其對了解黄宗羲晚年對清廷的複雜態度不無裨益。

**【關鍵詞】** 黄宗羲　鄭梁　鄭性　馮愷愈　書札

作爲明清之際最偉大的思想家之一，黄宗羲(1610—1695)一生著述浩繁，在其生前身後，均有大量著作被抄寫、刊刻。與此同時，黄宗羲交遊廣泛，與友朋交遊往來間寫有大量書札。相對著述的集中保存，這些書札的收藏較爲分散，遺失較多，後來學者在整理黄宗羲著作的過程中，陸續從他人文集、書畫、尺牘中輯佚到不少黄宗羲寫給他人的信札①，並收入《黄宗羲全集》(浙江古籍出版社 2005 年增訂版，以下簡稱《全集》)②出版。臺灣何創時書法藝術基金會③收藏的黄宗羲八通書札，未被《全集》收入，是其晚年分别寫給馮愷愈、鄭梁、鄭性的，内容涉及著述編纂、黄尊素祠重建、代老友求姻、爲子孫舉薦等，既可補文獻之闕，豐富黄宗羲晚年的生活細節，也能糾正兩種《黄宗羲年譜》的訛誤，對蠡測梨洲晚年對清廷的複雜態度，亦不無裨益。今以書札時間爲次，考釋如下：

---

* 【基金項目】本文爲浙江省哲學社科規劃課題“《宋元學案》及其《補遺》研究”(16JDGH120)的階段性成果。

① 如吴光先生從慈溪二老閣刻《南雷文約》附録、鄭梁《寒村詩文集》卷首以及上海圖書館藏黄宗羲手跡等處搜集到黄宗羲《與鄭禹梅》書札四通，又分别從民國海鹽吴修編輯的《昭代名人尺牘》、萬承勳《冰雪集》(康熙刻本)卷一《哭黄梨洲先生詩》附注中輯出《與枚寧老侄書》。張如安先生從民國張壽鏞《約園文編》中的晚年詩篇《爲史兆琳題二老遺翰》所引中輯出《致鄭禹梅》二帖。

② 《黄宗羲全集》的初版由浙江古籍出版社於 1985 年至 1994 年分册出版，2005 年推出增訂版，2012 年又重版兩種，但内容與 2005 年版相比未有增加。

③ 臺灣何創時書法藝術基金會成立於 1995 年，董事長爲何國慶先生，以推展書法爲宗旨，所藏大量明清近代名人書法、尺牘最具特色，先後舉辦主題各異的書法展近五十檔。其中，2012 年出版的《明代名賢尺牘集》收録明朝名賢 213 人尺牘 249 件，曾享譽一時。

## 一

今年兩番相過，皆閑談諧語，雖復不惡，而静坐論文，反若有所缺耳。兄天資高邁，學業勇往，正在今日，切願不以塵務幹懷。眼鏡完上。前者聊以爲戲，而兄乃云必有所償，安得此流俗之論乎？少有所煩，前見架上《歐陽文忠公集》，紙板新亮，而弟之所藏乃古本也，欲相易一看。今以二十册奉上，在架上者，幸發來人，遲數月又可轉换也。

道濟道兄　　弟羲頓首

案："道濟"即馮愷愈，字道濟，浙江慈溪人，明兵部尚書馮元飂子，以恩蔭授錦衣衛，入清不仕，與黄宗羲、姜宸英、歸莊、方文等人友善。工於詩文，文風纏綿婉麗，善於言情，著有《榕堂詩鈔》《涉江録》《西江草》。順治七年(1650)，四明山馮京第抗清義軍潰敗，黄宗羲弟黄宗炎被捕，待死於獄中，甬上李鄴嗣與馮愷愈傾家蕩産，將黄宗炎從刑場救出。

在《全集》中，黄宗羲有《馮道濟齋頭見澤望圖書書此索之》一詩。澤望即黄宗羲弟黄宗會，卒於康熙二年(1663)。全詩云："石田耕叟古銅章，曾是藤龕舊所藏。茅屋有心依瀑下，文龍直欲破天荒。松毛暗淡遮寒骨，故物零星出草堂。幸遇故人相珍重，重歸口實亦芬芳。"[①]此詩標注時間爲"(康熙)己酉"，即康熙八年(1669)，説明黄宗羲此年曾至馮愷愈處觀書。

現存馮愷愈《榕堂詩鈔》，爲湯斌弟子王廷燦所刻，卷首有王廷燦序，落款時間爲康熙五十五年(1716)，序中稱"愷愈之歿，已四十年。廷燦父□□與之摯交。"[②]則馮愷愈最晚卒於康熙十五年(1676)。黄宗羲稱馮氏"架上有《歐陽文忠公集》"云云，説明其曾赴馮氏書齋，其事可與前詩相證。馮愷愈居寧波，黄宗羲於康熙六年(1667)至十四年(1675)曾主講甬上證人書院，故此札當作於此時期内。

## 二

衰頽日甚，暈眩嘗至竟日不起。然胸中百無一事，亦足樂也。卧病中，完得《孟子師説》，盡脱章句之習，當面來正也。孫婿沈兆祥乃文斗之子，文理粗通，孤苦能自立，聞近來府取甚狹，欲掛一名於老兄薦書之中，幸勿忘之。

弟羲頓首

禹老閣下，三六日。

---

① [清]黄宗羲《馮道濟齋頭見澤望圖書書此索之》，《黄宗羲全集》第11册，浙江古籍出版社，2005年，頁262。

② 鄧之誠《清詩紀事初編》卷二《馮愷愈》，上海古籍出版社，2012年，頁279。

案:"禹老"即鄭梁[1],字禹梅,黄宗羲弟子。據"完得《孟子師説》",可知本札作於《孟子師説》後。按《孟子師説》卷六《小弁章》有"甬上講《詩》至《凱風章》",按甬上講《詩》時間在康熙八年(1669),故《孟子師説》完稿於此年[2],此札亦作於康熙八年。札中後半部分的内容,是黄宗羲委託鄭梁向寧波府推薦沈兆祥。沈爲黄宗羲孫女婿。在《全集》中,亦有黄宗羲與鄭梁的信札,提及"沈兆祥府考不取,不知尚可致力否?唯老兄酬之。彼病中來擾,故一言之"[3]。可知,兩札均是關於沈兆祥的府考之事,一爲府考前,一爲府考後,正好相證。黄宗羲對這位孫女婿的舐犢之情,躍然紙上。後來,在黄百家的《先遺獻文孝公梨洲府君行略》中,沈兆祥的身份已是"太學生"[4],説明沈氏已經通過寧波府的推薦進入國子監學習。

## 三

在省下候老兄之至,及介眉來,始知未出門也。弟歸將半月,極欲過寒村一談。而仁規於前月曾見老兄云有省行,未知的確。俟有定信,即徒步也。仁規欲爲次子求婚於盛族,求弟轉,懇老兄乞爲一言,餘留面盡。

制弟羲稽首

禹梅道長兄 三六日

案:據札首"省下候老兄"云云,可知黄宗羲作此札十餘日前在杭州。按鄭梁於康熙六年(1667)始見黄宗羲[5]。而陳錫嘏於康熙十五年(1676)中進士,在京任翰林院編修三年,後回鄉,"里居五年,遂膺末疾,不能出户,又三年而卒"[6],其卒於康熙二十六年(1687),則陳錫嘏於康熙十五年至十八年(1679)在京,其二十三年(1684)至二十六年(1687)雖居鄉,然卧病已不能赴黄宗羲處。而康熙六年至十四年,黄宗羲均在甬上主講證人書院,亦無赴杭之記載。故此札時間當在康熙十八年至二十三年間。據《年譜》,黄宗羲曾於康熙十八年、二十二年、二十三年短暫赴杭又回鄉[7],則此札時間或以此三年中的某一

---

① 鄭梁(1637—1713),字禹梅,號寒村,浙江慈溪人。父鄭溱(1612—1698)與黄宗羲同受學於劉宗周。鄭梁受父命師事黄宗羲,康熙二十七年(1688)進士,改翰林院庶吉士。散館,授户部主事,官終高州知府。晚年中風半身癱瘓,以左筆作詩書,被朱彝尊稱爲"左手雲煙勝畫師"。工詩文,尤以《曉行》詩中"淺水無橋牽馬渡,曉星如月照人行"一句聞世,人稱"鄭曉行",著有《寒村詩文選》。

② 參見方祖猷《黄宗羲長傳》,浙江大學出版社,2011年,頁197。吴光《黄宗羲遺著考(一)》只云《孟子師説》"約撰成於康熙七年(1688)前後"(《黄宗羲全集》第1册,頁435),未提供證據。

③ 黄宗羲《與鄭禹梅書四》,《黄宗羲全集》第11册,頁81。

④ [清]黄百家《先遺獻文孝公梨洲府君行略》,《黄宗羲全集》第11册,頁410。

⑤ [清]鄭勳《先寒村公年譜》,《北京圖書館藏珍本年譜叢刊》第84册,北京圖書館出版社,1999年,頁486。

⑥ 黄宗羲《翰林院編修怡庭陳君墓誌銘》,《黄宗羲全集》第10册,頁446。

⑦ 康熙十八年"秋,與陳子夔獻同寓吴山,至六一泉,拜忠端公神位";康熙二十二年"七月,之杭。王九公邀集湖舫。同毛會侯、許霜岩、王廷獻賦詩志感";康熙二十三年"之杭,遊南山,過法相寺",參見黄炳垕《黄梨洲先生年譜》,《黄宗羲全集》第12册,頁48、50、50。

年最有可能。

此札後半部分内容是黄宗羲代劉仁規向鄭氏家族爲劉仁規次子求姻。“仁規”即劉仁規,生於明天啓三年(1623),字仁規,號廢庵,慈溪人,與黄宗羲、黄宗會兄弟及裘璉等人交密。黄宗會有《劉仁規廢庵説》文,裘璉有《送劉仁規》詩。經黄宗羲的引薦,劉仁規與鄭梁相識。據《年譜》載,康熙二十年九月,黄宗羲與劉仁規“訪鄭子禹梅於黄過草堂,以箋書壽序祝其父秦川先生溱七十”①。黄宗羲殁後,劉氏與鄭梁亦交往不輟。據《先寒村公年譜》載,康熙四十三年,“劉廢翁以八十一翁惓惓問公(鄭梁)之疾。公賦二截句致謝,且求其畫,以當會面。”②次年正月二十七日,鄭梁赴甬上,會同門於靳治荆處,“劉仁規、萬允誠、黄百家等人均在座”③。

## 四

仁規求姻,意其懇篤,乞老兄力爲主張。若令叔有允意,則幸開所行事宜,欲於來月舉行也。仁規又欲弟問一確實,臨行留此。

弟羲頓首啓事

禹梅道長兄

案:此札與第三札後半部分内容一致,均是黄宗羲代劉仁規向鄭氏求姻,故時間庶幾相近。據“令叔有允意”云云,可知劉仁規次子欲娶鄭梁叔父之女。按黄宗羲爲鄭溱父鄭啟所撰墓誌,於兒子一目,只提及“子溱,副己卯鄉薦”④。裘璉的《大椿堂記》也稱鄭性“其先世自高曾而下皆單傳”⑤,《灌浦鄭氏宗譜》亦顯示鄭啓“子一:溱”⑥,説明鄭溱無同胞兄弟。據該譜,與鄭溱同爲灌浦鄭氏善六房十二世的只有鄭沅,其“原配馮氏,生女一,適本邑劉太學生濂;繼配王氏生女一,適葉州同洽先”⑦。依此來看,劉濂恐爲劉仁規次子,札中的“令叔”或是鄭溱堂弟鄭沅。

## 五

霖雨疾病,遂淹兩月。仁規來云,曾相見且述近事,人之無良,一至於此,遺孽至今,無怪乎李卓吾以趙苞爲弑母賊也。弟自去年來,别有文三

① [清]黄炳垕《黄梨洲先生年譜》,《黄宗羲全集》第十二册,頁49。

② 鄭勳《先寒村公年譜》,《北京圖書館藏珍本年譜叢刊》第84册,頁539。

③ 鄭勳《先寒村公年譜》,頁541。

④ 黄宗羲《明封中順大夫按察副使榮期鄭公墓志銘》,《慈溪灌浦鄭氏宗譜》卷十一,轉引自程麗珍主編《江北歷代名門望族資料選編》,寧波出版社,2018年,頁409。

⑤ [清]裘璉《大椿堂記》,《横山文鈔》不分卷,《四庫未收書輯刊》第9輯第18册,北京出版社,1998年,頁130。

⑥ 鄭彭齡等修纂《灌浦鄭氏宗譜》卷八《系圖》,新昌石氏復訓堂刻,1923年,頁69。

⑦ 《灌浦鄭氏宗譜》卷八《系圖》,頁71。

卷,苦無副本。初意欲攜至甬上,老兄一爲評定。今既不果,場前想老兄至杭,可遂所懷也,何父母風雅自命。仁規留心書畫有年,老兄幸不吝齒頰之勞,一及之也。

制弟羲稽首　　禹老道長閣下

案:鄭梁於康熙十九年(1680)所撰《南雷文案序》稱:"戊午,梁謀刻先生之文,以惠當世,嘗出一言,募之同人,而先生之門多貧士。越二年,始有應者,乃相率而請諸先生。先生手删其所作十之二三,曰《南雷文案》。"[①]札中的"自去年來,别有文三卷,苦無副本"一事即指《南雷文案》的編纂。黄宗羲弟子萬斯大《吾悔集序》稱:"己未冬,吾師梨洲先生以及門之請,出《南雷文案》授斯大,斯大敬受,手較付梓。……逾月,先生有太夫人之變,哀號孺慕,幾不欲生。"[②]按黄宗羲母姚太夫人"卒於康熙庚申(康熙十九年)正月初十日"[③],則"己未"即康熙十八年(1679)。如此,黄宗羲手訂《南雷學案》在康熙十八年。此札既稱"弟自去年來,别有文三卷",故此札作於康熙十九年(1680)。札中又稱"今既不果,場前想老兄至杭,可遂所懷也",説明鄭梁此時在杭州。據鄭梁行跡,康熙十九年"二月,客武林,寓胡卓人别業。……夏,客三衢,……黄先生始刻《南雷文案》,充宗先生任校讎,而以序屬公。……閏八月六日,公自三衢歸"[④]。亦可與鄭梁康熙十九年至杭州的行跡相印證。據此可知,黄宗羲手訂《南雷文案》在康熙十八年,並於次年付梓。而《黄梨洲先生年譜》將黄宗羲"自訂《南雷文案》,授門人萬子充宗校,鄭子禹梅序"[⑤]一事全繫於康熙十九年,顯然不妥。

## 六

五月初,因湯潛庵[⑥]爲吴門之行,而徐果亭[⑦]自來相接,遂至昆山。留昆山一月,得縱觀健庵[⑧]藏書。姑置經學,只將宋元文集,除弟所已見者,盡數發出,選者以紅簽票之,將近千册,果亭即雇人抄寫,亦一快事也。若

---

① [清]鄭梁《五丁集》卷一《南雷文案序》,《寒村詩文選》,《清代詩文集彙編》第148册,上海古籍出版社,2010年,頁285。

② [清]萬斯大《吾悔集序》,《黄宗羲全集》第11册,頁422。

③ 黄宗羲《移史館先妣姚太夫人事略》,《黄宗羲全集》第10册,頁543。

④ 鄭勳《先寒村公年譜》,頁505—506。

⑤ 黄炳垕《黄梨洲先生年譜》,《黄宗羲全集》第12册,頁49。

⑥ 湯斌(1627—1687),字孔伯,號潛庵,河南睢州(今河南睢縣)人,順治九年(1652)進士。清初理學名臣,歷任江蘇巡撫、《明史》總裁官、工部尚書和禮部尚書等職。從學於孫奇逢,篤於程朱,卻不薄陽明學,著有《洛學編》《睢州志》《湯子遺書》等。

⑦ 徐秉義(1633—1711),字彦和,號果亭,江蘇昆山人,顧炎武之甥,與兄徐乾學、弟徐元文合稱"昆山三徐"。康熙十二年(1673)進士,授翰林院編修,選右中允,官至吏部侍郎,著有《耘圃培林堂代言集》等。在徐氏三兄弟中,最早與黄宗羲相識。

⑧ 徐乾學(1631—1694),字原一,號健庵,康熙九年(1670)進士,授翰林院編修,累官至刑部侍郎。曾奉命總裁《一統志》《會典》《明史》等書。藏書碩富,有傳是樓。

並曹秋嶽所藏，並弟之見者，合成一選，顧是從來未有之事。聞秋嶽[①]物故，頗爲怏怏。弟於甬上六年不到，且欲看介眉[②]之病，擬於月内一行。近因先忠端公復春秋二祭，改建祠堂，即在竹橋，老兄登舟之處，小屋五間，價廉功省，蓋見虎丘諸祠，無不狹小，從而仿之，此弟爲瞑目之計也。又擬於今冬自築土室，買一石床，可以飾巾待盡矣。他日志銘，即累老兄質實書之而已。三日前腹壞，稍平復即舉棹也。

弟羲頓首

禹老長兄，十九日燈下。

案：此札寄給鄭梁，時間在康熙二十四年。康熙二十二年(1683)，黄宗羲曾至昆山徐乾學的傳是樓觀書，然徐乾學不在昆山，只能作罷。康熙二十四年(1685)五月，黄宗羲再赴蘇州，拜訪時任江蘇巡撫的湯斌(即札中的"因湯潛庵爲吴門之行")及復社友人周茂蘭。同時，徐乾學之弟徐秉義自昆山來接，黄宗羲再次到徐乾學家披閱傳是樓藏書。從黄氏所覽及派人抄寫的重點在"宋元文集"，可知當時黄宗羲正在爲編纂《宋文案》《元文案》以及《宋儒學案》《元儒學案》[③]進行資料的搜集。札中的"秋嶽物故"，是指曹溶於康熙二十四年八月[④]病逝。《全集》中有黄宗羲於康熙二十五年(1686)寫給徐乾學的信，内中提及"去歲得侍函丈，不易布衣骨肉之歡。……宋元集略尚未抄完，然亦不過旬日，即當送上也。……又未見之集極多，後來見之，又難於插上，不若一人自爲一集，不論多少，隨見隨選，故名之曰《宋集略》《元集略》。先生以爲然否？弟架上亦有百餘集，亦一概抄出，以請正也。……曹秋老健甚，相别一月，即爾奄忽，人生不可把玩如此！傳聞其藏書盡歸先生，若然，亦是可喜一事"[⑤]，内容與此札多有印證。

札中又提及"欲看介眉之病，擬於月内一行"則是指黄宗羲看望甬上弟子陳錫嘏。黄宗羲爲陳錫嘏所撰墓誌中有"乙丑(康熙二十四年)歲暮，余過甬問病，君以千秋相托，淒然欲絶"[⑥]句，可知黄宗羲前往甬上看望陳錫嘏的時間在康熙二十四年年末，故此札即作於此時。

至於"近因先忠端公復春秋二祭，改建祠堂，即在竹橋"云云，此事是指黄

---

① 曹溶(1613—1685)，字秋嶽，號倦圃，别號金陀圃，浙江秀水(今浙江嘉興)人，崇禎十年(1637)進士，官御史。入清後，歷任河南道御史、順天學政，官終廣東左布政使。工詩詞、文章，與錢謙益、龔鼎孳並稱。其詞法規慕兩宋，無明人之弊，浙西詞風爲之一變，著有《静惕堂詩集》《静惕堂詞》等。家富藏書，尤好收宋元文集，後藏書大部分被徐乾學的傳是樓所得。

② 陳錫嘏(1634—1687)，字介眉，號怡庭，浙江鄞縣人，黄宗羲弟子，康熙十五年(1676)進士，官翰林院編修。長於禮制，以經學著名。

③ 《宋元學案》在黄宗羲與黄百家手裏分《宋儒學案》與《元儒學案》，在全祖望手上開始合爲一書，稱爲《宋元儒學案》或《宋元學案》。

④ [清]沈季友《檇李詩系》卷二十三《國朝・倦圃先生曹溶》，轉引自曹秀蘭《曹溶詞研究》，安徽大學出版社，2010年，頁270。

⑤ 黄宗羲《與徐乾學書》，《黄宗羲全集》第11册，頁67—69。

⑥ 黄宗羲《翰林院編修怡庭陳君墓誌銘》，《黄宗羲全集》第10册，頁447。

尊素祠的重建。黄尊素祠原建於崇禎五年(1632),位於餘姚縣西之西石山,明清之際毁於戰亂。康熙二十四年(時間詳後討論),王掞督學浙江,爲表彰前明天啟、崇禎兩朝忠烈,特立六賢講院,其中以黄尊素爲首,又擬重建黄尊素祠,恢復春秋二祭。黄宗羲"以所居黄竹浦矮屋三間,稚拂拭,肖象爲祠"①。次年二月,餘姚知縣王嵩伊命教諭沈煋前往代祭,並舉行祀典,黄宗羲先後撰《重建先忠端公祠堂記》《先忠端公祠堂落成王明府嵩伊命廣文沈令攝二月丁祭》等詩文志此事②。祠位於黄竹浦三江口,所以黄宗羲在札中稱"即在竹橋,老兄登舟之處"。

關於王掞重建黄尊素祠的時間,黄宗羲本人以及幾種黄宗羲年譜均記載是在康熙二十五年③。其實,這只是祠堂舉行祀典的時間。按王掞門生彭孫遹的《兩浙學院大文宗顓庵王公録士碑記》載,王掞於"(康熙)二十四年,……奉璽書提督兩浙學政。……按臨所及,首寧次紹"④。前引康熙二十五年黄宗羲《與徐乾學》的信中亦提及"先忠端公祠廟,去冬告成,求閣下碑銘,以垂永久"⑤,結合本札中黄宗羲的表述,可以表明,至少在康熙二十四年末,黄尊素祠堂的復建已經啓動並且竣工,所謂各種記載中的"丙寅二月"是祀典時間。因此,將王掞重建黄尊素祠籠統繫於康熙二十五年,頗爲不妥。

## 七

孫婿沈兆祥在五河,援例其時爲六月,系萬貞一⑥隨任。今須本縣印結五河,亦有公文致之,煩世兄引見縣父母,致彼欵曲,恐沈婿初出不閑禮儀也,特此。

羲頓首

義門世兄

① 黄宗羲《遷祠記》,《黄宗羲全集》第10册,頁137。

② 遺憾的是,康熙二十九年(1690)七月,餘姚洪水暴發,由王掞重建的黄尊素祠堂,被大水淹没。於是昆山徐氏三兄弟、張玉書、姜希轍等人集體捐資,重建於餘姚新城内南門之左,參見黄宗羲《遷祠記》。

③ 黄宗羲《遷祠記》曰:"丙寅(康熙二十五年),學院王顓庵先生稽昔祀典,復其春秋之祭。"(頁137)黄炳垕《黄梨洲先生年譜》"康熙二十五年"條下載:"督學王公顓庵掞考圖經,知忠端公故有祠,飭即故里官埭浦口老屋三楹,肖像存舊。王明府嵩伊委沈教諭辰令煋,攝二月祀事。"(頁51)徐定寶主編的《黄宗羲年譜》於"康熙二十五年"條亦云:"是年二月,督學王公顓庵考稽圖經,得知黄尊素原有祠堂,理當恢復春秋之祭。……王明府嵩伊委沈教諭攝二月祠事。"(頁231)

④ [清]彭孫遹《兩浙學院大文宗顓庵王公録士碑記》,載嘉興市文廣新局編《嘉興歷代碑刻集》,群言出版社,2007年,頁239。

⑤ 黄宗羲《與徐乾學書》,《黄宗羲全集》第11册,頁68。

⑥ 萬言(1637—1705),字貞一,號管村,萬斯大兄萬斯年之子。副榜貢生。承傳家學,又師從黄宗羲,擅長古文。曾出任五河知縣,著有《尚書説》《明史舉要》《管村文集》。曾參纂《明史》,獨成《崇禎長編》。

案:“義門”即鄭性(1665—1743)[①],字義門,號南溪,鄭梁子,師從黄宗羲。遵父遺命,建藏書樓“二老閣”,以紀念祖父鄭溱與黄宗羲,保存、刊刻了大量梨洲遺書。札中提及黄宗羲孫女婿沈兆祥跟隨萬言在五河縣。按康熙二十七年(1688),萬言外放鳳陽府五河縣令,康熙三十年(1691)於五河任上被羅織罪名論死罪[②]。其子萬承勳奔走萬里,以醵金告贖,萬言始得釋生還。據此,可知此札作於康熙二十七年至三十年間。

## 八

弟自五月病,至今將半年矣。中間亦謂東岱不賒,猶得偷視日月,反意外也。病中曾草一年譜,歷叙一生苦趣,以爲他日奉求志銘之資。唯老兄不爲虚飾耳。兩兒家食貧甚,别無他法,貴郡貴邑皆在至契,唯義學束修,可以稍助柴水。幸老兄齒牙見及也。《學案序》寄滄兄[③],《西山志》寄國兄[④],不知皆到否? 乞一問之。

禹老閣下

十月二十二日　　弟羲頓首

案:此札系黄宗羲寄給鄭梁,時間在康熙三十一年(1692)十月二十二日。札中的“滄兄”“國兄”分别指黄宗羲門人仇兆鰲、范光陽,二人當時均在京師任職。“學案序”是指黄宗羲爲《明儒學案》一書所撰的序。

康熙二十九年(1690),仇兆鰲邀同在京的萬斯同在京城開講席,河間府故城縣的賈潤命其子賈樸向仇兆鰲受學。賈潤從仇兆鰲處獲見黄宗羲的《明儒學案》,殊爲驚喜,表示願意出資刊刻,康熙三十年(1691)春,“遂命樸等朝夕校讎,授諸梓以廣其傳”[⑤],然賈潤於是年九月卒,賈樸遵其父命繼續刊刻,至康

---

① 在“心相萬象——大航海時代的浙江精神”展覽(浙江杭州,2019.4.16—2019.6.16)中,曾展出黄宗羲與鄭梁的三通書札,解説詞卻稱“與鄭梁、何焯、道濟書”,將“義門”誤作清代學者何焯。按何焯(1661—1722),字屺瞻,江蘇長洲人,著有《義門讀書記》,被學者稱爲義門先生,雖其生活時代與黄宗羲有交集,但似無與黄宗羲交往之可能。考何焯生平行跡,早年基本在鄉活動,康熙二十四年(1685)才以崇明縣拔貢人國子監。而且,其入京後,先投徐乾學門下,因不滿徐乾學在主持科舉中的舞弊行爲,“特作會試墨卷序文,刊刻發賣,寓言譏刺”。徐乾學聞後大怒,“即向書鋪將序抽毁,刻版焚化”,並囑託江蘇巡撫捉拿何焯,後來何焯在科場上亦屢屢失利。如何焯與黄宗羲有交,按黄宗羲與徐乾學的交友關係,何焯之境遇當不至此。

② [清]萬承勳《先府君墓誌》,《千之草堂編年文鈔》不分卷,《清代詩文集彙編》第212册,頁729—730。

③ 仇兆鰲(1638—1717),字滄柱,號知幾子,浙江鄞縣人,明末清初著名學者。康熙四年(1665)與萬斯同、萬斯大等二十餘人前往餘姚受業黄宗羲。康熙二十四年(1685)進士,官至吏部右侍郎。所著以《杜詩詳注》最享盛名。

④ 范光陽(1630—1705),字國雯,號筆山,浙江鄞縣人,黄宗羲弟子。康熙二十七年(1688)會試第一名,殿試第二甲第一名,官至福建延平知府,著有《雙雲堂詩文稿》。

⑤ [清]賈樸《跋》,黄宗羲撰,沈芝盈點校《明儒學案(修訂版)》卷首,中華書局,2008年,頁10。

熙三十二年(1693)春竣工①。在刊刻過程中,賈樸轉托仇兆鰲請黄宗羲作序,仇氏遂去函黄宗羲。然黄宗羲自"壬申(康熙三十一年)七月,余病幾革,文字因緣,一切屏除"②,只能病中口授黄百家作《明儒學案序》,此即《明儒學案序》原本。康熙三十二年,黄宗羲身體有所好轉,重新對原序進行修訂,即後來的《明儒學案序》改本③。是年季秋,仇兆鰲亦撰有《明儒學案》的序言。據札文"不知皆到否"云云,可知黄宗羲的《明儒學案序》剛寄出不久,且所撰爲原序。黄氏作此札時,仇兆鰲尚未撰序。故可推斷,此札作於康熙三十一年十月二十二日。

"西山誌"即黄宗羲爲許三禮(1625—1691)所撰的《兵部督捕右侍郎西山許先生墓誌銘》(以下簡稱《西山誌》)。許三禮,字典三,號西山,順治十八年(1661)進士,康熙十二年(1673)任浙江海寧知縣,聘請黄宗羲講學。康熙二十九年(1690),授兵部督捕右侍郎,康熙三十年(1691)正月初九病逝。《西山誌》稱:"壬申(康熙三十一年)五月,迪樹介范國雯從京師函書請銘",即指"《西山誌》寄國兄"事。徐定寶主編的《黄宗羲年譜》將《西山誌》繫於康熙二十六年④,又繫於康熙三十一年(1692)五月⑤,前後重復且抵牾,繫於康熙二十六年者顯誤。

## 結　語

八通書札雖只是黄宗羲書札及著述中的滄海一粟,但有裨於豐富黄宗羲晚年的生活細節,同時能爲相關遺案的解決提供一些綫索。如第六札涉及宋元文集的抄寫,顯然是爲編纂《宋文案》《元文案》《宋儒學案》《元儒學案》等著述的資料準備,這些著述的編纂時間缺乏記載,此札則可以提供一些綫索,表明《宋文案》《元文案》《宋儒學案》《元儒學案》的編纂在康熙二十四年已經開始。第六札内容還提及黄尊素祠的重建,亦可糾正梨洲後裔黄炳垕以及今人編纂的兩種《黄宗羲年譜》繫年的一些訛誤。而在第二札中,黄宗羲爲子孫科

---

① 在賈氏父子刊刻《明儒學案》前,許三禮、萬言皆曾刊刻過部分,可惜均未竣工。黄宗羲《明儒學案序》稱:"許西山刻數卷而止,萬貞一又刻之而未畢。"黄宗羲在海昌講學時,許三禮曾刻《明儒學案》,後許三禮因遷官至京,故僅刻數卷。萬言於五河任上亦曾刊刻,然康熙三十年,其被羅織罪名入獄,"刻其原本三分之一而輟"(《鄭性序》)。

② 黄宗羲《明儒學案序》,《明儒學案(修訂版)》卷首,頁8。

③ 吴光先生依照《明儒學案》刻本所署日期,認爲黄宗羲的兩序均作於康熙三十二年(《黄宗羲遺著考(四)》,《黄宗羲全集》第8册,頁1012—1015)。按,《明儒學案序》原本收於《南雷文定四集》,改本收於《病榻集》(即《南雷文定五集》)。據黄炳垕《黄梨洲先生年譜》於"(康熙)三十一年"條載:"秋七月,公病幾革,文字因緣,一切屏除。接仇子滄柱都中來書,言北地賈醇庵已將《明儒學案》梓行,公暫徹呻吟,作序文一首,口授季子主一公書之。……是年後所作文曰《病榻集》。"(《黄梨洲先生年譜》,《黄宗羲全集》第12册,頁54)可見,原序作於康熙三十一年,而改本收入《病榻集》,即黄宗羲病癒後於康熙三十二年所作。由此説明,原序所撰時間與改本當不同。

④ 徐定寶主編《黄宗羲年譜》,華東師範大學出版社,1995年,頁234。

⑤ 徐定寶主編《黄宗羲年譜》,頁249。

考向老友殷殷囑託,同時結合其他史料,可進一步蠡測黄宗羲晚年對清廷的複雜心態。

隨著康熙二十年(1681)“三藩之亂”被平定,清王朝的統治愈加穩固,黄宗羲“交入大壯”的復明計劃也走向落空,其心態也發生了重要的轉變。他逐漸認可了康熙的“右文之治”,從此用起康熙的年號。黄宗羲弟子鄭梁甚至將“十二運”的解釋導向清朝的繁盛[①]。

更吊詭的是,黄宗羲對科舉的態度也有了重大轉變。早先,他認爲科舉是“抄撮之學,陷溺人心”[②],“科舉盛而學術衰”[③],“今日科舉之法,所以破壞天下之人才。……以取士而錮士,未有甚於今日者也”[④],文章中抨擊八股取士的言辭,屢見不鮮。而到了晚年,其原本對科舉的批判卻逐漸轉向接受。康熙十四年(1675),黄宗羲的甬上講經會弟子范光陽、仇兆鰲、萬言、陳錫嘏中舉。鄭梁等人深知黄宗羲期望他們能超脱於富貴功名,專心學術研究,“所期於吾黨,在富貴科名之外,而不欲諸君子以區區場屋時文之學自竟也”[⑤]。但是在衆多鄉人眼裹,科舉中第無疑是最大的吸引力。黄宗羲也日漸認識到科舉成功對營造甬上通經學古風氣的重要意義,因此對科舉也逐漸轉向接受的態度。康熙十九年(1680),黄宗羲還一度請托徐元文舉薦二子黄正誼、百家爲太學生[⑥]。前引黄宗羲於康熙二十五年寫給徐乾學的信,其中亦提及“小孫黄蜀,餘姚縣童生,稍有文筆。王顓庵公祖歲總科考,求閣下預留一札致之,希名案末”[⑦],請徐乾學轉托王掞,在考試中照顧其孫黄蜀。而上文第二札,黄宗羲亦爲孫婿沈兆祥府考事委託鄭梁舉薦。

可以看出,黄宗羲晚年爲子孫謀前程的請托,已然與早年猛烈批判科舉的態度有了根本性轉變。就理學修養而言,這種“一己之私”其實有損道德,更違背了劉宗周的“慎獨”之教。但隨著清廷統治的穩固,以及生活境遇的所迫,黄宗羲越到晚年越表現出老者的慈祥面貌,對子孫的舐犢之情,隨處可拾。當然,在黄宗羲那裹,對於清廷的仇恨與敵意固然可以隨著社會的安定與歲月的增長而逐漸化解,然而對於理想文化精神與制度變革的追求乃是其一生精神所繫,不容妥協。相比之下,康熙縱然勵精圖治,然而其理想格局實與其所期

---

① 鄭梁在《天雨庵記》中稱:“金華胡仲子以《易》六十四卦定生民治亂十二運,識者謂今庚申辛酉之後,運交陽晶,守政從此治復三代者。一千一百五十二年而今,天子正在稽古右文,安知不於偃武之餘,修舉《周禮》,以治天下?”見《寒村詩文選・寒村五丁集》卷一,《清代詩文集彙編》第148册,頁277。

② 黄宗羲《姚江逸詩序》,《黄宗羲全集》第10册,頁11。

③ 黄宗羲《李杲堂文鈔序》,《黄宗羲全集》第10册,頁27。

④ 黄宗羲《蔣萬爲墓誌銘》,《黄宗羲全集》第10册,頁493—494。

⑤ 鄭梁《陳介眉稿序》,《寒村詩文選・見黄稿》卷二,《清代詩文集彙編》第148册,頁246。

⑥ 據吕留良記載,黄宗羲“托貴人爲二子百家、百學援闈例,貴人偶誤記,納百家正誼爲二。今改百學名百家以應之,非昔之百家矣。”(《吕晚村先生文集》卷二《與魏方公》)可知,因徐元文誤記,將百家、正誼看成二人,將百學漏了。黄宗羲不得已,將次子由字改名爲正誼,三子百學改名百家。吕留良所説屬實,黄百家在《先遺獻文孝公梨洲府君行略》中説,其父有三子,二子爲“正誼,太學生”,而“不孝百家,太學生,原名百學”。

⑦ 黄宗羲《與徐乾學書》,《黄宗羲全集》第11册,頁68。

待者相去甚遠,黄宗羲對清廷的認同始終有限[①]。不過,整體而言,在黄宗羲晚年的内心世界中,一方面是幽怨的亡國之情,另一方面又是對清廷方興禮樂的某種歡迎,這兩種互相矛盾的感情,一直在纏結困擾著他。

**【作者簡介】**金曉剛,浙江師範大學人文學院講師,歷史學博士,研究方向爲中國思想史、文獻學。

① 關於黄宗羲晚年政治態度的討論,可參見顧家寧《文化、政治與聖王:黄宗羲晚年心境及其政治意涵探析》,《中國哲學史》2016 年第 4 期。

# 潘祖蔭丁憂期間致陸心源書札考釋

楊　斌

【提　要】 潘祖蔭與陸心源皆爲晚清著名藏書家、金石學家，光緒九年潘祖蔭丁憂回吴，陸心源始登門拜訪潘氏，二人由於共同酷好收藏古籍槧本、金石器物，從而成爲摯友。《潛園友朋書問》收有潘祖蔭致陸心源書札二十通，經考證，其中十三通均作於潘祖蔭丁父憂期間，札文較爲連貫而完整地展現了潘、陸二人從光緒九年到光緒十一年期間書籍、金石交往的一些細節，具有較高的文獻價值。

【關鍵詞】 潘祖蔭　陸心源　書札

潘祖蔭(1830—1890)，字伯寅，小字東鏞，號鄭盦，江蘇吴縣(今蘇州)人。咸豐二年(1852)進士，授翰林院編修，歷任工部、刑部、兵部尚書等，官至軍機大臣，以疾卒於任上，贈太子太傅，謚“文勤”。善詩文，好藏書、刻書，尤喜金石文字。著有《海東金石録》《攀古樓彝器款識》，輯刻《滂喜齋叢書》《功順堂叢書》等凡百種，另有詩文、日記等傳世。陸心源(1834—1894)，字子稼，一字剛甫，號存齋、誠齋，晚號潛園老人，浙江歸安(今吴興)人。咸豐九年(1859)舉人，歷官廣東南韶兵備道、高廉道，後署福建鹽法道。好讀書，精校勘，嗜收藏，聚書十五萬餘卷。著述頗豐，有《儀顧堂集》《皕宋樓藏書志》《儀顧堂題跋》等，合署爲《潛園總集》九百四十餘卷。

光緒九年(1883)，潘祖蔭父潘曾綬去世，潘祖蔭於四月二十日扶櫬南旋，“丁父憂”回家鄉蘇州守制。潘氏守制期間，除處理一些家務事外，主要致力於刻書、鑒古，且與知交好友書問往來不斷。潘氏在居京期間，與陸心源就曾有書信往還。潘氏歸吴後不久，陸心源即登門拜訪潘氏。二人由於共同酷好收藏古籍槧本、金石器物，從而成爲摯友，且書問往還頗密。《潛園友朋書問》共收有潘祖蔭致陸心源書札二十通，經筆者考證，除其中一通字跡過於潦草，大多文字難以識别外，另外十三通皆作於潘氏丁父憂居吴期間，札文較爲連貫而完整地記録了潘、陸二人從光緒九年(1883)到光緒十一年(1887)期間交往的一些細節[①],對於更全面地瞭解潘、陸二人的生平、交遊以及晚清文化史,有較大的文獻價值,書札也從側面反映了潘、陸好友吴雲、顧文彬等人書籍、金石器物的散出。故筆者不揣譾陋,參考潘氏年譜、日記,潘、陸二人題跋、文集等相關文獻,對書札繫以年份,並略作考釋。晚清名人書札,用"千里面目"形容,洵非虚言,金石學家吴大澂好作大篆,經學家俞樾喜作隸書,而潘祖蔭因長期臨寫草書名帖《書譜》[②],故喜作草體。《潛園友朋書問》所收潘氏書札,大多爲潘氏用草書寫就,故極難識别,函中確有殘缺和不能釋讀之文字,用□表示。

## 第一通

存齋仁兄年世大人閣下:

在都時,迭承賜唁,感謝之忱,非言可喻。伏唯起居清泰,著述日臻爲頌。前惠大集及《藏書志》爲朋好王廉生[③]諸君持去,頃刻而盡。不得已爲此再瀆,乞賜大集及《藏書志》各二部。無厭之求,不勝皇恐,恃在摯愛,或不見拒,無任屏營之至。專此再拜申謝,敬頌道安。

世愚弟制蔭頓首,十一日。

手奏不恭,伏祈原宥。弟於前月二十日扶輀南下,二十四日抵津,二十五日乘輪,二十九日抵家,一路尚爲安穩。知念附及,又拜。

按:札首云"迭承賜唁",落款處又署"制",均指潘祖蔭父潘曾綬之喪。據《潘祖蔭年譜》(以下簡稱《年譜》)光緒九年(1883)正月二十二日載:"丑刻,先君棄養。"[④]可知此札當作於光緒九年(1883)正月二十二日以後,潘氏丁父憂期間。據《潘祖蔭日記》(以下簡稱《日記》)光緒九年(1883)四月二十日載:"寅刻啓靈。"[⑤]即附信所云"弟於前月二十日,扶輀南下"之事;《日記》四月二十三日載:"寅初開船……至天津已戌初。"[⑥]可知潘氏抵津在四月二十三日,非函

① 考察當前學界,涉及潘祖蔭與陸心源交遊研究的成果有:潘佳博士論文《潘祖蔭研究》(復旦大學,2012年),在下篇《潘祖蔭年譜稿》部分,以潘氏稿本日記爲資料,對潘、陸二人的交往情况進行了歷時性梳理;吕亞非《陸心源致潘祖蔭書劄三通釋讀》(《文獻》2013年第5期),對陸心源致潘祖蔭三通書劄進行了繫年和考釋;陶其鐵碩士論文《陸心源金石學研究》(西北大學,2018年),在其第一章《學術背景與陸心源的金石交遊》中,通過陸心源致潘氏書劄一通和潘氏致陸氏書劄兩通對陸、潘二人的金石交往情况進行了考述,但因受所據材料較少之限,論述較爲粗淺。

② 據《潘祖蔭年譜》同治九年載:"兄是時始臨孫過庭《書譜》,日數十紙,後遂以爲常,退直餘閑,濡毫不倦。"詳參潘祖年《潘祖蔭年譜》,沈雲龍主編《近代中國史料叢刊》第19輯,臺北文海出版社,1973年,頁61。

③ 即:王懿榮(1845—1900),字正孺,一字廉生、蓮生,晚署直廬花衣、養泉居士、養潛先生。登州府福山縣(今煙臺市福山區)人。光緒六年(1880)庚辰科進士,授翰林院編修,入值南書房,授國子監祭酒,官至侍讀。自幼酷嗜金石文字,收藏金石碑刻,精於銘文考訂,著名金石古物收藏家、研究者。

④ [清]潘祖年《潘祖蔭年譜》,沈雲龍主編《近代中國史料叢刊》第19輯,頁102。

⑤ [清]潘祖蔭《潘祖蔭日記》,蘇州博物館《蘇州博物館藏晚清名人日記稿本叢刊》卷五,文物出版社,2016年,頁2577。

⑥ [清]潘祖蔭《潘祖蔭日記》,蘇州博物館《蘇州博物館藏晚清名人日記稿本叢刊》卷五,頁2578—2579。

中所述二十四日；又，《日記》四月二十五日載："寅初開船。"[①]與函中所述"二十五日乘輪"相合；《日记》光緒九年(1883)四月二十九日載："丑初開船，申初刻抵婁門，四叔及弟姪親戚俱到。"[②]與附信所述"二十九日抵家"相符，故此札當作於光緒九年(1883)五月十一日。

《日記》光緒九年四月初四日載："得存齋信及《藏書志》及集及《叢書》二集。"[③]與函中所述"前惠大集及《藏書志》"云云相符，《藏書志》當指《皕宋樓藏書志》，《叢書》當指陸心源所著《十萬卷樓叢書》。

光緒五年(1879)《十萬卷樓叢書》初編在潛園内開雕，光緒八年(1882)，《皕宋樓藏書志》一百二十卷、《續志》四卷刊峻[④]，故陸心源第二年有贈書之舉。《日記》光緒九年(1883)四月初十日載："以益甫、容齋對、陸《叢書》二集寄廉生。"[⑤]與函中所述"前惠大集及《藏書志》爲朋好王廉生諸君持去"相合，故潘氏在信中再"乞賜大集及《藏書》志各二部"。"王廉生"即金石學家王懿榮，檢潘氏《日記》可知，王懿榮與潘祖蔭往來極密，王氏與潘氏爲亦師亦友的關係。

## 第二通

存齋仁兄年大人閣下：

得手教敬悉，又承《藏書志》之賜，閣下之惠我厚矣，何敢泛泛言謝哉！大集印成，仍祈見惠，無厭之甚矣。伏讀大集數過，於此數年矣，閣下之學問博雅閎通，已爲心服，而其爲當世之務，目光直透過數十百年，真醫國名手也。弟不才，早廁内廷，於當世名公鉅卿所見何止數十百人，若公之才，則寥寥無幾人耳。以如是之才，而屈抑如此，徒令其等身箸述投老山林，此不獨爲天下蒼生惜，爲朝廷用人惜也。有用人之責者，奈何諉諸於命哉？信筆及之，狂言無緒，不足爲外人道也。弟經營窀穸，自遭亂後，無人照料，直是荒邱。爲人子者如此，真獲罪天地也。今則將就二年之力爲之，其事直同創始耳。知念附聞，專此布謝，敬頌箸安。

年愚弟制蔭頓首，五月廿日。

按：上函云"乞賜大集及《藏書志》各二部"，此函云"又承《藏書志》之賜……大集印成，仍祈見惠"，可知此函作於上函後不久，即光緒九年(1883)五

① [清]潘祖蔭《潘祖蔭日記》，蘇州博物館《蘇州博物館藏晚清名人日記稿本叢刊》卷五，頁2582。

② [清]潘祖蔭《潘祖蔭日記》，蘇州博物館《蘇州博物館藏晚清名人日記稿本叢刊》卷五，頁2585。

③ [清]潘祖蔭《潘祖蔭日記》，蘇州博物館《蘇州博物館藏晚清名人日記稿本叢刊》卷五，頁2571—2572。

④ 徐楨基《潛園遺事——藏書家陸心源生平及其他》，上海三聯書店，1996年，頁7—8。

⑤ [清]潘祖蔭《潘祖蔭日記》，蘇州博物館《蘇州博物館藏晚清名人日記稿本叢刊》卷五，頁2573。

月二十日。

## 第三通

存齋仁兄同年大人閣下：

承惠顧次日，敬泥首叩謝。知騶從已發，不勝悵歉；兹荷手翰並兕觥一具，不勝銘泐。嘉禮壺乃宣和器（不足存也），格伯簋及召夫尊[①]既尚未歸清秘，若蒙爲作緣，尤感。奬彝等或賜借拓，或惠拓本，仰乞尊裁。古緣之厚，雲誼之隆，不勝感荷之至。專此申謝，敬頌箸安。

年愚弟制蔭頓首，六月朔。

按：《日記》光緒九年六月初一日載："存齋寄子燮兕觥。"[②]與函中所述"兹荷手翰並兕觥一具"相合，函中所説"兕觥"應爲子燮兕觥，故此札當作於光緒九年(1883)六月一日。

此函可與此年陸心源致潘祖蔭札（一）相互參證，兹節録原札文於下：

日前晋謁臺階……敏别後於廿七日抵里，承示借拓彝器等件，謹以專人將兕觥呈覽。張氏銅器計有六件，其嘉禮壺歸於沈處，文王鼎、兕觥、又䵼彝均歸源處，格伯簋雖在源處，抵而非售，其最大之亞形召父尊，蓋已失，而索值奇昂，故未購得，刻下尚在物主處也。至格伯簋等件如需樵本，容俟覓得拓手即當拓奉。或左右必須親拓，可否八月間，源恭自賫呈。[③]

陸氏函中談及格伯簋"抵而非售"，召夫尊"尚在物主處"，故潘氏札云"格伯簋及召夫尊既尚未歸清秘，若蒙爲作緣，尤感"，可見潘氏也極想得到此兩件彝器，從而推知陸氏致潘函應作於光緒九年六月一日前不久[④]。陸心源在此札中徵求潘氏意見，格伯簋雖非己物，但可將拓本奉呈，或潘氏如須親拓，八月間可親自賫呈，故有第六函按語所述八月二十六日陸氏攜格伯敦來之事。

"奬彝"即王作又䵼彝，又稱王作又簋，西周早期青銅器，現藏上海博物館[⑤]。此器《吴興金石記》有著録："又䵼彝，同上，高三寸七分，口五寸一分，足四寸，深三寸，重四十四兩。鑄款腹底文曰：王作又䵼彝。"[⑥]

---

① 有关兕觥、嘉礼壶、格伯簋、召夫尊的形制、收藏情况详见吕亞非《陸心源致潘祖蔭書札三通釋讀》,《文獻》2013年第5期,頁153—154。

② [清]潘祖蔭《潘祖蔭日記》，蘇州博物館《蘇州博物館藏晚清名人日記稿本叢刊》卷五，頁2600。

③ 吕亞非《陸心源致潘祖蔭書札三通釋讀》,《文獻》2013年第5期,頁152。

④ 吕亞非將此札繫於光緒十年，誤。參見吕亞非《陸心源致潘祖蔭書札三通釋讀》,《文獻》2013年第5期,頁152。

⑤ 中國科會科學研究院考古所《殷周金文集成釋文》第三册，香港中文大學中國文化研究所，2001年，頁81。

⑥ [清]陸心源《吴興金石記》卷一，光緒十六年潛園刻本。

## 第四通

存齋仁兄同年大人閣下：

得手書乃蒙慨允，此誠有一無二之珍，非常之賜，古人之誼，何以加兹！《九經》小本仍當奉贈，其云澄江本者，見於劉燕庭[①]手批《拜經樓藏書記》(此本昔在蕙西先生處見之[②]，亂後不知所歸)，上又云："澄江疑是巾箱之誤"，弟疑是周公謹[③]《志雅堂雜抄》所稱："悦生堂命廖氏[④]世綵堂以各本校刻，而惜其無注"云云，其字體與世綵堂《韓柳集》大小不同而相似，弟疑即此刻本是也，質之高明以爲如何？八月中枉過，當以奉呈，並將宋元槧之一鱗片爪悉請鑒定也。

此次歸來因照料乏人，故將宋元本之精美大部，盡寄京師王廉生太史，以有同好故也(只有書百箱，亦未帶，磚瓦及拓片亦未帶)。此地屋僅廿間，行李至今未啓，潮濕黴爛，刻刻堪虞。服闋即出，只好將就，賃廡而居。宦裝僅足辦窀穸，更不暇爲買山之資，且卅年未歸，先壟荒廢已甚(己酉年歸葬先妣，自經庚申之亂，未收拾)。丙舍樹不羅圈，拜臺海漫，一望蕩然。此次工程直同創始，是以無片刻閒暇，此間親戚本家，至今都未登堂者，以此故也。竭二年之力，盡穀經營，惟遵先曾祖之訓，不用石工，不按會典品級，石人、石馬、神道碑等一切，尚不十分鉅費耳。知念附聞，專此申謝。無司筆札之人，恕不莊書，敬請道安。年小弟制蔭頓首，二十日。

按：此通信札落款處仍署"制蔭頓首"，則仍作於潘氏丁父憂期間。函中云"《九經》小本仍當奉贈"，據陸心源《宋槧婺州九經跋》云：

蓋本怡賢親王收藏，同治初爲潘文勤所得。光緒十年，文勤奉諱南旋，欲得余所藏周子燮兕觥，遣書請效蘇、米博易之舉，余拒之。文勤請益堅，兕觥乃歸攀古樓，《九經》遂爲皕宋樓插架矣。[⑤]

---

① 即劉喜海(1793—1852)，字燕庭，一作燕亭，一字吉甫。嘗手輯金石文字逾五千通，藏書亦富，有宋刻唐人集數十家。編有《金石苑》八卷及《長安獲古編》。著有《海東金石苑補遺》、《喜蔭簃詩文集》二卷、《古泉苑》一百卷、《嘉蔭簃古泉隨筆》八卷、《泉苑菁華》六卷、《嘉蔭簃論泉截句》二卷、《昭陵碑考》、《海東金石存考》一卷、《蒼玉洞宋人題名》一卷。室名有"清愛堂""味經書屋"等。

② 即邵懿辰(1810—1861)，字位西、蕙西，清仁和(今杭州)人。道光十一年舉人，授内閣中書，後升刑部員外部。撰有《禮經通論》《尚書傳授同異考》等。

③ 即周密(1232—1308)，字公謹，號草窗。祖籍濟南，宋南渡後移籍吴興。宋亡前曾官義烏縣令。入元不仕。曾與楊纘等名流結西湖吟社，又曾參與《樂府補題》之吟詠。著述甚多，詞集有《蘋洲漁笛譜》二卷、《草窗詞》二卷，野史筆記有《齊東野語》《武林舊事》《癸辛雜識》等若干種，詩集有《草窗韻語》《弁陽詩集》。又選宋詞爲《絶妙好詞》。

④ 即廖瑩中，字群玉，號藥山，邵武人，南宋藏書家、刻書家。

⑤ [清]陸心源著，馮惠民整理《儀顧堂書目題跋彙編》，中華書局，2009年，頁257。

可知札首所说“乃蒙慨允”之事即陸氏跋文所述兕觥與《九經》交换之舉[①]。據《日記》光緒九年六月十九日載:“存齋以子燮兕觥贈之。”[②]即應爲函中所述“非常之賜”。又,《日記》六月二十日載:“復存齋。”[③]似應爲此札,故此函當作於光緒九年(1883)六月二十日。

《日記》光緒九年(1883)八月二十一日載:“陸存齋來,贈以宋版巾箱本《九經》。”[④]與陸氏跋文所述時間均不合,依《日記》記事之時效性,可知陸氏跋文在記述時間上有誤。

陸氏跋文記叙宋版《九經》爲“同治初爲潘文勤所得”,有關潘祖蔭購得宋版《九經》之經歷,在潘氏好友趙之謙信札中多有記載。同治年間,趙之謙[⑤]因參加科舉考試,旅居京師,在京期間,趙之謙與潘祖蔭往來極密,據趙之謙致潘祖蔭札(五二)云:“二十行小字本《九經》。不知何本,與秦刻大異。宋諱僅避貞、恒二字,以爲宋刻,則似明刻……索價亦出情理之外,云二百八十金。”[⑥]趙致潘祖蔭札(七二)云:“想《九經》宋、明疑團,尚無破也。”[⑦]趙致潘祖蔭札(一〇三)云:“謙意以四十五金歸《九經》。”[⑧]可知所謂“宋版《九經》”終在趙之謙的周旋下以四十五兩白銀購得,趙之謙在札文中所述之可疑宋本《九經》,即潘祖蔭最終購藏而贈予陸心源者(趙之謙函中所述“二十行小字本”,與《婺州本九經》半頁二十行相符[⑨]。

《日記》光緒九年(1883)三月二十四日載:“宋元板書三箱……鼎一交廉生。”[⑩]二十六日載:“以宋元本二箱寄廉生。”[⑪]二十七日載:“宋元本一箱寄廉生,本日止。”[⑫]與函中所述“將宋元本之精美大部,盡寄京師王廉生太史”相合,可見潘祖蔭對王懿榮之倚重和信任。

---

① 吕亞非《陸心源致潘祖蔭書札三通釋讀》一文,已據陸心源《宋槧婺州九經跋》闡明二人有以兕觥交换《九經》之事。詳參:吕亞非《陸心源致潘祖蔭書札三通釋讀》,《文獻》2013 年第 5 期,頁 152。

② [清]潘祖蔭《潘祖蔭日記》,蘇州博物館《蘇州博物館藏晚清名人日記稿本叢刊》卷五,頁 2608。

③ [清]潘祖蔭《潘祖蔭日記》,蘇州博物館《蘇州博物館藏晚清名人日記稿本叢刊》卷五,頁 2608。

④ [清]潘祖蔭《潘祖蔭日記》,蘇州博物館《蘇州博物館藏晚清名人日記稿本叢刊》卷五,頁 2623。

⑤ 趙之謙(1829～1884),會稽(今浙江紹興)人。初字益甫,號冷君,後改字撝叔,又號悲庵、無悶等。晚清著名書畫篆刻家、金石學家,著有《漢學師承續記》、《六朝别字記》等金石學著作。

⑥ [清]趙之謙著,戴家妙整理《趙之謙集》卷二,浙江古籍出版社,2015 年,頁 322。

⑦ [清]趙之謙著,戴家妙整理《趙之謙集》卷二,頁 327。

⑧ [清]趙之謙著,戴家妙整理《趙之謙集》卷二,頁 338。

⑨ 有關趙之謙爲潘祖蔭訪書之事,可參見拙文《趙之謙與王懿榮交遊考》,《殷都學刊》2019 年第 2 期,頁 170—171。

⑩ [清]潘祖蔭《潘祖蔭日記》,蘇州博物館《蘇州博物館藏晚清名人日記稿本叢刊》卷五,頁 2569。

⑪ [清]潘祖蔭《潘祖蔭日記》,蘇州博物館《蘇州博物館藏晚清名人日記稿本叢刊》卷五,頁 2569。

⑫ [清]潘祖蔭《潘祖蔭日記》,蘇州博物館《蘇州博物館藏晚清名人日記稿本叢刊》卷五,頁 2570。

《日记》光緒九年(1883)五月初三日載:“始到金太史場賃屋。”[1]與函中所述“服闋即出,只好將就,賃廡而居”云云相合。又,《年譜》道光二十九年(1849)己酉載:“閏四月十二日,葬先妣汪太夫人。”[2]與函中所述“己酉年歸葬先妣”相合。《日記》光緒九年(1883)五月十四日載:“先妣、繼妣塋,丙舍蕩然,羅圈亦毁。”[3]與函中所述“先壟荒廢已甚”云云相合。

## 第五通

存齋仁兄同年大人閣下:

得奉手教,備承垂注殷拳,感荷之至。見惠拓本極精,王作又將彝最精,格伯簋非僞。同時格之器,刻有不同,古器字多字少,不足爲真贗之累,格即秦之先大駱也。古字往往相通,此簋流傳有五六器,古所見,據拓本已可定爲真也。至古器陰陽識俱有,而陽識難得,亞文中字往往僞者多,非見器不敢定。召父尊並未送來,弟所以疑之者,即以亞文,故非見器不敢定也。風雨時作,有秋意矣;良晤非遥,盼盼。敬頌箸安。

年愚弟制蔭頓首,七月廿一日。

按:上一函云“格伯簋及召夫尊既尚未歸清秘”,而本函云“格伯簋非僞……召父尊並未送來”,可知兩函内容連貫。《日記》光緒九年七月二十一日載:“未正後,風雨竟日夜。”[4]與札尾所述“風雨時作”相合。函尾又云“良晤非遥,盼盼”,據《日記》光緒九年(1883)八月二十六日載:“存齋來,留格伯敦,”[5]可知此札作於光緒九年(1883)七月二十一日。

## 第六通

存齋仁兄同年大人閣下:

手教敬悉,一鼎一彝先繳。王廉生手録一册奉閲,其所得書與彝器可羡也(惜不得見耳),閲後祈發還。《考古續圖》則盡可帶去也,所論是極,

① [清]潘祖蔭《潘祖蔭日記》,蘇州博物館《蘇州博物館藏晚清名人日記稿本叢刊》卷五,頁2589。

② [清]潘祖年《潘祖蔭年譜》,沈雲龍主編:《近代中國史料叢刊》第19輯,頁11。

③ [清]潘祖蔭《潘祖蔭日記》,蘇州博物館《蘇州博物館藏晚清名人日記稿本叢刊》卷五,第2594頁。

④ [清]潘祖蔭《潘祖蔭日記》,蘇州博物館《蘇州博物館藏晚清名人日記稿本叢刊》卷五,頁2616。

⑤ [清]潘祖蔭《潘祖蔭日記》,蘇州博物館《蘇州博物館藏晚清名人日記稿本叢刊》卷五,頁2626。

顧氏若此，度其所藏未必精也。聞胡雪巖[①]古器有庫，尤富，弟不識其人，無從見其拓本。其人與偉如[②]甚密，而弟不識也。此頌箸安。

弟制蔭頓首。

按：《日記》光緒九年(1883)八月廿四日載："還存齋魯公鼎、王作又䵼彝。"[③]與札首所云"一鼎一彝先繳"相合，可知此函當作於光緒九年(1883)八月二十四日後不久。又，《日記》光緒九年(1883)八月二十六日載："存齋來，留格伯敦，贈毛鼎拓，帶去《考古續圖》四册一函。"[④]與函中所述"《考古續圖》則盡可帶去也"相合。故此函當作於光緒九年(1883)八月二十四日至二十六日期間。

《考古續圖》即《續考古圖》，陸心源刻入《十萬卷樓叢書》，陸氏《刻續考古圖序》考該書作者、授受源流頗詳："《續考古圖》五卷，南宋紹興間人所編，佚其姓名。釋文一卷，據翟耆年《籀史》，當是趙九成所撰，里貫、仕履皆無考，《宋史·藝文志》、《文獻通考》、《郡齋讀書志》、明《文淵閣書目》、焦氏《經籍志》、高氏《百川書志》皆未箸録，始見於錢曾遵王《讀書敏求記》，遵王所藏南宋刊本與《考古圖》並行得之無錫顧詢遠，後歸季滄葦，《延陵書目》所載是也，滄葦没，歸於徐健庵，遵王復從健庵借歸，倩工影摹，圖繪之精自稱過於宋本，即今天禄琳瑯所藏、七閣所據以箸録者也。書記所見藏器之人，惟李明仲誡，南宋尚存若王晋玉玠、張仲謀詢、榮詢之咨道、榮子邕輯、姚毅夫雄，皆徽宗時人，作者姓名雖不可考，其必生長北宋而終於南宋無疑也，書前必序，序必有題名，如《考古圖》之式，叙亡而姓名與之俱亡矣，夫豈故隱其名哉？"陸氏以該書未傳作者姓名爲憾，並記述從潘祖蔭處借録之事，"甲申之夏，晤潘伯寅尚書於吴門，見插架有之，從翁覃溪手抄過録者，後有二跋，覃溪所據，即遵王影摹之本，其第一跋即《四庫全書》館《提要》之底稿也。"[⑤]陸心源序文記叙此書爲光緒十年(1884)從潘氏處見到，陸氏所記年份有誤，應在光緒九年(1883)。

"胡雪巖"即晚清紅頂商人胡光墉，開有阜康錢莊並創辦胡慶餘堂中藥店、蠶絲廠等實業，是晚清屈指可數的富商，胡氏亦頗愛附庸風雅，喜收藏金石書畫，故販賣古物者，趨之若鶩，所藏金石彝器極富，西周青銅器師望鼎就曾經胡雪巖收藏[⑥]。

---

① 即胡光墉(1823—1885)，字雪巖，徽州績溪人，晚清富商。入左宗棠幕，爲左氏辦理湘軍後勤，幫辦洋務，在協助左氏西征中立下大功，朝廷嘉許，賞胡光墉二品頂戴、穿黄馬褂成爲顯赫一時的紅頂商人。

② 即潘霨(1826—1894)，初字燕山，後改偉如，號鞾園，晚號心岸，江蘇吴縣人。潘祖蔭族兄。

③ [清]潘祖蔭《潘祖蔭日記》，蘇州博物館《蘇州博物館藏晚清名人日記稿本叢刊》卷五，頁2626。

④ [清]潘祖蔭《潘祖蔭日記》，蘇州博物館《蘇州博物館藏晚清名人日記稿本叢刊》卷五，頁2569。

⑤ [清]陸心源《續考古圖》，商務印書館，民國二十五年(1936)，頁1—3。

⑥ 華東師範大學中國文字研究與應用中心《金文今譯類檢(殷商西周卷)》，廣西教育出版社，2003年，頁425。

## 第七通

吴丈[①]之《史記》即錢遵王之百衲本也(凡四種,中有蔡夢弼本,餘不記矣)。辛未年,欲以千二百金出售,無人能得之。後仲飴[②]出守陳州(重熹,弟之門人也),此漾亦止。至《營造法式》,未聞其有此書,蓋仲化[③]内弟一力提攜,若有之,必言與也。敬復,存齋仁兄同年大人。制蔭頓首。

按:"吴丈"即吴雲,同治元年(1862),吴雲歸隱蘇州,由於吴氏性喜金石彝器、書籍,故在爲官時就多向故家世族收藏散出之物,吴氏歸隱蘇州時,與南潯著姓大族交往頻繁,陸心源、顧文彬便是吴雲時常往來的好友[④]。而潘祖蔭早年與吴雲因金石同好就已訂交,《兩罍軒尺牘》收有吴雲致潘祖蔭札多通,吴氏女嫁與潘氏叔弟潘祖頤,使原來亦師亦友的關係變爲姻親,兩人來往更密切[⑤]。光緒九年(1883)正月十一日,吴雲卒,其家藏書籍槧本、金石器物散出,故陸心源向潘氏諮詢吴氏書籍,此札即是潘祖蔭答復陸氏諮詢的回函。

函中所述"錢遵王之百衲本"《史記》,據錢曾《讀書敏求記》載:"予昔藏宋刻《史記》有四,而開元本亦其一焉,今此本乃集諸宋版共成一書,小大長短各種咸備。李沂公取絲桐之精者,雜綴爲一琴,謂之百衲琴。予亦戲名此爲《百衲本史記》,以發同人笑焉。"[⑥]此書後歸劉喜海,傅增湘《藏園群書題記》云:"大興朱笥河有百衲本《史記》,劉燕庭家亦有之。"[⑦]朱氏百衲本,已不知去向。劉氏百衲本包括宋刻四種:第一,南宋紹興初年杭州翻刻之北宋《史記集解》殘本。計有七十五卷;第二,北宋景祐年間刻本《史記集解》殘本,爲十行本,計存十九卷;第三,南宋《史記集解索隱》合刻本殘本,計存十卷;第四,南宋乾道七年蔡夢弼《史記集解索隱》合刻本,計存二十六卷[⑧]。故函中有"凡四種,有蔡夢弼本"云云語,看來潘氏函中所述之《史記》即劉喜海原藏本,後歸吴雲。

---

① 即吴雲(1811—1883),字少甫,號平齋,又號愉庭,晚號退樓,浙江歸安(今湖州市)人。道光舉人,官蘇州知府。精鑒賞,富收藏,凡金石彝鼎、法書名畫、漢印晋磚、宋元書籍皆一一羅致。顏其居曰"兩罍軒""二百蘭亭齋"。所著金石彝器圖釋諸書,皆親自繪圖,甚爲可貴。著有《兩罍軒彝器圖釋》《二百蘭亭齋古銅印存》《古官印考》《考印漫存》《焦山志》。

② 即吴重熹(1838—1921),字仲飴,號石蓮。無棣縣人。同治元年舉人,歷任河南陳州知府、開封知府,福建按察使,江寧、直隸布政使,護理直隸總督、北洋大臣,江西巡撫,河南巡撫等職。解職後,閒居天津,閉門謝客,編輯印行《吴氏文存》《吴氏詩存》《世德録》等。

③ 疑即潘祖頤,潘祖蔭叔弟,生平不詳。

④ 參見黄輝《同治年間吴雲與南潯著姓大族金石補證》,《第四届"孤山證印"西泠印社國際印學峰會論文集》,西泠印社出版社,2014 年,頁 352—359。

⑤ 程仲霖《晚清金石文化研究——以潘祖蔭爲紐帶的群體分析》,社會科學文獻出版社,2018 年,頁 27。

⑥ [清]錢曾《讀書敏求記》,商務印書館,1936 年,頁 31。

⑦ 傅增湘《藏園群書題記》,上海古籍出版社,1989 年,頁 67。

⑧ 安平秋《史記版本述要》,《古籍整理與研究》,1987 年第 1 期,頁 34。

陸心源《儀顧堂題跋》卷四有《影宋抄營造法式跋》，考作者生平及卷帙甚詳[①]，可見陸氏對此書之珍視，但跋中未言抄自何人。從札文推測，陸心源應原本知曉吴雲家藏有抄本《營造法式》，吴氏亡後，由於潘家與吴家的姻親關係，陸氏向潘氏詢問此書，故潘祖蔭詢之於叔弟潘祖頤，但最初並未找得此書，可見陸心源對此書之渴慕。由於下一函作於光緒九年(1883)十月廿七日，則此函似當作於此年九、十月間。

## 第八通

存齋仁兄同年大人閣下：

得奉手畢，藉譾左圖右史，即事多欣爲頌。寄到□氏宋元書目，真令人健羡無已。前説及影宋本《營造法式》，適已檢出，書册太大，如欲觀，當設法寄。觀此想見原本之精妙，真是異寶，不知何所歸也。浙丁氏[②]之宋元有異本否？能見其目録否？專此布復，敬盼箸安。

年小弟制蔭頓首，十月廿七日。

按：函中談及潘祖蔭已發現影宋本《營造法式》並設法寄與陸氏之事。據《日記》光緒九年十月廿七日載："復陸存齋，還《考古圖》，借《營造法式》影宋本。"[③]可知此札當作於光緒九年(1883)十月二十七日。

從札文内容可知，吴雲所藏之本，亦非原本，故潘氏感歎"想見原本之精妙"。此函可與陸心源致潘祖蔭書札(二)相互參證，札文云："宫保鈞座：……宋刻史方、葉議，祈勿郵寄，源秋間必到蘇也，《營造法式》俟抄完即當專人奉繳"[④]。陸氏札當作於潘氏札之後，即光緒九年(1882)十月二十七日之後秋間[⑤]。

"浙丁氏"，即浙籍藏書家丁丙，據《日記》光緒九年三月初四日載："杭州丁(丙之子)孝廉立誠送家刻百餘册(《西泠五布衣詩》《杭郡詩輯》《西湖叢編》)。"[⑥]可知潘祖蔭應與丁丙相識。陸心源與丁丙亦多有藏書之交，丁氏補抄文瀾閣《四庫全書》及刻書等均曾向陸心源借書，陸氏也曾向丁丙借抄其藏書多種，丁丙曾參與陸氏所著《宋詩紀事補遺》的校訂。

---

① [清]陸心源著，馮惠民整理《儀顧堂書目題跋彙編》，頁74—75。

② 即丁丙(1832—1899)，字嘉魚，號松生，晚號松存，浙江錢塘人。自幼好學，與其父兄皆嗜藏書，聚書近二十萬卷。編刊《武林往哲遺著》《武林掌故叢編》等叢書，著有《八千卷樓書目》《善本書室藏書志》《庚辛泣杭録》《武林坊巷志》《北郭詩帳》《北隅綴録》等。

③ [清]潘祖蔭《潘祖蔭日記》，蘇州博物館《蘇州博物館藏晚清名人日記稿本叢刊》卷五，頁2638。

④ 吕亞非《陸心源致潘祖蔭書札三通釋讀》，《文獻》2013年第9期，頁154。

⑤ 吕亞非將此札繫於光緒十年七八月間，誤。參見吕亞非《陸心源致潘祖蔭書札三通釋讀》，《文獻》2013年第5期，頁155。

⑥ [清]潘祖蔭《潘祖蔭日記》，蘇州博物館《蘇州博物館藏晚清名人日記稿本叢刊》卷五，頁2560。

## 第九通

今日問之眉生[①]云，滬上顧君子山[②]，南潯人，聞其器已散失（聞多有龔孝拱[③]目雲之物），或云歸吾兄耳？（清卿[④]與之識，曾索其拓本未得也。）敬復。

存齋仁兄同年大人，制蔭頓首。

按："顧君子山"即晚清著名收藏家顧文彬，光緒八年（1882）七月，顧文彬子顧承溘然而逝，此年十月二孫逝，光緒九年（1883）八月，大孫病故。由於家中連遭變故，顧氏不得不將一部分藏品售出。據顧氏《過雲樓日記》光緒九年（1883）十二月載："自承兒歿後，余古玩之興索然已盡，況鐘售與潘伯寅，價七百金；提梁卣亦售與，價六百金。"[⑤]可知此函似當作於光緒九年（1883）十二月前不久。潘祖蔭能購得顧文彬經藏之況鐘、提梁卣等彝器，當由陸心源中間助力、撮合。

"眉生"即李鴻裔，據《日記》光緒九年十一月二十四日載："送眉生、郝蘭皋叢書全分，蕁齋、星吾、陸存齋書各二分。"[⑥]十二月初二日載："晤眉生。"初六日載："四叔送鱸，分送眉生、培誼。"[⑦]可知此年十一月、十二月間，潘氏與李鴻裔確往來頗密，故潘氏從李氏處得知顧氏金石器物散出的消息也在情理之中。

## 第十通

存齋仁兄大人閣下：

賤恙目疾，五閱月向未愈，醫所誤也。《貞石志》稿失於庚申前，賜書敬謝，敬謝。至今來諭，尚看不見矣；又，拙刻二種敬呈。恕其大字草草也，眵粘滿匡，努肉紅赤，見人更脹痛，現點拔雲丹。三月承前借二書，須手自檢點，可少遲否？一動目動手輒脹痛，及眵粘不止也，敬復道安。

年小弟制蔭頓首。

---

① 即李鴻裔（1831—1885），字眉生，四川中江人，晚清學者。

② 即顧文彬（1811—1889），字子山，一字艮庵，號蔚如、過雲樓主。道光二十一年進士，官至浙江寧紹道臺。著有《眉淥樓詞》《過雲樓書畫記》《過雲樓帖》。

③ 即龔橙（1817—1878），仁和（今浙江杭州）人。字公襄，後以字行，號石匏，更號孝拱，別號半倫。自珍子。嘗批校《段氏説文注》，有手抄《算沙室全藏目録》。又得楊守敬所藏碑版甚多。卒後藏書皆散出。編有《孝拱手抄詞》，輯佚乃父遺篇。其著述雖多，但均不傳。室名"算沙室"。

④ 即吴大澂（1835—1902），初名大淳，字止敬、清卿，號恒軒、白雲病叟，晚號愙齋，江蘇吴縣人。同治七年進士，歷任陝甘學政、廣東巡撫、湖南巡撫等職。著有《説文古籀補》《愙齋集古録》等。

⑤ ［清］顧文彬《過雲樓日記》，上海文匯出版社，2015年，頁542。

⑥ ［清］潘祖蔭《潘祖蔭日記》，蘇州博物館《蘇州博物館藏晚清名人日記稿本叢刊》卷五，頁2644。

⑦ ［清］潘祖蔭《潘祖蔭日記》，蘇州博物館《蘇州博物館藏晚清名人日記稿本叢刊》卷五，頁2646。

按:《日記》光緒十年(1884)三月二十八日載:"目疾三日。"[①]可知潘氏患目疾在此年三月二十六日,據函中所述目疾"五閲月向未愈",初步推知潘氏此函似當作於光緒十年(1884)七月間(此年有閏五月)。又,據《日記》光緒十年(1884)七月十八日載:"陸心源來,未見,送《滂喜齋叢書》。"[②]《滂喜齋叢書》似應爲函中所説"拙刻",潘氏患眼病期間,閉門謝客,故陸心源來訪亦未見[③],可知此函當作於光緒十年(1884)七月十八日後不久。

《貞石志》應爲潘祖蔭所著《海東貞石志》,又稱《海東金石録》,潘氏《日本金石年表》序云:"余嘗撰《海東貞石志》,計二百餘種,凡新羅、百濟、高麗石刻略備。"[④]函中談及《貞石志》於咸豐十年(1860)庚申丢失,據趙之謙《補寰宇訪碑録》載:"近潘伯寅中丞纂《東瀛貞石志》,搜采尤富。然墨本皆毁於庚申,僅存目録。"[⑤]又,潘祖蔭《士禮居藏書題跋記》跋文載:"咸豐庚申三月,蔭所藏書存申衙前汪氏義莊,書四十箱既失,八月中澄懷園之所藏亦盡,於是蔭之書蕩然矣。"[⑥]有關澄懷園藏書散失之事,《翁心存日記》亦有記載:"十月二十日,六兒在廠肆取回《花間集》(即八月初所見)。又宋拓《茶録》(已殘闕,蘇齋補書,《復初齋集》有詩)。《唐姜遐(父行本、子公皎、晦)碑斷本舊拓》(較《金石萃編》多數百字),皆潘伯寅少廷尉物也,仲秋澄懷俶擾時圖籍皆散失,此亦其一。六兒擬買歸俾之珠還合浦,後以索價過昂不果。"[⑦]

## 第十一通

存齋仁兄年大人閣下:

得手示適有客,未即復爲罪。《石林奏議》重摹真盛事,能將李中麓[⑧]一印,並用雙鉤摹之爲妙,李藏本海内絶少。明晨至先塋,恐失迎,爲此布聞。新刻鈕《説文校録》,乃弟極力搜得於其家而屬刻者,兹以奉呈。此復箸安。弟制蔭頓首。

① [清]潘祖蔭《潘祖蔭日記》,蘇州博物館《蘇州博物館藏晚清名人日記稿本叢刊》卷五,頁2672。

② [清]潘祖蔭《潘祖蔭日記》,蘇州博物館《蘇州博物館藏晚清名人日記稿本叢刊》卷五,頁2692。

③ 此年六月,潘氏曾致書趙之謙:"弟目赤,努肉未退,眵粘終日不絶,百餘日矣……雲楣五月曾來,弟正病劇,未見也。"可與札文内容參照。詳見《書法》2020年第1期彩頁。

④ [清]潘祖蔭《日本金石年表》,《滂喜齋叢書》第四函,吴縣潘氏京師刊本。

⑤ [清]趙之謙《補寰宇訪碑録》,同治三年刻本。

⑥ [清]潘祖蔭《士禮居藏書題跋記跋》,[清]黄丕烈著,潘祖蔭輯,周少川點校《士禮居藏書題記》,書目文獻出版社,1989年,頁327。

⑦ [清]翁心存著,張劍整理《翁心存日記》第四册,中華書局,2011年,頁1563—1564。

⑧ 即李開先(1502—1568),字伯華,自稱中麓子、中麓山人、中麓放客。山東章丘人。嘉靖八年進士,歷任户部主事、文選郎中、太常寺少卿、提督四夷館等職。嘉靖二十年因抗疏罷歸鄉居,近三十年。李開先文名籍甚,爲"嘉靖八才子"之一。著述甚豐,有《閒居集》十二卷,雜集二十一種,今存十四種。

按：函中提及潘祖蔭曾以新刻《説文校録》贈予陸氏，據《日記》光緒十一年(1885)三月十一日載："鈕氏《説文校録》刻成，……以其抄本交匊常，還其孫鈕惟善[①]，此事十年始成，爲之一快。"[②]可知此函當作於光緒十一年(1885)三月十一日之後。又，據《日記》光緒十一年(1885)三月十四日載："鈕非石新書《説文》稿本，本日由嵩佺索回交鞠常，交其孫惟善。鈕《説文》一，送存齋。"[③]可知此函當作於光緒十一年(1885)三月十四日。

《石林奏議》爲宋葉夢得所著，陸心源曾刻入《十萬卷樓叢書》，陸氏《重槧石林奏議序》叙此書著録、授受源流甚詳："《宋史·藝文志》、陳直齋《書録解題》、明《文淵閣書目》著於録，其後葉氏菉竹堂、陳氏世善堂、毛氏汲古閣皆有其書，入國朝流傳漸罕。乾隆中，開四庫館，未經采進，至黄氏《百宋一廛賦》出，世乃知孤本之僅存。轉輾而爲仁和胡心耘所得，亂後歸於鄉先輩吴平齋太守，余以文衡山、范石湖卷易得之。"可知此書爲陸心源從吴雲處以書畫易得，序文又載："潘伯寅宫保從餘借閲，慫恿雕行，遂摹寫而付之梓。"[④]與函中所述"《石林奏議》重摹真盛事"相合。另，《日記》光緒十年二月二十四日載："存齋借《史載之方》《石林奏議》。"[⑤]與陸氏序文所載相合。

《説文校録》即鈕樹玉所著《説文解字校録》，潘祖蔭《説文解字校録跋》記述該書作者、授受源流頗詳，曰："鈕非石先生，邑之莫厘山人。束修自好其學，無所不窺，尤精於《説文》。乾嘉以來，漢學大昌，許君書日益顯。金壇段先生覃思研精，發揮古訓，海内宗之。先生生稍晚，實與之齊名，所著《説文段注訂》《説文新附考》刊行已久。近得於其家求得是書稿本。是書余求之數十年，遲遲乃得，今竟壽之梨棗，獲觀厥成，洵快事也。率題數語，用志欣幸。光緒十年歲次甲申，仲冬之月，吴縣潘祖蔭識。"[⑥]潘氏在跋文中稱求之十年，可見對此書之渴慕，跋文述及"近得於其家求得是書稿本"與函中所述"弟極力搜得於其家"相符。

## 第十二通

存齋仁兄年大人閣下：

---

① 紐惟善，號心泉，紐樹玉孫，生平不詳。

② [清]潘祖蔭《潘祖蔭日記》，蘇州博物館《蘇州博物館藏晚清名人日記稿本叢刊》卷五，頁2784。

③ [清]潘祖蔭《潘祖蔭日記》，蘇州博物館《蘇州博物館藏晚清名人日記稿本叢刊》卷五，頁2789。

④ [清]陸心源《儀顧堂集》，浙江古籍出版社，2015年，頁94。

⑤ [清]潘祖蔭《潘祖蔭日記》，蘇州博物館《蘇州博物館藏晚清名人日記稿本叢刊》卷五，頁2666。

⑥ [清]鈕樹玉《説文解字校録》，光緒十一年江蘇書局刻本。

承示覶縷，欣羡之至，勝讀十年書也。曾見翁叔平[①]有劉燕庭所抄各家書目，至八十册之多。弟到京後，擬向借來，以活字板印之，未卜其允否。活字板聞潘謨卿[②]之弟名駿宣者有之，亦擬向借也，但不知到京後有此閒暇否耳。聞合肥[③]亦有活字板，擬過津一詢之，此復箸安。弟制蔭頓首。

按：函中云"弟到京後"，又言"但不知到京後有此閒暇否耳，"可知此函當作於潘祖蔭服闋北上京師前不久。據《年譜》光緒十一年(1885)載："四月服闋，二十四日挈眷北上。"[④]但札尾落款仍署"制"，知潘氏尚未除服，故此函似當作於光緒十一年(1885)三月。

## 第十三通

存齋仁兄年大人閣下：

得手書並惠鼎拓及《朱子尺櫝》二本，敬謝，敬謝。呈視秀水陳氏[⑤]所有秘書，聞之欣羡，未卜此生能遇否。或歸尊處，則弟他日或猶得見之，如兄得之，並祈將來示知。雖遠隔千里，猶以爲快，不必自得之也。鼎疑不真，其字則字字有來歷，此所以疑爲不真也。有出於召伯虎簋、召伯虎尊、丕嬰父簋者(毛公簋除習見者不計)，唯其字字有來歷，而文氣不屬，所以可疑也。近十年來(以前不能如此)，陜中及上海及青、萊二屬，作僞之術，愈僞愈高。字字必有所本，而其文不屬，字氣不貫，爲此一涉，不能僞爲。他日上當者必多，不可勝數矣，亦時世使之然也。連日目疾，仍未全愈，又患河魚之疾。草草手復，不盡欲言，此頌箸安。年愚弟禫頓首，朔望。

按：札首云"得手書並惠鼎拓及《朱子尺櫝》二本"，據《日記》光緒十一年(1885)四月一日載："得存齋信並師望鼎拓本、朱晦庵尺牘墨刻。"[⑥]可知陸心源所贈潘氏鼎拓應爲師望鼎拓，《朱子尺櫝》應爲朱晦庵尺牘墨刻。又，據《緣督廬日記》乙酉四月初一日載："鄭盦丈贈穰梨館石刻一本、朱文公上時宰二

---

① 即翁同龢(1830—1904)，字聲甫、叔平，號韻齋、瓶生、瓶廬、瓶廬居士、瓶庵居士、松禪、松禪老人、松禪居士，江蘇常熟人，心存三子。咸豐六年(1856)二十六歲中一甲一名進士(狀元)，官至協辦大學士，兩度入軍機兼總理各國事務大臣、會典館正總裁等職，同治、光緒兩朝皆值弘德殿，爲兩代帝師，垂三十年。光緒戊戌(1898)年，因贊助光緒帝變法罷職歸里，卒後謚文恭。

② 不詳，應爲晚清名醫，《翁同龢日記》中多次記叙潘謨卿爲翁氏及其家人治病之事。參見《翁同龢日記》，中西書局，2012年，頁1439、1481、1498。

③ 即李鴻章(1823—1903)，合肥人。

④ [清]潘祖年《潘祖蔭年譜》，沈雲龍主編《近代中國史料叢刊》第19輯，頁107。

⑤ 即李徵芝，字蘭鄰，一字世善，晚號韜庵，福建閩縣人。清嘉慶七年進士，官秀水十年，故函中稱"秀水陳氏"，藏書達八萬餘卷，藏書樓名"帶經堂"。

⑥ [清]潘祖蔭《潘祖蔭日記》，蘇州博物館《蘇州博物館藏晚清名人日記稿本叢刊》卷五，頁2804。

札……存齋富藏弆,家有皕宋樓,此帖即其所勒也。"[①]可知潘氏後將《朱子尺櫝》轉贈葉昌熾,故此函當作於光緒十一年(1885)四月。

札尾落款署"禫",禫即古時喪家除服的祭祀,《儀禮・士虞禮》云:"中月而禫。"據《日記》光緒十一年(1885)四月十五日載:"寅正,奉先君神位進義莊宗祠。"[②]《潘鐘瑞日記》四月十五日載:"清晨詣莊祠,朔望長例,且爲紱庭公進神位也。"[③]此即爲潘曾綬舉行的禫禮,可知此札當作於光緒十一年(1885)四月十五日。

師望鼎爲西周中期器,編號爲2812—7,相傳爲左宗棠征西疆時所得,共九十一字(又重文三),現下落不明[④]。

手札十三通,内容極爲豐富,較爲連貫而完整地記載了潘、陸二人在光緒九年至光緒十一交往的一此細節。光緒十一年(1885)四月二十四日,潘祖蔭服闋起程回京任職,近三年的守制生活也告結束。考潘祖蔭服闋後由蘇返京之行程,據《日記》光緒十一年四月廿八日載:"二點鐘抵大沽口……合肥同寥及司道等見於局。"四月廿九日載:"寥齋處長談,合肥亦來。"可與第十二札所述潘氏欲過津詢問李鴻章合字板之事相參證[⑤]。

**【作者簡介】**楊斌,陝西理工大學圖書館館員,美術學碩士,主要研究方向爲晚清金石史、書法史。

① [清]葉昌熾《緣督廬日記》,臺灣學生書局,1964年,頁95。

② [清]潘祖蔭《潘祖蔭日記》,蘇州博物館《蘇州博物館藏晚清名人日記稿本叢刊》卷五,頁2813—2814。

③ [清]潘鐘瑞著,堯育飛整理《潘鐘瑞日記》,鳳凰出版社,2019年,頁265。

④ 中國科會科學研究院考古所《殷周金文集成釋文》第二編,頁378。

⑤ 考李鴻章此年行跡,李氏於此年四月二十七日與法使巴德納在天津訂立新約(越南條約)十款,可知李鴻章確在天津。詳參雷録慶《李鴻章年譜》,商務出版社,1977年,頁334。

# 沈津《翁方綱年譜》補遺

孔燕君

【提　要】 沈津《翁方綱年譜》一書銖積寸累，勾稽排比，詳録翁方綱一生之行歷，實爲翁氏生平研究之創舉。其後又有陳鴻森《〈翁方綱年譜〉補正》、吴銘能《沈津著〈翁方綱年譜〉暨輯〈翁方綱題跋手札集録〉補遺》、趙寶靖《沈津先生著〈翁方綱年譜〉補正》《〈翁方綱年譜補遺〉——以美國柏克萊加州大學藏〈翁方綱經學手稿五種〉爲依據》以及李振聚《沈津〈翁方綱年譜〉拾補》等補遺之作，進一步完備了翁氏生平資料的整理工作。然年譜補遺亦如秋風掃落葉，旋掃而旋生。即如上述諸家學力之勤，涉獵之廣，仍不免有所疏漏。兹就所經眼之史料篇目，另輯録翁氏行歷 81 條，以期補翁方綱行年之闕略。

【關鍵詞】 翁方綱　年譜　補遺

翁方綱(1733—1818)，字正三，號覃谿，晚號蘇齋，順天大興(今北京)人。乾隆十七年進士，改庶吉士，散館，授編修，歷任廣東、江西、山東三省學政，又先後典江西、湖北、江南、順天等鄉試。翁方綱精通考據、金石碑版、譜録、書法之學，又以肌理説卓然自立，頗爲世所推重。

翁方綱曾撰《翁氏家事略記》一卷，自叙其生平行事；沈津先生以此爲本，輔之以詩文、筆記、手札、題跋等大量史料，錙積寸累，勾稽排比，成《翁方綱年譜》一巨製鴻篇，實爲翁氏生平研究之創舉；嗣後又有陳鴻森《〈翁方綱年譜〉補正》、吴銘能《沈津著〈翁方綱年譜〉暨輯〈翁方綱題跋手札集録〉補遺》、趙寶靖《沈津先生著〈翁方綱年譜〉補正》《〈翁方綱年譜補遺〉——以美國柏克萊加州大學藏〈翁方綱經學手稿五種〉爲依據》以及李振聚《沈津〈翁方綱年譜〉拾補》等補遺之作，進一步完備了翁氏生平資料的整理工作。然年譜補遺亦如秋風掃落葉，旋掃而旋生。即如上述諸家學力之勤，涉獵之廣，仍不免有疏漏之處。兹就所經眼之史料篇目，另輯録翁氏行歷 81 條，以期補翁方綱行年之闕略。

**乾隆二十四年己卯(1759)，二十七歲**

本年所作詩，又有《玉蔭嘉穀歌》《李希古畫盧鴻草堂圖》《德州道中感舊》《高昭德中丞招同裘漫士司農錢稼軒司空集雲龍山登放鶴亭四首》《舒城道中和香樹錢先生山行韻》《右軍畫扇圖二首》①。

**乾隆三十年乙酉(1765),三十三歲**

本年又有詩《藥洲次石上宋人韻》②。

孔按:《復初齋集外詩》卷三載《藥洲次石上宋人韻》一首,詩題下小注云:"二首之第二,集刻一首。"可知《藥洲次石上宋人韻》原一題二首,《復初齋集外詩》所載第二首已見録於沈津《翁方綱年譜》中,《復初齋詩集》所載其一則有所遺漏,據此補。

**乾隆三十三年戊子(1768),三十六歲**

九月二日,又跋王一峰縮臨定武本《蘭亭》。

跋曰:"作蠅頭細書,不難於得形,而難於得神;不難於緊密,而難於寬展自如。有尋丈之勢,此所謂法外之意,可爲知者道耳。戊子秋九月二日方綱又識。"③

**乾隆三十四年己丑(1769),三十七歲**

四月,於廣州試院撰《静觀閣遺草序》④。

**乾隆三十六年辛卯(1771),三十九歲**

八月十二日,於石洲西齋評程可則詩,於卷一後有題識。

湟溱詩思清輕,用筆和適,微有二王之情韻,是蓋嶺南之秀而所造未深,若以此基地開啓粤中後人則可,若以遽擬漁洋置之辛甲上浮間,則未可。辛卯八月十二日石洲西齋方綱識。⑤

中秋前一日,撰《重刻海日堂詩集序》⑥。
是日,於石洲西齋評程可則《江行》詩,有題識。

湟溱七絶語料與篇調皆太軟熟且無精思真氣貫之。漁洋先生天挺秀骨,論何等語言入其咳唾皆成珠玉,此寶泉述虞秘監書所謂"層霄緩步,高謝風塵"者也。若無其秀骨而習其套言,非其天姿而步其熟徑,將奚存於

---

① 俱載於《復初齋詩集》卷一。[清]翁方綱《復初齋詩集》卷一,《續修四庫全書》第1454册,上海古籍出版社,2002年,頁368—370。

② 《復初齋詩集》卷二,《續修四庫全書》第1454册,頁374。

③ [清]翁方綱《蘇齋題跋》卷下,中華書局,1985年,頁79。

④ 廣東順德《翁氏族譜》,清乾隆年間寫刻本,現藏廣東省中山圖書館。

⑤ [清]程可則撰,翁方綱評《海日堂詩集》卷一,清乾隆三十六年(1711)石洲草堂刻本,現藏美國華盛頓大學圖書館。

⑥ 《海日堂詩集》卷前,清乾隆三十六年(1711)石洲草堂刻本,現藏美國華盛頓大學圖書館。

中？將奚發於外耶？昔人云：日臨蘭亭一紙終不成書，蓋漁洋一人提唱神韻，山輝川映，一時諸名士恐或皆在冰雪聰明函蓋中耳，周量是也。後之學人若不殫洽經籍、實求心得而徒執漁洋拈出之跡，即使人人皆味三昧之味，詩《十選》之詩，猶未必其真知也。況於隨聲倚唱弗思其源者乎？因刻周量集而並及之，粵之人士尤宜繹思。辛卯中秋前一日，石洲西齋方綱識。①

**乾隆三十八年癸巳(1773)，四十一歲**

六月，校辦宋蔡淵《易象意言》一卷一册②。

六月，校辦宋毛晃《禹貢指南》四卷四册③。

六月，校辦御題《鶡冠子》三卷三册④。

七月，校辦宋陳振孫《直齋書録解題》二十二卷二十册⑤。

十月，校辦漢董仲舒《春秋繁露》十七卷四册⑥。

**乾隆三十九年甲午(1774)，四十二歲**

二月，校辦唐樊綽《蠻書》十卷二册。⑦

十二月，分體讀杜詩，並於《翁批杜詩・目録》第五册卷第十《泛舟送魏十八倉曹還京因寄岑中允參范郎中》與《百舌》間夾批⑧。

冬，朱筠學使自江南歸，以所得《漢華岳廟碑》王無異藏本見示。先生借來齋中，殫十日思力，並諸跋鈎摹裝爲册⑨。

**乾隆四十年乙未(1775)，四十三歲**

正月，校辦宋郭雍《傳家易説》十一卷十册⑩。

正月三日，讀杜詩，自《發秦州》起。於《翁批杜詩・目録》卷第十《泛舟送魏十八倉曹還京因寄岑中允參范郎中》與《百舌》間夾批："乙未正月三日，自《發秦州起》。兼即隨手記其所以然。"⑪

二月，校辦《元人破臨安所得故宋書畫目》，從何義門校本謄抄相關史料，並作札記⑫。

三月二十九日，校辦《明文案》，有題識。

乾隆四十年三月，奉皇上問先聖生日。館中諸臣博考群書，惟黃宗羲

---

① 《海日堂詩集》卷五，清乾隆三十六年(1711)石洲草堂刻本，現藏美國華盛頓大學圖書館。

②③④⑤⑥⑦⑩ [清]翁方綱著，吴格整理《翁方綱纂四庫提要稿》，上海科學技術文獻出版社，2005年，頁1219。

⑧ 翁方綱著，賴貴三校釋《臺灣師大圖書館鎮館之寶——翁方綱〈翁批杜詩〉稿本校釋》，里仁書局，2011年，頁122。

⑨ 《蘇齋題跋》卷上，頁20。

⑪ 《臺灣師大圖書館鎮館之寶——翁方綱〈翁批杜詩〉稿本校釋》，頁123。

⑫ 《翁方綱纂四庫提要稿》，頁503。

文集中有辨，並載八字（庚戌乙酉庚子甲申），大抵皆主八月二十六日之説。時孔編修廣森致書張編修燾，力辨之。謹記於此，以俟他日恭考焉。三月二十九日方綱敬識。①

八月十九日，過庶常館，觀梁、饒二吉士詩賦，並札記：

阮亭先生謂，《中州集·石鼎夜吟》"詩句健奚囊，春醉酒錢粗"，豪句也，然不如南唐"吟憑蕭寺栴檀閣，醉倚王家玳瑁筵"風調嫻雅。因謂，予向以徐文長詩欠雅馴者以此。此一條足見先生詣力，然則詩之追琢字句，亦曷可少哉。能不能固不關係乎此，然此中亦具有能不能焉。今早過庶常館，觀梁、饒二吉士詩賦，意頗未盡，因坐院後堂待胥史抽書，書此，乙未八月十九日。②

**乾隆四十一年丙申（1776），四十四歲**

夏，按試韶州，於九成臺北陰得孚若所刻陸游書"詩境"字，拓歸扁於小齋③。

六月十五日，《杜詩五》卷九卷十始讀一遍訖，並於《翁批杜詩·目録》卷第十《泛舟送魏十八倉曹還京因寄岑中允參范郎中》與《百舌》間夾批④。

是日，送錢載出城⑤。

七月十九日，重校《壯游編》並加籤，一仍前"不敢存目"之説。

七月，又據吏來云要重校，因書其前云：此書方綱前擬提要時，即不敢信爲原本，恐是後人妄選，不敢入之著録，以失古人之真。今復按良然，故仍前不敢存目之説。丙申七月十九日，再閲加簽。⑥

七月十九日，重訂《耿巖文選》，編爲八卷，簽十五⑦。

**乾隆四十二年丁酉（1777），四十五歲**

二月四日校辦《崇文總目》，有札記。

二月四日巳刻，看至一千七百九十五之十一頁下。此内須有與《文獻通考》對者，須帶《經籍》一函來。⑧

四月二十三日，校辦《永樂大典》。友人要詩，先生不得暇作詩，有記。

---

① 《翁方綱纂四庫提要稿》，頁 1141。

② 《翁方綱纂四庫提要稿》，頁 536。

③ [清]翁方綱《跋陸游書詩境二字》，沈津輯《翁方綱題跋手札集録》上册，廣西師範大學出版社，2002 年，頁 177。

④⑤ 《臺灣師大圖書館鎮館之寶——翁方綱〈翁批杜詩〉稿本校釋》，頁 123。

⑥ 《翁方綱纂四庫提要稿》，頁 920—921。

⑦ 《翁方綱纂四庫提要稿》，頁 1007。

⑧ 《翁方綱纂四庫提要稿》，頁 424。

記云："周書倉要詩，然此刻且不得暇作此詩也。丁酉四月廿三日燈下記。"①

本年校辦《崇文總目》（六十六卷），詳列其各卷收録類别及含括部數，卷數，並撰寫提要②。

**乾隆四十三年戊戌（1778），四十六歲**

正月十二日夜，批點杜甫《春夜峽州田侍御長史津亭留宴得"筵"字》詩，有墨筆框括標記，語及是日與錢載等集於朱井相國席上，錢載舉此詩贊嘆，似猶未盡其妙之事③。

**乾隆四十四年己亥（1779），四十七歲**

正月三日，桂馥以顔氏所藏《華岳碑》雙鈎本見示，即顧南原所謂商卬宋氏完好本，先生於小蓬萊閣爲之補摹並賦④。

四月，重閲各單明人集説等，包括竇文昭《竇子紀文類編》、黄宗羲《姚江逸詩》等⑤。

**乾隆四十七年壬寅（1782），五十歲**

八月五日，於崇效寺餞别董元度，有《秋日集城南崇效寺送曲江歸平原二首》⑥。

孔按：沈津《翁方綱年譜》於乾隆壬寅年載："秋日，先生集城南崇效寺，送董元度歸平原，有詩二首。"雖已輯録此條，但並未繫以明確之時日。此條可補先生於崇效寺餞别董元度及作《秋日集城南崇效寺送曲江歸平原二首》之具體時間節點。

十月十九日，批點杜詩，有題記。

自注及一作，有可定者，即先定之。漸次以就其成，則亦或可庶幾矣。壬寅十月十九日燈下識。⑦

十月二十日，批點杜詩，有題記。

---

① 《翁方綱纂四庫提要稿》，頁433。

② 《翁方綱纂四庫提要稿》，頁415—420。

③ 《臺灣師大圖書館鎮館之寶——翁方綱〈翁批杜詩〉稿本校釋》，頁687。

④ 《蘇齋題跋》卷上，頁22—24。

⑤ 《翁方綱纂四庫提要稿》，頁1230。

⑥ 翁方綱於《翁批杜詩》卷五《家人》詩下批記："壬寅八月五日，於崇效寺餞曲江，聞曉嵐説'轉燭'字，出《佛説貧窮老公經》，言貧賤富貴，轉瞬遷流之易，此於本詩之意尤切也，亦可見杜公無書不讀耳。"語及壬寅八月五日於崇效寺餞别董元度之事。見《臺灣師大圖書館鎮館之寶——翁方綱〈翁批杜詩〉稿本校釋》，頁286。

⑦ 《臺灣師大圖書館鎮館之寶——翁方綱〈翁批杜詩〉稿本校釋》，頁643。

每夕燈下，能看定一二首，則亦已妙矣，十月廿日。[①]

是日，以定武落水本筆意訂正萬松山房本，臨摹小字《蘭亭》[②]。

【正】沈津《翁方綱年譜》載："十一月朔，先生典試順天府事竣，有《祭告先祖父母文》。"

孔按：《高宗純皇帝實録》卷之一千一百八十六載：(乾隆四十八年)順天鄉試。以順天府尹虞鳴球爲監臨官，吏部尚書劉墉爲正考官，内閣學士尹壯圖、司經局洗馬翁方綱爲副考官；《翁氏家事略記》中亦將翁方綱"典試順天府"之事繫於乾隆四十八年，故此條輯録有所錯訛。[③]

又按：翁方綱於乾隆四十八年癸卯八月六日奉命充順天鄉試副考官，典試事竣，於是年九月三十日蒙上召見，命先行回京，於十月九日到京。另，《復初齋文集》卷十四載《典試順天府事竣祭告先祖父母文》有言"茲於本年癸卯之秋獲充京兆試官之副，凜清白傳家之節"[④]，又《復初齋詩集》卷二七載《典京兆試竣告祭先墓有述二首》繫年於癸卯八月至十二月[⑤]，可知《典試順天府事竣祭告先祖父母文》一文當繫於乾隆四十八年癸卯秋後。

## 乾隆四十八年癸卯(1783)，五十一歲

十一月十日，批點杜詩，有札記。

每日只可讀一首，至短者二三首而已，不可多也。江左字原之功，竟每日不可荒。此皆必不可暫忘者，至要至要。癸卯冬十一月十日，燈下識。[⑥]

## 乾隆四十九年甲辰(1784)，五十二歲

五月二十四日，《杜詩七》册全看定，有題記[⑦]。

九月初六日，撰《重修大宗祠記》[⑧]。

十一月十二日，批點杜詩。

於《從驛次草堂復至東屯茅屋二首》詩下批注："此非精審不知也。吾

---

① 《臺灣師大圖書館鎮館之寶——翁方綱〈翁批杜詩〉稿本校釋》，頁643。

② 《蘇齋題跋》卷下，頁94。

③ 《高宗純皇帝實録》卷一一八六，《清實録》第23册，中華書局，1986年，頁874。翁方綱著，英和校訂《翁氏家室略記》，北圖社古籍影印編輯室輯《乾嘉名儒年譜》第8册，北京圖書館出版社，2006年，頁84。

④ 翁方綱《復初齋文集》卷十四《典試順天府事竣祭告先祖父母文》，《續修四庫全書》第1455册，頁487。

⑤ 《復初齋詩集》卷二七卷端，《續修四庫全書》第1454册，頁599。

⑥ 《臺灣師大圖書館鎮館之寶——翁方綱〈翁批杜詩〉稿本校釋》，頁441。

⑦ 《臺灣師大圖書館鎮館之寶——翁方綱〈翁批杜詩〉稿本校釋》，頁501。

⑧ 廣東順德《翁氏族譜》，清乾隆年間寫刻本，現藏廣東省中山圖書館。

今午辨趙集賢手跡，其深樸者遜其秀發者，自謂知書矣，而篝燈時，又悟出此一句之理，爲之狂喜。甲辰十一月十二日。”①

十一月二十三日，《杜詩九》册初看定一遍，有題記②。
十一月二十六日漏盡五鼓時刻，《杜詩四》册初看定一遍，有題記③。
是日未時，第七女生④。

孔按：《翁氏家事略記》載：（乾隆九年甲子）“是年冬行聘定禮，婦韓氏，是年十五，雍正八年庚戌十一月初六日寅時生。”⑤故乾隆四十九年，正室韓氏已五十五歲高齡。而側室劉氏自乾隆四十三年戊戌來歸，於乾隆四十四年、四十六年、四十八年各生一女，五十年生一男，按此推算，第七女當爲側室劉氏所出。

十二月五日，《杜詩五》册初看定一遍，有題記⑥。

**乾隆五十年乙巳(1785)，五十三歲**

三月九日雨中，《杜詩五》册看定，有題記⑦。
端午前一日，搜索書帖托宋芝山出售，久無消息，先生待之甚急⑧。
五月朔雨中，《杜詩一》册看定，有題記⑨。
六月五日，《杜詩二》册看定，有題記，言“是午甚熱”⑩。
七月四日，《杜詩十》册看定，有題記⑪。
六月十日，雨窗，《杜詩三》册看定，有題記⑫。
八月十二日申刻，批點杜詩，有題記。

要將必須考證之題記出，此則仍是温理一遍之功夫也。乙巳八月十二日申刻記。⑬

十一月十五日，批點杜詩，有題記。

《杜詩》成書後，乃能專力《春秋》，乙巳冬十一月十五日，燈下記。⑭

十一月二十三日，復看杜詩，有題記。

---

① 《臺灣師大圖書館鎮館之寶——翁方綱〈翁批杜詩〉稿本校釋》，頁659。
② 《臺灣師大圖書館鎮館之寶——翁方綱〈翁批杜詩〉稿本校釋》，頁643。
③④ 《臺灣師大圖書館鎮館之寶——翁方綱〈翁批杜詩〉稿本校釋》，頁329。
⑤ 《翁氏家事略記》，《乾嘉名儒年譜》第8册，頁31—32。
⑥ 《臺灣師大圖書館鎮館之寶——翁方綱〈翁批杜詩〉稿本校釋》，頁441。
⑦ 《臺灣師大圖書館鎮館之寶——翁方綱〈翁批杜詩〉稿本校釋》，頁387。
⑧ 《臺灣師大圖書館鎮館之寶——翁方綱〈翁批杜詩〉稿本校釋》，頁557—558。
⑨⑬ 《臺灣師大圖書館鎮館之寶——翁方綱〈翁批杜詩〉稿本校釋》，頁141。
⑩ 《臺灣師大圖書館鎮館之寶——翁方綱〈翁批杜詩〉稿本校釋》，頁121。
⑪ 《臺灣師大圖書館鎮館之寶——翁方綱〈翁批杜詩〉稿本校釋》，頁701。
⑫ 《臺灣師大圖書館鎮館之寶——翁方綱〈翁批杜詩〉稿本校釋》，頁281。
⑭ 《臺灣師大圖書館鎮館之寶——翁方綱〈翁批杜詩〉稿本校釋》，頁142。

自昨日雨，至今日未止，乙巳十一月二十三日，燈下復看記。[1]

十二月七日，復看杜詩，有題記。

人自各有境地與神氣，豈必皆學杜哉？然卻須於《杜詩》參透其所以然。筆筆中鋒，筆筆渾圓者，惟右軍之書足以當之爾。乙巳十二月七日，燈下，復看記。[2]

【正】沈津《翁方綱年譜》載："十二月初八日，先生到學政任，並有履歷一份。""翁方綱，順天大興縣人。壬申進士，改庶吉士，乾隆十九年散館，授職編修。二十年六月，恩詔加一級。……五十年正月，奉恩詔加一級，二月臨□記録一次。四月，稽察右翼宗學。九月，奉旨簡放提督江西學政，於十一月初八日到學政任。現在供職，須至履歷者。"

孔按：沈津《翁方綱年譜》將"十二月初八，到（江西）學政任"繫於乾隆五十年，所繫年、月皆有誤。復核《復初齋文集》（手稿本影印本[3]）可知，沈津所引翁氏自撰履歷，有所脱訛。其中"（乾隆五十年）四月，稽察右翼宗學"與"九月奉旨簡放提督江西學政，於十一月初八日到學政任。現在供職，須至履歷者"中脱去"五十一年正月，吏部□□門，恩□□□□□□□"一段。引文脱去一段，導致此則史料繫年之錯訛。

又按：《翁氏家事略記》載："（乾隆五十一年丙午）九月四日，奉命提督江西學政……十月二日啓程，十一月□到南昌任"；《高宗純皇帝實録》卷之一千二百六十四載："（乾隆五十一年九月一日）諭：各省學政，現屆差滿，應行更换之期。順天學政，著金士松去；江蘇學政，著沈初去；浙江學政，著朱珪去；江西學政，著翁方綱去……此内有現在已出試差人員，事竣，即由該省前赴新任，不必來京請訓。"[4]據上述史料可證，翁方綱當於乾隆五十一年九月受命提督江西學政，並於是年十一月初八到學政任。

**乾隆五十一年丙午（1786），五十四歲**

二月十六日，列《武英殿刻聚珍版書目》，共存者七十八種，有記[5]。

二月三十日，復看杜詩，有題記[6]。

五月十四日，復看《杜詩四》册一遍，有題記[7]。

---

① 《臺灣師大圖書館鎮館之寶——翁方綱〈翁批杜詩〉稿本校釋》，頁 141。

② 《臺灣師大圖書館鎮館之寶——翁方綱〈翁批杜詩〉稿本校釋》，頁 221。

③ ［清］翁方綱《復初齋文稿》卷八，《復初齋文集》（手稿本），《清代稿本百種彙刊》第 67 種，文海出版社，1974 年，第 5 册，頁 1751。

④ 參見《翁氏家事略記》，《乾嘉名儒年譜》第 8 册，頁 90—91；《高宗純皇帝實録》卷一二六四，《清實録》第 24 册，中華書局，1986 年，頁 1024。

⑤ 《翁方綱纂四庫提要稿》，頁 1224。

⑥ 《臺灣師大圖書館鎮館之寶——翁方綱〈翁批杜詩〉稿本校釋》，頁 281。

⑦ 《臺灣師大圖書館鎮館之寶——翁方綱〈翁批杜詩〉稿本校釋》，頁 329。

六月二十三日，復看杜詩，有題記。

丙午六月廿三日，復看記。夜來大雨，至午尤甚。[①]

七月十一日，雨中復看定《杜詩六》册一遍[②]。
閏七月二十日，復看定《杜詩七》册一遍[③]。
十一月四日，讀杜詩《北風》[④]。
十二月二十五日，於南昌使院復看《杜詩八》一遍，有題記。

丙午十一月四日，阻風九江北岸之清江鎮，讀《北風》一首，因讀此册内《别蘇溪》一首，荒廢兩月余矣。是日，篝燈書時，於旅店磨墨，風猶未定。[⑤]

**乾隆五十二年丁未(1787)，五十五歲**

二月八日，瑞州舟中，復看定《杜詩九》册，有題記[⑥]。
二月望，於瑞州使院東軒復看定《杜詩十》册，有題記[⑦]。
十月十三日，杜詩二十卷抄完一過，於廣信試院校訖記[⑧]。
十一月二十三日，圈讀王士禛詩，有題記。

圈《漁洋詩》一遍，欲取初白詩看之，正亦互相爲用，丁未十一月廿三日舟泊黄埠腦記。[⑨]

**乾隆五十四年己酉(1789)，五十七歲**

夏，應武林王君敞之請，復校金詩原鋟版並改正之。

乾隆己酉夏武林王君敞以金詩原鋟板屬方綱復校，因爲改正之。郭氏金詩誤以東巖、隴城爲一人，且謂元格字德明，直標其東巖詩曰元格詩若干首，訛也。[⑩]

**乾隆五十五年庚戌(1790)，五十八歲**

九月十八日，於《題黄都事仲綱山居溪閣二首》下有札記。

在朝稿《賦程以文竹雨山房》二首："春雨過山竹，幽泉繞舍鳴。燕泥

---

① 《臺灣師大圖書館鎮館之寶——翁方綱〈翁批杜詩〉稿本校釋》，頁387。
② 《臺灣師大圖書館鎮館之寶——翁方綱〈翁批杜詩〉稿本校釋》，頁441。
③ 《臺灣師大圖書館鎮館之寶——翁方綱〈翁批杜詩〉稿本校釋》，頁501。
④⑤ 《臺灣師大圖書館鎮館之寶——翁方綱〈翁批杜詩〉稿本校釋》，頁558。
⑥ 《臺灣師大圖書館鎮館之寶——翁方綱〈翁批杜詩〉稿本校釋》，頁643。
⑦ 《臺灣師大圖書館鎮館之寶——翁方綱〈翁批杜詩〉稿本校釋》，頁701。
⑧ 《臺灣師大圖書館鎮館之寶——翁方綱〈翁批杜詩〉稿本校釋》，頁141。
⑨ [清]翁方綱《復初齋王漁洋詩評》，繆荃孫輯《煙畫東堂小品》第6册，江陰繆氏刊本，1920年。
⑩ [清]翁方綱《元遺山先生年譜》卷一，《北京圖書館藏珍本年譜叢刊》第34册，北京圖書館出版社，1999年，頁553。

書帙晚，魚浪釣絲晴。奉席從孫子，連床總弟兄。舊聞林下叟，讀易到天明。”“遊子聞春雨，思親望故園。竹間開几席，花底注山尊。累世書連屋，頻年稻滿村。卜鄰淳樸地，絶學欲重論。”此雖近體，視此二首之神韻敻出者，似微有間，然附録之以見道園根柢，讀書深意。夫辭也者，各指其所之，要以樸學爲歸耳，豈僅於羚羊掛角之悟而已？方綱在江西日與學侣研尋山谷、道園二先生得力之所以然，因以谷園名其書屋，舉山谷二言曰："以古人爲詩，以質厚爲本。"今雖僅爲漁洋偶拈三昧，仍日復斯意云爾。庚戌九月十八日燈下記。①

## 乾隆五十六年辛亥(1791)，五十九歲

【正】二月望日，跋《九成宫醴泉銘》初稿；二月既望，修改《九成宫醴泉銘》跋，成定稿。

沈津《翁方綱年譜》據《復初齋文集》手稿本輯："（二月望）是日，跋《九成宫醴泉銘》"；陳鴻森《〈翁方綱年譜〉補遺》據《蘇齋題跋》輯："二月既望，跋孔雩谷所藏宋本《九成宫醴泉銘》。"二者所繫時月有所出入。詳考之，《復初齋文集》爲翁氏手稿本，跋尾落款時間爲二月望；《蘇齋題跋》所録版本與手稿本文字上略有差異，落款時間爲二月既望，由此可推知，翁方綱曾於二月望爲《九成宫醴泉銘》作跋，又於翌日對手稿本稍作修改，故二月望日，《九成宫醴泉銘》跋始成定稿。陳鴻森《〈翁方綱年譜〉補正》雖輯録此條，但未細辨兩者之關係，故此詳按之。②

四月朔，又跋孔雩谷所藏宋本《九成宫醴泉銘》。

跋曰："既爲雩谷作前跋，後閲月，門人江秋史侍御讀禮南還，以其所藏宋拓本留予齋，因復借此本來細對。静研五晝夜，乃益見此本紙墨拓手之妙。予所見真宋本凡十餘矣，以此本居最上也。雩谷先生幸珍秘之，四月朔方綱又識。"③

## 乾隆五十七年壬子(1792)，六十歲

九月二十五日，於小石帆亭審訂《新城縣新刊王文簡古詩平仄論》，有按語。

方綱按：古詩平仄似無一定而實有至定者。既經元明以來爲古體者，間有出入失諧之弊，今若不加剖説，則外間竟以爲古詩不論平仄矣。相傳漁洋先生論古詩平仄之書蓋出於趙秋谷傳寫本，而此則先生裔孫新城縣

---

① ［清］翁方綱《小石帆亭著録》卷五，中華書局，1985年，頁73。

② 參見沈津《翁方綱年譜》，頁286；陳鴻森《〈翁方綱年譜〉補正》，《中國文哲研究集刊》第25期，頁287—348；［清］翁方綱《復初齋文稿》卷十一，《復初齋文集》（手稿本），《清代稿本百種彙刊·集部》第67種，第9册，頁2418。

③ 《蘇齋題跋》卷下，頁59。

學生王允熙出其家藏一册刊行,云是先生原稿,與秋谷所傳不同。秋谷之本久已行於南北,此刻乍見,必有疑者,況其中亦實有先生未定之論,方綱細加審訂,此本實在秋谷本之上,其爲先生的筆無疑,是以不得不稍加辨析,具列如右。壬子九月二十五日,記於小石帆亭。①

**乾隆五十九年甲寅(1794),六十二歲**

三月朔,又跋蘇齋摹長垣商邛詒晉齋本《漢西嶽華山廟碑》,云:"四明本聞錢氏又售於邛氏。甲寅三月朔記。"②

**乾隆六十年乙卯(1795),六十三歲**

冬,代州馮百史司務以古愚汪刺史重修遺山先生墓記略來屬先生賦詩,先生作《知忻州汪本直修元遺山先生墓》一詩以應③。

詩云:先生殁後五百年,饗堂鼎建崇其阡。古愚汪君知政本,此舉無愧於前賢。繪圖作記寄示我,我嘗從事年譜編。鈔詩先訂顧秀野,磨碑漫記劉神川。繫舟巖屋不可到,野史亭址誰留連。今者披圖宛瞻拜,墓門東北圍牆堧。其堂三楹壁嵌石,厚培兩序增新椽。大書中州文獻字,萬古奇氣光星躔。堂前石人後墓道,舊銘石乃堂東偏。巋然特表詩人墓,先生之志藉以宣。其西孫曾袝祖考,東巖隴城同氣聯。五花之土土五丈,葬時故事今猶傳。亭仍重築署野史,幽窗疏雨疑潺潺。耕讀還因起丙舍,絃誦聲來繞墓田。更因校刊先生集,故家寫本尤精研。是與年譜相印合,使我狂喜磨丹鉛。燕趙慷慨悲歌氣,金元著録金石鐫。一於先生詩中寓,杜老之史坡之仙。我寶先生兩石墨,靈巖跡並蘇門懸。亟書汪君名不朽,郝經姜魏同墨緣。寄書謝子共礱石,附諸集譜垂綿延。送迎神曲我其職,春秋煙祀配管弦。

**嘉慶元年丙辰(1796),六十四歲**

三月朔,於《元遺山先生年譜》有題識。

乾隆乙卯冬代州馮百史司務以古愚汪刺史重修遺山先生墓記略來屬賦詩。方綱因以舊所輯遺山先生年譜附綴於後。汪侯嗜古懷賢不以荒陋見嗤,遂付梓爲上下二卷並以同人詩依所得前後次第,刊於前卷之後,而此後續詠者行將增刊以志弗原諼云。嘉慶元年歲在丙辰春三月朔北平翁方綱識。④

---

① 《小石帆亭著録》卷一,頁 17。

② 《蘇齋題跋》上册,頁 18。

③ 《元遺山先生年譜》,《北京圖書館藏珍本年譜叢刊》第 34 册,頁 678—679。詩載《復初齋詩集》卷四八,《續修四庫全書》第 1455 册,頁 107。

④ 《元遺山先生年譜》,《北京圖書館藏珍本年譜叢刊》第 34 册,頁 678—679。

秋七月朔，撰《小石帆亭五言詩續鈔・略例八條》[①]。

### 嘉慶六年辛酉(一八〇一)，六十九歲

【正】二月二十日，跋《鐘鼎款識册》，有初稿；二月二十四日，修改《鐘鼎款識册》跋，成定稿。

孔按：沈津《翁方綱年譜》據《復初齋文集》手稿本輯：(嘉慶六年辛酉二月二十日)"跋《鐘鼎款識》"[②]；然，據《蘇齋題跋》載："方綱按：首三字是人名，當闕以俟考，前跋以爲篆體唯字，恐未然耳。款識一册卅頁，凡六十二種。……嘉慶六年歲在辛酉，春二月廿有四日北平翁方綱書於石墨書樓之後軒。"[③]二者所繫時月有所出入。詳考之，《復初齋文集》爲翁氏手稿本，跋尾落款時間爲二月二十日；《蘇齋題跋》所録版本與手稿本文字上略有差異，落款時間爲二月二十四日，由此可推知，翁方綱曾於二月二十日爲《鐘鼎款識》作跋，有初稿成；又於二月二十四日對手稿本稍作修改，故二月二十四日，《鐘鼎款識册》跋始成定稿。

春二月，得借觀《宋王復齋款識册》於蘇齋後軒，有記。

黄秋盦屢爲予言此册之妙，今始得借觀於蘇齋之後軒，每晨起展玩數四，與日在吾齋何異？辛酉春二月翁方綱記。[④]

### 嘉慶十七年壬申(一八一二)，八十歲

七月二日，跋沈伯愚藏本《蘭亭》卷。[⑤]

### 嘉慶十八年癸酉(一八一三)，八十一歲

夏，始得粤東王士禛《五七言詩鈔》校本之板寄來印刷。五月廿八日於詩境軒復讀《五言詩鈔》並題記，文附於《小石帆亭五言詩續鈔・目録》末[⑥]。

秋，考《樂毅論》，以越州學舍本與南宋再翻本及明朝人别一翻本細對，深歎邢、董、王翁林輩之失考也[⑦]。

【作者簡介】孔燕君，香港浸會大學中國語言文學系2019級博士研究生，研究方向爲文獻學與明清詩學。

---

① [清]翁方綱《小石帆亭五言詩續鈔》，中華書局，1985年，前言頁1—3。

② [清]翁方綱《復初齋文稿》卷十八，《復初齋文集》(手稿本)，《清代稿本百種彙刊・集部》第67種，第14册，頁3839。

③④ 《蘇齋題跋》卷上，頁1。

⑤ 《蘇齋題跋》卷下，頁92—93。

⑥ 《小石帆亭五言詩續鈔》，目録頁17—19。

⑦ 《蘇齋題跋》卷下，頁84。

# 英文目録